CONSUMER SOCIAL RESPONSIBILITY

消費者と社会的課題

ソーシャル・コンシューマーとしての社会的責任

大平修司 [著]
SHUJI OHIRA

千倉書房

はしがき

　本書は、消費を通じた社会的課題の解決という点から、消費者の社会的責任（Consumer Social Responsibility：CnSR）を検討したものである。本書を通じて主張したいことは、消費者が消費を通じて社会的責任を果たすためには、消費を投票として捉え、特定の企業から商品を購入することを、それを製造・販売した企業に1票を投じると理解した上で、さらに消費がその後にもたらす影響を考え、消費を行なうべきだということである。

　2011年3月11日に発生した東日本大震災は、日本社会に大きな影響を与えた。その影響の1つが、本書で検討するテーマである「消費を通じた社会的課題の解決」である。日本はいわずと知れた地震大国である。本書を執筆していた2018年6月18日にも大阪北部で地震が起こった。大地震は社会にマイナスの影響を与える一方、プラスの影響も与える。1995年1月17日に発生した阪神・淡路大震災は、日本人にボランティアの重要性を伝え、その後の1998年の「特定非営利活動促進法（NPO法）」の制定を促した。この震災以後、日本人は市民として社会に貢献ができることを理解し、その後、多くのNPOが組織され、活動が活発化した。東日本大震災は、消費者として社会に貢献ができることを日本人に理解させた。東日本大震災以前、企業はCSR活動を通じて、もしくは多くの社会的企業が起業されるなどして、ビジネスを通じて社会的課題の解決に関わるようになっていた。しかしながら、そのような企業から商品を購入することで、生活を成り立たせている消費者の社会的責任は、まだ本格的に問われていない。

　東日本大震災以前から、例えば「環境配慮型商品」は多くの企業から発売されてはいたが、価格が高く、それを敢えて購入する消費者はそれほど多くなかった。しかし、震災直後に、計画停電が実施されたことなどの影響で、消費者は節電など、環境配慮の基準が消費者の商品選択の1つの基準となった。それ以外にも、「寄付つき商品」や「オーガニック商品」、「フェアトレード商品」、「応援消費」は、いずれも東日本大震災後に消費者が進んで購入するようになった

商品である。このような商品は、消費者がそれを消費することを通じて社会的課題の解決に繋がるという特徴がある。

　本書では、社会的課題の解決に繋がる商品を進んで購入する消費者、すなわちソーシャル・コンシューマー（socially responsible consumer）に関する書籍である。当然、東日本大震災以前も、そういった消費者は日本に少なからず存在した。以前はソーシャル・コンシューマーは、身近な小売店で社会的課題の解決に繋がる商品を販売していなかったことから、主に専門店で購買していた。そういった消費者は、消費をする行為それ自体が社会に与える影響を理解した上で行動しており、消費者としての社会的責任をすでに考えた上で行動している。

　日本社会では、次々と新たな社会的課題が生じている。近年の社会的課題であるブラック労働は、その一因として消費者も関係していると考えることができる。長時間・低賃金で働くことは、消費者側から考えると、消費者はいつでも自分の都合の良い時に消費をし、少しでも安い商品を買いたいと思うのであれば、企業はそういった消費者のニーズに合わせようとするのは当然のことである。しかし、そういった消費者の行動が、社会的課題を生み出すのであれば、消費者は「神様」でもなく、消費者としての社会的責任を果たす必要がある。消費者の社会的責任は、非常に広範囲にわたる概念である。本書では、そのような中でも、環境配慮型商品などの社会的課題の解決に繋がる商品であるソーシャル・プロダクト（socially responsible product）を購入することで社会的課題の解決を図る消費者の行動をできる限り体系的にまとめた専門書である。

　本書はマーケティングや消費者行動に関する研究書であるが、特に大学生や大学院生にも役立つことを意図している。このテーマで学会報告し、論文を執筆したことで、消費を通じた社会的課題に関する日本語の文献がないか、特に大学生から質問される機会が増えた。そういった質問をされた際には、英語が読めないとこのテーマは研究できないと伝え、筆者のゼミ生でもこのテーマでの卒業論文の執筆を断念する学生も多くいた。日本でマーケティングや消費者と社会の関係を研究する研究者は、欧米と比べると極端に数が少ない。例えば、世界で最も多くの消費者行動研究者が所属する Association for Consumer Researchでは、消費者と社会との関係を扱った研究報告は、その中でもすでに一般的な研究テーマとなりつつある。英語が読めることに越したことはないが、少しでもこの領域の研究に興味を持った学生を増やすためには、この領域を体型的にまとめ、かつ日本語で書かれた書籍が必要であると考えた。そのため、本書の「第Ⅰ部ソーシャル・コンシューマーに関する理論的考察」の部分は、そういった学生のことを考えて丁寧に先行研究を検討した。本書が出版されたことで、この領域の研究が活発になれば幸いである。

　実務家の方々は、すでに多くの企業がCSR（Corporate Social Responsibility）をビジネスに組み込み、国連がSDGs（Sustainable Development Goals：持続可能な開発目標）やPRI（Principles for Responsible Investment：責任投資原則）を定めたことからもわかるように、今後消費者にも社会的責任が求められる時代が来ることを予測する方も多いであろう。すでに社会的課題の解決に繋がる商品を販売している企業の方は、本書を通じて消費者がそういった商品を購入する理由をご理解いただければ幸いである。また今後そういった商品を製造・販売することを計画している、もしくは新しい商品のアイディアを模索している企業の方には、本書で示した内容が何かのきっかけになると幸いである。本書の第7章と第8章は、消費者が消費を通じた社会的課題の解決をどのように考えているのかに関する生の声を用いている。そういった消費者の声を知るための読み物として、本書を活用していただければ幸いである。

　本書の日本社会への貢献は、消費者の社会的責任を提示したことにある。ただし、それは消費を通じた社会的課題の解決という非常に限定的な理解となっている。消費者の社会的責任は、法律学や社会学といった社会科学者がアプローチ可能であると著者は考えている。本書をきっかけに、さまざまな分野での研究や議論が進むことを期待する。

目　次

はしがき ………………………………………………………………… i

序章　日本の消費者に求められる社会的責任 ……………………… 1
　1. 環境要因の変化による消費者の変化 ……………………………1
　2. 消費を通じた社会的課題の解決という新しい消費スタイル ………2
　3. イギリスと日本における消費を通じた社会的課題解決の現状 ……3
　4. 本書の目的 …………………………………………………………4

第Ⅰ部　ソーシャル・コンシューマーに関する理論的考察

第1章　消費を通じた社会的課題の解決を分析する枠組みと
　　　　問い、研究方法 ………………………………………………… 9
　1. ソーシャル・コンシューマーへの研究アプローチ ……………9
　2. 「社会的課題と消費者」を分析する枠組み ……………………10
　3. 本書の問い …………………………………………………………12
　4. 研究方法 ……………………………………………………………13
　　4-1. 定量分析と定性分析を組み合わせた混合研究法 …………13
　　4-2. 本書で実施する定量調査 ……………………………………18
　　4-3. 本書で実施する定性調査 ……………………………………19

第2章　ソーシャル・コンシューマーの特徴と階層 ……………… 25
　1. ソーシャル・コンシューマーの特徴 ……………………………25
　　1-1. ソーシャル・コンシューマーの特徴 ………………………25
　　1-2. グリーン・コンシューマーの特徴 …………………………26
　　1-3. エシカル・コンシューマーの特徴 …………………………28
　2. ソーシャル・コンシューマーの階層 ……………………………30

2-1. ソーシャル・コンシューマーの階層 ……………………… 30
　　2-2. グリーン・コンシューマーの階層 ………………………… 32
　　2-3. エシカル・コンシューマーの階層 ………………………… 35
　3. 先行研究の示唆と分析の枠組み ……………………………………… 37
　　3-1. 先行研究の示唆 ………………………………………………… 37
　　3-2. 分析の枠組み …………………………………………………… 38

第3章　ソーシャル・コンシューマーの意思決定要因 ………… 41
　1. グリーン・コンシューマーの購買意思決定要因 ………………… 42
　　1-1. 購買意思決定要因 ……………………………………………… 43
　　1-2. 環境配慮行動に関する意思決定要因 ………………………… 46
　2. エシカル・コンシューマーの購買意思決定要因 ………………… 48
　　2-1. オーガニック商品の購買意思決定要因 ……………………… 48
　　2-2. フェアトレード商品の購買意思決定要因 …………………… 51
　　2-3. 倫理的行動に関する意思決定要因 …………………………… 52
　3. コーズ・リレイテッド・マーケティングによる寄付つき商品の
　　 意思決定要因の理解 …………………………………………………… 54
　　3-1. CRM研究における寄付つき商品 ……………………………… 54
　　3-2. CRMと消費者 …………………………………………………… 56
　　3-3. CRMと消費者意思決定 ………………………………………… 59
　　3-4. CRMの適合 ……………………………………………………… 60
　　3-5. CRMと消費者特性 ……………………………………………… 61
　4. 定量研究の分析モデル ………………………………………………… 63
　　4-1. 環境配慮型商品と寄付つき商品の分析モデル ……………… 63
　　4-2. 寄付つき商品の分析モデル …………………………………… 69

第4章　消費を通じて社会的課題の解決を行なう意味 ………… 77
　1. ソーシャル・コンシューマーの自己アイデンティティ構築の起点
　　 …………………………………………………………………………………… 78

1-1. ボランタリー・シンプリシティとは ……………………………… 78
　1-2. ボランタリー・シンプリファーの動機 …………………………… 79
　1-3. ボランタリー・シンプリファーのライフスタイル ……………… 80
　1-4. ボランタリー・シンプリファーの類型 …………………………… 83
　1-5. 先行研究の示唆とリサーチ・クエスチョンの提示 ……………… 86
 2. ソーシャル・コンシューマーの自己アイデンティティの構築と
　 その要因 ……………………………………………………………………… 89
　2-1. ソーシャル・コンシューマーの自己アイデンティティの理解 ………… 89
　2-2. ソーシャル・コンシューマーの自己アイデンティティを構築する要因
　　　 ……………………………………………………………………………… 90
　2-3. 先行研究の示唆とリサーチ・クエスチョンの提示 ……………… 97
 3. 抵抗による自己アイデンティティの構築 ………………………… 101
　3-1. アンチ・コンサンプションとは …………………………………… 101
　3-2. 消費者の抵抗 ………………………………………………………… 102
　3-3. 先行研究の示唆とリサーチ・クエスチョンの提示 …………… 105
 4. ソーシャル・コンサンプションの意味に関する分析枠組み …… 107
　4-1. 定性調査のための分析枠組み ……………………………………… 107
　4-2. 定性調査におけるリサーチ・クエスチョン …………………… 112

第Ⅱ部　ソーシャル・コンシューマーに関する定量的研究

第5章　誰がソーシャル・コンシューマーなのか？ …………… 117
 1. 既存データを用いた分析 ……………………………………………… 117
　1-1. 使用したデータと分析枠組み ……………………………………… 117
　1-2. クラスタ分析でのセグメンテーション ………………………… 118
　1-3. デモグラフィックスにおける特徴 ………………………………… 120
　1-4. ディスカッション …………………………………………………… 124
 2. オリジナルデータを用いた分析 …………………………………… 126
　2-1. 調査内容と質問項目 ………………………………………………… 126

2-2. ソーシャル・プロダクトの購買頻度によるソーシャル・コンシューマーの階層 ……………………………………………………… 127
2-3. デモグラフィックスにおける特徴 …………………………… 128
2-4. サイコグラフィックスにおける特徴 ………………………… 134
2-5. ディスカッション ……………………………………………… 139

第6章 どのようにしてソーシャル・プロダクトを購入するのか? …………………………………… 143
1. 環境配慮型商品と寄付つき商品の意思決定要因 ………………… 143
   1-1. 調査概要 ………………………………………………………… 143
   1-2. 環境配慮型商品と寄付つき商品のクラスタ別分析 ………… 144
2. 寄付つき商品の意思決定要因 ……………………………………… 154
   2-1. プレ調査によるパッケージと社会的課題の選択 …………… 154
   2-2. 本調査の概要と分析方法 ……………………………………… 157
   2-3. 分析結果 ………………………………………………………… 158
3. ディスカッション …………………………………………………… 163
   3-1. 環境配慮型商品と寄付つき商品の意思決定要因 …………… 163
   3-2. 寄付つき商品の意思決定要因 ………………………………… 165

第Ⅲ部　ソーシャル・コンシューマーに関する定性的研究

第7章 なぜ消費を通じて社会的課題を解決するのか?　1 …… 169
1. インタビュー調査の概要 …………………………………………… 169
   1-1. インタビュー調査の方法 ……………………………………… 169
   1-2. 調査項目 ………………………………………………………… 170
   1-3. グループ・インタビューの調査方法 ………………………… 170
2. 調査対象者の設定 …………………………………………………… 172
   2-1. 調査対象者選定のためのスクリーニング・アンケート …… 172
   2-2. 調査対象者のソーシャル・コンサンプションとシビック・アクションの

経験 ……………………………………………………………………… 173
3. テキストマイニングによる言葉の出現頻度と関係の分析 ……… 175
　3-1. 頻出語 …………………………………………………………… 175
　3-2. 共起ネットワークによる言葉の関連性 …………………………… 177
4. グループ・インタビューによる消費を通じて社会的課題を
　　解決する意味の解釈 ………………………………………… 181
　4-1. 自己アイデンティティ構築の起点 ………………………………… 181
　4-2. 自己アイデンティティの習慣化と抵抗による自己アイデンティティの
　　　構築 ……………………………………………………………… 188
　4-3. 周囲の自己アイデンティティの変化 ……………………………… 201
5. ディスカッション ……………………………………………… 206
　5-1. 自己アイデンティティ構築の起点 ………………………………… 206
　5-2. 自己アイデンティティの習慣化と抵抗による自己アイデンティティの
　　　構築 ……………………………………………………………… 208
　5-3. 周囲の自己アイデンティティの変化 ……………………………… 213
　5-4. デプス・インタビュー対象者の選定 …………………………… 214

第8章　なぜ消費を通じて社会的課題を解決するのか？　2 …… 217
1. 調査と調査対象者の概要 ………………………………………… 217
　1-1. 調査概要 ………………………………………………………… 217
　1-2. 調査対象者の概要 ……………………………………………… 218
2. Aの調査結果 ……………………………………………………… 219
　2-1. 自己アイデンティティ構築の起点 ………………………………… 219
　2-2. ソーシャル・コンサンプションの習慣化 ………………………… 222
　2-3. ソーシャル・プロダクトの意味 ………………………………… 226
　2-4. 抵抗による自己アイデンティティの構築 ………………………… 228
　2-5. 周囲の自己アイデンティティの変化 ……………………………… 229
3. Cの調査結果 ……………………………………………………… 232
　3-1. 自己アイデンティティ構築の起点 ………………………………… 232

  3-2. ソーシャル・コンサンプションの習慣化 ………………………………… 237
  3-3. ソーシャル・プロダクトの意味 ……………………………………… 240
  3-4. 抵抗による自己アイデンティティの構築 …………………………… 244
  3-5. 周囲の自己アイデンティティの変化 ………………………………… 245
 4. ディスカッションと定量分析のためのモデル構築 ………………… 247
  4-1. ディスカッション ……………………………………………………… 247
  4-2. 定量研究への示唆 ……………………………………………………… 253

第Ⅳ部　混合研究法によるソーシャル・コンシューマーの理解

第9章　どのようにしてソーシャル・プロダクトを購入し、なぜ消費を通じて社会的課題を解決するのか？ ……… 261

 1. 調査概要 ……………………………………………………………………… 261
 2. 全体分析 ……………………………………………………………………… 262
  2-1. 環境配慮型商品 ………………………………………………………… 262
  2-2. 寄付つき商品 …………………………………………………………… 262
  2-3. 応援消費 ………………………………………………………………… 267
  2-4. 全体分析の結果 ………………………………………………………… 267
  2-5. ディスカッション ……………………………………………………… 270
 3. 環境配慮型商品と寄付つき商品、応援消費のグループ別分析 … 273
  3-1. ソーシャル・コンサンプションの頻度による階層化 …………… 273
  3-2. デモグラフィクスにおける特徴 ……………………………………… 274
  3-3. 意思決定要因の違い …………………………………………………… 276
  3-4. 商品とグループにおける意思決定要因の比較 …………………… 280
 4. 定性調査を用いたディスカッション …………………………………… 281
  4-1. 潜在的ソーシャル・コンシューマー層の社会的望ましさによる
    バイアスの除去 ………………………………………………………… 281
  4-2. ソーシャル・プロダクトへの意識 …………………………………… 287
  4-3. 寄付自体への懐疑的思考と寄付つき商品 …………………………… 288

5. ソーシャル・コンシューマー層の拡大に向けて ………………… 290
　　　5-1. ソーシャル・コンシューマーの起点の創出と習慣化 ……………291
　　　5-2. 懐疑的思考と陰徳の軽減 ……………………………………………293
　　　5-3. 無関心層へ向けて ……………………………………………………295

終章　消費者の社会的責任の理解 …………………………………… 299
　1. 消費者の社会的責任の理解 …………………………………………… 299
　　　1-1. 2つの世代のソーシャル・コンシューマー ……………………… 299
　　　1-2. 「投票としての消費」という消費者の社会的責任 ………………… 301
　　　1-3. 世間の枠組みでの消費者の社会的責任の理解 ……………………305
　2. 本書の貢献と今後の課題 ……………………………………………… 308
　　　2-1. 本書の貢献 ……………………………………………………………308
　　　2-2. 本書の課題 ……………………………………………………………311

あとがき ……………………………………………………………………… 315
参考文献 ……………………………………………………………………… 319
主要索引 ……………………………………………………………………… 345
添付資料：巻末表 ……………………………………………………………… 350

序　章　日本の消費者に求められる社会的責任

1. 環境要因の変化による消費者の変化

　現在の日本では、市民や企業をはじめ、消費者も社会的課題の解決に関わるようになった。日本人の社会的課題解決の意識を変化させるきっかけとなったのが、阪神・淡路大震災である。この震災は日本人に市民が行なう社会貢献活動の重要さを問いかけ、のちに震災のあった1995年は「ボランティア元年」と呼ばれるようになった。1998年に政府は「特定非営利活動促進法」を制定し、制度面から市民の自由な社会貢献活動を推進した。このような変化を受けて、日本人の市民としての社会的課題への意識は変化した。2015年度の内閣府の「社会意識に関する世論調査」では、およそ6割の人が社会のために役立ちたいと回答している。また、2018年5月31日現在、日本には5万を超えるNPO法人が存在している。

　日本の企業社会では、2003年が「CSR元年」といわれ、多くの日本企業が社会的課題への関わりを「CSR報告書」や「サステナビリティ・レポート」といったかたちで社会に発信するようになった。東洋経済新報社は2007年よりCSR企業ランキングを開始し、優れたCSR活動を行なっている企業を評価するようになった。現在、企業がCSR活動を通じて、社会的課題の解決を図るのは、日本の企業社会の中で定着した取り組みとなっている（谷本, 2013）。

　このように市民と企業が変化する過程の中で、東日本大震災が発生した。東日本大震災は、市民の社会貢献活動の重要性を日本人に再認識させた。震災発生前年の2010年には、日本の個人寄付総額は4,874億円で金銭寄付者率33.7%であったのに対し、2011年には総額10,182億円で寄付者率68.6%と、その金額と割合が増大した（日本ファンドレイジング協会, 2012）。

　東日本大震災は、日本人の社会的課題の解決への市民としての意識を向上させただけではなく、消費者としての意識を芽生えさせた。震災の影響で福島第

一原子力発電所がメルトダウンしたことで、特に小さい子どもがいる家庭は、放射能に汚染されておらず、農薬を使用しないオーガニック食品を購入するようになった。また東京電力圏内で計画停電が実施されたことで、節電意識が高まり、従来の商品よりも電力消費量の少ない家電などの環境配慮型商品を消費者は進んで購入するようになった。

このように東日本大震災は、日本の消費者の購買意思決定の基準の1つに社会的課題の解決を加えさせた。つまり、現在の日本の消費社会は、消費を通じて社会的課題の解決を図るソーシャル・コンシューマー（socially responsible consumer）の萌芽期に入り、今後は消費者としての社会的責任が求められることが予測される。

2. 消費を通じた社会的課題の解決という新しい消費スタイル

消費を通じて社会的課題の解決を図ることができる商品やサービスをソーシャル・プロダクト（socially responsible product）と呼ぶ[1]。ソーシャル・プロダクトには、上述したオーガニック商品や環境配慮型商品だけでなく、フェアトレード商品や寄付つき商品もそれに含まれる。東日本大震災前に環境配慮型商品は、政府の施策であるエコ・ポイント制度により、自動車などを中心として、その普及が図られた。その一方、オーガニック商品やフェアトレード商品は、ビジネスを通じて社会的課題の解決を図るソーシャル・ビジネスがそれらの普及を推進していた[2]。寄付つき商品は、ボルヴィックとユニセフによる「1ℓ for 10ℓ」キャンペーンが成功したことで、それと同様のキャンペーンを展開する企業も増えつつあった[3]。このように震災前は、消費を通じて社会的課題の解決を図るという消費スタイルは限定的にしか提供されておらず、それを購入するのはごく一部のソーシャル・コンシューマーに過ぎなかった。

しかしながら、震災後、ソーシャル・プロダクトを製造・販売する企業が増加したことで、それを購入する消費者も増加した。実際、SoooooS.（http://sooooos.com）はインターネットサイトの開設当初はソーシャル・プロダクトの紹介のみを掲載していたが、震災後、消費者の要望に応える形で、直接ソー

シャル・プロダクトが購入できるようにサイトをリニューアルした。寄付つき商品は、震災直後から多くの企業により被災地支援の義援金を集める手法として用いられた。このような被災地支援の取り組みは、日本の消費社会に「応援消費」という新たな消費スタイルを登場させた (Stanislawski, Ohira and Sonobe, 2015)。2016 年 4 月に発生した熊本地震でも各地で応援消費が行なわれ、災害の復興を消費を通じて支援する消費スタイルとして日本に定着しつつある。

3. イギリスと日本における消費を通じた社会的課題解決の現状

　イギリスでは、消費を通じて社会的課題を解決する消費スタイルが社会に定着しており、その消費スタイルを実践する消費者をエシカル・コンシューマー (ethical consumer) と呼んでいる。1989 年からエシカル・コンシューマー運動を行なっている Ethical Consumer Research Association, Ltd. は、1999 年からイギリスでの倫理的消費の規模を推定している。それによると、1999 年は市場規模が 13,046 百万ポンドであったのに対し、2013 年には 80,257 百万ポンドとおよそ 6 倍に拡大したと報告している[4]。またこの団体は、*Ethical Consumer Magazine* を発行し、エシカル・プロダクト (ethical product) のガイドやランキングを掲載している。

　日本では、ソーシャル・プロダクトの市場規模を推定している団体は、今のところ存在しない。ただし、その普及のための団体として、2012 年に(一般社団法人)ソーシャルプロダクツ普及推進協会が発足し、ソーシャルプロダクツ・アワードを実施している[5]。また行政は倫理的消費の重要性に着目し、2015 年より消費者庁に「倫理的消費」調査研究会が設けられ、倫理的消費(エシカル消費)を推進するための取り組みが検討されている[6]。さらにそれらを書籍の形で体系的に理解する試みもなされるようになっている(デルフィス エシカル・プロジェクト編, 2012；山本・中原編, 2012；野村・中島・デルフィス・エシカル・プロジェクト, 2014)。

4. 本書の目的

　研究側からみると、ソーシャル・コンシューマーに関する体系的な理解は、日本ではそれほど進んでいない。欧米では、マーケティングや消費者行動を研究する研究者が共編著の形でその理解のための体系化が行なわれている（Harrison, Newholm and Shaw, ed., 2005；Devinney, Auger and Eckhardt, 2010）。それ以外の分野でも体系的な理解を図るための試みがなされている（Crocker and Linden, ed., 1998；Carrier and Luetchford, ed., 2012）。Lewis and Potter, ed. (2011) や Shaw, Chatzidakis and Carrington, ed. (2016) は、消費を通じた社会的課題の解決はマーケティングや消費者行動研究の枠組みだけに収まらず、他の研究分野の知見も取り入れて体系的な理解を図っている。

　その一方、経済学や心理学、社会学の分野では、グリーン・コンシューマーや環境配慮行動に対して体系的な理解が進んでいる（広瀬, 1995；杉浦, 2003；広瀬編, 2008；大石, 2015；間々田編, 2015；村上, 2016）。ところが、マーケティングや消費者行動研究では、近年では論文レベルでの蓄積は進みつつあるものの（玉置, 2014；西尾・石田, 2014；芳賀・井上, 2014；李, 2014）、書籍の形で体系的に消費を通じた社会的課題の解決を扱ったものはない。消費者の環境配慮行動は、先駆的な研究として、この分野の第1人者ともいえる、西尾（1999）の研究がある。コーズ・リレイテッド・マーケティングは、世良（2014）によって体系的な理解がなされている。本書は、両者の試みを統合し、さらにそれの枠組みを広げて体系的な理解が進むことを意図して書かれたものである。なぜなら、環境配慮行動やコーズ・リレイテッド・マーケティングは、多様な社会的課題を解決する方法の部分的解決であり、社会には解決すべき課題は、それ以上にあふれているからである。本書も、すべての消費を通じた社会的課題の解決を検討しているわけではない。ただし、本書にはより多様な先行研究で検討されている社会的課題の解決方法の結果から消費者の社会的課題解決の重要性を踏まえ、消費者の社会的責任という枠組みの中での消費を通じた社会的課題の解決を検討するという特徴がある。

注

(1) Kotler の著作からは、現在ソーシャル・プロダクトという概念はなくなっている。Kotler and Roberto（1989）では、ソーシャル・マーケティングによって提供される製品をソーシャル・プロダクト（social product）と呼んでいた。ソーシャル・プロダクトは、社会的アイディア（信念・態度・価値）と社会的実践（行為・行動）、有形のものから構成されるとしていた。その一方、Kotler, Roberto and Lee（2002）の第2版以降、ソーシャル・プロダクトという概念はなくなっている。その代わりに、ソーシャル・マーケティング・プロダクトという概念が提示され、それは核となる製品（行動の実践から得られる便益）と実際の製品（モノやサービス、あらゆる特別な製品の特徴）、拡張した製品（行動を実践する際に補助する追加的な製品の要素）という3つのレベルから構成しているとしている。このような3つの要素は、Kotler and Keller（2015）$Marketing\ Management,\ 15^{th}\ ed.$ の製品の説明と同じ内容となっている。つまり、Kotler は一般的なマーケティング・マネジメントにおける製品の考え方を一般化できるものであると考え、それをソーシャル・マーケティングにも適用したと考えられる。なお、最近の研究では、Auger, Burke, Devinney and Louviere（2003）は social products という言葉を用いている。

(2) オーガニック商品を推進している代表的なソーシャル・ビジネスとしてオイシックス・ラ・大地（https://www.oisixradaichi.co.jp）、フェアトレード商品ではピープル・ツリー（http://www.peopletree.co.jp/index.html）を展開するフェアトレード・カンパニーがある。ソーシャル・ビジネスは谷本編（2015）を参照。

(3) 例えば、森永製菓と（公財）PLAN JAPAN、認定 NPO 法人 ACE による「1チョコ for 1スマイル」(http://www.morinaga.co.jp/1choco-1smile/)や王子ネピアとユニセフによる「千のトイレプロジェクト」（https://1000toilets.com）などがある。

(4) 具体的な商品ごとの推移は Ethical Consumer Research Association（http://www.ethicalconsumer.org）を参照。さらにこの団体は、2017年から $Journal\ of\ Consumer\ ethics$ を発行している。

(5) 詳細はソーシャルプロダクツ普及推進協会（http://www.apsp.or.jp）を参照。

(6) 詳細は「倫理的消費」調査研究会（http://www.caa.go.jp/policies/policy/consumer_education/consumer_education/ethical/study_group/）を参照。

第 I 部

ソーシャル・コンシューマーに関する理論的考察

要約

　第 I 部では、消費を通じた社会的課題の解決に関する先行研究の検討を通じて、第 II 部・第 III 部で行なう実証研究のための分析枠組みを構築する。第 1 章では、消費を通じた社会的課題の解決を分析するための枠組みを提示する。その枠組みに基づいて、本書で検討する問いを示し、その問いに答えるための研究方法を述べる。

　欧米のソーシャル・コンシューマーに関する研究は、1970 年頃からはじまり、当初の研究ではソーシャル・コンシューマーの特徴が検討された。その後、1990 年代から 2000 年代にかけて、主にデモグラフィック変数とサイコグラフィック変数を用いて、消費者の中からソーシャル・コンシューマーの特徴を抽出するという研究が行なわれるようになった（第 2 章）。その後は、ソーシャル・コンシューマーがどのような意思決定プロセスを経て消費行動をしているのかに関する研究が主流となっている（第 3 章）。さらに近年では、ソーシャル・コンシューマーが消費を通じて社会的課題を解決する意味を問う研究が増えつつある（第 4 章）。

第1章
消費を通じた社会的課題の解決を分析する枠組みと問い、研究方法

1. ソーシャル・コンシューマーへの研究アプローチ

　ソーシャル・コンシューマーに関する先行研究には、消費を通じて社会的課題の解決を行なう消費者をどのような名称で捉えているのかという点から整理することができる。それらは「社会的課題」、「環境的課題」、「倫理的課題」という3つから消費者との関係を扱った研究に大別することができる。「社会的課題と消費者」では3つの消費者に関する概念[7]、「環境的課題と消費者」では7つの概念[8]、「倫理的課題と消費者」では2つの概念[9]がそれぞれ使用されている。

　概念の具体的な定義を行なっている研究は数少ないが、「社会的課題と消費者」では、Webster（1975）が socially conscious consumer を「私的消費の公共への帰結を考慮する、あるいは社会変革をもたらすために購買力を利用しようとする消費者」と定義している。Roberts（1995）は socially responsible consumer を「環境へ正あるいは負の影響をもたらすことを認識する、あるいは現在の社会的関心を表現するために購買力を使用して製品やサービスを購入する人々」と定義している。本書では、この分野の研究を socially responsible consumer という用語を用いて、ソーシャル・コンシューマーに関する研究と表現する。

　「環境的課題と消費者」では、Roberts（1996b）が ecologically conscious consumer を「環境への正の影響がある（あるいは負の影響が少ない）ことを認識

して製品やサービスを購入する人たち」と定義している。本書では、この分野の研究を green consumer という用語を用いて、グリーン・コンシューマーに関する研究と表現する。

「倫理的課題と消費者」では、Cowe and Williams（2001）が ethical consumer を「製品やサービスを選択する際に、環境あるいは倫理的配慮によって影響される人々」と定義している。本書では、この分野の研究を ethical consumer という用語を用いて、エシカル・コンシューマーに関する研究と表現する。

2. 「社会的課題と消費者」を分析する枠組み

本書では、消費を通じて社会的課題を図る消費者をソーシャル・コンシューマーと定義する。しかし、上述したように社会的課題と消費者との関係を扱った研究では、統一した概念が使用されているわけではない。ソーシャル・コンシューマーに関する研究は個別分野では研究が蓄積されているものの、広く社会的課題と消費者という枠組みを設けて既存研究をみると、概念の統一などを含めて、残された課題の多い領域なのである。

「社会的課題と消費者」の関係を扱った研究は、当初の研究では社会的意識の高い（socially conscious）消費者を捉える研究が行なわれていた[10]。その後、社会的課題と消費者に関する研究では、消費を通じて環境的課題を解決するグリーン・コンシューマー、倫理的課題を解決するエシカル・コンシューマーに焦点が移っている。

「環境的課題と消費者」では、Diamantopoulos, Schlegelmilch, Sinkovics and Bohlen（2003）が先行研究を整理し、この分野では心理学や社会学、政治学、環境研究、経営学、マーケティングという多分野から研究が行なわれていると指摘している。中でも、心理学での研究では、社会心理学の一分野として環境心理学という分野も確立している（広瀬編, 2008）。具体的な研究の内容は、①環境配慮行動に関する研究（リサイクルや廃棄物処理といったゴミ問題など）、②市場細分化の手法を用いて環境配慮を行なう消費者の識別に関する研究、③

ボランティア団体などの組織や他者が環境配慮行動に影響を与える研究などである。

「倫理的課題と消費者」では、一般にマーケティングと消費者行動の分野で行なわれている研究である。Newholm and Shaw（2007）は、①市場細分化の手法を用いたエシカル・コンシューマーの識別、②消費者意思決定・情報・複雑性・道徳、③倫理的消費文化の広がり、④倫理的消費と非倫理的消費、⑤倫理的消費の政治学、⑥個人としての消費者行動・市民性・集合行為、⑦ソーシャル・コンシューマーの育成、⑧「エシカル・プロダクト」市場の成長における消費という点から研究が行なわれてきたと指摘している。Vitell（2003）は、Hunt-Vitell Model という倫理的課題に対する個人の意思決定プロセスモデルを検証する研究も数多く行なわれていると指摘している[11]。

以上の2つの枠組みからの社会的課題と消費者に関する研究は、重複する部分があると数多くの研究で指摘されている[12]。実際、この領域の初期の研究である Anderson and Cunningham（1972）や Webster（1975）、Brooker（1976）は倫理的課題と環境的課題を含んだ、社会的課題に関心のある消費者に関する研究であった。近年では Devinney, Auger, Eckhardt and Birtchnell（2006）や Devinney, Auger and Eckhardt（2010）がエシカル・コンシューマーをより広く捉え、消費者の社会的責任（Consumer Social Responsibility：CnSR）という包括的な視点から捉える必要性を指摘している。本書でも、最終的にはこの消費者の社会的責任という枠組みから、消費者が消費を通じた社会的課題の解決する際の責任を検討する。

このように先行研究では、それぞれ個別分野で社会的課題が検討されたことで研究が深化してきたというメリットがある一方で、包括的な社会的課題と消費者という視点から分析する枠組みを検討していないというデメリットがある。例えば、東日本大震災からの復興という社会的課題を解決するために消費者はどのようなことができるのかという問いについては十分な答えを導き出すことは困難であろう。つまり、多様な社会的課題への消費者の関わりを分析するためには、倫理的課題と環境的課題を個別に扱うスタイルではなく、それらを包括的に捉える枠組みが必要といえる。そこで本書では、それらを包括的に

捉えるために「社会的課題と消費者」という枠組みから、「グリーン・コンシューマー」と「エシカル・コンシューマー」を含んだ「ソーシャル・コンシューマー」に関する研究を検討することで分析枠組みを構築する。

3. 本書の問い

　本書では、次の3つのリサーチ・クエスチョンを設定し、それを理論的・実証的に検討する。

　　RQ1：「誰がソーシャル・コンシューマーなのか」
　　RQ2：「どのようにしてソーシャル・プロダクトを購入するのか」
　　RQ3：「なぜ消費を通じて社会的課題を解決するのか」

　RQ1は、どのような消費者をソーシャル・コンシューマーとカテゴライズできるのかに関する問いである。先行研究では、主に市場細分化の基準を用いて、ソーシャル・コンシューマーの特徴が明らかにされている。本書では、定量調査を用いて、日本の消費者の中で、どのような消費者がソーシャル・コンシューマーであり、そのような消費者がどのくらいの割合で日本に存在しているのかを明らかにするための問いである。
　RQ2は、ソーシャル・コンシューマーがいかなる要因でソーシャル・プロダクトの購入を決定するのかに関する問いである。先行研究では、ソーシャル・プロダクトの購入を決定する多様な要因が明らかにされている。本書では、定量調査を用いて、環境配慮型商品と寄付つき商品の意思決定要因を実証的に分析し、それら要因の違いを検討する。また寄付つき商品については、日本の消費者の特徴を踏まえて、独自の要因を加え、さらに東日本大震災以降に生まれた「応援消費」の意思決定要因も分析を試みる。ソーシャル・プロダクトには、環境配慮型商品や寄付つき商品以外に、フェアトレード商品やオーガニック商品、さらには応援消費などもそれに含まれる。RQ2は、本書では限定されるが、それら商品同士の意思決定要因を比較し、日本独自の要因を検討するための問

いである。

　RQ3は、消費を通じて社会的課題の解決を図る意味に関する問いである。先行研究では、特定の商品を避けて、敢えてソーシャル・プロダクトを購入するようになるまでの経緯など、ソーシャル・コンシューマーとしての自己アイデンティティ形成プロセスが検討されている。RQ3は、本書では定性調査を通じて、ソーシャル・コンシューマーになるまでの経緯を多面的に検討するための問いである。

4. 研究方法

4-1. 定量分析と定性分析を組み合わせた混合研究法

　本書では、ソーシャル・コンシューマーを多面的に理解するために定量調査と定性調査を組み合わせた混合研究法（Mixed Methods Research）を用いる。定量調査とは、「統計データの分析やサーベイ調査の結果をもとにした社会調査のように、数値データを中心に分析を進め、その結果については、主にグラフや数値表あるいは数式などで表現する調査」（佐藤, 2015, 117ページ）である。一方、定性調査とは、「主にインフォーマル・インタビューや参与観察あるいは文書資料や歴史資料の検討を通じて、文字テキストや文章が中心となっているデータを集め、その結果の報告に際しては、数値による記述や統計的な分析というよりは日常言語に近い言葉による記述と分析を中心にする調査」（佐藤, 2015, 117ページ）である。

　このような2つの調査について、田村（2006）は次の相違点を指摘している。それは第1に定量調査とは、数値的に捉える研究であり、それ以外はすべて定性的調査と述べ、定量調査は量的変数を扱うと述べている。第2にデータとして利用できる分析単位の観察数であり、定量調査は観察数が多く、定性調査は観察数が1つということもあると述べている。

　Belk, Fischer and Kozinets（2013）では、定量調査と定性調査には、4つの違いがあると指摘している（表1-1）。「データの性質」と「潜在的な要因の性質と

表1-1 定性調査と定量調査の違い

	定性調査	定量調査
データの性質	資格と言語に基づいて詳細に記録する	反応を数値のかたちにする
コンテクストとの関連性	一般に、結果は、特定の時間、場所、人、文化に特有であると考える	一般に、結果は、コンテクストや文化とは無関係で、一般化されると考えられる
潜在的な要因の性質とコントロール	観察と議論の対象となる行動を形成する多様な要因を、ありのままに描き出すことが理想とされる	理想的な状況がコントロールされており、シンプルな因果推論を可能にすべく、変数は操作化もしくは尺度化されている
調査道具として重要なもの	調査者自身が調査道具であり、信頼に基づいた洞察を得るために、対人スキルとラポール（訳注：調査相手と築く信頼関係のこと）が用いられる	調査者の存在は調査相手からは極力見えないようにして構造化された尺度や選択肢に対する反応に依存する

出所：Belk, Fischer and Kozinets（2013）邦訳、5ページ。

コントロール」は、田村（2006）の指摘と同様であるが、それ以外の2つの点は、定性調査の特徴が理解できる違いである。「コンテクストとの関連性」は、質的研究の調査結果が特定の時間や場所、人、文化ごとに異なるという点であり、詳細は後述するが定性調査の結果を記述する際にはその調査対象の文化といったコンテクストを含めて結果を考える必要があるという点である。「調査道具として重要なもの」については、調査者自身が調査道具となる点であり、定量調査とは大きく異なる点である。

このように定量調査と定性調査の違いが指摘される一方で、社会科学の研究ではそれらが二極化する傾向がある（田村, 2006）。特に田村（2006）が指摘するように定量調査に携わる研究者が定性調査を行なうこと、またその逆も稀であるという。実際、政治学の分野では、その二極化が進み、定性調査を用いた研究を定量調査を用いた研究の枠組みから捉えるという試みもなされている（King, Keohane and Verba, 1994）。

定量調査を中心に研究が行なわれている医学や看護学などの分野で、そのような二極化を一元化する試み、量的調査では説明できない現象を定性調査を組み合わせて明らかにする混合研究法を用いた研究が多く行なわれるようになった[13]。それに伴い、多くのテキストも販売されている[14]。混合研究法とは、研

究方法論と考えられている（Creswell and Clark, 2007）。Creswell and Clark (2007) は、混合研究法を哲学的過程と探求の研究手法を持った調査研究デザインであると捉えている。その上で、「研究方法論として、データ収集と分析方向性、そして調査研究プロセスにおける多くのフェーズでの質的と量的アプローチの混合を導く哲学的仮定を前提とする。また研究手法として、1つの研究、または順次的研究群での量的かつ質的データを集め、分析し、混合することに焦点を当てる。さらに、その中心的前提は、量的・質的アプローチ共に用いる方が、どちらか一方だけを用いるよりもさらなる研究課題の理解を生むことである」（Creswell and Clark, 2007, 邦訳 5～6 ページ）と述べている。

Creswell and Clark (2007) は、データを混合するには「データの統合」と「データの結合」、「データの埋め込み」という3つの方法があると述べている（図 1-1）。「データの統合」は、2つのデータセットをすべて統合して、あるいは収束して結果を得る方法である。「データの結合」は、1つのデータセットの上にもう1つのデータセットを積みあげて結果を導く方法である。「データの埋め込み」は、1つのデータセットの中にもう1つのデータセット埋め込むことで、埋め込まれたデータセットはもう一方のデータセットの支援的役割をすることになる方法である。このような方法が提案されているのは、定量・定性どちらかの手法を用いるよりも現象やその研究課題に接近できるからである。

さらに Creswell and Clark (2007) は、単元的あるいは多元的研究による混合研究法もあると述べている（図 1-1）。単元的研究とは、量的および質的データを用いて結論を提示する研究方法である。一方、多元的研究とは、質的および量的研究を複数以上組み合わせる研究方法である。

マーケティングに関する研究の中には、混合研究法という言葉は使用されていないものの、定性調査と定量調査を組み合わせた研究が存在する（南, 1998；川上, 2005）。南（1998）は、象徴的消費における象徴と互酬性を明らかにするために婚姻儀礼について定量および定性調査を実施している。南（2008）の方法は、量的調査と質的調査から結論を導く「単元的研究」による混合研究法として理解できる。一方、川上（2005）はまず複数のケース・スタディを実施して概念モデルを構築し、質問紙による定量調査を実施している。川上（2005）の方法

図1-1 量的および質的データを混合する3つの方法と単元的あるいは多元的手法の調査研究

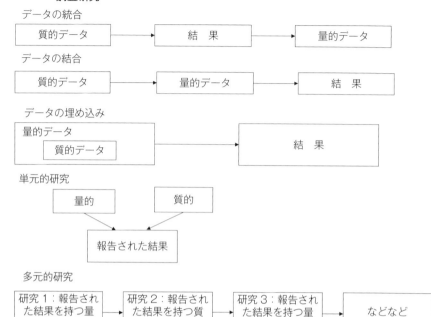

出所：Creswell and Clark（2007）邦訳、8ページ。

は、上述したデータを混合する方法の中の「データの結合」を用いた混合研究法と理解することができる。

　本書では、インターネットを通じた質問紙調査による定量調査とグループおよびデプス・インタビューによる定性調査を実施する（図1-2）。具体的には、まずリサーチ・クエスチョンの「誰がソーシャル・コンシューマーなのか？」に答えるために、2次アンケート・データとオリジナルデータを用いた定量調査を実施する。次に「どのようにしてソーシャル・プロダクトを購入するのか？」に答えるために、環境配慮型商品と寄付つき商品の意思決定要因を比較する定量調査および寄付つき商品独自の意思決定要因を明らかにするための定量調査を実施する。さらに「なぜ消費を通じて社会的課題を解決するのか？」に答えるために、グループおよびデプス・インタビューによる定性調査を実施

図1-2　本書の研究方法

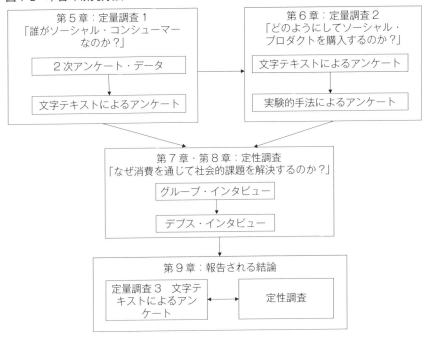

する。最後にもう一度、応援消費を加えて、アンケートによる定量調査を実施し、その結果を定性調査を利用して意思決定要因の解釈を行なう。

　中でも、RQ2に答えるために、アンケート調査による定量分析について、共分散構造分析と多母集団同時分析を実施する。共分散構造分析などの定量分析は、量的に変数間の関係を量的に検討できるが、なぜそれらに関係があるのかについては、分析者の解釈による (Brady and Collier, ed., 2004)。一方、定性分析は変数間の関係を質的に明らかにできるが、特定の個人等に調査が限られるため、客観的に関係を明らかにしたとは必ずしもいえない。本書では、それらの長所と短所を踏まえた上で、定量分析と定性分析による混合研究法を用いて、消費を通じた社会的課題の解決を体系的に理解する。

4-2. 本書で実施する定量調査

　定量調査の中のサーベイ[15]は、質問紙に自分で回答を記入する自記式と他人が記入する他記式に分類される（佐藤, 2015）。本書で使用する調査方法は、自記式サーベイのインターネット調査である。佐藤（2015）によると、インターネット調査には、他の調査法と比べて広範囲の対象者に調査が可能であるという長所がある。その一方、短所としてはパソコンや携帯電話などの情報機器にアクセスでき、かつ操作法に慣れている対象者に限定されるため、サンプルに偏りが生じやすい。このような短所が指摘されているものの、総務省（2016）によると、インターネットの人口普及率は2015年末で83％となっている。それを年齢階層別にみると、13〜59歳までは90％以上の利用率となっているが、60〜64歳になるとおよそ80％、65〜69歳はおよそ70％、70〜79歳はおよそ50％とその利用率は低下する。これを踏まえると、インターネット調査の短所を克服するためには、いわゆる高齢者を対象とした調査を実施しなければ、以前よりはサンプルの偏りを防ぐことができると判断できる。

　また、佐藤（2015）は、サーベイと実験法を比較した際の長所と短所として、実験法は因果関係を把握するのに適した手法である一方、それ以外の点はサーベイと比較して優れた方法とはいえないと指摘している（表1-2）。サーベイは調べられる事例数と調べられる時間という長所がある一方、因果関係の把握と調査にともなう対象者のバイアスには問題がある。このような短所を克服する

表1-2　実験法とサーベイ調査技法の長所と短所

	実験法	サーベイ
因果関係の把握	◎	△
調べられる事例数	△	◎
社会生活に対する調査者の近さ	×	×
調べられる時間の幅	×	○
調査にともなう、対象者の生活干渉によるバイアス	×	△

　◎：特に優れている　○：優れている　△：問題がある　×：かなり問題がある
　出所：佐藤（2015）49ページの一部を使用。

ために、本書では、調査対象とする内容をテキストベースで説明する方法と実際の画像を提示する実験的な方法の２つの方法を用いて調査を実施する。

テキストベースの調査とは、調査対象者にテキストベースの情報を提示し、それを読んだ調査対象者が自分でその内容を連想して解答する方法であり、佐藤（2015）が念頭において書いているサーベイの方法である。この方法の利点は、実際に回答してもらう内容を調査対象者自身独自の連想や判断に委ねることから、比較的手軽にアンケート調査を実施することができる。その一方、調査対象者の独自の連想と判断に委ねることから、対象者が誤った理解で回答をしてしまうと調査者の意図した回答とは異なる結果になってしまうという欠点がある。

それ以外の方法としては、テキストデータではなく、実際の調査対象となる画像や映像を提示し、そのあとにアンケート調査に回答してもらうというサーベイに実験法を組み入れた方法である。この方法の利点としては、画像や映像を利用することで、調査対象者が視覚的に調査対象をみるため、調査対象者が誤った連想や判断を回避できる一方、調査はインターネットで実施することから、携帯電話などで調査対象物をみたときには、パソコンなどと比べて、はっきりとそれを確認できないという欠点もある。ただし、インターネットを利用することから、表1-2の調べられる事例数が多くなるのと同時に、調べられる時間の幅も長くなることから、本研究ではこの方法を採用する。

4-3. 本書で実施する定性調査

4-3-1. 定性データの中の文字テキストデータ

定性調査を実施するためには、まずどのような定性データを集めて分析するのかを考える必要がある。佐藤（2008）によると、定性データには「文字テキスト中心の資料フィールドノーツ、インタビュー記録、日記・日誌、社史・人事考査関係記録・議事録、行政文書、雑誌・新聞等の記事、小説・詩・エッセイ・手記・伝記」と「非言語的情報が中心の資料（映像記録、写真、絵画・彫刻）」の２つがあるという。この中でも、文字テキスト中心の資料の中の「文字テキストデータ」は、「個人的あるいは社会的な意味の世界を明らかにしていこうとす

る際には特に重要な役割を果たすことが多い」(佐藤, 2008, 18 ページ)ことが指摘されている。

　特に質的データを分析する際には、そのデータを分析者が「翻訳」することになる。それは佐藤（2008）によると、文脈に埋め込まれた意味という点から「文化の翻訳」という作業を行なう必要があるという。これは例えば英語を日本語に翻訳する作業と似ている。辞書を使って英語をそのまま日本語に翻訳しても、おそらく単語は理解できたとしても、日本語の文章として成立するかは確かではない。近年は翻訳ソフトが普及しているが、翻訳ソフトを使って英語の文章を日本語にした場合、それをもう一度日本語の文章として成立させるための作業が必要となることが多い。このような現象が生じる理由として、佐藤（2008）は文脈を考慮して翻訳をする必要があることを指摘している。特に佐藤（2008）は考慮すべき文脈として、「特定の文章が埋め込まれている前後の文章の脈」や「段落を単位にした文脈」、「段落と段落との関係」、「特定の段落が含まれる節あるいは章の関係」、「書物全体レベルでの文脈」をあげている。また佐藤（2008）はわれわれが文字テキストデータを分析する際には、それに含まれている言葉あるいは文章が持つ意味、そしてそれから推測できる「社会的行為の意味」を重なり合った文脈に照らしてみる必要があるとも指摘している。

4-3-2. 定性調査としてのインタビュー調査

　上述した質的データ中でも文字テキストデータを収集する方法には、インタビューと投影法、記録文書、エスノグラフィー、ネトノグラフィー、観察（オンラインまたはオフライン）などがある（Belk, Fischer and Kozinets、2013）。本書はこの中でもインタビュー調査の方法を用いる。インタビュー調査には、多様な調査手法があるが、本書では、グループおよびデプス・インタビューを用いる。

　Calder（1977）によると、グループ・インタビューには、探索的アプローチ（exploratory approach）と臨床的アプローチ（clinical approach）、現象学的アプローチ（phenomenological approach）の 3 つがあると指摘している。本書はこの中の探索的アプローチと現象学的アプローチを用いる。探索的アプローチは、対象について予備知識が十分ではない領域について調べ、「前提となる事項」

を知ることを目的としている。現象学的アプローチは、ある特定のサブグループの日常生活やものの考え方から得た事柄やトピックを理解することを目的としている。

　Vaughn, Schumm and Sinagub（1996）は、探索的アプローチは後に調査で調べるべき事柄をインタビューを通じて引き出したり、その事柄が対象者の日常経験と照らし合わせて妥当な物かどうかを考えるという点で前提的なもので、調べようとする事柄について、ほとんど何もわかっていないときに行なう調査研究に有効な方法だと指摘している。そして、探索的アプローチは調べたい情報あるいは関連した予備知識を集め、構成概念を十分に理解し、仮説を立てる際に有効であるとも指摘している。一方、現象学的アプローチは、Vaughn, Schumm and Sinagub（1996）によると、探索的アプローチとは異なり、研究者はトピックについての予備知識を持っていて、トピックをより深く理解したい、以前のデータで矛盾しているので両義的であった情報を明らかにしたいというのが前提となると述べている。

　本書がこの2つのアプローチを採用するのには、理由がある。その理由はこの定性調査の後に定量調査を実施し、調査に関する混合研究法を採用して、日本のソーシャル・コンシューマーを検討するからである。まず探索的アプローチを採用するのは、上述したように欧米では定性調査を用いたエシカル・コンシューマー研究があるが、日本のソーシャル・コンシューマーが消費をする意味を定性的に明らかにした先行研究は存在しない。そのため、本書では日本のソーシャル・コンシューマーが自分が普段行なっている消費をどのように考えているのかを探索的に調査を行なう。特に定量調査を実施するために、欧米の先行研究にはない、日本独自の構成概念を発見することをインタビュー調査の1つ目の目的とする。

　ただし、われわれは日本のソーシャル・コンシューマーについて、全く何もわかっていないという状態ではない。特に何もわかっていなければ、グループ・インタビューを実施しても質問事項さえ考えることができない。日本のソーシャル・コンシューマーについては、定量調査を実施した後にインタビュー調査を実施するだけでなく、欧米の先行研究ではすでに数多くの質的調査が実

施されている。われわれが欧米の先行研究を参考に構築した分析モデルの構成概念が実際に日本人でも有効であり、それを質的にどのように考えているのかを確認することもインタビュー調査を実施する2つ目の目的である。

デプス・インタビューについては、グループ・インタビューでの欠点を補うことを目的とする。グループ・インタビューでは、グループでインタビューを行なうことから、参加者相互で他人の意見に流されてしまう可能性があるからである。そのため、グループ・インタビューを実施する際に参加者をよく観察し、本音とは異なる方法に話が進んでいないかをチェックする。その上で、より深い話が聞けそうな参加者にデプス・インタビューを依頼し、調査を実施することにする。

4-3-3. 分析方法

上述したように定性的データを分析するためには、分析者が文字テキストデータを翻訳する作業を実施する必要がある。翻訳という作業には、文脈を考慮するため、分析者の主観的な解釈を加える必要がある。日本のマーケティング、特に消費者行動研究では、アンケート調査に代表される定量データを統計的に分析するのが主流の手法となっている。一方、欧米では、消費文化理論（Consumer Culture Theory）に関連する研究に代表されるように定性データを用いた研究が盛んに行なわれており、そのための調査方法に関する書籍も出版されている（Belk, ed., 2006；Belk, Fischer and Kozinets, 2013）。消費文化理論の研究では、上述したインタビューと投影法、記録文書、エスノグラフィー、ネトノグラフィー、観察（オンラインまたはオフライン）などの定性調査の手法を用いて、分析者がその内容を翻訳する形で論文が執筆されている。そのような中でも、松井（2013a；2013b）は雑誌記事というテキストデータをソフトを用いて定量データにして定量分析を実施している。

質的データを客観的に分析するための手法として、QDA（Qualitative Data Analysis）ソフトを利用した分析が提唱されている（佐藤, 2006）。特にテキストデータを量的データにして分析を行なう、テキストマイニングという手法が提唱されている（金, 2009；松村・三浦, 2014）。経営学やマーケティングの分野でも

テキストマイニングを実施するため解説書も出版されている（上田・黒岩・戸谷・豊田編, 2005；喜田, 2008）。

　日本語のテキストデータを定量データにするためには、まずテキストを加工する必要がある。単語を単位として分析するためには、文を単語単位に切り分けないとデータの集計が不可能となる。そのために実施するのが、形態素解析である。形態素解析とは、文を単語単位に切り分け、品詞の情報を加えるなどの一連の作業を意味している（金, 2009）。日本語のテキストデータを形態素解析が実施できるソフトとして、MeCab や茶筌などさまざまなソフトが無料で提供されている。

　テキストデータを形態素解析し、その後に実施するのがテキストマイニングである。テキストマイニングを実施できるソフトには、有料の比較的高額のソフトがある一方、無料でありながら有料のソフトと同様の分析が可能な KH Coder がある（樋口, 2014）。本書では、グループ・インタビューについて、KH Coder を用いて、どのような言葉がよく発言され、どの言葉とどの言葉に関係性があるのかを定量的に分析する。これを通じて、頻出が多い言葉や言葉と言葉の関係性を把握した上で、内容を検討するトピックを設定し、その後、グループ・インタビューの内容を解釈的に記述するという方法を採用する。

注

(7) それは socially conscious consumer（Anderson and Cunningham, 1972）や socially responsible consumer（Antil, 1984）、consumer social responsibility（Devinney, Auger, Eckhardt and Birtchnell, 2006）である。

(8) それは environmentally responsible consumer（Tucker, Lewis, Dolich and Wilson, 1981）や ecologically concerned consumer（Kinnear, Taylor and Ahmed, 1974）、environmentally concerned consumer（Murphy, Kangun and Locander, 1978）、ecologically concerned consumer（Roberts and Bacon, 1997）、ecologically conscious consumer（Keesling and Kaynama, 2003）、environmentally friendly consumer（Minton and Rose, 1997）、green consumer（Roberts, 1996b）である。

(9) それは ethical consumer（Shaw and Clarke, 1999）や consumer ethics（Rawwas, Vitell and Al-Khatib, 1994）である。

(10) Anderson and Cunningham（1972）や Ward（1974）、Brooker（1976）、Fisk（1973）、Webster（1975）がある。

(11) エシカル・コンシューマーに関する初期の研究として、Vitell に関する一連の研究をあげることができる。Hunt and Vitell（1986；2006）は、「マーケティング倫理の一般理論（the general theory of marketing ethics）」を示している。この研究モデルでは、義務論（Deontology）と目的論（Teleology）を用いて、倫理的な消費者行動プロセスに関する Hunt-Vitell モデルを提示している。
(12) 重複を指摘した研究として、Roberts（1995）や Leigh, Murphy and Enis（1988）、Shaw and Shiu（2002；2003）、Harrison, Newholm and Shaw, ed.（2005）、Newholm and Shaw（2007）、Devinney, Auger and Eckhardt（2010）がある。
(13) 実際、日本混合研究法学会が設立され、2015 年にはじめての年次大会が開催されている。
(14) 例えば、Creswell（2003）や Creswell and Clark（2007）、Greene（2007）などがある。
(15) 佐藤（2015）が「サーベイ」という言葉を使用する理由は、「アンケート」とは和製仏語であり、それは質問紙を使う調査だけでなく、電話による調査や調査対象者に直接面談して行なう調査あるいはインターネット調査を含む総称として使用しているからである。

第2章
ソーシャル・コンシューマーの特徴と階層

　本章では、ソーシャル・コンシューマーが、どのような消費者なのかを理論的に考察する。具体的には、ソーシャル・コンシューマーの特徴を先行研究の検討を通じて、理論的に考察する。ソーシャル・コンシューマーに関する先行研究では「ソーシャル・コンシューマーは誰なのか」という問いに答える形で研究が行なわれている。より具体的には、ソーシャル・コンシューマーに関する先行研究は、市場細分化の基準となる変数を用いて、ソーシャル・コンシューマーがどのような特徴を持っているのかに関する研究と理解できる。

　第1章でも述べたように、社会的課題の解決と消費者に関する先行研究は、社会的課題の解決を図る消費者をソーシャル・コンシューマー、環境的課題の解決を図る消費者をグリーン・コンシューマー、倫理的課題の解決を図る消費者をエシカル・コンシューマーと捉えられている。以下では、その3つの社会的課題の解決と消費者に関わる概念に基づいて先行研究を検討する。

1. ソーシャル・コンシューマーの特徴[16]

1-1. ソーシャル・コンシューマーの特徴

　ソーシャル・コンシューマーの特徴に関する先行研究は、すべての研究がアメリカの消費者をサンプルとして行なわれたものである。Anderson and Cunningham（1972）やWebster（1975）、Brooker（1976）、Antil（1984）は回帰分析の手法を用いて、ソーシャル・コンシューマーの特徴を検討している。これら

の研究では、説明変数として、Anderson and Cunningham (1972) は Berkowitz and Lutterman (1968) の研究を応用した社会的責任スケール (social responsibility scale)、Webster (1975) は社会的意識インデックス (socially conscious consumer index) と社会的責任スケール (social responsibility scale)、Brooker (1976) はリン酸塩洗剤と無鉛ガソリン、エコロジー製品の購買、Antil (1984) は社会的責任消費行動スケール (socially responsible consumption behavior scale) をそれぞれ用いて、ソーシャル・コンシューマーの属性を特定化している。

　これらの研究の大半では、デモグラフィック変数がソーシャル・コンシューマーを特徴づけると指摘している。Anderson and Cunningham (1972) やWebster (1975)、Brooker (1976)、Antil (1984) はさまざまなデモグラフィック変数を用いて分析を行なっているが、有効な変数は限定的なものとなっている。具体的なデモグラフィック変数としては、家長の職業、社会経済的地位、家長の年齢 (Anderson and Cunningham, 1972)、教育、性別、収入 (Webster, 1975)、子どもの数 (Brooker, 1976)、人口密度と都市化の程度 (Antil, 1984) などが指摘されている。それ以外の変数としては、有効性評価が影響を与えると指摘している研究もある (Webster, 1975; Antil, 1984; Webb, Mohr and Harris, 2008)。ソーシャル・コンシューマーに関する先行研究から、その特徴をまとめると、ソーシャル・コンシューマーは都会に住み、高収入であり、職業や社会的地位が高い人であると判断することができる (表2-1)。

1-2. グリーン・コンシューマーの特徴

　グリーン・コンシューマーに関する研究は、最も研究蓄積が多い。調査を行なっている国もアメリカだけでなく、カナダやイギリス、日本、インドといったように多岐にわたっている。グリーン・コンシューマーの特徴に関する研究では、多様な分析手法を用いて、その特徴を検討しているが、中でも回帰分析を用いてその特徴を明らかにしている研究が多い。これらの研究では、グリーン・コンシューマーを特徴づける要因として、エコロジーへの関心 (Kinnear, Taylor and Ahmed, 1974) や環境意識が高い消費者行動スケール (ecologically

表2-1 ソーシャル・コンシューマーの特徴

研究者名	特徴
Anderson and Cunningham（1972）	比較的、高い社会職業的地位と社会経済的地位にある前中年の成人である。
Webster（1975）	社会的責任行動を高い割合で実践しており、コミュニティ活動に深く携わる「コミュニティの中心」にいる人ではない。彼、いやむしろ彼女は「好意的に受け入れられている」だけでなく、社会的責任についての自分自身の基準が一致する購買行動を好んで実施する。彼女は他人の価値や行動を判断する準備が少なからずできており、ビジネスが巨大な力を持つと思っており、彼女より社会的意識の低い人と比べ、収入が多い傾向がある。
Brooker（1976）	より心理的に健康であり、さらに社会の中で他者のニーズを認識し行動する人である。
Belch（1982）	フィランソロピーへの気質を持つのと同様に、アウトドアでの活動に最も関心のある身体的に活発な個人であり、この人たちは家族を大切にし、リベラルで、自信家である。
Antil（1984）	デモグラフィック・社会経済的セグメントを超えた集団であり、都市に住み、コミュニティ活動に積極的に参加する傾向があるが、社会的に活動的ではなく、よりリベラルである。彼らは近隣に影響を与えると自分で認識しているが、彼らは強力なリーダーではなく、むしろ他者の個人的価値や態度を「後押し」しようとする。

conscious consumer behavior scale）（Roberts, 1996b；Straughan and Roberts, 1999）、環境知識スケール（environmental knowledge scale）と環境態度スケール（environmental attitudes scale）、リサイクル行動スケール（recycling behavior scale）、政治的行動スケール（political action scale）、購買行動スケール（purchasing behavior scale）（Diamantopoulos, Schlegelmilch, Sinkovics and Bohlen, 2003）、環境への意識と知識、環境への態度、環境行動（環境配慮行動に従事する割合と頻度）（Jain and Kaur, 2006）、グリーン・コンシューマー行動意向（大石, 2009）が用いられている。

　上田・小笠原（1992）や田口・坂上（2002）、古木・宮原・山村（2008）は、コンジョイント分析を用いて、エコロジー商品を購入する消費者の特徴を明らかにしている。Murphy, Kangun and Locander（1978）は、ペーパータオルとソフトドリンク、洗濯洗剤を用いて、人種の違いと環境配慮行動の関係を分析している。Laroche, Bergeron and Barbaro-Forleo（2001）は、デモグラフィック（性

別、婚姻、子どもの有無）と態度（環境問題の重要性、環境配慮の重要性、企業の責任のレベル、環境配慮の不便さ）、行動（リサイクル、購買時に環境問題を考える、環境に害を与える製品の購入）、価値（集合主義、安全性、楽しさ、個人主義）から、環境配慮型商品を購入する消費者の特徴を明らかにしている。

　グリーン・コンシューマーの特徴に関する研究でも、デモグラフィック変数がそれを特徴づける変数であると指摘している研究が多い。グリーン・コンシューマーを識別する上で、有効なデモグラフィック変数は、年齢や性別、収入、教育、職業、社会階層、婚姻、子どもの有無、子どもの数など多岐にわたる。それ以外のグリーン・コンシューマーを特徴づける変数としては、有効性評価や態度、行動、環境への意識、関心・知識などがある。

　Roberts（1996b）は、1990年代のグリーン・コンシューマーの特徴は1980年代と異なってきており、デモグラフィック変数より、態度変数の方が説明力が高く、具体的には環境問題解決への寄与（有効性評価）が大きな影響を与えていると指摘している。Straughan and Roberts（1999）は、サイコグラフィック変数の方がデモグラフィック変数よりも、市場細分化の基準としてふさわしいとも指摘している。Diamantopoulos, Schlegelmilch, Sinkovics and Bohlen（2003）は、社会・デモグラフィック変数は環境への知識と態度を用いることで、イギリスの消費者をグリーン・コンシューマーとして識別できると指摘している。

　先行研究でグリーン・コンシューマーの特徴を具体的に述べているのをまとめたのが、表2-2である。アメリカ人やカナダ人を対象とした研究では、グリーン・コンシューマーは高学歴・高収入で、女性の既婚者で持ち家に住み、子どもがいる人であると理解することができる。日本人では、中高年齢層で、主婦であり、世帯収入が高い傾向があると理解することができる。

1-3. エシカル・コンシューマーの特徴

　エシカル・コンシューマーの特徴に関する研究は、ソーシャル・コンシューマーとグリーン・コンシューマーに関する研究とは異なり、アメリカの消費者を対象とした研究が少なく、世界中の消費者を扱っているのが特徴である。こ

表2-2 グリーン・コンシューマーの特徴

研究者名	特徴
Kinnear, Taylor and Ahmed (1974)	汚染に対する有効性評価が高く、新しいアイディアを受け入れやすく、働く意味を理解する必要性を感じており、知的好奇心を高めるニーズがあり、個人的安全を得るニーズを持っており、$15,000以上の年収がある。
Murphy, Kangun and Locander (1978)	上中流階級の白人が環境への関心やエコロジーに敏感である。また年が若く、職業上の地位があり、高学歴である。
上田・小笠原 (1992)	製品に対する消費者のエコロジー意識は高かったが、スーパーマーケットの店舗選択レベルではほとんど意識されていない。
Laroche, Bergeron and Barbaro-Forleo (2001)	女性で既婚であり、持ち家に住み、少なくとも子どもが一人いる。その人は今日のエコロジー問題が逼迫していて、企業が環境に対して責任のある行動をしていない、またエコロジーに優しいファッションに関する行動は重要であり、それらは便利的でないと述べている。このような人は安全性と他者との良好な関係に重きを置き、購買時に環境問題について考える人たちである。
田口・坂上 (2002)	年齢別では中高年層、職業別では主婦が環境にやさしい紙を購入する意思が強い。
Jain and Kaur (2006)	環境への態度と行動には、男女間に違いがある。女性は環境配慮型商品、環境行動の有効性評価、環境保全行動、環境配慮型商品を購買する頻度、環境活動の参加を好意的に受け入れるという点で男性とは異なる。
古木・宮原・山村 (2008)	環境配慮商品の購買は一様ではなく、いくつかのカテゴリーに分類することができ、また、カテゴリーごとに好む商品イメージが異なる。
大石 (2009)	1993〜2000年にかけて、女性層、高年齢層にグリーン・コンシューマー意識が浸透していった。グリーン・コンシューマー行動意図は高所得者ほど高い傾向がみられるが、低所得者層にも広がっている。税意識とグリーン・コンシューマー行動意図は関連がある。

れらの研究では、Hunt and Vitell (1986) の「マーケティング倫理の一般理論」の枠組みに基づき、Muncy and Vitell (1992) や Vitell and Muncy (1992) が開発した消費者倫理スケール (consumer ethical scale) を使用した研究が大半を占めている[17]。

分析手法としては、MANOVAと重判別分析を用いたものが多い。具体的には、性別や教育、婚姻、職業、年齢といったデモグラフィック変数と消費者倫理スケール、マキャベリズム、理想主義、相対主義という変数を用いて、国ごとの倫理的意識の違いを明らかにしている。

Erffmeyer, Keillor and LeClair（1999）は、日本人をデモグラフィック変数によって分類し、消費者倫理スケールやマキャベリズム、理想主義、相対主義が影響する程度を測定している。Polonsky, Brito, Pinto and Higgs-Kleyn（2001）は、消費者倫理スケールの視点から、北ヨーロッパ（ドイツ、デンマーク、スコットランド、オランダ）と南ヨーロッパ（ポルトガル、スペイン、イタリア、ギリシア）の学生の倫理的意識の違いを明らかにしている。Auger, Devinney and Louviere（2007）は、ドイツとスペイン、トルコ、アメリカ、インド、韓国のミドルクラスに対してアンケート調査を実施し、社会的課題への意識の違いを分析している。

エシカル・コンシューマーの特徴に関する研究でも、デモグラフィック変数がそれを特徴づける変数として使用されている。ただ、エシカル・コンシューマーに関する研究の大半が消費者倫理スケールを用いた研究であることから、その応用可能性に焦点が当てられた研究であるとも理解することができる。

エシカル・コンシューマーの特徴を示した研究では、消費者倫理スケールと理想主義、相対主義、マキャベリズムの点から、国別でどのような特徴があるのかを検討している（表2-3）。ただ、Auger, Devinney and Louviere（2007）は、社会的課題への関心は国ごとに異なるが、分析の結果、それらをいくつかのカテゴリに分類できると述べている。具体的には、「環境」と「動物の権利」、「労働者の権利」、「個人の権利」、「消費者保護」、「労働権」というカテゴリに分類できると指摘している。

2. ソーシャル・コンシューマーの階層[18]

ソーシャル・コンシューマーに関する先行研究では、上述した方法に基づいて、消費者を社会的課題という点から、いくつかの階層に分類して、その階層ごとの違いを検討している研究もある。

2-1. ソーシャル・コンシューマーの階層

ソーシャル・コンシューマーの階層を明らかにした研究として、Roberts

表 2-3 エシカル・コンシューマーの特徴

研究者名	特徴
Rawwas, Vitell and Al-Khatib (1994)	戦争とテロリズムによって引き裂かれているレバノンの消費者は、エジプトの消費者より、よりマキャベリアンであり、理想主義ではなく、より現実主義である。
Rawwas, Patzer and Klassen (1995)	北アイルランドと香港の消費者は、「消費者倫理」と理想主義の点で異なるが、現実主義とマキャベリズムは同じである。
Rawwas, Patzer and Vitell (1998)	北アイルランドの消費者は、レバノンの消費者と比べて、倫理的実践に敏感でなく、理想的でもないが、より現実的でマキャベリアンである。
Rawwas and Singhapakdi (1998)	子どもは、ティーンエイジャーと成人よりも、疑わしい行動に寛大であり、最もマキャベリアンで、相対主義的であり、理想主義的でない。成人は最も保守的な集団である。中でも、家族のメンバー、学校の先生、TVスターや専門職従事者は真実と整合性に対して、彼らの行動を形成する際に、子どもとティーンエイジャーを助け、役割モデルとして役に立つかもしれない。
Erffmeyer, Keillor and LeClair (1999)	日本の消費者は、マキャベリズムと相対主義、理想主義、消費者倫理スケールでは有意な違いがなかったが、デモグラフィック変数では違いを発見できた。
Polonsky, Brito, Pinto and Higgs-Kleyn (2001)	北ヨーロッパの消費者は、南ヨーロッパの消費者より、違法行為に関心が薄く、疑わしい行動により関心がある。
Rawwas, Swaidan and Oyman (2005)	トルコの消費者は、ルールや基準に従うことで不確実性を回避する傾向があり、権威に価値を置き、ヒエラルキーを尊重する傾向がある。また、トルコの消費者はアメリカ消費者より、理想主義により重きを置く。

(1995) はアメリカ人605名に対して調査を実施し、社会的責任消費者行動スケール (socially responsible consumer behavior scale) を用いて、クラスタ分析を行ないソーシャル・コンシューマーを識別している。分析の結果として、有効性評価、自由主義、疎外感やデモグラフィック要因（年齢、性別、教育、収入、職業）がソーシャル・コンシューマーを識別する変数として相応しいと指摘している。Gonzalez, Korchia, Menuet and Urbain (2009) はフランス人392名に対して、自由連想法という手法で、社会的責任消費 (socially responsible consumption) について、インタビューを実施し、そこから得られた言説を因子分析を用いて階層化している。

具体的なセグメントとして、Roberts (1995) はソーシャル・コンシューマー

を「Socially Responsibles」(32%)、「Middle-Americans」(45%)、「Greens」(6%)、「Browns」(17%) と階層化している（表 2-4）。Gonzalez, Korchia, Menuet and Urbain（2009）は、ソーシャル・コンシューマーを「Socially Responsible Consumers」(28.1%)、「Locals」(20.2%)、「Good Causers」(31.6%)、「Indifferent」(20.2%) と階層化している。これらの研究からわかることは、Roberts（1995）では「Socially Responsibles」が 32%、Gonzalez, Korchia, Menuet and Urbain（2009）では「Socially Responsible Consumers」が 28.1% とおよそ 3 割程度の人が本当の意味でのソーシャル・コンシューマーであると理解できる。なお、クラスタの数は両研究ともに 4 となっている。Roberts（1995）ではおよそ半分を占める「Middle-Americans」と「Greens」は環境意識の高い消費者であるとも述べている。

2-2. グリーン・コンシューマーの階層

グリーン・コンシューマーの階層に関する研究も、研究蓄積が多い。特にア

表 2-4 ソーシャル・コンシューマーの各階層の特徴

研究者名	セグメント名	各セグメントの特徴
Roberts (1995)	Socially Responsibles (32%)	リベラルであり、Greens よりお金を稼ぎ、政治に関わり、民主党を支持しており、大学を卒業していて、既婚者で持ち家がある。
	Middle-Americans (45%)	環境への関心が高く、よく教育されており、無党派層で 3 分の 2 は既婚者で、80%は持ち家がある。
	Greens (6%)	エコロジーへの意識が高く、56%が女性であり、既婚者で大学を卒業していて、持ち家がある。
	Browns (17%)	環境や社会への関心が低く、男性の割合が高く、最も所得があり、72%が大学を卒業していて、既婚者で共和党を支持している。
Gonzalez, Korchia, Menuet and Urbain (2009)	Socially Responsible Consumers (28.1%)	消費に批判的であり、体系的見解がある。
	Locals (20.2%)	徐々に消費の負の影響を認識するようになっている。
	Good Causers (31.6%)	社会システムの有害な影響に気付いており、消費の代替的な形式を推し進める一方で、喜びと消費を結び付ける。
	Indifferent (20.2%)	非体系的に消費のミクロ社会とミクロの個人的見解を持つ。

ンケート調査の実施対象がアメリカやイギリス、日本、インド、ポルトガル、バーレーンと多岐にわたっている。これらの研究では、因子分析もしくはクラスタ分析を用いて、消費者を階層化している。

階層化する際の基準としては、行動（Gilg, Barr and Ford, 2005；西尾, 2005）、デモグラフィック要因と環境要因（do Paço, Raposo and Filho, 2009）、消費者の属性と消費性向（宮原・山村・古木, 2009）、ライフスタイル（山村・宮原・古木, 2010）、環境意識と環境配慮行動（山村・宮原・古木, 2011）、デモグラフィック要因と環境配慮行動（Awad, 2011）などが用いられている。一方、階層を特徴づける変数としては、年齢や性別、居住地、家の所有、家のタイプ、収入、学歴、既婚、子どもの有無、教育といったデモグラフィック変数が有効であると指摘されている。それ以外の変数としては、有効性評価や環境配慮行動も用いられている。

グリーン・コンシューマー層は、Gilg, Barr and Ford（2005）ではCommitted Environmentalistsが23.3%、西尾（2005）ではエコロジストが24.5%、do Paço, Raposo and Filho（2009）ではThe Green Activistsが35%、宮原・山村・古木（2009）ではエコサポーター（高年層の女性）が19.6%、Awad（2011）ではGreenが32.7%という割合をそれぞれ示している（表2-5）。この結果から、

表2-5　グリーン・コンシューマーの各階層の特徴

研究者名	セグメント名	各セグメントの特徴
Gilg, Barr and Ford (2005)	Committed Environmentalists (23.3%)	自分の廃棄物を必ず処理し、持続可能な購買行動を「普通に」行なう人たちであり、特に地元の生産物を購入し、地元スーパーで購入する。しかし、このグループはオーガニック商品やフェアトレード商品を実際に購入しているが、それら活動に関与する個人はまだ少ない。
	Mainstream Environmentalists (32.9%)	自分の廃棄物の処理をあまりしそうにないが、全体的に同じ規則性を持つ行動の範囲を行なう。
	Occasional Environmentalists (40.3%)	持続可能な購買行動をまれにする人たちである。
	Non-Environmentalists (3%)	最も活動的ではない人たちである。

西尾 (2005)	エコロジスト (24.5%)	環境問題の重要性や個人生活への影響度を理解した上で環境配慮行動をとるべきだという行動意図が形成され実践に至っている。
	リサイクラー (12.7%)	自治体が設けるリサイクル・ルールがわかりやすくて自分のペースでできるのでリサイクルに協力しているのであって、環境配慮行動を規定するような態度は形成されていない。
do Paço, Raposo and Filho (2009)	The Green Activists（35%）	年齢が25～34歳、45～54歳である。最も学歴が高く、社会的に認められた職業に従事しており、高収入である。すべての環境問題の解決に良い態度を示しているが、企業による広告やプロモーションに懐疑的である。
	The Uncommitted（36%）	高学歴の若者であり、サービス・販売・公務員・学生で、都市に住み、1カ月に€500から€1,000の収入がある。この個人は、環境問題について知識を持っていると主張するにもかかわらず、いくつかの環境問題に消極的である。
	The Undefined（29%）	高齢者の集団であり、他のセグメントより学歴が低い。この個人はサービスや販売、公務員、ミドル／シニアマネージャー、非熟練の労働者であり、月収は€1,000程度である。彼らは活動家であるが、環境問題に対して消極的である。彼らはリサイクルに対して積極的な態度を示し、企業の広告やプロモーションに懐疑的である。
宮原・山村・古木 (2009)	エコサポーター (高年層の女性：19.6%)	自然や環境、健康に対する関心が高く、自分の価値観を持ち、自己を高めることに積極的である。商品を購入する際には、価格より耐久性や性能、安全性などにこだわる傾向にある。また環境に配慮した生活を積極的に実践している。
	エコトレジャー (若年層の女性：28.5%)	世の中の事柄に広く関心を持ち、流行に敏感であるが、商品を購入する際には売れ筋商品やおすすめ商品を選ぶなど、受け身の傾向にある。また、購入のしやすさを重視し、リピート率も高く保守的である。日々の生活における環境への配慮度合いが平均的といえる。
	エコテスター (中・高年層が中心で既婚率が高い：29.4%)	あまり特徴がない。日々の生活における環境への配慮度合いは平均的といえるが、比較的容易に実行できる事柄に対しては実践率が高い。
	エコニッチ（若年層の男性が中心で既婚率が低い：8.1%）	自分自身に対する投資意欲が強い。地域・社会、健康、自然、環境などへの意識は低いといえる。商品を購入する際には、機能などよりも価格を重視する傾向にある。日々の生活においても環境意識は低い。
	ノンエコ（中年層）14.4%)	こだわりや自己主張がなく、自分から行動することも少ない。日々の生活においても環境意識は全体的に低く、手間のかかることは避ける傾向にある。

Awad (2011)	Green (32.7%)	高学歴が過半数の20～39歳の若者であり、月収はBD1,000を超え、都市社会に暮らしている。生活の目的は自然との共生という暮らしである。
	Explorers (40%)	中程度の収入レベルの若者である。このセグメントは環境に関する知識は豊富であり、環境問題に対して積極的な態度を示している。また、環境への関心が高く、資源を節約し、環境保全のために寄付をするが、ビジネス環境へ政府が介入することについては批判的である。
	Ambiguous (15.7%)	高齢であり、中程度の学歴と収入である。環境への知識はあるが、購買行動ではその知識を生かさない。このセグメントは政府が行動を実践する責任を持つ存在と見ている。
	Undevoted (34.8%)	異なる年齢層の集団であり、収入と学歴は低い。このセグメントは環境と害をもたらす製品の消費に関心がない一方で、環境を保全する必要な活動をする政府に依存し、環境を主張する企業に懐疑的である。

ソーシャル・コンシューマーとほぼ同じ割合のおよそ3割が本当の意味でのグリーン・コンシューマーであると判断できる。

クラスタ分析を用いて、消費者を階層化している研究では、研究者の主観でクラスタ数を決定している。Gilg, Barr and Ford (2005) では4、西尾 (2005) では5、do Paço, Raposo and Filho (2009) では3、宮原・山村・古木 (2009) では5、Awad (2011) では4となっている。つまり、クラスタ分析を用いて階層を識別する際には、クラスタ数をいくつに設定するのかが重要となる。

2-3. エシカル・コンシューマーの階層

Cowe and Williams (2001) は、イギリス人2,000名をサンプルとして、アンケート調査を実施し、クラスタ分析を用いて、消費者を「Do What I Can」(22%) と「Look After My Own」(49%)、「Conscientious Consumer」(6%)、「Global Watchdogs」(18%)、「Brand Generation」(5%) と階層化し、それぞれの特徴を指摘している (表2-6)。Al-Khatib, Stanton and Rawwas (2005) は、倫理的信念やマキャベリズム、倫理的志向、楽観主義、信頼、デモグラフィックス (性別、年齢、教育) という変数から、サウジアラビア、クエート、オマーンの消費者をデモグラフィックス、社会・経済的から選別した355名に対してアンケート調査を実施し、クラスタ分析を実施している。その結果、消費者を「Principled

表 2-6 エシカル・コンシューマーの各階層の特徴

研究者名	セグメント名	各セグメントの特徴
Cowe and Williams (2001)	Do What I Can (22%)	65歳以上が多く、持ち家があり、ロンドンに住んでいない。倫理的な関心は強くなく、従業員の扱いに関心を持っている。家庭ごみのリサイクルに積極的であるが、友人と倫理問題ついては話をしない。
	Look After My Own (49%)	未婚の若者が多く、持ち家があり、社会階層は低く、大都市圏に住んでいる。被雇用者の割合が高いが、パートタイマーや労働組合のメンバーが存在する。
	Conscientious Consumer (6%)	上の2つのグループと比べて、社会的・倫理的・環境に関する課題への関心が低い。
	Global Watchdogs (18%)	年間収入が£40,000以上であり、35～55歳の専門職に従事している。
	Brand Generation (5%)	3分の1が25歳以下であり、25%が学生である。
Al-Khatib, Stanton and Rawwas (2005)	Principled Purchasers (クエート 33.8%、オマーン 30.1%、サウジアラビア 56.1%)	他者を信頼し、理想主義者であり、否定的な認知された疑わしい行動をしない。
	Suspicious Shoppers (クエート 47.7%、オマーン 38.8%、サウジアラビア 17.8%)	どこか楽観主義であるが、倫理的行動に重きを置いている。
	Corrupt Consumers (クエート 18.8%、オマーン 31.1%、サウジアラビア 26.2%)	他人を信頼しない。
デルフィス エシカル・プロジェクト編 (2012)	エシカル実践（認知）層 (5.4%)	エシカルという言葉を認知し、エシカルの概念を実践している人。
	エシカル実践（非認知）層 (17.7%)	エシカルという言葉は知らないが、エシカルの概念を実施している人。
	エシカル関心層 (32.9%)	エシカルの概念を実践していないが、エシカルに興味・関心がある層。
	無関心層 (44.0%)	エシカルに興味・関心がない層。

Purchasers」（クエート 33.8%、オマーン 30.1%、サウジアラビア 56.1%)、「Suspicious Shoppers」（クエート 47.7%、オマーン 38.8%、サウジアラビア 17.8%)、「Corrupt Consumers」（クエート 18.8%、オマーン 31.1%、サウジアラビア 26.2%）というセグメント化し、それぞれの特徴を指摘している。

デルフィス エシカル・プロジェクト編（2012）では、日本の消費者に対して

アンケート調査を行ない、「エシカル認知度」と「エシカル興味度」、「エシカル実践度」という指標から、日本の消費者を「エシカル実践（認知）層」（5.4％）、「エシカル実践（非認知）層」（17.7％）、「エシカル関心層」（32.9％）、「無関心層」（44.0％）に階層化している。特に「エシカル実践（認知）層」は、「人や社会のために役に立ちたい」や「天然・自然成分をうたっている商品を選ぶ」といった項目に強い意識がみられ、オーガニックやフェアトレード商品の保有率が高いという特徴がある[19]。「エシカル実践（認知）層」は、エシカルな商品・サービスの検討理由として、「結果的にコストの低減・削減に繋がるため」や「日常生活で資源やエネルギーをムダにしている実感があるため」が高い数値を示しており、「日頃の生活における浪費やムダ遣いに対するネガとその削減への期待が、結果として、エシカルの実践を促している」（デルフィス エシカル・プロジェクト編, 2012, 101ページ）と指摘している。

3. 先行研究の示唆と分析の枠組み

3-1. 先行研究の示唆

　ソーシャル・コンシューマーの特徴に関する研究では、市場細分化で使用されるさまざまな変数を利用して、その特徴が検討されていた。その際に使用されている主な変数は、デモグラフィック変数とサイコグラフィック変数であった。ソーシャル・コンシューマーの特徴を発見する際には、それら変数を用いて、回帰分析や判別分析、コンジョイント分析、因子分析といった多変量解析が用いられていた。

　ソーシャル・コンシューマーの階層に関する研究では、それを識別する際の変数として、行動や努力、障壁、親しみやすさ、デモグラフィック、消費者属性、消費性向、ライフスタイル、意識、マキャベリズム、機会主義、信頼、倫理的志向などが用いられていた。その中でも、多くの研究で使用されていたのが行動変数である。

　消費者を社会的課題の視点から階層化し、それぞれの階層を特徴づける際に

使用されていた変数として、デモグラフィックおよびサイコグラフィック変数が多くの研究で使用されていた。またソーシャル・コンシューマーの階層を識別する際の分析手法として、クラスタ分析や因子分析、判別分析が使用されていた。特にいくつに階層化するのかについては、3層や4層、5層に細分化している研究が多かった。各階層の特徴を識別する分析手法として、χ^2検定や分散分析、t検定などが用いられていた。分析の手順としては、まず多変量解析を用いて、消費者の階層がいくつの階層から構成されるのかを検討し、次に階層間の違いをデモグラフィックおよびサイコグラフィック変数を差の検定を用いて検討していた。これらの分析手法によって得られたソーシャル・コンシューマーの構成比率は、研究により多少数値は異なるが、およそ30％であるとまとめることができるだろう。

3-2. 分析の枠組み

　ソーシャル・コンシューマーの特徴を検討した研究では、市場細分化の代表的な基準であるデモグラフィック変数を用いている。グリーン・コンシューマーの特徴に関するレビューを行なっている Roberts（1996b）や Diamantopoulos, Schlegelmilch, Sinkovics and Bohlen（2003）は、性別や婚姻関係、年齢、子どもの数、学歴、社会階層、収入、居住地というデモグラフィック変数が高頻度で用いられると指摘している。またソーシャル・コンシューマーの特徴に関する研究は、クラスタ分析などを用いて消費者を細分化し、その階層ごとの違いを検討している。分類する際の基準としてよく使用されている変数には、環境配慮や倫理的行動がある。

　以上の先行研究の検討に基づいて、本書の実証研究の分析枠組みを示したのが、表2-7である。本書では社会的課題の解決を実践する人には、ソーシャル・コンシューマー（socially responsible consumer）と市民（citizen）としての2つの側面があると想定する。それを識別する基準は、市場を通じて社会的課題を解決するのか、市場を通さずに（市場外で）社会的課題を解決するのかという基準である。ソーシャル・コンシューマーは、市場、つまり消費を通じて社会的課題を解決している人を意味する。具体的な行動としては、「寄付つき商品の

表 2-7　個人の社会的課題解決行動の類型

主体	行動	項目
ソーシャル・コンシューマー (socially responsible consumer)	ソーシャル・コンサンプション (socially responsible consumption)	寄付つき商品 フェアトレード商品 オーガニック商品 環境配慮型商品 応援消費
市民 (citizen)	シビック・アクション (civic action)	金銭寄付・募金 物品の寄贈 ボランティア

購入」と「フェアトレード商品の購入」、「オーガニック商品の購入」、「環境配慮型商品の購入」、「応援消費の実践」があり、それらを実践することをソーシャル・コンサンプション（socially responsible consumption）と定義する。

一方、市民は、市場外で社会的課題を解決する人を意味する。具体的な行動としては、「金銭寄付・募金」と「物品の寄贈」、「ボランティア」があり、それらを実践することをシビック・アクション（civic action）と定義する。本書では、寄付つき商品の購入といった市場での社会的課題解決行動であるソーシャル・コンサンプションだけでなく、シビック・アクションを加えて行動を捉える。なぜなら、消費者には市民の側面もあり（Harrison, 2005）、ボランティアや寄付もソーシャル・コンサンプションに影響を与えると考えられるからである（Strahilevitz and Myers, 1998；Arnold, Landry and Wood, 2010）。

注

(16) ソーシャル・コンシューマーの特徴に関する先行研究の詳細については、大平・薗部・スタニスロスキー（2012）を参照。

(17) Muncy and Vitell（1992）および Vitell and Muncy（1992）は、「消費者倫理スケール（consumer ethics scale）」を開発し、それに依拠する形で、さまざまな研究が行なわれている。消費者倫理スケールとは、消費者の倫理的信念に関するスケールであり、これには「自発的な違法行為で便益を得る（actively benefiting from illegal activities）」、「他者のミスから受動的に便益を得る（黙認）（passively benefiting）」、「自発的な不正行為で便益を得る（actively benefiting from deceptive practices）」、「危害がない行為であれば問題がないと考える（no harm /no foul）」という要因から構成される。

(18) ソーシャル・コンシューマーの階層に関する先行研究の詳細については、大平・薗部・スタニスロスキー（2012）を参照。

(19) デルフィス エシカル・プロジェクト編（2012）では、オーガニックコットン製品の保有率が31%（全体10%）、フェアトレードの食品・飲料が29%（全体6%）、フェアトレードの衣料品・雑貨が24%（全体4%）と具体的な数字をあげている。

第3章
ソーシャル・コンシューマーの意思決定要因

　本章では、ソーシャル・コンシューマーがどのようにソーシャル・プロダクトを購入するのかを理論的に考察する。具体的には、先行研究の検討を通じて、ソーシャル・コンシューマーの意思決定要因を理論的に考察する。その上で、第5章で実施する定量研究の分析枠組みを提示する。

　ソーシャル・コンシューマーの意思決定要因に関する研究は、3つの視点からの研究に大別できる。それは第1に消費者の消費を通じた環境的課題の解決、いわゆる環境配慮行動を扱ったグリーン・コンシューマーに関する研究である。第2に消費者の消費を通じた倫理的課題解決、いわゆる倫理的消費行動を扱ったエシカル・コンシューマーに関する研究である。第3に消費者が消費を通じた社会的課題の解決が付与された商品の消費に関するコーズ・リレイテッド・マーケティング（Cause-Related Marketing：CRM）に関する研究である。

　特に消費を通じた環境・倫理的課題の解決の意思決定要因に関する先行研究では、Ajzen and Fishbein（1980）による合理的行為理論（Theory of Reasoned Action：TRA）、あるいはAjzen and Madden（1986）やAjzen（1991）による計画的行動理論（Theory of Planned Behavior：TPB）を用いた研究が多い。TRAとは、行動に対する態度（attitude toward the behavior）と主観的規範（subjective norm）が購買意図（intention）に影響を与え、さらにそれが行動（behavior）に影響を与えることを仮定したモデルである。TPBは、TRAのモデルに、行動統制（perceived behavioral control）が意図に影響を与えることを追加したモデルである。

　ここで行動に対する態度とは、「行動の結果に対する信念とその評価」を意味

している。主観的規範とは、「他者がどのように思っているのかに対する信念からくる他者の影響」である。行動統制とは、「行動の容易さや困難さに対する信念」を意味している。先行研究では、このモデルに基づき、単にそれら2つの理論を倫理・環境的課題に応用するだけでなく、新たな変数を加えて精緻化を試みている。

　CRMに関する先行研究は、消費を通じた環境・倫理的課題の解決のように豊富な研究蓄積があるわけではない。特にそれら両アプローチで検討されている意思決定要因に関する先行研究は、その数が少ない。そのため、本章では、CRMに関する先行研究を整理した上で、周辺の研究領域の意思決定プロセスに関する先行研究を検討する。

1. グリーン・コンシューマーの購買意思決定要因

　グリーン・コンシューマーの意思決定要因に関する研究は、最も蓄積が多い。Solomon（2018）によると、消費にはプロセスがあり、それは第1に購買前の段階、第2に購買時の段階、第3に購買後の段階がある。杉本編（1997）も消費者行動は、消費行動と購買行動、購買後行動から構成されると述べている。本節で検討するのは、Solomon（2018）の購買時の段階と購買後の段階である。具体的に杉本編（1997）では、購買行動は「製品クラスの選択」と「店舗選択」、「ブランド選択」、「モデル選択」、「数量・頻度決定」があると述べている。購買後行動は、「使用行動」と「保管・廃棄・リサイクルの決定」から構成される。

　グリーン・コンシューマーの購買後行動に関する先行研究には、省エネ行動[20]やゴミ減量行動[21]、リサイクル行動[22]に関する研究がある。しかし、本書は、消費を通じた社会的課題の解決を購買前と購買時に限定しているため、その範囲に含まれる研究についてのみ検討する。それは「グリーン・コンシューマーの購買時の意思決定要因」と「グリーン・コンシューマーの環境配慮行動の意思決定要因」である。なお、環境配慮行動とは、購買前・購買時・購買後における環境的課題解決行動を包括的に捉える概念である。

1-1. 購買意思決定要因

　グリーン・コンシューマーの購買時の意思決定要因に関する研究では、多様な商品に対する意思決定要因が検討されている。すべて環境配慮型商品とはいえ、例えば家具と食品では、意思決定要因が異なることから、商品別に意思決定要因を検討する。

1-1-1. 環境に配慮した食品

　環境に配慮した食品に関する研究では、Sparks and Shepherd (1992) がグリーン・コンシューマリズムの枠組みから、オーガニック野菜の意思決定要因を検討している。Tanner and Kast (2003) は、例えばパッケージ別の牛乳、フェアトレード商品、エコラベルのついた商品など、19項目からなる食品を用いて分析を行なっている。Vermeir and Verbeke (2007) は、フランスの Le Fermier というチーズ専門店の持続可能な方法で製造されている乳製品を用いている。

　Sparks and Shepherd (1992) は、消費を通じた社会的課題解決の意思決定要因に関する先駆け的な研究である。その理由は、他の研究で意思決定要因の1つとして頻繁に用いられる自己アイデンティティ (self-identity) および過去の行動 (past behavior) を TPB モデルに組み込んだからである。その理由として、Sparks and Shepherd (1992) は、自己アイデンティティが自己を指示対象とするアイデンティティをラベリングすることは、行動に大きな影響を当てると指摘し、態度とは別に意図に影響を与える重要な要因となるとその意義を述べている。

　具体的な意思決定要因について、Tanner and Kast (2003) は、個人的要因（特別な態度と障壁評価、知識、個人的規範）と文脈的要因（社会経済的特性と生活の条件、店舗のタイプ）から意思決定要因を検討している。意思決定要因を分析する際には、個人的要因を用いて、環境保全やスーパーマーケット利用の頻度、フェアトレード、時間の障壁評価、地元の製品、行動に関連した知識が影響を与えると指摘している。だだし、スーパーマーケット利用の頻度と時間の障壁評価はマイナスの影響である。

Vermeir and Verbeke (2007) は、持続可能な製品に関連した確信や価値にさまざまな個人的特性に役割を検討している。乳製品を購入する意思決定要因は、購買意図に態度と社会的規範、有効性評価、入手可能性評価が影響を与えると指摘している。

1-1-2. 環境に配慮して製造された商品[23]

環境に配慮して製造された商品に関する研究は、多岐にわたっている。Barbarossa and De Pelsmacker (2016) は、環境に配慮したティッシュペーパーの購買行動には、購買の個人的不便さ評価と購買意図が購買行動に影響を与えると指摘している。またこの研究では、グリーン・コンシューマーとノングリーン・コンシューマーにサンプルを分けて、グループごとに意思決定要因を検討している。グリーン・コンシューマーには、購買の環境の帰結と購買の個人的不便さ評価が購買行動に影響を与える。一方、ノングリーン・コンシューマーには、グリーン自己アイデンティティと道徳的義務、購買の個人的不便さ評価が購買行動に影響を与えると指摘している。

Kalafatis, Pollard, East and Tsogas (1999) は、イギリス人とギリシア人を対象とし、多母集団同時分析を用いて、持続性が保たれるように管理された森で育てられた木材を原料として生産されたダイニングテーブルと椅子の購買意思決定要因の違いを検討している。分析の結果、イギリス人は主観的規範が購買意図に直接的な影響を与えることが示された。一方、ギリシア人は指示対象への信念と統制信念、行動統制が直接、購買意図に影響を与えると指摘している。

Bamberg (2003) は、グリーン電化製品の購買に関する意思決定要因、特に環境への関心の影響を検討している。この研究では、2つの分析を行なっている。第1にサンプルすべてを用いた分析である。サンプル全体の消費者の意思決定要因は、環境への関心が主観的規範と規範的信念、行動的信念、統制信念に影響を与えることが示された。第2に環境的課題への関心の高低から消費者を2つに階層化した分析では、多母集団同時分析を用いて、意思決定要因の違いを検討している。具体的には、環境的課題への関心の高い消費者には、行動に対する態度と主観的規範、行動統制が意図に影響を与えるのに対し、低い消費者

には行動に対する態度と主観的規範が意図に影響を与えると指摘している。

　Lee（2009）は、香港で性別の違いがグリーン購買（オーガニック商品、環境保護のラベルのついた商品、動物テスト反対の商品、化学物質を含まないか少ない商品）の意思決定要因に違いを生み出すかを検討している。分析の結果、男性の消費者には、環境への態度と環境への関心、環境責任評価、知人の影響、環境保護における自己アイデンティティが購買行動に影響を与える一方、女性はそれらに加えて環境的課題の深刻さ評価も影響を与えると述べている。

1-1-3. グリーン・プロダクト[24]

　グリーン・プロダクト（green product）に関する研究では、「グリーン・プロダクト」とアンケート項目に記載し、それを消費者が自分で商品をイメージする形式の調査が行なわれている。これらの研究では、Chan and Lau（2000）が作成した実際のグリーン購買（actual green purchase）を尺度として用いている。この項目は、環境汚染が少ない理由と環境配慮の理由で他のブランドへスイッチする項目などで構成されている。

　その中でも、Chan and Lau（2000）と Chan（2001）は、中国人のグリーン購買の意思決定要因を検討している。これらの研究では、TRAに基づいて、中国人の消費者を分析するための独自の変数を加えている。それは男性本位と環境配慮の影響、他人の影響、環境配慮の知識である。具体的には、男性本位は環境配慮に影響を与え、環境配慮への影響と環境配慮の知識が意図に影響を与えると指摘している。Chan（2001）はそれに加えて、集団主義が環境配慮の影響と因果関係があるとも指摘している。

　Chan and Lau（2002）は、中国人とアメリカ人に対するグリーン購買行動を分析している。分析モデルでは、態度への信念が行動に対する態度へ、規範的信念と遵守する意欲が主観的規範へ、統制信念と統制要因力の評価に影響を与えると仮定したTPBを用いている。分析の結果、中国人とアメリカ人ともに、このモデルでグリーン購買の意思決定要因が分析できると述べている。

1-2. 環境配慮行動に関する意思決定要因

1-2-1. 環境配慮行動とは

　環境配慮行動には、いくつかの捉え方がある[25]。それは独自の環境配慮行動の項目を作成する方法と他の研究の項目を用いる方法である。独自の項目を作成した研究として、Ellen, Wiener and Cobb-Walgren（1991）は、環境に安全な製品の購入と新聞紙などのリサイクル、環境団体への貢献、環境団体のメンバー、公共団体への投書や電話、公聴会への出席から構成される環境配慮行動（environmentally conscious behavior）を用いている。Berger and Corbin（1992）は、消費者としての環境配慮行動と環境保護への費用負担行動、規制を支持する行動から環境配慮行動（environmentally responsible behavior）を用いている。Oreg and Katz-Gerro（2006）は、環境配慮行動（proenvironmental behavior）として、リサイクル、車の運転の自制、環境市民としての活動（嘆願書への署名、環境保護運動への参加、環境団体への寄付）をあげている。Whitmarsh and O'Neill（2010）は、国産のエネルギーと水の使用、廃棄行動、移動行動、買い物の選択から環境配慮行動（pro-environmental behavior）を用いている。

　一方、他の研究の手法を用いているのが、Kaiser（1998）に基づくKaiser, Ranney, Hartig and Bowler（1999）やKaiser and Shimoda（1999）、Kaiser, Wölfing and Fuhrer（1999）とAntil and Bennett（1979）に基づくMinton and Rose（1997）である。Kaiser（1998）は、環境配慮行動（ecological behavior）の項目を作成するための研究である。具体的には、環境配慮行動は、社会性のある行動（prosocial behavior：8項目）と環境に配慮したゴミの処理（ecological garbage removal：5項目）、水の節約と節電（water and power conservation：5項目）、環境を意識した消費者行動（ecologically aware consumer behavior：7項目）、ゴミ排出の抑制（garbage inhibition：5項目）、自然保護のためのボランティア活動（volunteering in nature protection activities：4項目）、環境に配慮した自動車の使用（ecological automobile use：4項目）である。

　西尾（2005）は、環境配慮（エコロジー）行動はゴミ減量行動とその他の行動から構成されると指摘している。さらにゴミ減量行動は、リサイクル行動とゴ

ミ削減行動がある。一方、その他の環境配慮行動には、環境配慮型商品選択行動と省エネ行動の2つがあるとも指摘している。

環境配慮行動には、environmentally/ecologically conscious/friendly/responsible behavior や pro-environmental behavior、green behavior、ecological behavior など、研究者によって、さまざまな表現が用いられている。本書では、これら行動がほぼ同じことを確認した上で、混乱のないように「環境配慮行動」という言葉を用いる。

1-2-2. 環境配慮行動に関する意思決定要因

環境配慮行動に関する研究では、有効性評価と責任感、環境的課題への関心、環境配慮アイデンティティが注目する概念である[26]。有効性評価（perceived consumer effectivenes）は、Kinnear, Taylor and Ahmad（1974）が提唱した概念であり、Allen（1982）はそれが省エネ行動に影響を与えると指摘し、Ellen, Wiener and Cobb-Walgren（1991）が消費者行動の文脈で環境配慮行動に影響を与えることを示した。有効性評価とは、個人の努力が問題の解決に差を生むことができる、ある領域に特定的な信念である（Ellen, Wiener and Cobb-Walgren, 1991）。Berger and Corbin（1992）も環境配慮行動に有効性評価が影響を与えると指摘している。

Kaiser, Ranney, Hartig and Bowler（1999）と Kaiser and Shimoda（1999）は、責任感（feelings of responsibility）を環境配慮行動の規定因の1つとして、TPB モデルに組み込んだ。Kaiser, Ranney, Hartig and Bowler（1999）は、責任感を用いて行動に対する態度を拡張し、責任感と環境知識、環境価値が行動意図を介して、環境配慮行動に影響を与えると主張している。また Kaiser and Shimoda（1999）では、責任感は責任の判断を介して、環境配慮行動に影響を与えると指摘している。

環境的課題への関心は、多くの研究で態度や意図、行動に影響を与える要因として、TPB モデルに組み込まれている。Ellen, Wiener and Cobb-Walgren（1991）や Minton and Rose（1997）は、消費者行動の文脈で捉え、環境問題への関心が環境配慮行動に影響を与えると指摘している。

2. エシカル・コンシューマーの購買意思決定要因

　エシカル・コンシューマーに関する研究は、近年、その蓄積が増えつつある。エシカル・コンシューマーの意思決定要因に関する研究は、特定のエシカル・プロダクトの購買意思決定要因に関する研究と倫理的行動全般の意思決定要因に関する研究に大別することができる。

　これらの研究は、購買意図への影響を分析した研究と、購買意図だけでなく、実際の行動への影響までを分析した研究がある。後者の研究では、当然、アンケート調査を実施する際に消費者に行動を尋ねている。その方法の1つに自分で消費行動を報告する（self-reported behavior）方法で調査が行なわれている。具体的には、Tarkiainen and Sundqvist（2005）はオーガニック食品を購入する頻度、Nuttavuthisit and Thøgersen（2017）は過去5回の買い物時のオーガニック食品の購買頻度、De Pelsmacker and Janssens（2007）は1年間のフェアトレード商品の購買金額、Graafland（2017）は過去6カ月間の購買頻度を尋ねている。Chatzidakis, Kastanakis and Stathopoulou（2016）は、実際の消費行動を過去の行動として捉え、過去3カ月間の購買回数を尋ねている。Yamoah, Duffy, Petrovici and Fearne（2016）は購買意図を尋ねる際に次の4週間でフェアトレード商品をどのくらい購買する予定かを尋ねている。

2-1. オーガニック商品の購買意思決定要因[27]

　エシカル・コンシューマーの購買意思決定要因に研究では、多様な商品に対する意思決定要因が検討されている。すべてオーガニック商品とはいえ、例えば食品と衣料品などでは、意思決定要因が異なることから、ここでも商品別に意思決定要因を検討する。

2-1-1. オーガニック食品

　オーガニック食品の意思決定要因に関する研究には、野菜（阿部, 2005）やパ

ン（Tarkiainen and Sundqvist, 2005）、コーヒー（Lee, Bonn and Cho, 2015）、オーガニック食品全般（Shepherd, Magnusson and Sjoden, 2005；Honkanen, Verplanken and Olsen, 2006；Michaelidou and Hassan, 2008；Guido, Prete, Peluso, Maloumby-Baka and Buffa, 2010；Nuttavuthisit and Thøgersen, 2017）がある。

　Lee, Bonn and Cho（2015）は、オーガニック・コーヒーを選択する動機（健康、信頼、感覚へのアピール、環境保護）が購買態度と主観的規範、行動統制に影響を与えると仮定したモデルを提示している。分析の結果、「感覚へのアピール→購買態度」、「健康→主観的規範」、「健康・信頼・感覚へのアピール→行動統制」を除き、仮定したモデルでオーガニック・コーヒーの意思決定を説明できると述べている。

　オーガニック食品全般に関する研究は、2つに大別することができる。1つは具体的なオーガニック食品の名称をあげて、アンケート調査を実施する研究である[28]。もう1つはアンケートを実施する際に単に「オーガニック食品」と書くだけで、消費者にその商品をイメージしてもらう研究である。具体的なオーガニック食品として、Shepherd, Magnusson and Sjoden（2005）は牛乳と食肉、じゃがいも、パンを用いており、Nuttavuthisit and Thøgersen（2017）は米と野菜、果物、野菜・果物ジュース、卵の購買経験を用いている。Shepherd, Magnusson and Sjoden（2005）は、1998年に実施した調査と2001年の調査を比較している。その結果、1998年の調査では環境が購買に影響を与えていたが、2001年の調査では健康が大きな影響を与えるように消費者の意識が変化したと指摘している。

　Nuttavuthisit and Thøgersen（2017）は、従来のTPBモデルの主観的規範を社会的プレッシャー評価に置き換え、さらに行動的信念・評価が行動に対する態度に、社会的信念・評価が社会的プレッシャー評価に、統制信念・評価が行動統制、信頼が行動的信念・評価とグリーン購買行動にそれぞれ影響を与えるモデルを用いている。分析の結果、オーガニック食品として、野菜と果物、果物・野菜ジュースが認められた。さらに信頼は個人的信頼と外国産への信頼から、行動的信念は不正と味、賞味期限からそれぞれ構成され、仮定したモデルでそれらオーガニック商品の意思決定を説明できると述べている。

消費者にオーガニック食品をイメージさせる研究として、Honkanen, Verplanken and Olsen（2006）は消費者の倫理的動機（環境配慮の動機と政治的動機、宗教的動機）が態度に影響を与えると指摘している。Michaelidou and Hassan（2008）は、健康への意識と倫理的自己アイデンティティ、食品の安全性への関心が行動に対する態度と購買意図に影響を与えると仮定している。分析の結果、仮定したモデルは採択され、特に倫理的自己アイデンティティと食品の安全性が態度に大きな影響を与えると指摘している。Guido, Prete, Peluso, Maloumby-Baka and Buffa（2010）は、道徳的規範と道徳的離脱を TPB に加え、さらにそれらの概念に製品パーソナリティ（自然らしさと信頼性）が影響を与えると仮定して分析を行なっている。この研究は、フランス人とイタリア人の意思決定要因の違いを検討している。多母集団同時分析を実施した結果、フランスの消費者には道徳的規範のみが購買意図に影響を与える一方、イタリアの消費者には「自然らしさ→道徳的規範」を除いて、仮定したモデルが採択されたと述べている。

2-1-2. オーガニック衣料品など

Hustvedt and Dickson（2009）はオーガニックコットンの衣料品（Tシャツ）、Manchiraju and Sadachar（2014）はオーガニック衣料品と偽造の高級衣料品、Kim and Chung（2011）はオーガニックのスキン・ヘアケア商品を用いている。中でも、Manchiraju and Sadachar（2014）は、ビグネット（vignette）という消費者に簡単な購買選択の状況を文章を読んでもらってから回答してもらう方法を採用している。

具体的な意思決定要因として、Manchiraju and Sadachar（2014）は自己高揚感と保護（安全などの価値）、開放性（刺激などの価値）が購買意図に影響を与えると指摘している。Kim and Chung（2011）は、環境への意識と外見への意識が行動に対する態度に影響を与え、行動に対する態度と行動統制、主観的規範、オーガニック製品の過去の経験が意図に影響を与えると指摘している。

2-2. フェアトレード商品の購買意思決定要因[29]

　フェアトレード商品全般に関する研究も、オーガニック食品と同様の点から、2つに大別することができる。1つは具体的なフェアトレードの名称をあげて、アンケート調査を実施する研究である。もう1つはアンケートを実施する際に単に「フェアトレード商品」と書くだけで、消費者にその商品をイメージしてもらう研究である。

　これらの研究では、大半の研究で、過去のフェアトレードの購入経験をアンケート調査で尋ねている。例えば、Chatzidakis, Kastanakis and Stathopoulou（2016）は、過去3カ月間でフェアトレード商品をどれだけ買う機会があったのかなどを尋ねている。その一方、Yamoah, Duffy, Petrovici and Fearne（2016）は、具体的なフェアトレードの商品名をあげて、次の1カ月でどの商品を買うつもりがあるのかを尋ねている。

2-2-1. 具体的なフェアトレード商品

　具体的なフェアトレード商品を用いた研究として、Bezençon and Blili（2010）はコーヒー、Antonetti and Maklan（2014）はフェアトレードのラベルがついたコーヒー、Yamoah, Duffy, Petrovici and Fearne（2016）はバナナと紅茶、コーヒー、チョコレート、チョコレートドリンク、砂糖、Graafland（2017）はコーヒーと食肉、放し飼いの鶏の卵（free-range eggs）、チョコレートスプレー（chocolate sprinlkes）をそれぞれ用いている。

　具体的な意思決定要因として、Bezençon and Blili（2010）は、コーヒーの快楽的価値とコーヒーの実用性がコーヒーへの関与に影響を与え、コーヒーへの関与とフェアトレードの快楽的価値、フェアトレードのリスク、フェアトレードの粘着性（adhesion）がフェアトレード意思決定への関与に影響を与えると指摘している。Yamoah, Duffy, Petrovici and Fearne（2016）は、スーパーマーケットでのフェアトレードの購買意思決定要因では、自己主導性と普遍的な価値が態度に影響を与え、態度と行動統制が購買意図に影響を与えると指摘して

いる。Graafland（2017）は、宗教心の違いがフェアトレード商品の意思決定要因に違いを生み出すと指摘している。

2-2-2. フェアトレード商品をイメージさせる研究

　Shaw, Shiu and Clarke（2000）および Shaw and Shiu（2002）、Shaw and Shiu（2003）の一連の研究は、いずれもイギリスの *Ethical Consumer Magazine* の購読者をサンプルとして実施された研究である。この中でも、Shaw and Shiu（2003）は TPB モデルに倫理的義務と自己アイデンティティを加えて、意図に与える要因を検討している。探索的な共分散構造分析を実施した結果、エシカル・コンシューマーのフェアトレード商品の購買意図には、伝統的な態度と伝統的な主観的規範、自己アイデンティティが影響を与えると指摘している。De Pelsmacker, Patrick and Wim Janssens（2007）は、フェアトレード商品の製品固有の属性（product-specific attribute）に着目して、購買行動には知識と情報の質、情報の量、関心、懐疑的思考（マイナス）、利便性、価格、製品の好ましさ、製品への関心が影響を与えると指摘している。Chatzidakis, Kastanakis and Stathopoulou（2016）は、TPB モデルの変数以外に困難性評価（perceived difficulty）と内的倫理（internal ethics）が意図に影響を与えるとしている。だだし、困難性評価はマイナスの影響である。さらに中立化（neutralization）と過去の行動も意図に影響を与えるとも指摘している。

2-3. 倫理的行動に関する意思決定要因

　倫理的行動（ethical behavior）についても、多様な視点から研究が行なわれている。Sparks, Shepherd and Frewer（1995）は食品生産における遺伝子技術の使用、Sparks, Shepherd and Frewer（1995）、Fukukawa（2002）と Steenhaut and Van Kenhove（2006）は倫理的に疑わしい行動、McEachern, Schröder, Willock, Whitelock and Mason（2007）はエシカル・プロダクトのブランド拡張、Chan, Wong and Leung（2008）は買い物に自分のバッグを持っていく行動、Shiu, Walsh, Hassan and Shaw（2011）は特に倫理的消費行動をする際の消費者の不確実性、Yoon（2011）はデジタル上での著作権侵害、Jung, Kim and Oh（2016）

は環境に配慮したフェイクレザー製品の購買をそれぞれ検討している。

　意思決定要因として、TPB に自己アイデンティティと同様に用いられる変数として、道徳的義務（moral obligation）がある。それは Gorsuch and Ortberg（1983）が、TPB を用いて、道徳的行動（例えば、確定申告をしている、あるいは休日に教会の活動に参加している）を説明する際に用いた概念である。この道徳的義務を倫理的行動に応用し、倫理的義務（ethical obligation）という概念を用いて応用したのが、Sparks, Shepherd and Frewer（1995）である。この研究では、TPB を拡張して当時の倫理的課題である遺伝子技術を使用した食品を食べるかなどの予測（expectation）に影響を与える要因を検討している。分析の結果、態度と他者への態度、統制感、倫理的義務、自己アイデンティティが予測に影響と与えると指摘している。倫理的義務については、McEachern, Schröder, Willock, Whitelock and Mason（2007）が、エシカル・プロダクトのブランドが食肉にブランド拡張を例として、動物愛護に対する倫理的義務が食肉の購買意図に、Yoon（2011）は道徳的義務が著作権侵害をしない意図に影響を与えると指摘している。

　Fukukawa（2002）は、拡張した TPB を用いて、消費において倫理的に疑わしい行動要因を分析するための枠組みを提示している。この研究では、TPB の主観的規範を社会的影響に置き換え、追加的な概念を検討している。定性調査と定量調査の結果、評価と他者の帰結から構成される態度と社会的影響、機会としての行動統制、さらに新たな概念として、不公正評価（perceived unfairness）を追加することができるとしている。

　このような Fukukawa（2002）の消費における倫理的に疑わしい行動は、より一般的にいうと消費者に購買の際の商品選択の際の不確実性（consumer uncertainty）と関連している。Shiu, Walsh, Hassan and Shaw（2011）は、拡張した TPB を用いて、劣悪な状況で生産された衣料品と食品添加物を避ける消費者行動を検討している。この研究では、選択の不確実性と知識の不確実性、評価の不確実性が探索意図（search intention）に影響を与え、評価の不確実性と探索意図が購買意図に影響を与えることが示されている。

　Chan, Wong and Leung（2008）と Yoon（2011）は、倫理的行動における習慣

の重要性を指摘している。Chan, Wong and Leung（2008）は、スーパーマーケットに行くときに自分の買い物袋を持って行く習慣が意図に影響を与えると指摘している。Yoon（2011）は消費者の著作権に関する個人の過去の経験が自己教育（self-instruction）となることで習慣化し態度に影響を与えると指摘している。

3. コーズ・リレイテッド・マーケティングによる寄付つき商品の意思決定要因の理解[30]

3-1. CRM研究における寄付つき商品

　寄付つき商品は、学術的にはコーズ・リレイテッド・マーケティング（Cause-Related Marketing：CRM）研究から理解することができる。CRMとは、「顧客が組織や個人の目的を充足させるべく、特定の社会的課題（cause）に対して目標額に達することを目指し、企業がマーケティング活動を定式化し、実行するプロセス」（Varadarajan and Menon, 1988）である。言い換えると、CRMとは、マーケティングの手法を用いて、社会的課題の解決を図ることを意味する。CRMの類型の中の共同問題プロモーション（Andreasen, 1996）は、企業とNPO/NGOによる商品やプロモーションなどを通じた社会的課題の解決への取り組みであり、企業とNPO/NGOの協働によって提供されるのが寄付つき商品である。

　CRMの起源とされているのが、1983年にアメリカンエクスプレスとエリスアイランド財団が「自由の女神修復」キャンペーンを展開したことである。このキャンペーンでは、アメリカンエクスプレスのカード使用毎に1セント、新カードの発行毎に1ドルがそのキャンペーンに自動的に寄付をするものであった。この成果として、アメリカンエクスプレス側は前年同期間比でカード使用率が28%増加し、新規カード発行率も45%増加した。一方、エリスアイランド財団側は総修復費用600万ドルのうち、アメリカンエクスプレスから170万ドルを受け取り、修復費用に充てた。この後、アメリカンエクスプレスは、CRMを商標登録するまでに至った。

　一方、CRM研究の起源として、Varadarajan and Menon（1988）がある。

Varadarajan and Menon（1988）では、CRM を企業にとっては本業を通じて、フィランソロピーを達成する方法として優れたマーケティング手法であると主張している。世良（1998；2003）では、CRM の定義には狭義と広義のものが存在すると指摘している。Varadarajan and Menon（1988）の定義は狭義のものであり、広義の定義は Pringle and Thompson（1999）が「市場に対してイメージ、製品、サービスを有する企業が、相互利益のためにひとつまたは複数のコーズとリレーションシップやパートナーシップを構築する活動」と定義している。本書では、広義の定義を採用し、CRM を「マーケティングを利用して社会的課題を解決する活動」と定義する。

　コーズ（cause）とは、『プログレッシブ英和中辞典（第4版）』によると、「（社会的な）理想、（…の）目的、大義、目標、主義、主張、信条、運動；福利、福祉」を意味している。CRM に関する既存研究を踏まえると、コーズは「社会的課題の解決」といった理解もできるであろうが、本書では「コーズ」とそのまま表現する。

　CRM には、いくつかの類型がある。Andreasen（1996）は、CRM の3つの類型を提示している。それは第1に取引ベースのプロモーション（transaction-based promotions）であり、これは企業は販売の対価として NPO/NGO に特定の現金や食べ物、設備等を寄付する形式のものである。第2は共同問題プロモーション（joint issue promotions）であり、これはある企業とひとつあるいは複数以上の NPO/NGO が、例えば製品・プロモーション資料の流通や広告等による戦術を通じて、社会的課題に取り組むことに同意することである。第3はライセシング（licensing）であり、これは企業に NPO/NGO の名前やロゴの使用を許可する代わりに、NPO/NGO に売上高の一定割合の手数料を支払うアライアンスである。Daw（2006）は、CRM はプロダクト（products）とプロモーション（promotions）、プログラム（programs）という3つのカテゴリから、さらに7つの P へ細分できると指摘している（表3-1）。

　なお、CRM 研究には、NPO/NGO との連携や流通業者との関係、企業内部との関係を扱った研究など多岐にわたっている（大平, 2010）。本章では、ソーシャル・コンシューマーの意思決定要因を検討していることから、消費者に関する

表 3-1　CRM の類型

カテゴリー	類型	内容
プロダクト	製品購買（product purchases）	善いものを買うことで善いことをする
	購買の上乗せ（product plus）	ギフト（gifts）を促進する
	ライセンスされた製品（licensed product）	NPO のロゴやブランド・アイデンティティ、試算を使用する
プロモーション	社会問題のプロモーション（issue promotion）	社会問題のプロモーションを通じての共同ブランディング（cobranding）
プログラム	コーズ・プロモーション・イベント（cause promotion event）	積極的な契約に対する共同ブランディング（cobranding）
	コーズ・プログラム（cause program）	プログラムでの協働を通じての共同ブランディング（cobranding）
	公共サービス・コーズ・マーケティング（public service cause marketing）	行動変革の促進

研究を検討する。

3-2. CRM と消費者

　消費者の視点から CRM を扱った研究は、広告に関する研究とブランドに関する研究、消費者の意思決定への影響を扱った研究、企業-コーズ-消費者の適合を扱った研究、消費者特性が CRM の反応に影響を与えることを扱った研究に大別することができる。

3-2-1. CRM と広告

　Pracejus, Olsen and Brown（2003/2004）は、CRM キャンペーンに使用される広告コピーに関連する潜在的な消費者の困惑を検討している。具体的には、インターネットで広告コピーのフォーマット（「寄付の総額を記載したさまざまなフォーマット」、「特別な広告コピーをワーディングしたフォーマットと寄付の見積もりに関する製品価格」、「寄付のレベルが消費者の選択に与えるかどうか」）を消費者に提示する実験を行なっている。その結果、広告コピーでの抽象的なワーディングにおける僅かな変化は、寄付される総額の消費者の推定に大きな違いを導くことが示された。また、抽象的なコピーのフォーマットに対する寄付の推定

の総額は、個人横断的に変化することが明らかとなった。さらに、寄付の総額は消費者の製品選択に影響を与えることが示された。

Lafferty and Edmondson (2009) は、CRM キャンペーンの意図がブランドの購買を増やすか、つまり寄付がコーズへの参加を促すかを検討している。具体的には、実験的調査を通じて、視覚的な要素としてコーズの描かれた広告とブランドが描かれた広告との比較を通じて、各広告が消費者のアライアンスに関する態度への影響、その変数がブランドや企業、購買意図に対して後の態度に与える影響を分析している。分析の結果、ブランドの描かれた広告は、コーズの描かれた広告よりはるかに影響を与えることが明らかとなった。また、コーズとブランドのアライアンスに対する態度は、ブランドの精通性によって影響を受けることも示された。

Singh, Kristensen and Villaseñor (2009) は、CRM の主張を繰り返すことで消費者の精通性が、CRM キャンペーンに対する消費者の懐疑的思考に影響を与えるかどうかを検討している。具体的には、実験的調査を通じて、精通性と懐疑的思考間の関係性が一般的な広告に対する懐疑的思考によって和らげられるかどうかを分析している。分析の結果、主張を繰り返すことは、CRM の主張に対する懐疑的思考を克服することを助長し、さらに広告に対する懐疑的思考の逆の影響を減少させる点が明らかとなった。

3-2-2. CRM とブランド

CRM とブランドを扱った研究は、さらに製品ブランドを扱った研究と企業ブランドあるいはイメージを扱った研究に分類することができる。

(1) 製品ブランド

Strahilevitz (1999) は、製品の性質や慈善団体への寄付の大きさが寄付をするインセンティブが、製品をプロモーションする際に持つ有効性をいかに決定しているのかを明らかにしている。具体的には、製品のタイプ（快楽的製品 (hedonic/frivolous products) と実用的製品 (utilitarian/practical products)）と寄付へのインセンティブの大きさとの関係、多様なコーズ・ブランド間の選択について実験的調査を用いて分析を行なっている。分析の結果、寄付と結びつい

たブランドに対してお金を進んで払う消費者の意思は、一定なだけでなく、製品のタイプや寄付の大きさ、それらの相互作用によって影響を受ける変数に依存することが明らかとなった。

Van den Brink, Odekerken-Schröder and Pauwels（2006）は、消費者へのブランド・ロイヤルティについての戦略的・戦術的 CRM の影響と CRM とブランド・ロイヤルティとの間の関係性について製品への消費者関与の仲介機能を検討している。具体的には、学生へのアンケート調査を通じ、戦略的 CRM と戦術的 CRM の違いを「コーズと企業の核となるコンピテンシーとの間の一致性」、「キャンペーンの二重性」、「投資された資源の量」、「シニアマネージャーの関与の程度」から分析を行なっている。その結果、消費者は企業が CRM キャンペーンに長期間コミットする、もしくはそのキャンペーンが低関与の製品に関連している限り、戦略的 CRM の結果として、ブランド・ロイヤルティのレベルが高められると指摘している。また、消費者は、関与度に関係なく、ブランド・ロイヤルティについて戦術的 CRM の主要な影響を示さないことが明らかにされた。

(2) 企業ブランド

Dean（2003/2004）は、企業への消費者の全体的な関心に関して、寄付のタイプ（企業の収入に条件付けられるものとそうでないもの）と企業の評判（企業の社会的責任の遂行に関する誠実さや平均、無責任さとして描き出される企業）への影響を検討している。具体的には、アンケート調査を通じて、消費者が企業の金銭への貪欲な意図をいかに認識するかと企業の社会的パフォーマンスは善いマネジメントと一致しているのかについて分析を行なっている。その結果、社会的に無責任な企業は、両方の寄付のタイプを実施することで、消費者の好意を増加させる。社会的責任について平均的な企業は、条件のない寄付を実施することでイメージを高めるが、条件付きの寄付は企業イメージを傷つけない。社会的に誠実と認識された企業は、条件のない寄付の後に全く変わらないが、そういった企業は CRM を実施することで好意の損失に苦しむことが示された。つまり、社会的責任に平均的な企業が CRM を使用するときに公共善を損失する危険がないと指摘している。

3-3. CRM と消費者意思決定

　Smith and Alcorn（1991）は、CSR の新たな方向性のひとつとして、CRM を位置づけ、（経済的動機と利他的動機に基づく）二重のインセンティブのある CRM に対する消費者の意図と態度を検討している。具体的には、電話によるインタビュー調査を通じて、「ブランド・スウィッチの可能性」と「CRM セグメントの認識」を分析している。その結果、ブランド・スウィッチする意図は、製品横断的に異なっている点が明らかとなった。CRM セグメントがどの程度存在するかについては、34.7％が「主要な貢献者（primary contributor）」、40％が「経済的に動機づけられた貢献者（economically motivated）」、残りの 25.3％が「非参加者（non-participator）」という割合で細分化ができたと述べている。

　Webb and Mohr（1998）は、消費者が CRM をどのように考え、どのように反応するのかについて検討している。具体的には、デプス・インタビューによる定性調査を通じて、消費者の CRM に関する知識の種類、企業と NPO の協働、CRM に参加する企業と NPO への消費者の信頼、購買行動への影響、CRM に積極的な反応を示す消費者のタイプを分析している。分析の結果、CRM に反応する消費者を分析するための概念枠組みを提示している。また、その枠組みの中にも含まれているが、この研究では CRM への反応に基づいた消費者集団を識別している。その集団とは、「懐疑論者（skeptics）」、「バランスを取る人々（balancers）」、「属性に方向づけられた人々（attribution-oriented）」、「社会に関心のある人々（socially concerned）」であることが示されている。

　Strahilevitz and Myers（1998）は、製品の性質（快楽的製品と実用的製品）が購買の際のインセンティブとして慈善団体への寄付に使われる効果の影響について検討している。この研究では、2回の実験的調査と1回のアンケート調査が行なわれている。これら一連の調査では、快楽的製品と実用的製品を組み合わせて提示している。分析の結果、寄付へのインセンティブは、実用的製品をプロモーションする時より、快楽的製品をプロモーションするときの方が、より効果的であることが示された。

　Barone、Miyazaki and Taylor（2000）は、CRM が消費者の選択に影響を与え

るかどうかと、いかなるときに影響を与えるのかを検討している。具体的には、ブランド間の同質性を仮定した上で、実験的調査を2回実施している。その結果、社会的コーズをサポートしている企業に関連する情報は、消費者の選択に影響を与えることが明らかになった。しかし、その選択に関するCRMの影響は、企業のCRMへの努力に関連する消費者に知覚された動機に依存していることが指摘された。

Yechiam, Barron, Erev and Erez (2003) は、CRMが製品選択へ与える影響を検討している。具体的には、実験1ではCRMの効果は質の劣る製品の場合に消費者の経験によって強健されるかどうかを分析している。実験2では製品間の質が曖昧な状況で同様の実験を行なっている。その結果、実験1からはCRMの効果は時間を経ても持続するが、効果の方向は製品の価値に敏感であることが明らかとなった。実験2からはCRMの効果は製品の品質評価が難しいときに選択する確率を減少させる点が明らかとなった。

Valor (2005) は、フィランソロピー・キャンペーンの実施に関連した、どのような変数が消費者とって重要なのかと、どの変数が消費者に高い効用をもたらすのかを検討している。デプス・インタビューの結果、消費者が購買意思決定をする際に重要な属性は価格と品質であり、次いでフィランソロピーへの寄付が重要視された。他の属性、例えばCSRなどは重要視されていない点が指摘された。

3-4. CRMの適合

Pracejus, Olsen and Brown (2003/2004) は、CRMが消費者の選択に与える影響を検討している。具体的には、アンケート調査を通じて、コーズが消費者に好まれているときに、「消費者の選択へのブランドとコーズの適合の役割」と「その適合が選択に影響を与えるか」、「その適合がどのくらい選択に影響を与えるか」を分析している。分析の結果、高い適合のNPOへの寄付は低いものより、5〜10倍の価値があることが明らかとなった。また、CRMの価値は短期間での販売の点から、費用として正当化されないという点が指摘されている。

Gupta and Pirsch (2006b) は、CRMにおける、消費者−企業−コーズ間の影響

を検討している。具体的には、第1に学生と消費者へのアンケートを通じて、企業とコーズとの適合とその企業とコーズの両方を消費者が同一視しているかという点から、コーズ・スポンサーされた製品に対する購買意図を分析している。第2に企業とコーズとの適合に関する消費者の感情的評価に接近するために2つの媒介変数（スポンサー企業への態度と CRM キャンペーンのスポンサーとなっている企業の動機についての懐疑）を導入して分析をしている。分析の結果、企業とコーズとの適合は企業とコーズのアライアンスに対する態度を改善し、購買意図を高めることが明らかとなった。また、この影響は顧客と企業、顧客とコーズが一致する状況下とスポンサー企業に対する消費者の全体的な態度により高められる点が示された。

Nan and Heo（2007）は、広告に埋め込まれた CRM のメッセージに消費者がいかに反応するのかについて、ブランドとコーズとの適合の視点から研究を行なっている。具体的には、実験的調査を通じて、CRM のメッセージがついた広告とついていない広告に対する消費者の反応、およびブランドとコーズとの適合の高低に対する CRM プログラムの相対的効果について分析している。その結果、CRM が消費者の態度へ与える影響については、広告あるいはブランドより、企業への態度の方が大きな影響を与えることが明らかとなった。具体的には、CRM メッセージを伴った広告は CRM メッセージなしの一般的な広告より、消費者は好ましい態度を示した。消費者の反応についてブランドとコーズとの適合は体系的な影響がないことが明らかとなった。具体的には、ブランドとコーズとの適合度の高い CRM プログラムは、企業や広告、ブランドに対して消費者は積極的な態度を示さなかった。

3-5. CRM と消費者特性

Cui, Trent, Sullivan and Matiru（2003）は、アメリカで次にボリュームのある市場を形成する 1977～1994 年に生まれた Y 世代を用いて、彼・彼女らがいかに CRM に反応するのかを検討している。より具体的には、「CRM が提供する構造的要素である、コーズのタイプ」と「コーズの地理的範囲」、「CRM を展開する際に企業が提供するサポート」、「そのサポートの期間と頻度」、「参加者の

社会・人口動態的特徴」、「CRMの提供物に反応した購買意図」という点から、アンケート調査を通じて、この世代へのCRMの有効性を分析している。その結果、企業が金銭を伴わない取引に基づいて、長期で頻繁にCRMをサポートするときに、Y世代は継続的なコーズより、天災によるコーズに強い反応を示した。また、女性や社会科学を専攻している人、両親が年収、慈善活動をしたことのある人の方がCRMの提供物に対して、強い関心を示していた。さらに、Y世代にはCRMの提供物の評価とその提供物に対する購買意図との間に強い関係性が認められた。

　Grau and Folse（2007）は、あるコーズについて関与度の低い消費者をいかにCRMへ巻き込むのかを検討している。具体的には、アンケート調査を通じて、第1に関与度の高低と寄付の近隣性、およびそれら2つの関係について、CRMキャンペーンへの態度と参加意図へ与える影響を分析している。第2にCRMを展開する際のメッセージのフレミング効果について分析をしている。第3にCSRが上述の効果を仲介する点についても分析をしている。分析の結果、第1の関与と寄付の近隣性の影響は、コーズに対して関与度の高い消費者はそのコーズを援助するために参加することにより高い関心を持ち、地方よりむしろ全国的な寄付がより好ましい態度を示すことが明らかとなった。第2については、関与度の低い消費者のキャンペーンへの態度と参加意図は、メッセージ・フレミングのタイプに依存する点が示された。第3については、キャンペーンのメッセージが生存（積極的なフレミング効果）よりむしろ死（消極的なフレミング効果）を強調したとき、消費者はより好ましいキャンペーンへの態度を保持する。また、態度に関するフレミング効果は、企業がCSRを実践しているという消費者の信念によって媒介される点も明らかとなった。

　Arnold, Landry and Wood（2010）は、CRMを経験した後に、若者（10代前半から20代前半）の社会的責任に関する認識の順応性を検討している。具体的は、アメリカのNPOであるWorld Visionが展開する「a 30-hour fat」という30時間絶食するイベントを通じて、それに参加した若者の意識変化をインタビュー調査を通じて検討している。その結果、イベントに参加したことで若者は、自尊心と社会への関心（特に飢餓）が高まったことが明らかとなった。同様のイ

ベントに参加する若者に対してアンケート調査を行なった結果、若者の倹約への意識が高まり、物質主義への態度が減少することで、彼・彼女らの生活の満足を向上させるという結果を得ている。

4. 定量研究の分析モデル

4-1. 環境配慮型商品と寄付つき商品の分析モデル
4-1-1. 意思決定要因の分析モデル
　ソーシャル・コンシューマーの意思決定プロセスに関する研究では、主にTRAやTPBが用いられ、行動に対する態度と主観的規範、行動統制が購買意図に影響を与え、さらにそれが行動に影響を与えると仮定したモデルで分析を行なっている。このような研究では、自己アイデンティティや有効性評価、知識、社会的責任感、過去の行動、習慣などのオリジナル変数を加えて分析を行なっている。

　日本人を対象とした研究では、TPBを用いて消費者の環境配慮行動を扱ったものがある（西尾, 2005；西尾・竹内, 2007；Ohtomo and Hirose, 2007；李, 2009b）。西尾（2005）は行動統制の下位概念として、有効性評価とルール受容性に、コスト-ベネフィット評価、エコロジカル関与を加えて分析を行なっている。西尾・竹内（2007）は、自己裁量性も行動統制の下位概念として分析を行なっている。李（2009b）は、有効性評価に社会的責任と人間自然関係志向（man-nature orientation）を加えて分析を行なっている。このようなTPBを日本のソーシャル・コンシューマーに応用した研究から得られる示唆は、行動統制の下位概念として、有効性評価を用いてモデルを構築する方が良いということである。なお、有効性評価とは、ある行動を実践することが社会的課題の解決に有効であると感じる主観的な知覚の程度を意味し、消費者の内面的な行動統制として理解することができる。

　海外の研究でも有効性評価を行動統制の下位概念として捉える研究がある。Sparks, Guthrie and Shepherd（1997）やVermeir and Verbeke（2007）は、行

動統制を有効性評価と入手可能性評価（perceived availability）に分けて分析を行なっている。日本社会を考えると環境配慮型商品と比べて、寄付つき商品が本格的に導入されてからの期間はまだ短い。そのため、本書では寄付つき商品を入手できるかどうかという入手可能性評価も行動統制の下位概念と捉えて検討を行なう。つまり、本書では有効性評価を消費者の「内的な」行動統制、入手可能性評価を「外的な」行動統制と理解して分析を行なう（図3-1）。

4-1-2. 態度と行動の乖離

先行研究に従うと、倫理や環境的課題に関する消費者行動を分析するには、TRAやTPBを応用することが有効である。しかし、倫理や環境的課題にTRAやTPBを応用した消費者行動研究では、態度（意図）と行動の乖離（attitude (intention)-behavior gap）が、一般の消費者行動よりも頻繁に生じる点が指摘されている[31]。

例えば、Simon（1995）は企業努力と消費者選好の間には「社会的課題乖離（social issue gap）」が存在すると指摘している。そのような乖離が生じる理由について、Roberts（1996a）は「グリーン・プロダクトはあまりにも高価である」と「価格、品質、利便性が消費者の重要な意思決定要因である」、「アメリカ人の30％が環境への主張を比較している」、「顧客はグリーン・プロダクトに

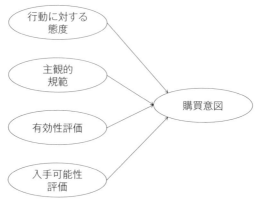

図3-1　環境配慮型商品と寄付つき商品の分析モデル

困惑している」、「企業はグリーン・プロダクトの提供に躊躇している」が原因となっていると指摘している。

このような態度と行動の乖離が生じることを踏まえ、先行研究ではさまざまな方法が検討されている[32]。広瀬（1994；1995）は、これまでの環境心理学分野での態度と行動に関する研究では、一般的な態度を検討しているものと、個別的な行動意図を検討しているものがあると指摘したうえで、一般的認知によって説明される行動の規定因を「目標態度」、便益・費用や社会的規範などの行動についての評価によって説明される行動の規定因を「行動意図」と呼んで、環境配慮行動を説明するモデルを提示している。Carrington, Neville and Whitwell（2010）は、エシカル・コンシューマーに関する研究の中で態度と行動の乖離を指摘している研究では、行動を測定していないものが多いと指摘している。つまり、この研究が指摘するのは、先行研究では態度と行動の乖離といいながらも、行動を測定していないことから、本来は意図と行動の乖離を検討すべきであると指摘しているのである。

態度と行動の乖離とは、例えば「ソーシャル・プロダクトが好きか、あるいは買いたいと思うか」という質問をすると、大半の消費者は「好き、あるいは買いたい」と答えるが、実際の購買行動ではソーシャル・プロダクトを購入しないという現象である。Carrington, Neville and Whitwell（2010）が指摘するように、確かにアンケート調査で行動を測定するのは、あくまでも未来の行動を現在、測定していることであり、乖離が生じるのはアンケート調査の限界とも判断できる。そのため、代替的手法として未来の行動を測定するのではなく、過去の行動を測定し、それがソーシャル・コンシューマーの意思決定プロセスにいかなる影響を与えているのかを分析することで、先行研究で指摘されている態度と行動の乖離を避けて分析を行なうことが可能となる。

実際、Ajzen（1991）は、過去の行動が将来の行動を予測すると指摘している。ソーシャル・コンシューマーの意思決定要因に関する先行研究でも、TPBに過去の行動を加えたモデルを検証している[33]。Thøgersen（2002）は過去の行動を消費者の直接的な経験と捉えている。消費者の意識に購入経験が影響を与える重要性は、消費文化理論で指摘されている（Holbrook and Hirschman, 1982）。

ソーシャル・プロダクトを購入した経験がある消費者の中には、「ソーシャル・プロダクトを購入することが社会的課題の解決に繋がる」という意味を理解している者も存在しているはずである (Richins, 1994；Csikzentmihalyi and Rochberg-Halton, 1981)。このような消費者こそがソーシャル・コンシューマーであり、ソーシャル・コンシューマーと非ソーシャル・コンシューマーの意思決定要因の特徴を比較するのも本書の目的の1つである。このことから、本書では過去の社会的課題解決行動がTPBの変数に影響を与えると仮定する。

　過去の行動については、先行研究では自分で消費行動を報告する (self-reported behavior) 形で調査が実施されていた。本書でもこの調査方法を用いる。その理由として、上述したように仮にソーシャル・プロダクトを購入したいと思うかを尋ねただけでは、実際に行動に結びつくか、わからないからである。特に過去の行動を自分で覚えているソーシャル・コンシューマーは態度と行動が一致しているのであり、消費者自身で過去の購入実施回数を回答してもらう方法を本書では採用する。

　また先行研究では、行動の頻度に期間を設けていた。それは最長で6カ月であった。本書では、2～4年という期間を設けて調査を実施した。その理由として、すでに消費を通じた社会的課題の解決をできる状況が多くある欧米と比べて、日本は2011年の東日本大震災後に消費者がソーシャル・プロダクトを購入できる機会が増えたからである。それを踏まえて、第6章から第8章の調査は、2012年と2014年に実施した。最長期間が4年であるが、ソーシャル・プロダクトが社会に普及していくには、それ以上の時間が必要であると判断したのももう1つの理由である。

4-1-3. 階層間の意思決定要因の違い

　東日本大震災後、日本人はシビック・アクションだけでなく、ソーシャル・コンサンプションを通じても社会的課題を解決することができるということを認知した。震災後にそのような行動をした人たちは、多様な社会的課題を解決する意図が形成されていると考えられる。さらに、ソーシャル・コンシューマーの階層性に関する先行研究で示されていたように、ソーシャル・プロダクトに

関する知識や関心、態度、有効性評価、意図といったサイコグラフィック変数にクラスタ間で統計的に有意な違いがあることが示されている。

実際、環境的課題と消費者に関する研究では、消費者を階層化し、階層ごとの意思決定要因の違いを検討している（Bamberg, 2003；西尾, 2005）。Bamberg (2003)は環境的課題への関心の高低から消費者を2つに分け、多母集団同時分析を用いて、意思決定要因の違いを検討している。具体的には、環境的課題への関心の高い消費者には行動に対する態度と主観的規範、行動統制が意図に影響を与えるのに対し、低い消費者には行動に対する態度と主観的規範が影響を与えると指摘している。

西尾（2005）は、ゴミ減量行動の実践度を従属変数としたクラスタ分析を行ない、消費者を5つに階層化している。その上で、さまざまなエコロジー行動を実践している「エコロジスト」とリサイクルのみ実践度の高い「リサイクラー」の意思決定プロセスには違いがあると指摘している。具体的には、エコロジストには、ベネフィット評価とルール受容性、社会規範評価がゴミ減量行動意図に影響を与えると指摘している。西尾（2005）は、ルール受容性を「『ルールのわかりやすさ』、『取り組みやすさ』、『環境プログラム等へのアクセスのしやすさ』といった実行しやすさ」（西尾, 2005, 3ページ）、社会規範評価を「家族等がもつ内的規範と友人・知人がもつ外的規範」（西尾, 2005, 4ページ）と捉えていることから、ルール受容性は本書の入手可能性評価、社会規範評価は主観的規範に置き換えることが可能である。一方、リサイクラーには、エコロジー関与がゴミ減量行動意図に影響を与えると指摘している。ただし、西尾（2005）のリサイクラーの分析結果では、ゴミ減量行動意図はリサイクル実践度には影響を与えず、実践度に影響を与えているのはルール受容性となっており、本書で想定する購買意図に影響を与える変数を特定するという枠組みとは異なっている。

本書は、Bamberg（2003）のようにTPBを単に環境的課題と消費者の研究に応用するだけではない。本章では環境配慮型商品と寄付つき商品の選択という消費を通じた社会的課題の解決を対象としていることから、行動統制を有効性評価と入手可能性評価に置き換えた拡張したTPBで消費者の意思決定要因を分析する。実証研究では、社会的課題解決行動の実践度の程度から、実践度の

最も高い「現在のソーシャル・コンシューマー層」、実践度が中程度の「潜在的ソーシャル・コンシューマー層」、実践度が最も低い「無関心層」という3つの層の意思決定要因を比較する。つまり、実証研究の焦点は、社会的課題解決行動の頻度によって、有効性評価と入手可能性評価が意図へ与える影響が異なるという点にある。

　有効性評価とは「その行動を行なうことで期待した結果を得られるのか」の評価であり、入手可能性評価は「実際にその行動を行なうことができるのか」の評価である。ある商品が容易に入手可能かどうかの評価は、知識や経験がそれほどなくとも判断可能である。その一方、消費行動が社会的課題の解決に対して有効な結果をもたらすのかについては、より多くの知識や経験が必要となる。それを踏まえると、社会的課題解決行動の実践度の高い現在のソーシャル・コンシューマー層の購買意図には、有効性評価が影響を与える一方、入手可能性評価は影響を与えないと仮定することができる。つまり、現在のソーシャル・コンシューマー層は、ソーシャル・プロダクトの購入頻度が高いことから、入手しやすさが購買意図に影響を与えず、それを購入することが社会的課題の解決に繋がるというソーシャル・プロダクトに付与されたメッセージを理解して、ソーシャル・プロダクトを購入したいと考える消費者像を想定することできる。

　社会的課題解決行動の実践度の低い消費者である無関心層の購買意図には、現在のソーシャル・コンシューマー層とは逆に、入手可能性評価が影響を与える一方、有効性評価は影響を与えないと仮定することができる。つまり、無関心層は、ソーシャル・プロダクトを購入したことが社会的課題の解決に繋がるという点ではなく、手軽に購入できればそれを購入するという点から、ソーシャル・プロダクトを購入したいと考える消費者像を想定することができる。

　中間層である潜在的ソーシャル・コンシューマー層には、社会的課題解決行動に関する知識や経験が比較的豊富な消費者とそれほど豊富でない消費者が混在していると考えることができる。つまり、潜在的ソーシャル・コンシューマー層は現在のソーシャル・コンシューマー層に近い消費者と無関心層に近い消費者が混在しており、有効性評価と入手可能性評価の両方が購買意図に影響を与

えると仮定することができる（図 3-2）。

4-2. 寄付つき商品の分析モデル

4-2-1. 寄付つき商品を分析するための社会的背景

近年、企業が積極的に社会的課題の解決を図るようになってきている。日本では 2003 年が CSR 元年といわれ、多くの大企業はそれまでの環境あるいは社会貢献に関する部署を変更し、CSR 担当部署を設置した。特に 2011 年に発生した東日本大震災では、多くの企業が即座に多額の義援金を捻出することを決定し、その後も復興支援のための取り組みを次々と発表した。

谷本（2006）は CSR を「企業活動のプロセスに社会的公正性や倫理性、環境や人権への配慮を組み込み、ステイクホルダーに対してアカウンタビリティを果たしていくこと」と定義し、CSR には「経営活動のあり方（コンプライアン

図 3-2 階層間を比較するための分析モデル

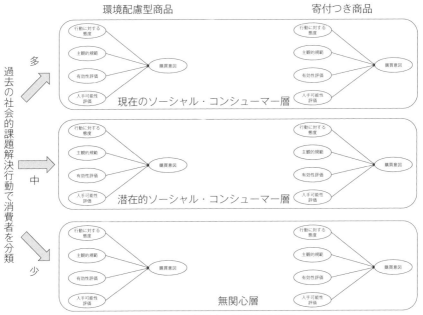

クラスタ・商品間の比較

ス)」、「社会的事業(ソーシャル・ビジネス)」、「社会貢献活動(フィランソロピー)」の3つの次元があると指摘している。本書で扱う寄付つき商品は、この中の社会貢献活動に該当する。寄付つき商品は、商品の売上の一部がNPO/NGOなどを通じて社会的課題の解決に使われるものである。その特徴は、社会的課題の解決に関する活動内容がパッケージなどに記載されることにより、消費者が店頭で商品を手に取って、その活動を容易に知ることができる点にある。

日本で寄付つき商品が流行するきっかけを作ったのが、2007年夏にボルヴィックとユニセフが協働して展開した「1ℓ for 10ℓ」キャンペーンである[34]。ボルヴィックは2005年にドイツでこのキャンペーンを開始し、2006年にはフランス、2007年には日本、2008年にはカナダで展開され、その後アメリカ、イギリス、オーストリア、スイス、ルクセンブルクの計9カ国で展開された。日本ではじめてキャンペーンが展開された際には、テレビCM等にその具体的な内容が放送され、キャンペーン期間中にはパッケージにもその内容が記載された。実際、キャンペーンを展開した3カ月間でのボルヴィックの売上は、一昨年の同期間と比較して、31%増加したという(竹井, 2009)。

森永製菓は、2003年から独自に続けていたカカオの国の子どもたちを支援する活動をリニューアルし、2008年から「1チョコ for 1スマイル」キャンペーンを展開している[35]。このキャンペーンは毎年、1月中旬から2月14日のバレンタインデーまでにダースや森永ミルクチョコレートなど、指定された商品を1個購入すると1円が認定NPO法人ACEと公益財団法人プラン・インターナショナル・ジャパンを通じて、フィリピンやカメルーン、ガーナ、エクアドル、インドネシアなどのカカオの生産国の子ども支援に使われている。このキャンペーンの特徴は、まず森永製菓の主力商品であるダースや森永ミルクチョコレートなど、日本全国どこでも消費者が購入可能な商品を対象とした点があげられる。次に森永製菓はリニューアルに際し、テレビ・ラジオCMをはじめ、ポスターやパッケージ、ウェブサイト、Facebookを通じてキャンペーンをプロモーションした点があげられる。

「1ℓ for 10ℓ」以降、森永製菓をはじめとする一部の日本企業は、積極的に寄付つき商品に関するプロモーションを展開するようになったが、大半の日本

企業は寄付つき商品であることを消費者に知らせることに躊躇していた。現在、多くの日本企業が積極的に CSR 活動を社会に発信するようになったが、以前は日本企業はそのような活動を自ら進んで社会に発信していなかった。その理由の1つに、日本企業の社会貢献活動が陰徳的な考え方で捉えられていた点があげられる（谷本, 2006）。

経済団体連合会編（1992）には、「90 年代に入り、企業の社会貢献活動が注目を集めるようになったが、どのような考え方で社会貢献活動を行なうかという点について、企業の立場はさまざまである。例えば、人に人格、人徳があるように会社にも社格、社徳があるとの考え方に立ち、社会貢献を「隠で善行を積む行為」と位置づける企業がある。こうした企業は、長期にわたって着実に活動を続けながらも、それを社会にアピールすることを好まない。」（21 ページ）と記載されている[36]。日本社会でこのように社会貢献活動が捉えられていた背景には、啓発された自己利益（enlightened self-interest）という考え方が影響を与えていたと考えられる。啓発された自己利益とは、「善いことを行なっていれば、それが回りに回って、長期的には自分に利益をもたらす」という考え方である。つまり、日本企業は社会貢献活動を積極的に行なっていることを敢えて社会に発信しなくとも、長期的には回りに回って企業に利益をもたらすと理解されていたのである（経済団体連合会編, 1994）。

しかし、東日本大震災は日本社会のそのような状況を大きく変化させた。例えば、東日本大震災直後に寄付文化が根づいていないといわれている中で、多くの日本人が寄付を行ない、被災地にボランティアに赴く者も数多くいた（日本ファンドレイジング協会編, 2012）。また、被災地の商品を進んで購入する「応援消費」という概念が誕生し、震災直後の計画停電などの影響から、電力消費量がより少ない家電といった環境配慮型商品を購入する消費者も増加した。

その一方、震災直後の寄付つき商品は、その種類や販売量は増加したものの、以前と同様に社会に積極的に発信されなかった。例えば、サントリーやキリンはビールや清涼飲料水の売上の一部が被災地の復興支援に繋がることを自社のホームページには掲載していたものの、商品パッケージや店頭では、消費者が簡単にわかるような形で情報を発信しなかった。企業がこのような行動を取っ

た背景には、震災後の復興支援を積極的に広告するべきではないという自粛ムードだけではなく、上述した陰徳文化も影響を与えていたのではないのだろうか。

では、そのような企業のCSR活動の社会への発信について、消費者はいかなる反応を示すのだろうか。消費者は企業のそのような活動をはたして本当に懐疑的に捉え、購買を控えているのだろうか。実証研究では、企業のCSR活動の一環としての寄付つき商品を取りあげ、その商品に対する消費者の意思決定要因を検討する。

4-2-2. 懐疑的思考と消費者行動

消費者側から企業のCSR活動を捉える概念の1つに懐疑的思考 (skepticism) がある。懐疑的思考とは、物事の意味・価値、また自他の存在や見解などについて疑いを持つことであり、皮肉 (cynicism) とは異なり、永続する個人的な特徴ではなく、文脈に依存するものである (Mohr, Webb and Ellen, 1998)。

懐疑的思考を用いて消費者行動を検討しているのが、広告研究である。広告研究では、主に広告の主張が確かかどうかを消費者が判断するときに消費者の懐疑的思考が高まると指摘されている (Ford, Smith and Swasy, 1990)。近年、懐疑的思考を用いた研究は、グリーン・マーケティング (Mohr, Webb and Ellen, 1998) やCRM (Webb and Mohr, 1998)、フェアトレード (De Pelsmacker and Janssens, 2007) というように社会的課題の解決と企業の利益が共存するのかという視点からも研究されるようになっている。

懐疑的思考とCRMに関する研究では、消費者がCRMに反応する際に懐疑的思考がいかに影響を与えるのかが検討されている (Webb and Mohr, 1998 ; Barone, Miyazaki and Taylor, 2000)。Forehand and Grier (2003) は、CRMに対する懐疑的思考は企業がCRMを展開する意思決定をする上での足かせになっていると指摘している。Brønn and Vrioni (2001) は、懐疑的な消費者はCRMの主張に疑念を抱き、CRMを拒絶する傾向があると指摘している。Gupta and Pirsch (2006a) は、懐疑的思考が消費者の購買意思決定に影響を与えないと指摘している。ただし、これらの先行研究は、いずれもCRMがある程度普及し

ている欧米諸国の消費者を対象として行なわれたものであり、日本の消費者に懐疑的思考が影響を与えるのかを検討する余地がある。

4-2-3. 寄付つき商品の意志決定要因の分析モデル

　消費者が CRM を懐疑的に捉えるかどうかは、消費者の過去の行動に基づいた経験が影響を与えると考えることができる。なぜなら、過去の行動は未来の行動を予想する一因となるからである（Ajzen, 1991）。これに従うと、態度と行動の乖離を避けるためには、過去の行動が意思決定モデルの潜在変数に影響を与えると仮定して、寄付つき商品の意思決定要因を分析できると考えられる。

　Brønn and Vrioni（2001）は、CRM の経験が増えるにつれて、消費者の懐疑的思考が弱まると指摘している。日本では寄付つき商品が広く知られる、さらには購買の機会が増えるようになって、まだそれほど時間が経過していない。つまり、日本の消費者の過去の経験は、CRM に対する懐疑的思考を少しは低下させると考えることができるのである。

　では、懐疑的思考が消費者の購買意思決定に影響を与えるかを検討する際にどのような分析モデルを用いたら良いのだろうか。CRM 研究は、消費者の反応を扱った研究が多く、いかなるプロセスで消費者が意思決定しているのかに関する研究は、あまり存在しないのが現状である。ただし上述したように、環境配慮型商品の意思決定要因では、TRA や TPB を用いて分析が行なわれている。それを踏まえて、本書では TRA を拡張して分析モデルを構築する。

　CRM と消費者に関する研究では、CRM のキャンペーンや社会的課題、CSR が消費者の態度や意図に与える影響を検討しており[37]、寄付つき商品に関する消費者の購買意思決定要因を包括的に検討している研究は少ない。CRM に関する先行研究は、主に実験的手法を用いて、消費者が社会的課題の解決にいかに反応を示すのかを捉えるのが主流な研究スタイルとなっている。中でも、商品のパッケージに記載された社会的課題の解決のメッセージが消費者の態度や意図に与える影響を検討するのが主流である。

　先行研究では、CRM は企業の CSR 活動を消費者に伝えるための１つの手法として理解されている（Brønn and Vrioni, 2001）。CRM は消費者の商品に対す

図 3-3　寄付つき商品の分析モデル

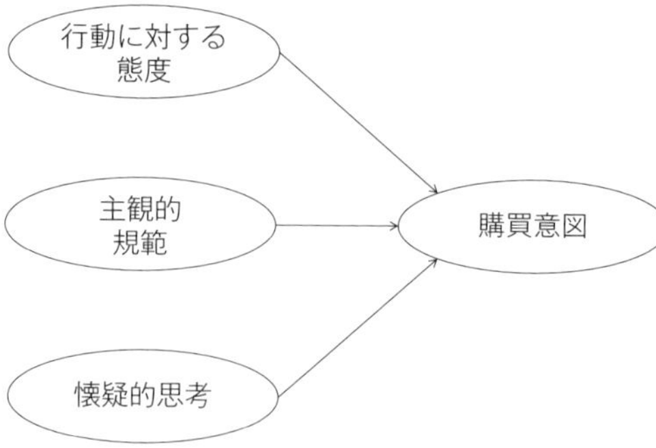

```
行動に対する態度 ─┐
主観的規範    ─┼→ 購買意図
懐疑的思考    ─┘
```

る態度 (Berger, Cunningham and Kozinets, 1996)、企業に対する態度 (Ross, Patterson, and Stutts, 1992)、従業員の就業意欲 (Dahl and Lavack, 1995)、売上 (Drumwright, 1996) をそれぞれ改善すると指摘している。Ellen, Mohr and Webb (2000) は継続的な社会的課題よりも、自然災害などに関連した社会的課題の方が消費者は積極的に評価すると指摘している。Lavack and Kropp (2003) や Singh, Kristensen and Villaseñor (2009) は、数カ国の比較研究を行ない、CRM があまり知られていない国の消費者は、CRM に対する態度が形成されていないと指摘している。

　東日本大震災後の日本では、寄付つき商品が多くの企業によって製造・販売されるようになり、消費者は寄付つき商品が容易に購入できるようになった。そのような状況下で日本の消費者は、CRM にいかに反応するのだろうか。

　TRA では、行動に対する態度と主観的規範が購買意図に影響を与え、さらには購買意図が行動に影響を与えると仮定している。CRM 研究では、企業が CRM を展開することで、消費者の行動に対する態度が変化し (Ross, Patterson and Stutts, 1992；Berger, Cunningham and Kozinets, 1996；Gupta and Pirsch, 2006b)、行動に対する態度と購買意図には関係があると指摘されている。以上を踏まえて、本書では行動に対する態度と主観的規範に懐疑的思考を加え、それが購買意図にいかなる影響を与えるのかという拡張した TRA を用いて分析を行なう (図 3-3)。

注

(20) 省エネ行動は Allen (1982) や Semenik, Belk and Painter (1982)、李 (2007)、李 (2009a)、Jansson, Marell and Nordlund (2010) がある。

(21) ゴミ減量行動は Gill, Crosby and Taylor (1986) や Taylor and Todd (1995) がある。

(22) リサイクル行動は Lord (1994)、Cheung, Chan and Wong (1999) や Terry, Hogg and White (1999)、McCarty and Shrum (2001)、Davies, Foxall and Pallister (2002)、Kaiser and Gutscher (2003)、Knussen, Yule, MacKenzie and Wells (2004)、Ohtomo and Hirose (2007)、Barr (2007)、Nigbur, Lyons and Uzzell (2010)、White and Hyde (2012) などがある。なお、リサイクル行動の意思決定要因をメタ分析した研究として、Davies, Foxall and Pallister (2002) がある。

(23) 具体的には、Herberger (1975)、Kalafatis, Pollard, East and Tsogas (1999) や Bamberg (2003)、Zabkar and Hosta (2013)、Lu, Chang and Chang (2015)、Barbarossa and De Pelsmacker (2016) がある。

(24) 具体的には、Chan and Lau (2000) や Chan (2001)、Chan and Lau (2002)、Akehurst, Afonso and Gonçalves (2012) がある。

(25) 具体的には、Ellen, Wiener and Cobb-Walgren (1991) や Berger and Corbin (1992)、Schlegelmilch, Bohlen, and Diamantopoulos (1996)、Mainieri, Barnett, Valdero, Unipan and Oskamp (1997)、Minton and Rose (1997)、Kaiser, Ranney, Hartig and Bowler (1999)、Lee and Holden (1999)、Kaiser and Shimoda (1999)、Kaiser, Wölfing and Fuhrer (1999)、Follows and Jobber (2000)、西尾 (2005)、Oreg and Katz-Gerro (2006)、Bamberg and Möser (2007)、西尾・竹内 (2007)、李 (2009b)、Whitmarsh and O'Neill (2010) がある。

(26) 先行研究の検討を通じて、TPB モデルに基づいた環境配慮行動に影響を与える要因を探っている Fransson and Gärling (1999) では、責任と環境問題への関心を重要な要因としている。

(27) オーガニック商品に関するレビュー論文として、Yiridoe, Bonti-Ankomah and Martin (2005)、Hughner, McDonagh, Prothero, Shultz Ⅱ and Stanton (2007)、Aertsens, Verbeke, Mondelaers and Huylenbroeck (2009) がある。

(28) その研究として、Shepherd, Magnusson and Sjoden (2005) や Nuttavuthisit and Thøgersen (2017) がある。

(29) フェアトレード消費全般に関する研究は、Andorfer and Liebe (2012) を参照。

(30) CRM 研究についての詳細は、大平 (2010) や世良 (2014) を参照。

(31) 具体的には、広瀬 (1994；1995)、Simon (1995)、Roberts (1996a)、杉浦・大沼・野波・広瀬 (1998)、Folkes and Kamins (1999)、Boulstridge and Carrigan (2000)、杉浦 (2003)、Carrigan and Attalla (2001)、西尾 (2005)、Auger and Devinney (2007)、Carrington, Neville and Whitwell (2010) などの研究がある。

(32) 2012 年にイギリスのノッティンガムで開催された ICCSR (International Centre for Corporate Social Responsibility) のカンファレンスで態度と行動の乖離が 1 つの主題として取りあげられ、その後、2016 年 6 月に発行された *Journal of Business Ethics*、Vol. 136, Issue 2 でそれが特集号として発行されるほど、この分野における重要な課題となっていることがわかる。

(33) そのような研究として、Sparks and Shepherd（1992）や Cheung, Chan and Wong（1999）、Biswas, Licata, McKee, Pullig and Daughtridge（2000）、Knussen, Yule, Mackenzie and Wells（2004）、Chan, Wong and Leung（2008）がある。
(34) 詳細は「1ℓ for 10ℓ」のホームページ
（http://www.kirin.co.jp/products/softdrink/volvic/1lfor10l/）を参照。
(35) 詳細は「1チョコ for 1スマイル」のホームページ
（http://www.morinaga.co.jp/1choco-1smile/）を参照。
(36) 大塩（2012）は、陰徳文化の起源を江戸時代に求めている。
(37) 具体的には、Barone, Miyazaki and Taylor（2000）や Grau and Folse（2007）、Hou, Du and Li（2008）、Lafferty and Edmondson（2009）、Bigné-Alcañiz, Currás-Pérez, Ruiz-Mafé and Sanz-Blas（2010）などの研究がある。

第4章
消費を通じて社会的課題の解決を行なう意味

　本章では、なぜソーシャル・プロダクトを購入するのかを理論的に考察する。具体的には、ソーシャル・コンシューマーがソーシャル・プロダクトを購入する意味を先行研究の検討を通じて理論的に考察する。その上で、第7章、第8章で実施する定性研究の分析枠組みとリサーチ・クエスチョンを提示する。

　消費を通じた社会的課題の解決を実践する意味を検討している先行研究では、定性調査を用いたスタイルで研究を実施するのが主流となっている。そこでは、主に消費者の自己アイデンティティに注目して研究が行なわれており、消費文化理論の枠組みから消費者がソーシャル・プロダクトを購入する理由を動態的に理解している。従来の消費者行動研究では、消費者が商品を購入する要因や理由が検討されている一方、消費を通じた社会的課題の解決に関する研究では、なぜ消費者はある商品の購入を敢えて避けたり、減らしたりするのかが検討されている。消費者が特定の商品や消費を避ける理由の検討をしているのが、アンチ・コンサンプション（anti-consumption）研究である。また敢えて特定の商品の購入を減らし、代替品を積極的に購入する行動を検討しているのが、ボランタリー・シンプリシティ（voluntary simplicity）研究である。

　このような先行研究は、重複する部分もあるものの、本書では次のように理解することができる。まずボランタリー・シンプリシティ研究は、ソーシャル・コンシューマーになるための起点が理解できる。次にソーシャル・コンシューマーの自己アイデンティティに関する研究は、消費者が消費を通じた社会的課題の解決を通じて、自己アイデンティティを構築する要因やプロセスが理解できる。最後にアンチ・コンサンプション研究は、消費者が既存の消費文化への

抵抗することで、ソーシャル・コンシューマーとしての自己アイデンティティを構築することが理解できる。

1. ソーシャル・コンシューマーの自己アイデンティティ構築の起点[38]

1-1. ボランタリー・シンプリシティとは

　ボランタリー・シンプリシティとは、Richard Gregg が 1936 年に提唱した概念である（Elgin, 1981）。Elgin（1981）によると、Gregg はボランタリー・シンプリシティは生活の内的な側面と外的な側面を融合することを意図して提唱された概念と捉え、その本質は、外見はシンプルで、内面は豊かに暮らす方法であると述べている。

　ボランタリー・シンプリシティの定義は、論者によってさまざまに定義がなされている（表 4-1）。それぞれの定義をみると、いくつかの共通する考え方がある。第 1 にライフスタイルである。Etzioni（1998）を除いた定義にはライフスタイルという概念を用いており、人間がいかに日々の生活を送っていくのかを考えるに際し、ボランタリー・シンプリシティがそれに影響を与えると考えることができる。

　次に自分の生活をコントロールすることである。これは Leonard-Barton

表 4-1　ボランタリー・シンプリシティの定義

研究者名	定義
Leonard-Barton (1981)	毎日の活動をすべて直接的にコントロールすることに最大限努め、自分の消費とそれへの依存を最小化するライフスタイルの選択
Shama (1981)	ある個人が日々の活動全般を直接的に最大限コントロールし、自らの消費とそれへの依存を最小化することを意図したライフスタイルの選択
Etzioni (1998)	生活の非物質的な側面を通じて満足を探すために人間の資源（主にお金や時間）を自由にするために物質的消費を制限する選択
Craig-Lees and Hill (2002)	個人的に心と精神上の幸福と環境に関心があって、簡素で倹約の実践に夢中になるライフスタイル

出所：Leonard-Barton（1981）、Shama（1981）、Etzioni（1998）、Craig-Lees and Hill（2002）より作成。

(1981) や Shama（1981）、Etzioni（1998）によると、物質的消費を制限するという行為が含まれており、ボランタリー・シンプリシティのライフスタイルとは物質的消費を制限し、Etzioni（1998）と Craig-Lees and Hill（2002）が定義しているように、非物質的な側面の満足を高めていくライフスタイルなのである。

　つまり、自分をコントロールするとは、人間の外面的には物質的消費を制限し、人間の内面的な充実されるためのライフスタイルであると理解できる。特に人間の内面とは、Craig-Lees and Hill（2002）によると、心と精神上の幸福と環境への関心を高めるとも理解できる。

1-2. ボランタリー・シンプリファーの動機

　ボランタリー・シンプリシティ研究では、それを実践する消費者をボランタリー・シンプリファー（voluntary simplifier）と呼んでいる。Craig-Lees and Hill（2002）は、ボランタリー・シンプリファーが消費を削減する動機として、環境・精神的あるいは自己中心的な動機をあげている。環境・精神的に動機づけられたボランタリー・シンプリファーは、より中古品の家具と中古車、古本、古着を所有していることが多く、自己中心的に動機づけられたボランタリー・シンプリファーは、それらの使用自体を少なくすることに関心があると指摘している。

　Ballantine and Creery（2010）は、消費行動全般に占めるボランタリー・シンプリファーの廃棄行動を明らかにしている。調査は先行研究のボランタリー・シンプリシティの特徴に基づき、スノーボールサンプリングを利用して調査を実施した。その結果、ボランタリー・シンプリシティの生活をはじめたときに、モノを所有する意味を考え、廃棄への関心を高めると述べている。その際に廃棄したモノとして、嫌いなモノや衝動買いで買ったモノ、欲しくなかった贈り物などをあげていた。そして、ボランタリー・シンプリシティの生活を実践しているうちに、消費者は日々の消費行動では、買い物をすることから得られる喜びがないと感じ、よく購入する食品も地元産やオーガニックの食品を好んで購入していると指摘している。特にこの研究では、消費者がボランタリー・シンプリファーとして消費行動をする際には、「環境への関心」と「製品の品質」、

「共同所有」、「中古品の購入」、「エシカル・プロダクト」、「自己生産」を考慮して日々の消費行動を実践している点が示されている。

Wu, Thomas, Moore and Carroll（2013）は、グレイト・アメリカン・アパレル・ダイエット（the Great American Apparel Diet：GAAD）を事例として、ボランタリー・シンプリシティの動機を明らかにしている。GAAD とは、2009 年に 20 人で 1 年間、洋服を購入しないという行動をインターネットで公表したところ、それに賛同する人が多く、2010 年からはじまった活動である。GAAD は、オンラインコミュニティへの参加者が洋服のダイエットの進捗状況を GAAD のウェブサイト上のブログなどに記載する形で進められた。Wu, Thomas, Moore and Carroll（2013）はそのコミュニティに書き込みをしている 140 名のエッセイや動機、個人的な葛藤、仲間への励ましなどの書き込みについて内容分析を実施した。分析対象となったのは、719 の書き込みと 115 のエッセイであった。

分析の結果、サンプルの特性は 139 名が女性で、年齢は 19～60 歳であり、89.3％がアメリカに在住している人であった。GAAD への参加の動機は、「個人的」と「ライフスタイル」、「社会的」、「経済的」、「財政的」、「環境的」の 6 つのカテゴリを設けて分析を実施した。その結果、個人的な動機は 44.03％（498 引用文）、ライフタイルが 22.10％（250）、財政的が 15.21％（172）、環境的が 10.43％（118）、経済的が 4.95％（56）、社会的が 3.27％（37）となった。

この研究で最終的に示されたのは、財政的な健全性と生活の質の改善を含んだ消費者の個人的な幸福に関連する動機である。また消費者は外的環境に関わる社会あるいは経済的ニーズに関する動機はあまりなかった。しかし、環境的な関心に関連した動機は、比較的多くの参加者が賛同していた。この結果から、コントロールの意味を参加者にもたらしていた内的な動機（個人的・財政的・ライフスタイル）はボランタリー・シンプリシティの形式としての GAAD に参加する最も大きな理由となっていたと指摘している。

1-3. ボランタリー・シンプリファーのライフスタイル

ボランタリー・シンプリシティのライフスタイルに関する研究では、定量分

析を用いて、ライフスタイル上の特徴を検討している。Leonard-Barton（1981）は、ボランタリー・シンプリシティに関する先行研究を踏まえてボランタリー・シンプリシティ・インデックスを作成し、カリフォルニアの主婦812名に対してアンケート調査を実施した。アンケート項目について因子分析を実施した結果、ボランタリー・シンプリシティのライフスタイルとして、6つの因子が抽出された（表4-2）。

その上で、ボランタリー・シンプリシティのライフスタイルを採用している割合も抽出しており、50％以上の回答を得たものが「贈り物を手作りする（71.9％）」、「メインの食事から肉をなくす（70.8％）」、「車のガソリンを変える（69.8％）」、「自立のために指示をもらう（65.3％）」、「新聞のリサイクル（62.3％）」、「衣服と家具を自作する（59.5％）」、「缶のリサイクル（52.9％）」、「ガラスのリサイクル（50.7％）」、「野菜を育てる（50.7％）」であった。

Cowles and Crosby（1986）は、Leonard-Barton（1981）が作成したボランタリー・シンプリシティ・インデックスの分析を精緻化している。具体的には、Leonard-Barton（1981）がボランタリー・シンプリシティ・インデックスについて因子分析をした結果が妥当なものかをLISLERを用いて確認的因子分析を実施し、Leonard-Barton（1981）の結果とは異なる分析結果を提示している。この研究での調査は、カリフォルニアとコロラドの主婦424名からのアンケート調査の結果を用いて分析を実施した。その結果、ボランタリー・シンプリシティが影響を与えるのは、「物質的なシンプリシティ」と「自己決定」、「エコロジーへの意識」であると指摘している（表4-2）。

Huneke（2005）は、アメリカ人のボランタリー・シンプリシティの行動と動機、態度などからライフスタイルを検討している。この研究ではボランタリー・シンプリシティを実践している消費者を厳密に抽出するために、まずアンケート調査を実施し、消費者に「私は毎日の生活でボランタリー・シンプリシティを実践している」と「私のボランタリー・シンプリシティの実践は一貫している」と質問した。次にそれに同意した人に対して、ボランタリー・シンプリシティに関連する21の実践について、項目ごとに「ボランタリー・シンプリシティの実践がどのくらい重要か」、「その実践にいかに一貫してこだわって

表4-2 ボランタリー・シンプリシティのライフタイル

研究者名	因子名	項目
Leonard-Barton (1981)	サイクリング	エクササイズのため、仕事に行くため、日常生活で
	セルフサービス	車のガソリンを変える、自立のため、商品やサービスの交換
	資源のリサイクル	紙、ガラス、缶のリサイクル
	商品のリサイクル	古着の購入、中古品のセールで買う
	製品の手作り	洋服や家具を自作する、贈り物を手作りする
	自然への回帰	環境団体への貢献、野菜を育てる、生ごみ処理機の所有、肉を使わない食事
Cowles and Crosby (1986)	物質的なシンプリシティ	エクササイズ、仕事に行くため、日常生活で自転車に乗る、中古品のセールで買う
	自己決定	ガソリンを自分で入れる、自立のために努力する、商品やサービスの交換、贈り物の手作り、洋服や家具の手作り、野菜を作る、生ごみ処理機の所有
	エコロジーへの意識	紙、ガラス、缶のリサイクル、環境団体への貢献
Huneke (2005)	環境・社会的責任	リサイクル、生ごみ処理機の所有、社会的責任を果たしている生産者からの購入、環境に配慮した製品の購入、菜食主義、地元商店から購入する、地産製品を購入する、オーガニック食品の購入、自動車の使用制限
	コミュニティ	コミュニティでの活動、近所付き合い、満足できる仕事で働く、共同住宅に住む、政治活動に参加する
	時間の使い方	贈り物を買うより自作する、給料を貰える仕事を制限する
	テレビと広告の制限	広告支出を制限する、テレビの視聴を制限する
	モノを少なくする	ガラクタを捨てる、衝動買いを避ける
	精神的な生活	精神的な生活を維持する
Iwata (1999)	消費の制限	シンプルに生活し、必要のないモノを購入しない、衝動買いをしない、お店に行ったとき、モノが私にとって必要かどうかを熟慮した後に購入を決定する
	物質的充足	物質的豊かさより精神的成長により関心がある、複雑な機能が備わった製品よりもシンプルな機能の製品の方が好きである、便利さと快適性を助長するようにデザインされた製品は人を駄目にする
	環境への意識	野菜を自給自足するのが望ましい、できる限り自給自足するのは、望ましい人間の生活である、環境を汚染・破壊しないよう努めている
	道徳的関心	買ったモノをできる限り長く使うよう努めている、大量のゴミの中にまだ使用できるモノがあることに我慢できない、お店に行ったとき、飽きずに長期間に使用できるモノを重要視する

出所：Leonard-Barton (1981)、Cowles and Crosby (1986)、Huneke (2005)、Iwata (1999) より作成。

第 4 章　消費を通じて社会的課題の解決を行なう意味　83

いるか」、「その実践を採用することで要求される自分の生活をどのくらい変えたのか」と尋ねた結果をもとに調査対象者を選び出し、最終的に 113 名に対して調査を実施した。サンプルは 5 年以上ボランタリー・シンプリシティを実践している人が 50.5%、5 年以下 3 年以上が 15.9%、5 年より少ないと回答した人が 33.6% であった。デモグラフィクス上の特徴は、第 1 に学歴は 65% 以上の人が大卒であった。

　ボランタリー・シンプリシティを実践する行為は 21 項目を因子分析した結果、6 つの因子が抽出された（表 4-2）。一貫して実践している活動は、「衝動買いを避ける」と「広告への支出を制限する」、「ガラクタを捨てる」、「生ごみ処理機の所有」の順で平均値が高かった。ボランタリー・シンプリシティの実践に伴う行動変化の程度は、「給料を貰える仕事を制限する」、「ガラクタを捨てる」、「自動車の使用制限」、「満足できる仕事で働く」、「衝動買いを避ける」の順で平均値が高かった。

　Iwata（1999）は、一般的な生活の中でボランタリー・シンプリシティのライフスタイルにどのような特徴があるのかを分析している。この研究では、先行研究に基づいて、物質的な自己依存性を含んだ低消費から構成されるライフスタイルを用いて分析を実施した。調査は徳島大学を卒業した 250 人の女性に対して、アンケート調査を実施した。その結果、「ボランタリー・シンプリシティライフスタイル」と「製品の高度に発達した機能からの拒絶」、「買い物での注意深い態度」、「自給自足の受容」が抽出された（表 4-2）。

1-4.　ボランタリー・シンプリファーの類型

　ボランタリー・シンプリファー研究では、ボランタリー・シンプリシティを実践している程度から、いくつかの類型が示されている。Iyer and Muncy（2009）は、ボランタリー・シンプリファーを消費社会にストレスを感じていて、何かを消費する習慣を削減する、あるいは環境のためなどに代替的なものに置き換える消費者と定義している。ボランタリー・シンプリシティの研究の中には、ボランタリー・シンプリファーとそうではない人たちや異なるタイプのボランタリー・シンプリファーを扱った研究がある。

1-4-1. ボランタリー・シンプリファーの3つの類型

　Oates, McDonald, Alevizou, Hwang, Young and McMorland（2008）は、持続可能な技術に対する購買意思決定と情報探索という点から、ボランタリー・シンプリファーとノンボランタリー・シンプリファー（non voluntary simplifier）、ビギナー・ボランタリー・シンプリファー（beginner voluntary simplifier）の違いを検討している。調査はイングランドの北部に位置するシェフィールドとリーズに暮らす消費者81名に調査を実施した。

　調査の結果、三者間には製品（洗濯機）を購入する意思決定プロセスに大きな違いがあり、製品を購入する際の情報源にもそれがみられた。まず意思決定プロセスでは、製品を購入する際に参照する内容に違いあった。製品を購入する際の下限の条件として、ノンボランタリー・シンプリファーは、自らの経験などに基づき、製品の価格とそれに付随するサービスが条件になっていた。ビギナー・ボランタリー・シンプリファーは、店舗内で得られる情報などから、製品の価格と経済的効率性が条件になっていた。ボランタリー・シンプリファーは、情報誌といった第三者の意見を参考にして、エコロジーへの配慮が条件となっていた。

　その一方、上限の条件について、ノンボランタリー・シンプリファーは、家族の推薦や自身の経験に基づき、小売店やブランドなどが条件となっていた。ビギナー・ボランタリー・シンプリファーは、情報源はなく、小売店と入手可能性が条件となっていた。ボランタリー・シンプリファーは、環境に関する専門的な知識に基づいて、多国籍な製造業者でないことや環境に配慮した製造業者などが条件となっていた。特に価格については、ノンボランタリー・シンプリファーとビギナー・ボランタリー・シンプリファーでは、下限の条件になっていたのに対し、ボランタリー・シンプリファーでは上限の条件となっていた。

　また製品の購入に影響を与える情報源として、ノンボランタリー・シンプリファーは、販売員とブランドに影響されて製品を購入する。ビギナー・ボランタリー・シンプリファーは、販売員から最も影響を受け、次でブランドと電力消費量のラベルから影響を受けて製品を購入する。ボランタリー・シンプリファーは、環境問題に関する出版物と電力消費量のラベルから影響を受けるこ

とが示されている。

1-4-2. ビギナー・ボランタリー・シンプリファーの類型

　McDonald, Oates, Young and Hwang（2006）も、ボランタリー・シンプリシティ研究はノンボランタリー・シンプリファーとビギナー・ボランタリー・シンプリファー、ボランタリー・シンプリファーを扱った研究に大別できると指摘している。この研究では、ボランタリー・シンプリシティに関する研究にはその分析対象に幅があり、ボランタリー・シンプリファーを対象とした研究とノンボランタリー・シンプリファーを連続的に捉えるためにビギナー・ボランタリー・シンプリファーをその中間に置く重要性を指摘している。なぜなら、ボランタリー・シンプリシティを実践する人たちは、その実践度が異なり、その程度に応じて類型化できるからである。

　ビギナー・ボランタリー・シンプリファーとは、ボランタリー・シンプリファーのようにすべてのライフスタイルを変化させる訳でなく、またノンボランタリー・シンプリファーのように消費する製品の倫理的あるいは環境的な特徴を完全に無視する訳でもなく、特定の部分から持続可能性（例えばフェアトレードコーヒーの購入や家庭排水の再利用）を支持する人たちである。ノンボランタリー・シンプリファーとは、持続的な消費をほとんどあるいは全く実践しない人たちである一方、ボランタリー・シンプリファーは資本主義社会の社会的基準から哲学的に（おそらく精神的に）離脱することで支持されたアンチ消費者の生活をする人たちであると定義している。そして、それらを連続して理解するためには、ビギナー・ボランタリー・シンプリファーが重要であり、さらにビギナー・ボランタリー・シンプリファーは次の3つに類型化できると述べている。

　それは第1に初心者の（apprentice）シンプリファーであり、これからボランタリー・シンプリシティのライフスタイルを実践しはじめようとしている人たちである。第2に部分的（partial）シンプリファーは、部分的に持続可能な消費を実践している人たちであり、ボランタリー・シンプリファーのライフスタイルでいくつかの特徴のある点を実践するが、他の部分は実践しない人たちであ

る。第3に偶発的（accidental）シンプリファーは、ボランタリー・シンプリシティライフスタイルの一部分を実践するが、倫理あるいは環境的な動機を持たない人たちである。

1-4-3. エシカル・シンプリファー

Shaw and Newholm（2002）は、エシカル・シンプリファー（ethical simplifier）の特徴を検討している。エシカル・シンプリファーとは、倫理的関心に最も反応してボランタリー・シンプリシティの行動をする人である。この研究でエシカル・シンプリファーはダウンシフター（downshifter）とは異なる存在であるとし、具体的には環境や社会、動物愛護という課題に関心があるという点で異なり、ダウンシフターは消費生活の快適性と非物質的満足とを均衡させることに関心があるとしている。この研究では、イギリスのエシカル・コンシューマー16名にデプス・インタビューを実施している。ボランタリー・シンプリシティの調査項目は、ダイエットや自動車を利用する、あるいは利用しない、旅行、中古品の使用である。

分析の結果、倫理的関心と消費レベルには重要な結びつきがある点を指摘している。その上で、エシカル・シンプリファーの消費は、抑制と多様性、衝動という概念から整理できるとしている。抑制とは、常に倫理的に消費しようと努める個人が消費に倫理的に接近する1つの方法として、いくつかの自発的な消費の制約を形成していることを意味している。多様性とは、エシカル・シンプリファーが多様な行動の反応を採用することで幅広い異なる消費形式を作り出すという意味である。衝動とは、エシカル・シンプリファーの行為に対する強い動機であり、世界を変えるという願いよりむしろ、誠実に対する内的な道徳的衝動から生じていると指摘している。

1-5. 先行研究の示唆とリサーチ・クエスチョンの提示

1-5-1. 社会的課題の解決への関心から消費を削減するソーシャル・コンシューマー

ボランタリー・シンプリシティあるいはボランタリー・シンプリファーの類

型は、第2章で検討したソーシャル・コンシューマーの階層で検討した研究と関連すると考えることができる。ソーシャル・コンシューマーの階層に関する先行研究では、主にデモグラフィクスの点からソーシャル・コンシューマーとそれ以外の消費者の違いを検討していた。ボランタリー・シンプリファーに関する研究では、主にライフスタイルの点からその違いが検討されていた。

　Shaw and Newholm（2002）は、ボランタリー・シンプリファーの類型として、エシカル・シンプリファーをあげている。この研究では、シンプリシティとダウンシフティングは行動を実践する際の関心に違いがあると指摘している。ダウンシフターは消費生活の快適性と非物質的満足とを均衡させることに関心があることから、消費を削減している一方、エシカル・シンプリファーは環境や社会、動物愛護という課題への関心から消費を削減するという違いがある。この研究を踏まえると、ソーシャル・コンシューマーは社会的課題への関心に基づいて、消費を削減することを検討する必要がある。

1-5-2. 消費を通じた社会的課題解決のアイデンティティを形成する起点

　ボランタリー・シンプリシティを行なうきっかけとしては、多様な動機が指摘されていた。Craig-Lees and Hill（2002）は、環境・精神的あるいは自己中心的な動機をあげていた。Ballantine and Creey（2010）は、ボランタリー・シンプリシティの生活をはじめた際に、モノを所有する意味を考え、実践的な廃棄行動として、嫌いなモノや衝動買いで買ったモノ、欲しくなかった贈り物などを廃棄していた。このような先行研究が示しているように、ボランタリー・シンプリシティはソーシャル・コンシューマーになる際の1つのきっかけとなることがわかる。

　McDonald, Oates, Young and Hwang（2006）によると、ビギナー・ボランタリー・シンプリファーには、初心者のシンプリファー、部分的シンプリファーと偶発的シンプリファーがあると指摘していた。これらの類型の中で、部分的シンプリファーは部分的に持続可能な消費を実践している人たちであり、ソーシャル・コンシューマーになる際のきっかけと同じであると考えることができる。

これらの研究を踏まえると、ソーシャル・コンシューマーになる際のきっかけの1つに、まずボランタリー・シンプリシティを実践しはじめることを想定することができる。つまり、当初はボランタリー・シンプリファーであるが、その後、ソーシャル・コンシューマーに変化するとも考えることができる。その際に影響を与えるのは、消費を通じた社会的課題の解決という自己アイデンティティであると本書では想定する。

では具体的にはどのような行動を実践することで、消費を通じた社会的課題解決の自己アイデンティティを形成するのだろうか。ボランタリー・シンプリシティのライフスタイルを検討したLeonald-Barton (1981) やCowles and Crosby (1986)、Huneke (2005)、Iwata (1999) では、中心的なライフスタイルとして、消費を削減することがあげられていた。これは本書で取りあげた先行研究に共通する点であり、ボランタリー・シンプリファーになるきっかけとなる行動でもある。

消費を通じた社会的課題の解決に関するライフスタイルとしては、Leonald-Barton (1981) のリサイクルとCowles and Crosby (1986) の環境への意識は、商品の使用に関する消費を通じた社会的課題解決である。Huneke (2005) は、リサイクルや生ごみ処理機の所有、社会的責任を果たしている生産者からの購入、環境に配慮した商品の購入、菜食主義、地元商店から購入する、地産製品を購入する、オーガニック食品の購入、自動車の使用制限といった環境・社会的責任という項目は、まさに消費を通じた社会的課題の解決に該当すると考えられる。Iwata (1999) では、環境への意識と道徳的関心がそれに該当すると考えられる。

このような項目は、消費者が消費を通じた社会的課題解決のアイデンティティを確立するための実践的な行動であり、積極的な消費だと理解できる。つまり、ソーシャル・コンシューマーに至るプロセスでは、いかなる行動を実践して、自己アイデンティティを確立したのかを検討する必要がある。それを検討するために、定性調査では、第2章で示した「個人の社会的課題解決行動」のシビック・アクションとソーシャル・コンサンプションの項目を尋ねる。

以上の先行研究の示唆から、以下のリサーチ・クエスチョンを提示する。

RQ3-1：ソーシャル・コンシューマーは、いかなる社会的課題に関心を持ち、いかなる社会的課題解決行動をはじめ、どのように自己アイデンティティを構築しはじめたのか。

2. ソーシャル・コンシューマーの自己アイデンティティの構築とその要因

2-1. ソーシャル・コンシューマーの自己アイデンティティの理解

2-1-1. 自己アイデンティティとは[39]

　ソーシャル・コンシューマーに関する先行研究では、定量的にソーシャル・プロダクトの意思決定プロセスを検討した研究が多い。そういった先行研究では、自己アイデンティティや有効性評価、知識、社会的責任感、過去の行動、習慣などが用いられている。その中でも、ソーシャル・コンシューマー独自の意思決定要因として、自己アイデンティティがよく用いられている（Sparks and Shepherd, 1992；Shaw, Shiu and Clarke, 2000；Shaw and Shiu, 2003）。それ以外の研究では、自己アイデンティティの概念が拡張され、エシカル・アイデンティティ（Michaelidou and Hassan, 2008）やグリーン・アイデンティティ（Whitmarsh and O'Neill, 2010）、モラル・アイデンティティ（Chowdhury and Fernando, 2014）という概念も提唱されている。

　自己アイデンティティとは、ある特定の行動に関連する行為者の自己の顕著な部分と理解することができる（Conner and Armitage, 1998）。環境配慮行動の意思決定要因を分析したSparks and Shepherd（1992）は、自己アイデンティティを自己（self-concept）[40]と同意であると捉えている。自己アイデンティティとは、他者との関係の中で、自分をどのように捉えるのかを意味しており、Sparks and Shepherd（1992）の指摘の通り自己と同意であると理解できる。つまり、自己アイデンティティとは、ソーシャル・コンシューマーとしての自分をどのように認識しているのかに関わる概念である。このようなアイデンティティが形成されるには、当然のことながら、そこにはプロセスが存在する。そ

れは Belk（1988）が指摘する拡張された自己（extended self）ように、消費者がソーシャル・プロダクトを消費することで、自身のそれまでのアイデンティティを拡張し、ソーシャル・コンシューマーとしての自己アイデンティティを形成するプロセスとも理解することができる。なお、以下ではソーシャル・コンシューマーに関わる研究の中で、Sparks and Shepherd（1992）を踏まえて、自己やアイデンティティに関する研究について検討する。

2-1-2. 自己アイデンティティに注目する理由

　消費者の中には、なぜ消費を通じた社会的課題の解決をする消費者と、それをしない消費者がいるのであろうか。先行研究では、その理由はさまざまなものが考えられているが（Johnstone and Tan, 2015）、いくつかの研究では、ソーシャル・コンシューマーとしての自己アイデンティティが構築されていない点をその理由にあげている（Cojuharenco, Shteynberg, Gelfand and Schimike, 2012；Shang and Peloza, 2016）。中でも、Cojuharenco, Shteynberg, Gelfand and Schimike（2012）は、自己と他者との間の心理的な関係性である合理的な自己（relational self）が消費を通じた社会的課題の解決をしない理由であると指摘している。

　このような先行研究の指摘を踏まえると、消費を通じた社会的課題の解決を実践する消費者になるためには、ソーシャル・コンシューマーとしての自己アイデンティティを構築する必要があると考えられる。ではソーシャル・コンシューマーの自己アイデンティティは、いかに構築されるのだろうか。本節では、すでに定量分析を用いたソーシャル・コンシューマーの自己アイデンティティを検討していることから、主に定性調査を用いて、それを検討している研究に限定して先行研究を検討する。

2-2. ソーシャル・コンシューマーの自己アイデンティティを構築する要因

　ソーシャル・コンシューマーの自己アイデンティティの構築に関する先行研究では、多くの要因が指摘されている。本書では、「母親」と「コミュニティ」、

第4章　消費を通じて社会的課題の解決を行なう意味　91

「ライフイベント」、「習慣化」、「ライフスタイル」の点からその要因を検討する。

2-2-1. 母親

　自己アイデンティティを構築する際に、子どもや家族への影響を与えるのが、母親（妻）の存在である。先行研究では、特に母親が子どもをソーシャル・コンシューマーに育成するための行動が検討されている。Carey, Shaw and Shiu (2008) は、育児というライフイベントに注目して、家族消費の意思決定に倫理的関心が与える影響を検討している。具体的には、イギリスで乳幼児がいる女性6名への調査を実施している。その結果、子どもがいる女性のエシカル・コンシューマーは、子どもが生まれたことで倫理的なライフスタイルを追求する動機が形成される。その次に親であることによる選択と倫理的選択との間で衝突が生じることで、結果として倫理的選択という行動が標準化（習慣化）される。さらに子どもがいることで倫理的文脈での貧困などに関心を持つようになり、その結果、倫理的消費を通じたアイデンティティが形成されると指摘している。

　Cairns, Johnston and MacKendrick (2013) は、いわゆる「理想としてのオーガニック・チャイルド (the organic child ideal)」をいかに育てるのかを検討している。この研究では、倫理的消費、特にオーガニック食品の点から、母親がいかに子どもを育てるのかを検討している。調査の結果、女性がオーガニック・チャイルドを育てるための投資は、妊娠もしくは母親になった時からはじまるという。彼女たちは、害のある添加物や化学物質を含まないオーガニックで健康的な食品を子どもに与えることで、子どもの純度 (purity) を保護しようとする。オーガニック・チャイルドは、肉体的な健康に加えて、自分が社会化するプロセスで健康的で倫理的な消費習慣を身につけると指摘している。つまり、母親の社会化への努力は、子どもの健康な未来へのための必要不可欠なステップとして捉えることができると主張している。

　Heath, O'Malley, Heath and Story (2016) は、世話の倫理 (care ethics) と倫理的消費の関係について、母性と道徳の意思決定、消費の関係を検討している。具体的には、小さな子どもがいる母親へのインタビュー調査を通じて、子ども

に対する母親の倫理的消費に関する判断を検討している。調査の結果、第1に小さな子どもの世話は、母親自身の倫理的基準に依拠して実践されている。第2に母親の倫理的基準が倫理的消費の関心と衝突するとき、母親は優先すべき世話への義務を判断する。つまり、この研究では、小さな子どもに対する世話の倫理は、倫理的消費の選択や意思決定に大きな影響を与えると指摘されている。

2-2-2. コミュニティ

　ソーシャル・コンシューマーの自己アイデンティティは、社会の中での他者との相互作用によっても構築されると指摘されている。Moisander and Pesonen (2002) は、エコ・コミューンに属する消費者のライフストーリーを検討している。この研究では、消費者がコミューンに参加することを通じて、いかにしてエコロジカルなライフスタイルを実践するようになったのかを調査している。その結果、コミューンに参加する他者との相互作用を通じて、エコロジカルな面での自己を成長させると指摘している。

　Papaoikonomou, Valverde and Ryan (2012) は、エシカル・コンシューマーがコミュニティにおいて、いかに集合的に行動するのかを検討している。この研究では、生活協同組合へのインタビューおよび参与観察、資料分析を実施している。分析の結果、集団内での倫理的消費は、個人での行動と比較して、より効果的で支配的であることが示された。また、このような集団は、社会的なサークルを創り出すことを促し、生活協同組合の倫理的コミュニティに生じる社会的相互作用の結果としての新しい学習を導くことも指摘している。

　Papaoikonomou, Cascon-Pereira and Ryan (2016) は、エシカル・コンシューマーとして、自己アイデンティティの構築とコミュニケーションを検討している。具体的には、生活協同組合を対象にインタビューおよび参与観察、資料分析を実施し、そのメンバーがいかに自分たちのエシカル・アイデンティティを構築し、メンバー同士でいかにコミュニケーションするのかを検討している。その結果、エシカル・コンシューマー行動に関する既存の知識は、自分たちの集団内（同じ消費者だと認識する消費者たち）と集団外（自分たちとは関わりのない

消費者たち）を定義することで、アイデンティティを構築すると指摘している。

2-2-3. ライフイベント

ライフイベントとは、人間の人生で生じる出来事である。例えば、上述した女性の例では、結婚や出産などがそれに該当する。このようなライフイベントが、ソーシャル・コンシューマーの自己アイデンティティの構築に影響を与えると先行研究では指摘されている。

Ozcaglar-Toulouse（2007）は、日常的な生活の中で責任のある消費を実践するようになるまでのアイデンティが、いかに形成されるのかを検討している。この研究では、新しい家に引っ越すなどの生活の中でのライフイベントが、責任ある消費を実践するアイデンティティを構築する際の中心的な役割となると指摘している。

Cherrier and Murray（2007）は、倫理的消費には段階があると指摘している。それはライフイベントのような生活をコントロールする出来事が契機となって、倫理的消費を実践するのが第1段階であると述べている。第2段階は社会的統合であり、帰属しているコミュニティの一部として他者に認識されることで、シンボル、サイン、ツールや信念のシステムとしての倫理的消費を実践する段階である。第3段階は、第1と第2段階を経て、倫理的消費行動を実践する中で、それが現実の自己の一部となるという段階である。

2-2-4. 習慣化

ソーシャル・コンシューマーの自己アイデンティティが構築されるためには、消費を通じた社会的課題の解決を習慣化する必要がある。先行研究では、ソーシャル・コンシューマーの日々の生活の中で習慣化する要因が多面的に検討されている。

(1) 社会的課題の解決に繋がる食事の習慣化

日々の食事は人間にとって欠かせないものであり、近年はオーガニック商品やフェアトレード商品を取り扱う小売店も増えている。そのようなソーシャル・プロダクトを習慣的に消費するための要因が先行研究では検討されている。

Johnston, Szabo and Rodney（2011）は、消費者の倫理的食事（ethical eating）の理解と倫理的な考えが毎日の食事と買い物の実践に影響を与えているのかを検討している。なお、倫理的食事とは、オーガニック認証や原産地、食物生産における動物の人道的扱いの結果生産された食品などを意味している。調査の結果、第1にエシカル・コンシューマーの倫理的食事のレパートリーは、地元かつオーガニックで生産されたエコな食事（eco-eating）と肉を食べることを制限すること、さらにコミュニティ構築や生産者と小売業者との関係をつくることが示された。第2に経済・文化的権威は、主要な倫理的食事のレパートリーを実践に導くことも示された（具体的に倫理的食事を実践しているのは、中流階級である）。

Davies and Gutsche（2016）は、消費者がなぜ毎日の消費に倫理的習慣を取り入れるのかを検討している。具体的には、イギリスでのコーヒーショップでのフェアトレードコーヒーを消費する消費者に対して調査を実施し、一般的な消費者がソーシャル・プロダクトを購入する動機を調査している。調査の結果、フェアトレードコーヒーの購入を習慣化するきっかけは、入手可能性が高いことであると述べている。つまり、消費者はフェアトレードの商品を在庫している小売業者に価値判断の基準を置いているのである。それ以外の動機としては、消費者の健康と幸福を改善することや社会的罪悪感、自己満足があると指摘している。

(2) 持続可能な消費の習慣化

環境に配慮した行動を実践する必要があることは、もはや周知の通りである。特に日本では商品の廃棄のプロセスでは、環境を配慮した行動が日常的になっている。そのような日常生活で社会的課題の解決を習慣化する要因が先行研究では検討されている。Connolly and Prothero（2003）は、アイルランドの消費者6名に対して調査を実施して、持続可能な消費の意味を明らかにしている。その結果、持続可能な消費の意味として、消費者の環境への関心は、消費よりもリサイクルやゴミ問題にあり、個人のライフスタイルが環境的課題への意識に影響を与えることから、持続可能な消費は自己アイデンティティを構築する手段となると指摘している。

Connolly and Prothero（2008）は、アイルランドの消費者6名に対して、デプス・インタビューを実施して、なぜ日々の生活のレベルで環境的課題を解決するようになるのかを検討している。調査の結果、グリーン消費は、責任と消費者自身と環境に対するリスクへ対処する際に動機づけられることを感じる個人に導かれるプロセスであると指摘している。特にある意味で選択の政治としてのグリーン消費は、環境を改善するための1つの戦略として理解することができるとも指摘している。

(3) 自己アイデンティティが構築されるまでの段階

　消費文化理論の多くの研究では、消費者のアイデンティティが構築されるプロセスが詳細に検討されている（Arnould and Thompson、2005）。ソーシャル・コンシューマーに関する研究では、数は少ないものの、そのプロセスを段階的に捉えた研究がある。Giesler and Veresiu（2014）は、モラル・アイデンティティの点から、責任のある消費者（the responsible consumer）がいかに生まれるかを検討している。この研究では、責任のある消費を実践するようになるまでには、個人化（personalization）から承認（authoraization）、能力開発（capablization）、変容（transformation）の4つのプロセスを経ると指摘している。特にこの研究では、一般的な消費者がBOP（the bottom-of-the-pyramid）消費者、グリーン・コンシューマー、健康への意識が高い消費者、金融に関して知識のある消費者という責任のある消費者になるまでのプロセスを上述した段階に基づいて分析している。

　Carrington, Neville and Canniford（2015）は、アイデンティティの多様性（multiplicity）を起因として生じる道徳の衝突を検討している。この研究では、消費の場である市場では多様なアイデンティティが存在すると指摘する。具体的には、その多様なアイデンティティを捉えるために、揺れる（liberated）多様性と管理された（managed）多様性が衝突することで、消費者は管理できない強い道徳的な不安を経験する。その上で、この管理できない道徳的な緊張は、一貫した道徳的自己（moral self）を構築するために自己と消費の選択を変換するように消費者を促すと指摘している。

2-2-5. ライフスタイル

　消費者が消費を通じた社会的課題の解決を実践するためには、どのような生活を送るかというライフスタイルが重要な要因となる。先行研究では、第1に理論的にソーシャル・コンシューマーのライフスタイルが自己アイデンティティの構築に影響を与えると指摘している。Cherrier(2009)は、ボランタリー・シンプリシティの観点から、倫理的消費の実践の選択と創造が社会形成のプロセスに従うことを指摘している。具体的には、インタビュー調査を通じて、倫理的消費のライフスタイルが消費者の内側（自己アイデンティティ）と外側（集合的アイデンティティ）から構築されることを調査している。分析の結果、消費者自身によってコントロールされた消費の実践の成果として、自己（個人）的および集合的アイデンティティは相互に繋がっていると主張している。

　第2に先行研究では、ソーシャル・コンシューマーが具体的に購入する商品を検討することで、いかなるライフスタイルを実践して、自己アイデンティティを構築するのかが検討されている。Black and Cherrier(2010)は、持続可能なライフスタイルを実践しているグリーン・コンシューマーは、環境配慮型商品を進んで購入する一方で、環境に配慮していない商品の購入をやめる、あるいは避けたライフスタイルを実践していると指摘している。また持続可能なライフスタイルを実践する際には、どのような商品を購入するか（例えば、節約の家計を考える際の主婦としての役割アイデンティティと値段は高いが環境に配慮したグリーン・コンシューマーとしての役割アイデンティティ）に関してアイデンティティの衝突がある一方、そのようなライフスタイルを送ることは、アイデンティティを表現する手段ともなっていると指摘している。特に自己表現としてのアイデンティティは、消費者として社会的責任を果たす、望まれた（desired）アイデンティティとして理解できるとも述べている。

　Papaoikonomou(2013)は、生活協同組合を対象にインタビューおよび参与観察、ドキュメント分析を実施し、エシカル・コンシューマーの実際のライフスタイルを検討している。その結果、倫理的なシンプル消費には、家の中ではリサイクルと修理、再利用、削減を実施する一方、家の外では自分の知人のネットワーク内での交換、リユース製品の選択、中古製品の購入を実施すると

第4章　消費を通じて社会的課題の解決を行なう意味　97

指摘している。市場での行動としては、積極的に購入する（buycott）製品は環境配慮あるいは自然由来の製品、地元の中小商店からの購入、生産者などとの直接的な結びつきをあげている。一方、敢えて購入しない（boycott）製品は大規模な多国籍企業の製品や大衆消費主義あるいは、アメリカン・ライフスタイルの象徴的な製品、悪い評判の企業の製品、労働搾取（sweat）製品（中国製の製品や著しく低価格の製品など）があると指摘している。

2-3. 先行研究の示唆とリサーチ・クエスチョンの提示

2-3-1. 自己アイデンティティの構築の習慣化

　自己アイデンティティの構築に関する先行研究からの示唆として、第1にソーシャル・コンシューマーとして自己アイデンティティを形成するきっかけとなる要因がある。ボランタリー・シンプリシティ研究では、その理由の1つとして、社会的課題解決への関心が指摘されていた。ソーシャル・コンシューマーの自己アイデンティティに関する先行研究では、その理由として、アイデンティティ多様性から生じる衝突や母親、ライフイベントが指摘されていた。その中でも、母親の影響については、その理由が明確に示されていた。子どもが生まれるというライフイベントがきっかけとなって、ソーシャル・コンシューマーの自己アイデンティティを構築しはじめ、育児を実践するプロセスで消費を通じた社会的課題の解決が習慣化することで、自己アイデンティティが構築されると指摘されていた。

　このような研究を踏まえると、消費を通じた社会的課題の解決をはじめる理由を検討するだけでなく、それが習慣化することで自己アイデンティティが確立されることを理解する必要がある。消費を通じた社会的課題解決の習慣化については、例えばソーシャル・プロダクトの購入は入手可能性が高いことがその一因となっており、消費後の社会的課題解決行動であるリサイクルやゴミ問題を実践し続けることや環境に対するに非常生活のリスクへの対応が指摘されていた。

　またコミュニティも消費を通じた社会的課題解決行動を習慣化する一因になるとも考えられる。先行研究では、コミューンに所属することによる他者との

相互作用や生活協同組合による学習が指摘されていた。このような指摘は、消費者が集合的行動をとおして、消費を通じた社会的課題の解決を習慣化すると考えられる。

以上の示唆から、以下のリサーチ・クエスチョンを提示する。

　　RQ3-2：ソーシャル・コンサンプションは、どのようにして習慣化するのか。

2-3-2．自己アイデンティティ構築の段階を捉えるためのライフスタイル

先行研究では、ソーシャル・コンシューマーとしての自己アイデンティティが構築されるまでには、段階があることが示されていた。Giesler and Veresiu（2014）は個人化→承認→能力開発→変容の4段階がある指摘し、Cherrier and Murray（2007）は生活のコントロールによる倫理的消費の実践→社会統合→自己アイデンティティの構築の3段階を示していた。

消費文化理論では、その段階を連続的に捉えている。McCracken（1988）はディドロ効果という概念を用いて、消費者が文化に一貫した消費パターンを追及することを指摘した（石井, 2004）。それをMcCracken（1988）はディドロ統一体（Diderot unities）と表現している。ディドロ統一体とは、製品間の何らかの共通性もしくは統一によって繋がるものであり、製品補完体（product complements）とも表現されている。McCracken（1988）の例では、ニューヨークに住むヤッピーは、ローレックスの文化カテゴリに共通する車はBMWであると指摘し、それらを構造等価物であると指摘している。その上でディドロ統一体が変化する、すなわち消費者が今までの購買行動を変化させるのは、衝動買いに代表される出発購入（departure purchase）であり、ディドロ統一体にない製品の購入が出発購入と規定している。つまり、ディドロ統一体にない製品を購入することで,消費者はその製品と構造等価物となる製品を購入し、新たなディドロ統一体を形成するのである。

ディドロ効果に基づいて、先行研究にあったように女性がソーシャル・コンシューマーとしての自己アイデンティティを構築するまでのプロセスを理解す

ると次のようになる。妊娠し、子どもが生まれることで社会的課題に対する考え方が変化し、例えばオーガニックの子ども服を購入することや、自らオーガニック食品を食べるようになることなどが出発購入になると考えることができる。その結果、さまざまなソーシャル・プロダクトを購入し、ディドロ統一体を形成することでソーシャル・コンシューマーとしての自己アイデンティティを構築すると考えることができる。

このような消費者がソーシャル・コンシューマーとしての自己アイデンティティを構築するまでのプロセスは、先行研究で示されていたようにライフスタイルの枠組みから捉えることができる。なぜなら、消費者が日々の消費生活の中で、どのようなソーシャル・プロダクトを購入しているのかはライフスタイルと関係しているからである。

このようにライフスタイルは、ソーシャル・コンサンプションの段階と関連して、本書に示唆を与える。なぜなら、ソーシャル・コンシューマーの中には、ライフスタイルの一部としてソーシャル・コンサンプションを実践している人も存在すると考えることができるからである。ソーシャル・コンシューマーの自己アイデンティティは、ライフスタイルの変化とともに構築され、変化していくと理解することができる。

以上の先行研究の示唆から、以下のリサーチ・クエスチョンを提示する。

RQ3-3：ソーシャル・コンシューマーは、どのようなライフスタイルを送り、何を一貫して行なっているのか。

2-3-3. ソーシャル・プロダクトの意味

先行研究によると、ソーシャル・コンシューマーはソーシャル・プロダクトに付与された社会的課題の解決に繋がるという意味も解釈して消費している。上述したMcCracken（1988）のディドロ効果をソーシャル・コンシューマーの消費に置き換えると、出発購入ははじめてソーシャル・プロダクトを購入したことに該当する。消費者はそれを一度購入して、ソーシャル・プロダクトの意味を理解することで、次々とソーシャル・プロダクトを購入し、結果的にソー

シャル・コンシューマーとしての新たなディドロ統一体を形成すると考えることができる。つまり、消費者ははじめてソーシャル・プロダクトを購入するという出発購入を通じて、新たなディドロ統一体を形成するプロセスで、消費者は自己アイデンティティを形成し変化していくと理解することができる。

しかし、なぜ消費者は衝動買いなどの出発購入をして、新しいディドロ統一体を形成するのか。それについては、自己イメージ一致モデル（self-image congruence model）が提唱されている[41]。このモデルでは、製品特性が自己の側面と一致するときに、消費者はその製品を選ぶと指摘されている。つまり、消費者は製品特性を主観的に評価し、意味づけを行なっており、その消費者の製品に対する意味づけを理解する必要がある。

Hirschman（1980）やRichins（1994）は、製品には2つの意味があると指摘する。その1つは機能的意味であり、製品の客観的属性である機能や性能に関する意味である。もう1つは象徴的意味であり、客観的属性以外からの意味である。さらに象徴的意味には、個人的意味と社会的意味に分けることができる。個人的意味とは「特定の個人が製品に対して抱く意味」（Richins, 1994）であり、個人が製品を実際に消費する過程で生まれる経験的意味である。これには個人の経験やパーソナリティ、価値観などが反映されている。例えば、一般的な液体の洗濯洗剤は落ちはよいが、その分、排水口に浄化が難しい物質を流してしまうので、オーガニックな洗濯洗剤を使用するということである。

一方、社会的意味とは「大多数の社会的構成員が製品に対して抱く意味」（Richins,1994）であり、所属集団や社会階級、社会的立場、富、ステータスが反映されている。例えば、風力発電や太陽光発電が環境的課題の解決に寄与するというのは社会構成員に共有されていると考えることができる。つまり、消費者は機能的意味と同時に象徴的な意味も消費しているのである。

このような象徴的消費は、自己アイデンティティと関連する。それは象徴的消費が製品に存在する象徴的意味を通じて、消費者の「自己アイデンティティ」を喚起する行為と理解できるからである[42]。南（1998）によると、自己アイデンティティと消費に関する研究は、自己アイデンティティと製品・ブランド選択の一致を検証する研究と製品イメージを用いて自己を向上させることの研究

第4章　消費を通じて社会的課題の解決を行なう意味　101

に焦点が集まっていると指摘する。

　Grubb and Grathwohl（1967）は、自己は社会経験のプロセスを通じて向上すると指摘する。なぜなら、製品は社会的ツールとしての役割を持ち、製品の象徴性は個人と準拠集団とのコミュニケーション手段となるからである。そのような製品の象徴性から連想される意味は、ある集団の中で共通認識されているものであり、その意味で製品の象徴性は、社会の中での分類軸となるのである。製品の購買・消費を通じて、自己を向上させるには、第1に購入した製品がその消費者の自己アイデンティティを支え、その自己アイデンティティと一致するという意味において、社会的に認知され、分類される場合には、自己は維持されるのである。第2に集団内の他者から望ましい反応を得るために、他者との相互作用のプロセスで製品の象徴性は役立つのである。

　Solomon（1983）は、社会的刺激としての製品の役割を論じている。これまでの消費者と製品の象徴性に関する研究では、製品を通じての他者への反応として理解されてきたと述べる。その上で、製品の象徴性には自己アイデンティティの再構築や創造のプロセスという捉え方もでき、製品の象徴性が自己アイデンティティを規定するということを示している。このような理解の下では、製品の象徴性は自己を規定する役割を変化させると理解できるのである[43]。

　以上の先行研究から、以下のリサーチ・クエスチョンを提示する。

　　RQ3-4：ソーシャル・コンシューマーは、ソーシャル・プロダクトそれ自体の、あるいはそれを消費する意味をいかに解釈するのか。

3. 抵抗による自己アイデンティティの構築[44]

3-1. アンチ・コンサンプションとは

　アンチ・コンサンプションは文字通りに理解すると、消費に反対する（against）ことである。Lee, Femandes and Hyman（2009）によると、アンチ・

コンサンプション研究は代替消費や意識の高い消費、グリーン消費などを含んでいると指摘している。その上で、アンチ・コンサンプション研究は、特定の製品やブランドを避ける理由を明らかにし、さらに消費を減らす方法以上の消費行動を明らかにする研究であるとも指摘している。

アンチ・コンサンプション研究は、消費者の抵抗（consumer resistance）に関する研究からはじまったと理解されている（Peñaloza and Price、1993）。当初、アンチ・コンサンプションは、より一般的な消費への抵抗、嫌がり（dislike）、あるいは憤り（resentment）、拒否（rejection）に特徴づけられた態度として理解されていた（Zavestoski, 2002）。しかし近年は、Lee, Roux, Cherrier and Cova (2011) が指摘するように、アンチ・コンサンプションは特定の製品やサービスの入手（acquisition）、使用（use）と廃棄（dispossesion）に反対する現象であると理解されるようになっている。

3-2. 消費者の抵抗

3-2-1. 消費者の抵抗研究とは

消費者の抵抗とは、消費という文化とマスメディアによってつくられた意味のマーケティングに対する抵抗を意味する（Peñaloza and Price, 1993）。一般的な消費者行動研究は、なぜ消費者がある特定のブランドを選択するのかという肯定的な消費行動を扱っている。その一方、消費者の抵抗研究では、なぜ消費者はある特定のブランドを選択しないのかという否定的な消費行動を扱っている。言い方を変えると、消費者の抵抗に関する研究は、逆の視点から既存の消費者行動研究を検討しているのである。

消費者の抵抗に関する研究は、消費文化理論に基づく研究が多い（Galvagno, 2011）。また、消費者の抵抗に関する研究は、大きく特定の企業やブランドに対する拒否を対象とした研究と既存の消費文化に対する消費者の抵抗に関する研究に大別することができる。

3-2-2. 特定企業やブランドに対する拒否

特定企業やブランドに対する拒否を扱った研究は、分析対象に多様な事例が

用いられている。そのような先行研究の中で、なぜ社会的課題の解決に関わる消費者が特定企業やブランドを拒否するのかを検討した研究として、Lee, Femandes and Hyman（2009）がある。

Lee, Femandes and Hyman（2009）は、金銭的に余裕がある中で、なぜ消費者は特定のブランドを避けるのかを検討している。この研究では、ブランド拒否を消費者が計画的に特定のブランドを拒否する現象として定義し、アンチ・コンサンプションに関する先行研究を概観した上で、事例研究を行なっている。事例研究では、グラウンディド・セオリーを用いて、質的データを分析している。具体的には、ブランド拒否をした経験のある消費者運動家とボランタリー・シンプリファー、エコフェミニストからなる23名に対して、デプス・インタビューを実施した。調査の結果、ブランド拒否には、経験的拒否とアイデンティティ拒否、道徳的拒否があることが明らかとなった。

経験的拒否とは、否定的な経験が拒否の理由となるものである。消費者があるブランドに対して不満足を感じ、ブランド拒否をもたらす否定的な消費経験をした際に生じる。具体的には、製品やサービスのパフォーマンスが悪く、店舗での購入の際などに口論をしたことがある、あるいは不便さを感じたことがあるなど、失敗した消費経験や不快な店舗環境が経験的拒否を導くのである。

アイデンティティ拒否とは、個人の象徴的なアイデンティティに必要なものを満たすことができないときに生じる拒否である。アイデンティティ拒否に関連する概念として、望まれない自己と不満足概念がある。望ましいブランドを消費する際に、消費者は望ましいあるいは現在の自己と一致しないと認識したブランドを拒否することで、自己を維持する。実際の調査では、否定的な参照するグループや信頼性の欠如、個性の損失があるブランドを拒否するアイデンティティ拒否の理由となっていた。

道徳的拒否とは、イデオロギーの不一致が動機となるブランド拒否である。道徳的拒否は、抑圧的あるいは支配的な力（アンチ・覇権主義）や個人のニーズを超えた社会的な力、あるブランドを拒否する道徳的義務という信念からの抵抗である。具体的には、企業の活動を皮肉的に捉えた消費者やカントリーオブオリジンに関連するある特定の国の製品は購入しないといったものである。例

えば、CSR活動をしていない企業や多国籍企業、政治的イデオロギーが異なる企業などが製造している製品からの拒否が具体的な例としてあげられている。

3-2-3. 既存の消費文化に対する消費者の抵抗

既存の消費文化に対する消費者の抵抗研究では、多様な消費文化に対する消費者の抵抗の事例が取りあげられている。中でも、市場から離れた消費者の行動を捉えた研究が特徴的である。Dobscha（1998）とDobscha and Ozanne（2001）は、環境に配慮した生活を実践している女性に対してインタビュー調査を実施し、抵抗する理由を企業のマーケティング活動を懐疑的・皮肉的に捉えている点と、「消費者」とラベルを貼られることへの抵抗がその理由であると指摘している。中でも、Dobscha and Ozanne（2001）は、「私は消費者ではない」というエコロジカル自己（ecological-self）が彼女たちには形成され、環境に配慮した生活をしているうちに、自己が変化し、それが家族や友人の消費、さらにはコミュニティの変革を促す一因になっていると指摘している。

Cherrier（2009）は、アイデンティティが消費者が既存の消費文化に抵抗する理由であると指摘している。Cherrier（2009）は、デプス・インタビューを実施し、抵抗アイデンティティは政治的消費者（political consumer）に特徴的な英雄アイデンティティと創造的消費者に特徴的な計画アイデンティティに分けることができると指摘している。

政治的消費者とは、限界のない大量生産と大量消費のイデオロギーに反対して、推論的な選択に従って毎日の生活を再形成・再構築する消費者である。このような消費者は、環境保全や社会的正義に配慮した消費のライフスタイルを実践するという自己犠牲を払っており、いわゆる英雄的な生活を実践している英雄アイデンティティを持った消費者である。

一方、創造的消費者とは、自分のアイデンティティを表現し、構築するために消費スタイルを個別化する消費者である。創造的消費者にとって、メディアで示された消費スタイルなどを真似することは意味がなく、個人的な選好や社会の歴史に従って文化的意味と実践を再形成できると信じている消費者なのである。創造的消費者のアイデンティティは、主観的で個別化された原理を避け

た消費スタイルを実践し、意味のない実践を削減することを強調する計画的アイデンティティである。創造的消費者の計画的アイデンティティの構築は、コミュニケーションの手段として消費を用いる反射的行為なのであると指摘している。

3-3. 先行研究の示唆とリサーチ・クエスチョンの提示

3-3-1. 抵抗による自己アイデンティティの構築

Dobscha (1998) と Dobscha and Ozanne (2001) は、エコロジカル自己が確立するまでのプロセスと周囲を変革するまでのプロセスを検討していた。この研究では、消費者がエコロジカル自己を形成するきっかけとなったのは、「私は消費者ではない」と表現されているように自分が消費者として行なっている消費活動に対する抵抗が起点となっていた。そのアイデンティティ形成のプロセスでは、ビジネスやマーケティングへの皮肉的な考え方もアイデンティティ形成を促している。つまり、この研究で述べられているエコフェミニストになるきっかけとなったのは、既存の消費文化に関する抵抗がその起点になっており、それを促したのが企業やブランドへの抵抗なのである。

このようなDobscha (1998) と Dobscha and Ozanne (2001) は、本書に大きな示唆を与えるものの、異なる点がある。それは本書では、あくまでも消費者として消費を通じて社会的課題の解決を図るソーシャル・コンシューマーの自己アイデンティティが形成されるまでのプロセスを検討するということである。本書で想定しているソーシャル・コンシューマーは、既存の消費文化の枠組みの中で社会的課題の解決を図るための自己アイデンティティを形成するプロセスを分析する。

それを踏まえると、Cherrier (2009) は既存の文化に抵抗するものの、あくまでも消費者としてのアイデンティティを形成する点を指摘していた。それは政治的消費者の英雄アイデンティティであり、創造的消費者の計画的アイデンティティであった。本書では、Cherrier (2009) が指摘する既存の消費文化に対して抵抗しつつも、消費者として社会的課題解決の自己アイデンティティを確立する消費者を検討する。

一方、特定企業やブランドに対する拒否は、既存の消費文化に抵抗する方法の1つとして考えることができる。Lee, Femandes and Hyman（2009）は、ブランド拒否の理由として、経験的拒否とアイデンティティ拒否、道徳的拒否がある点を指摘していた。その中でも、道徳的拒否がソーシャル・コンシューマーに関連すると考えられる。この研究に従うと、ソーシャル・コンシューマーは道徳的拒否に基づいて、社会的責任を果たしていない企業の商品の購入を避けると考えられる。

またそれ以外の拒否の理由も、ソーシャル・コンシューマーが特定の企業や商品を拒否する理由に応用できると考えることができる。ある消費者がソーシャル・コンシューマーになるまでのプロセスで培ったソーシャル・プロダクトを選ぶ眼などは、経験的拒否という点から理解することができる。アイデンティティ拒否は、まさに消費者としての自分のアイデンティティを拒否することであり、ソーシャル・コンシューマーとしての自己アイデンティティを形成する起点になるとも考えることができる。

以上の先行研究の示唆から、以下のリサーチ・クエスチョンを提示する。

> RQ3-5：ソーシャル・コンシューマーは、なぜ自分のアイデンティティや特定の消費スタイルの実践、商品の購入に抵抗することで自己アイデンティティを構築するのか。

3-3-2. 消費を通じて社会的課題を解決する自己アイデンティティが確立したソーシャル・コンシューマーによる周囲の変革

Dobscha（1998）と Dobscha and Ozanne（2001）は、エコフェミニストとしてのエコロジカル自己が確立した後には、結果として家族や友人、コミュニティもそのようなアイデンティティを構築するように周囲に働きかけるとも指摘している。このような指摘を踏まえると、本書でもソーシャル・コンシューマーとして自己アイデンティティが確立した後の周囲とのコミュニケーションを検討する必要がある。アンチ・コンサンプション研究の成果を踏まえると、ソーシャル・コンシューマーは消費を通じた社会的課題の解決を他者に促す際には、

必ずしもその肯定的な理由だけでなく、否定的な理由も伝える可能性がある点が示唆される。

以上の先行研究の示唆から、以下のリサーチ・クエスチョンを提示する。

RQ3-6：ソーシャル・コンシューマーは、なぜ自己アイデンティティを構築すると周囲の自己アイデンティティの変化を促すのか。

4. ソーシャル・コンサンプションの意味に関する分析枠組み

4-1. 定性調査のための分析枠組み

4-1-1. 調査対象者の設定基準

先行研究を通じて、消費者がソーシャル・コンシューマーとしての自己アイデンティティを構築するプロセスを検討することで、第1章で提示したリサーチ・クエスチョンである RQ3「なぜ消費を通じて社会的課題を解決するのか」に答えるためのサブ・クエスチョンが提示された。ではその自己アイデンティティ構築のプロセスを調査するためには、いかなる分析の枠組みを設けるべきなのか。

日本のソーシャル・コンシューマーについて、インタビュー調査を実施するためには、どのような消費者をターゲットとして調査を行なうのかを考える必要がある。先行研究では、*Ethical Consumer Magazine* の購読者（Shaw and Clarke, 1999）や NPO の会員（Shaw, Grehan, Shiu, Hassan and Thompson, 2005）などに対して調査を実施していた。このような方法がとられているものの、日本で先行研究のような方法で調査対象者を選ぶことは難しい。なぜなら、まず日本では *Ethical Consumer Magazine* のような定期刊行雑誌は発行されていないからである。次に特定の NPO などの団体に関連する消費者だと、その消費者の意識も特定の社会的課題に偏ると考えることができるからである。つまり、一般の消費者の中から、ある基準を設けて、ソーシャル・コンシューマー

を選定する方が良いと考えられる。

その際の選定基準としては、第2章の最後で示した枠組みを用い、日本の消費者の中からソーシャル・コンシューマーを識別する基準として、ソーシャル・コンサンプションとシビック・アクションの頻度からそれを識別する。当然のことであるが、ソーシャル・コンシューマーは日常的にソーシャル・プロダクトを購入している。その頻度が高いことは、そのような行動を習慣化している消費者自身がソーシャル・コンシューマーであることを意味している。

また先行研究でソーシャル・コンシューマーとしての自己アイデンティティを構築する起点となるのが、女性が子どもを妊娠したときであると指摘されていた。このような先行研究を踏まえると、日本でもソーシャル・コンシューマーの中でも既婚者で子どものいる女性の占める割合が高いことが想定できる。

4-1-2. 調査の枠組み：ライフコース分析と消費

既婚で子どものいる女性の自己アイデンティティの構築を分析する際に鍵となるのが、ライフコース分析である。ライフコース (life course) とは、「年齢によって区分された生涯期間を通じての道筋であり、人生上の出来事についての時機 (timing)、移行期間 (duration)、間隔 (spacing)、および順序 (order) にみられる社会的パターン」である (Giele and Elder, 1998)。ライフコースを理解する上で重要な概念としてさまざまな概念が提唱されているが、本書では社会的役割 (social role) とライフイベント (life event) に注目する。

社会的役割とは、私たち個人が社会関係の中に埋め込まれ、その関係の中で特定の位置を占めていることを意味している。例えば、既婚で子どものいる女性は、夫との関係では妻、子どもとの関係では母親という位置を占めている。女性と男性のアイデンティティの違いは、ジェンダー・アイデンティティ (gender identity) (Fischer and Arnold, 1994 ; Palan, 2001) という概念で捉えられている。ジェンダー・アイデンティティとは、「個人が男性と女性の個人的特性とともに認識すること」を意味している (Palan, 2001)。Thompson (1996) は、性差による消費の意味とライフスタイルを検討している。Johnston and Swanson (2006) は、「良い母親 (good mother)」を形成する要因を検討している。この研

究では、専業主婦とパートタイムで働いている母親、フルタイムで働いている母親を比較し、母親は職業上の地位に基づいて、異なった育児への期待（mothering expectation）を構築すると指摘している。特に専業主婦と働いている母親には、育児のイデオロギーに違いがあると結論づけている。

では、日本人の女性の社会的役割には、どのようなものがあるのだろうか。青木・女性のライフコース研究会編（2008）では、女性の役割として6つをあげている（表4-3）。女性の役割は、妻や母親といったように複合的になっている。近年、働きながら育児をする女性が増えている。これを社会的役割という点から理解すると、就労という社会的役割が女性に加わったと理解できる。また定性分析では、社会的役割の1つとして、消費者、特に消費を通じて社会的課題の解決を図るソーシャル・コンシューマーの側面も社会的役割に加えて分析を行なう。

ライフイベントとは、人生上の出来事であり、個人の人生パターンの指標や人生パターンにおける有意味な変化を規定するもののことをいう。ライフイベントの代表的な例として、受験や進学、卒業、就職、昇進、転職、退職、失業、結婚、出産、引っ越し、離婚、病気、家族の死、子どもの自立などが指摘されている（青木・女性のライフコース研究会編, 2008）。このようなライフイベントは、ソーシャル・コンシューマーの自己アイデンティティの形成や変化に影響を与えると想定できる。なぜなら、先行研究に従うと、例えば出産というライフイベントに伴って、子どもが生まれ、子どもが普通の食事をするようになっ

表4-3　女性の役割とその内容

役割	内容
家事（イエゴト）	一般的な家事全般（日常の買い物も含む）
母事（ハハゴト）	育児、子どもの教育や養育
親事（オヤゴト）	親の世話や介護
仕事（シゴト）	有償の就労行動（学生については就学）、通勤や通学
外事（ソトゴト）	地域活動、ボランティア、NPO活動への参加等
私事（ワタクシゴト）	趣味・学び、各種のレジャー活動、ショッピング等

出所：青木・女性のライフコース研究会編（2008）56ページより作成。

たときにオーガニック食品などを購入することが普通になったという変化が生じると推測できるからである。これは同時に子どもが生まれたことで、母親としての食事に関する自己アイデンティティが変化したとも理解することができる。

青木・女性のライフコース研究会編（2008）では、消費に関連する思い出深いライフイベントを調査している。調査の結果、女性の思い出深いライフイベントは結婚の回答が最も多く、次いで出産、子どもの小学校入学、30歳を迎えたときとなっている。

4-1-3. ソーシャル・コンシューマーの自己アイデンティティの構築

青木・女性のライフコース研究会編（2008）では、ライフイベント消費がアイデンティティと関連するとも指摘している。成人期のアイデンティティの発達には、まず「自分は何者であるのか、自分は何になるのか」という「個としてのアイデンティティ」と「自分は誰のために存在するのか、自分は他者の役に立つのか」という「関係性のアイデンティティ」があると指摘し、それぞれの類型を示している（表4-4）。

この類型に従うと、本書で取りあげるソーシャル・プロダクトの消費は、関係性をつくるライフイベント消費と理解することができる。一方、自己実現の

表4-4　アイデンティティとの関連から見たライフイベント消費の類型

	自己実現のライフイベント消費	関係性をつくるライフイベント消費
関連するアイデンティティ	個としてのアイデンティティ	関係性に基づくアイデンティティ
消費の目的	個人的な目標の達成	他者との繋がりの形成
消費の意味	自分は何者であるのか、自分は何になるのかを表現、確認するための消費	自分は誰のために存在するのか、自分は他者の役に立つのかを表現、確認するための消費
よく見られたライフイベント	退職や再就職・転職、出産、子どもの受験、30歳を迎えたとき、離婚など	退職、結婚、出産、子どもの独立、夫のリタイア、親が病気になったとき・親の介護が生じたときなど

出所：青木・女性のライフコース研究会編（2008）167ページを一部省略。

ライフイベント消費の例は、青木・女性のライフコース研究会編（2008）にその一例が記載されている。青木・女性のライフコース研究会編（2008）は、ライフコースの多様化に起因する深層ニーズとして、自分づくりをあげ、その中で自分の歩みを確認・肯定したい「ポジション確認」の事例の1つとして、環境配慮型商品を取りあげている。青木・女性のライフコース研究会編（2008）は昨今の「環境配慮」に関する行動をライフコースを背景に自身の生活者としてのポジションを主張しやすいと捉えている。その上で、近年、「マイ」グッズを持つことで、自分の生き方や暮らし方へのこだわりをさりげなく主張できる一方、環境配慮型商品は環境配慮意識の強い一部の主婦に支持されるものの、一般には普及しにくいといわれてきたが、「マイ」意識をくすぐることで、自己表現したい女性の心を捉えると指摘している。

このような青木・女性のライフコース研究会編（2008）の理解は、ソーシャル・コンシューマーの自己アイデンティティに関する研究でも指摘されていた。それはソーシャル・コンシーマーの自己アイデンティティは、個人の内的な要因だけで構築されるわけではなく、集合行動などの社会との相互作用によって形成される。この点は、ソーシャル・プロダクトの意味でも検討したように、ソーシャル・プロダクトにも2つの意味があり、それらが2つがソーシャル・コンシューマーとしての自己アイデンティティの形成に影響を及ぼすと考えられる。

4-1-4. 東日本大震災という自然災害が消費へ与えた影響

定性調査では、以上のライフイベントに加えて、東日本大震災という自然災害もライフイベントに加え、それが消費者に与えた影響を検討する。つまり、自然災害が消費者にソーシャル・コンシューマーとしての自己アイデンティティの構築に影響を与えたと想定する（Gupta and Pirsch, 2006b）。なぜなら、第1に東日本大震災直後、福島第一原子力発電所がメルトダウンしたことで、東京電力管内では、計画停電が実施された。計画停電の実施は、消費者の電力の節約、いわゆる節電意識を高めさせた。具体的には、企業は以前の商品より、電力消費量の少ない家電などの販売に力を入れた。

第2に大震災直後は、放射能の影響により、東北地方、特に福島県産の野菜をはじめとする食品などを避ける消費者が多かった。食品の安全が示されても、消費者には、いわゆる「風評被害」が生じ、大半の消費者がしばらくそのような食品を購入しなかった（関谷, 2011）。このような現象は、消費者の食品の安全性に対する意識を高めることに繋がった。実際、大地を守る会の藤田和芳社長（当時）にインタビューを行なった際に、東日本大震災後にオーガニック食品への問い合わせが殺到したことから、放射能の程度を測定できる機材を購入し、会社独自で食品の安全性を確かめ、それを消費者に伝えたという。その後、大地を守る会の会員は増加したという。

　第3に風評被害が落ち着くと、被災地の商品を積極的に購入することで、復興支援を応援する、いわゆる「応援消費」が誕生した（渡辺, 2014）。このような消費を通じて復興支援を行なうことは、言い換えると消費を通じて社会的課題を解決しているのであり、そういった行動を行なった消費者の中には、ソーシャル・コンシューマーとしての自己アイデンティティを構築したきっかけとなったとも考えることができる。

4-2. 定性調査におけるリサーチ・クエスチョン

　定性調査は、RQ3「なぜ消費を通じて社会的課題を解決するのか」に答えるために実施されるものである。これまでの先行研究の検討を通じて、表4-5にあるリサーチ・クエスチョンは、RQ3を詳細に明らかにするためのサブクエスチョンとして位置づけることができる。

　これらのリサーチ・クエスチョンは、次のように理解することができる。まず普通の消費者からソーシャル・コンシューマーへと至るプロセスの起点とその理由を検討するのが、RQ3-1である。次にソーシャル・コンシューマーの自己アイデンティティを構築するまでのプロセスを検討するのが、RQ3-2とRQ3-3、RQ3-4、RQ3-5である。最後に消費者がソーシャル・コンシューマーとしての自己アイデンティティを構築した後の行動がRQ3-6である。

表4-5　定性調査のためのRQ3のサブクエスチョン

	RQ	リサーチ・クエスチョンの内容
自己アイデンティティ構築の起点	RQ3-1	ソーシャル・コンシューマーは、いかなる社会的課題に関心を持ち、いかなる社会的課題解決行動をはじめ、どのように自己アイデンティティを構築しはじめたのか。
自己アイデンティティの習慣化	RQ3-2	ソーシャル・コンサンプションは、どのようにして習慣化するのか。
自己アイデンティティの習慣化	RQ3-3	ソーシャル・コンシューマーは、どのようなライフスタイルを送り、何を一貫して行なっているのか。
自己アイデンティティの習慣化	RQ3-4	ソーシャル・コンシューマーは、ソーシャル・プロダクトそれ自体の、あるいはそれを消費する意味をいかに解釈するのか。
抵抗による自己アイデンティティの構築	RQ3-5	ソーシャル・コンシューマーは、なぜ自分のアイデンティティや特定の消費スタイルの実践、商品の購入に抵抗することで自己アイデンティティを構築するのか。
周囲の自己アイデンティティの変化	RQ3-6	ソーシャル・コンシューマーは、なぜ自己アイデンティティを構築すると周囲の自己アイデンティティの変化を促すのか。

注

(38) ボランタリー・シンプリシティ研究に関する詳細は、大平（2016a）を参照。
(39) 消費者行動におけるアイデンティティを包括的に検討した研究として、Reed, Forehand, Puntoni and Warlop（2012）がある。
(40) 自己については、Rosenberg（1989）を参照。
(41) 例えば、Onkvisit and Shaw（1987）や Heath and Scott（1998）、Hosany and Martin（2012）を参照。
(42) 例えば、Levy（1959）や Grubb and Grathwohl（1967）、Sirgy（1982）、Belk（1988）を参照。
(43) 例えば、McCracken（1986）や Schouten（1991）、Patterson, Hill and Maloy（1995）、Price, Arnould and Curasi（2000）、Bonsu and Belk（2003）を参照。
(44) アンチ・コンサンプション研究の詳細は、大平（2015）を参照。

第 II 部

ソーシャル・コンシューマーに関する定量的研究

要約

　理論的考察で検討してきたように、日本の消費者を対象とした消費を通じた社会的課題の解決は部分的な理解にとどまっている。第Ⅱ部では、第Ⅰ部で考察した理論枠組みに基づいて、定量分析を用いて、実証的にソーシャル・コンシューマーを分析する。第5章では、アンケート調査による2次データとオリジナルデータを用いて、日本の消費者の中で、どのような消費者がソーシャル・コンシューマーなのかを検討する。第6章では、ソーシャル・プロダクトの中の環境配慮型商品と寄付つき商品を用いて、アンケート調査を実施し、日本の消費者がいかなる要因でそのようなソーシャル・プロダクトを購入するのかを検討する。また、実験的手法によるアンケート調査を実施し、寄付つき商品のみの意思決定要因を検討する。

第5章
誰がソーシャル・コンシューマーなのか？

　本章では、まず東日本大震災6カ月後に実施されたアンケート調査による2次データを用いて、震災後のソーシャル・コンシューマーの特徴を明らかにする。次にその結果を踏まえて、東日本大震災1年後に実施したアンケート調査を用いて、再度、ソーシャル・コンシューマーの特徴を検討する。

1. 既存データを用いた分析[45]

1-1. 使用したデータと分析枠組み

1-1-1. 使用したデータ

　使用したデータは、株式会社ヤラカス館 SoooooS. カンパニーが2011年9月9日に実施した『社会貢献に関するアンケート（東日本大震災6カ月後調査）』である。調査は株式会社ボーダーズによって、日本全国47都道府県に対して行なわれた。調査対象については、10代（15〜19歳）〜60代の男女721人であり、年齢と性別に割り付けが行なわれていた。SoooooS. カンパニーは、2011年6月11、12日に「震災後3カ月の消費、社会貢献に関する意識変化」を実施している。その後の9月9日に実施した東日本大震災後6カ月後調査である『社会貢献に関するアンケート』をSoooooS. 事業責任者（サイト運営責任者）である、故中間大維氏のご厚意でデータを提供していただいた。

1-1-2. 分析枠組み

　分析するデータは、2次データであるため、探索的な分析を行なった。具体的には『社会貢献に関するアンケート』では、社会貢献の内容として、「寄付・募金」と「物品の寄贈」、「ボランティア」、「寄付つき商品の購入」、「フェアトレード商品の購入」、「オーガニック商品の購入」、「環境配慮型商品の購入」が設けられていた。これらの項目の中で、「寄付つき商品の購入」と「フェアトレード商品の購入」、「オーガニック商品の購入」、「環境配慮型商品の購入」はソーシャル・プロダクトの購入としてまとめることができる。つまり、ソーシャル・プロダクトの購入経験のある人をソーシャル・コンシューマー層と捉え、上述したいくつかのカテゴリをいくつ経験しているかで階層性を探ることができると考えた。ただし、あくまでもこの質問項目はソーシャル・プロダクトの購入経験を尋ねたものであり、購入頻度を尋ねているわけではない。社会貢献の項目には、「寄付・募金」、「物品の寄贈」、「ボランティア」という項目も設けられていた。これらの項目について、本書ではシビック・アクションとしてまとめて分析を行なった。

　分析では、先行研究に従い行動変数であるシビック・アクションとソーシャル・コンサンプションの合計7項目を使用してクラスタ分析を実施した。その後、クラスタごとの特徴をデモグラフィック変数から捉えることで、日本のソーシャル・コンシューマーの特徴を把握する。

1-2. クラスタ分析でのセグメンテーション

　分析では、シビック・アクションとソーシャル・コンサンプションの経験の有無を使用して、クラスタ分析を実施した。使用した統計ソフトはSPSS (Statistical Package for Social Science) であり、データ数が多く、この分析が探索的な分析であることから、大規模ファイルのクラスタ分析を実施し、クラスタ数を変化させ、最適なクラスタ数を探索した。

　探索的なクラスタ分析の結果、クラスタ数を6に決定した（表5-1）。この結果から、クラスタAとB、C層は、ソーシャル・コンサンプションのいずれかの項目とシビック・アクションの経験がある人たちであるという特徴がある。

表5-1　クラスタ分析の結果と各クラスタのネーミング

クラスタ	クラスタ名	特徴
クラスタA 6.8%（n=49）	先進的ソーシャル・コンシューマー	すべての項目を経験
クラスタB 13.3%（n=96）	中間的ソーシャル・コンシューマー	フェアトレード商品以外のソーシャル・コンサンプション＋寄付・募金を経験
クラスタC 6.1%（n=44）	基礎的ソーシャル・コンシューマー	寄付つき商品と環境配慮型商品＋寄付・募金と物品の寄贈を経験
クラスタD 5.8%（n=42）	活動的市民	シビック・アクションのみを経験
クラスタE 33.8%（n=244）	寄付者	寄付・募金のみを経験
クラスタF 34.1%（n=246）	無関心	経験なし

　一方、クラスタDとE、F層はソーシャル・コンサンプションを全く経験したことがなく、さらにシビック・アクションのすべての項目あるいは1つ、経験なしという人たちである。分析結果では、クラスタAとB、C層がソーシャル・コンサンプションの経験があることから、この層が日本のソーシャル・コンシューマーであると理解することができる。つまり、日本のソーシャル・コンシューマーは全体の26.2%存在しており、それは3つの層から構成されていると判断することができる。

　各クラスタの特徴を踏まえた上でネーミングを行なった。クラスタAは6.8%存在し、シビック・アクションとソーシャル・コンサンプションのすべての項目を実践した経験のある人であることから、このクラスタを「先進的ソーシャル・コンシューマー」と命名した。クラスタBは13.3%存在し、寄付つき商品と環境配慮型商品、オーガニック商品のソーシャル・コンサンプション項目と寄付・募金のシビック・アクション項目を実践した経験のある人であることから、「中間的ソーシャル・コンシューマー」と命名した。クラスタCは6.1%存在し、寄付つき商品と環境配慮型商品のソーシャル・コンサンプション項目と寄付・募金、物品のシビック・アクション項目を実践した経験がある人であることから、「基礎的ソーシャル・コンシューマー」と命名した。クラスタDは

5.8％存在し、ソーシャル・コンサンプション項目は経験したことがないが、寄付・募金と物品の寄贈、ボランティアのシビック・アクション項目すべてを経験したことのある人であることから、「活動的市民」と命名した。クラスタEは33.8％存在し、シビック・アクション項目の寄付・募金のみを経験したことのある人であることから、「寄付者」と命名した。なお、クラスタEの8割の人が、東日本大震災後にはじめて寄付・募金を行なったと回答している。クラスタFは34.1％存在し、どの項目も経験したことのない人であることから、「無関心」と命名した。

1-3. デモグラフィックスにおける特徴

検討するデモグラフィック変数は「社会貢献に関するアンケート」では、質問項目として、「性別」と「年代」、「婚姻の有無」、「子どもの有無」、「職業」が設けられていたことから、これらの項目を用いて、クラスタごとにどのような特徴があるのかについて検討する（表5-2）。

1-3-1. 性別

性別については、男性361名、女性360名の構成となっている。クラスタ間の性別の差についてχ^2検定を実施したところ、Pearsonのχ^2値19.725、自由度5、有意確率.001となり、$p<.005$で有意な差があった。

各クラスタについて、男性の割合が多いクラスタは、先進的ソーシャル・コンシューマーと活動的市民、無関心となっている。一方、女性の割合が多いクラスタは、中間的ソーシャル・コンシューマーと基礎的ソーシャル・コンシューマー、寄付者となっている。この中でも特徴的なクラスタが、中間的ソーシャル・コンシューマーと無関心である。中間的ソーシャル・コンシューマーは女性の割合が61.5％、男性が38.5％となっており、女性が大半を占めているという特徴がある。無関心は男性の割合が60.6％、女性が39.4％となっており、中間的ソーシャル・コンシューマーとは逆に、男性が大半を占めているという特徴がある。

表 5-2 デモグラフィック変数における構成比 (%)

		合計	先進的ソーシャル・コンシューマー	中間的ソーシャル・コンシューマー	基礎的ソーシャル・コンシューマー	活動的市民	寄付者	無関心
性別	男性	50.1	51.0	38.5	45.5	52.4	44.3	60.6
	女性	49.9	49.0	61.5	54.5	47.6	55.7	39.4
年代	10代	16.6	12.2	7.3	13.6	23.8	13.9	23.2
	20代	16.6	14.3	12.5	9.1	14.3	17.6	19.5
	30代	16.6	8.2	18.8	20.5	14.3	21.3	12.6
	40代	16.6	24.5	19.8	13.6	14.3	18.0	13.4
	50代	16.8	16.3	18.8	18.2	14.3	17.2	15.9
	60代以上	16.6	24.5	22.9	25.0	19.0	11.9	15.4
婚姻関係	未婚	44.9	30.6	28.1	31.8	54.8	42.6	57.3
	既婚	55.1	69.4	71.9	68.2	45.2	57.4	42.7
子ども	あり	46.5	55.1	56.3	61.4	40.5	48.0	37.8
	なし	53.5	44.9	43.8	38.6	59.5	52.0	62.2
職業	経営者・役員	0.8	0	0	0	0	0.8	1.6
	学生	17.3	16.3	7.3	13.6	23.8	14.8	23.6
	会社員(事務系)	10.7	8.2	17.7	13.6	7.1	9.8	9.3
	会社員(技術系)	9.0	10.2	7.3	9.1	2.4	11.9	7.7
	会社員(その他)	8.2	2.0	5.2	9.1	19.0	7.0	9.8
	アルバイト	12.1	6.1	8.3	4.5	7.1	15.2	13.8
	自由業	2.4	4.1	1.0	4.5	2.4	2.0	2.4
	自営業	6.7	8.2	6.3	9.1	9.5	5.7	6.5
	公務員	2.2	6.1	3.1	2.3	4.8	0.8	2.0
	専業主婦	19.4	28.6	29.2	22.7	11.9	20.1	13.8
	その他	11.2	10.2	14.6	11.4	11.9	11.9	9.3

1-3-2. 年代

年代については、アンケート実施の際に10代～60代以上まで10歳ごとに割り付けがなされており、50代のみ121名で、それ以外の世代はすべて120名の構成となっている。クラスタ間の年代の差についてχ^2検定を実施したところ、Pearsonのχ^2値41.969、自由度25、有意確率.018となり、$p<.030$で有意な差があった。

ソーシャル・コンシューマー層である先進的ソーシャル・コンシューマーは、40代と60代以上の構成比率が高く、30代の構成比率が低いのが特徴である。中間的ソーシャル・コンシューマーは60代以上が最も構成比が高く、30代や40代、50代も構成比が比較的高く、10代の構成比が最も低いという特徴がある。基礎的ソーシャル・コンシューマーは60代以上の構成比率が最も高く、30代や50代も比較的高く、20代の構成比率が最も低いのが特徴である。

一方、非ソーシャル・コンシューマー層である活動的市民は、10代の構成比が最も高く、次いで60代以上、その他の世代は同値となっており、若年層と高年齢層の構成比が高いのが特徴である。寄付者は、30代の構成比が最も高く、最も構成比が低いのは60代以上である。それ以外の層は、10代を除いて、いずれも15%を上回っており、ミドル世代が多いのが特徴である。無関心は、10代と20代の構成比が高く、30代と40代の構成比が低いことから、若年層が他のクラスタと比較して、圧倒的に多い世代である。

この結果を踏まえると、ソーシャル・コンシューマー層は若年層の割合が低く、ミドル世代以上の構成比が高い傾向がある。一方、非ソーシャル・コンシューマー層は、ソーシャル・コンシューマー層とは逆に、若年層の割合が高く、高年齢層の割合が低い傾向がある。

1-3-3. 婚姻関係

婚姻関係については、既婚者324名、未婚者397名の構成となっている。クラスタ間の婚姻の有無の差についてχ^2検定を実施したところ、Pearsonのχ^2値35.494、自由度5、有意確率.000となり、$p<.000$で有意な差があることが認められた。

既婚者の割合が高いクラスタは、先進的ソーシャル・コンシューマーと中間的ソーシャル・コンシューマー、基礎的ソーシャル・コンシューマー、寄付者である。中でも、先進的ソーシャル・コンシューマーと中間的ソーシャル・コンシューマー、基礎的ソーシャル・コンシューマーは、既婚者の構成比が未婚者の倍以上となっている。その一方で、活動的市民と無関心は未婚者の構成比の方が高い。この結果から、ソーシャル・コンシューマー層は既婚者の割合が高い傾向がある。一方、非ソーシャル・コンシューマー層は、未婚者の割合が高い傾向がある。

1-3-4. 子どもの有無

子どもの有無については、子どもありが386名、なしが335名の構成となっている。クラスタ間の子どもの有無の差についてχ^2検定を実施したところ、Pearsonのχ^2値17.330、自由度5、有意確率.004となり、$p<.005$で有意な差があった。

子どもありの割合が高いクラスタは、先進的ソーシャル・コンシューマーと中間的ソーシャル・コンシューマー、基礎的ソーシャル・コンシューマーとなっており、中でも基礎的ソーシャル・コンシューマーの構成比率の開きが最も大きい。その一方で、子どもなしの割合が高いのは、活動的市民と寄付者、無関心となっており、特に無関心の構成比率の開きが最も大きい。この結果から、ソーシャル・コンシューマー層は子どもがいる傾向がある。一方、非ソーシャル・コンシューマー層は、子どもがいない傾向がある。

1-3-5. 職業

職業については、細分化された質問項目となっており、職業ごとの構成人数が少ない職業も数多い。職業ごとの構成人数は、経営者・役員6名、学生125名、会社員（事務系）77名、会社員（技術系）65名、会社員（その他）が59名、アルバイトが87名、自由業が17名、自営業が48名、公務員が16名、専業主婦が140名、その他が81名となっている。クラスタ間の職業の差についてχ^2検定を実施したところ、Pearsonのχ^2値72.187、自由度50、有意確率.022と

なり、p＜.030で有意な差があった。

　サンプル数が少ない経営者・役員および自由業、公務員を除いて考察をすると、ソーシャル・コンシューマー層である先進的ソーシャル・コンシューマーと中間的ソーシャル・コンシューマー、基礎的ソーシャル・コンシューマーの割合が高いのは、会社員（事務系）と自営業、専業主婦となっており、中でも、専業主婦はいずれのソーシャル・コンシューマー層においても割合が高い。一方、非ソーシャル・コンシューマー層である活動的市民と寄付者、無関心は学生と会社員（その他）、アルバイトにおいて割合が高く、特に学生においては活動的市民と無関心の割合が他の層と比較して高いという特徴がある。

1-4. ディスカッション

1-4-1. 日本のソーシャル・コンシューマー像

　本節では、2次データによるソーシャル・コンサンプションとシビック・アクションの経験から、日本の消費者を6つのクラスタに分類した。その上で、デモグラフィック変数からクラスタごとの特徴を検討した（表5-3）。デモグラフィック変数から、日本のソーシャル・コンシューマーの特徴を述べると、年齢が高く、既婚者であり、子どもがいる傾向がある点を指摘できる。これに職業を加えると、日本のソーシャル・コンシューマーの特徴は、会社員（事務系）と自営業、専業主婦といった職業に就いている傾向がある。

表5-3　各クラスタのデモグラフィクスおよびサイコグラフィクスの特徴

	クラスタ名	特徴
A	先進的ソーシャル・コンシューマー（6.8%）	年齢が高く、既婚者で、子供がいる傾向がある
B	中間的ソーシャル・コンシューマー（13.3%）	女性で、年齢が高く、既婚者で、子供がいる傾向がある
C	基礎的ソーシャル・コンシューマー（6.1%）	既婚者で、子供がいる傾向がある
D	活動的市民（5.8%）	未婚者の傾向がある
E	寄付者（33.8%）	女性で、ミドル世代であり、既婚者の傾向がある
F	無関心（34.1%）	男性で、若く、未婚者で、子どもがいない傾向がある

これまでの分析結果を踏まえて、それぞれのクラスタの特徴をまとめたのが、表5-3である。これら6つのクラスタは、それぞれの特徴を解釈すると、以下の3つにグルーピングできる。それはまずソーシャル・コンサンプションの経験のある先進的ソーシャル・コンシューマーと中間的ソーシャル・コンシューマー、基礎的ソーシャル・コンシューマー、次にシビック・アクションの経験のある活動的市民と寄付者、さらにソーシャル・コンサンプションとシビック・アクション共に経験したことのない無関心である。

1-4-2. 先行研究との比較

本節では先行研究に基づいて、日本のソーシャル・コンシューマー層がどのくらいの割合で存在しているのかを検討した。クラスタ分析は先行研究において、ソーシャル・コンシューマーを階層化する際に多くの研究者が用いてきた手法である。本節では2次データを使用したこともあり、クラスタ数を主観的に決定する探索的なクラスタ分析を実施し、クラスタ数を6と決定した。先行研究では、クラスタ数は3〜5のものが大半を占めていたが、日本のソーシャル・コンシューマーの階層性に関する研究がないことから、より詳細なクラスタ間の比較を行なうことを目的にクラスタ数を多く設定した。その結果、日本のソーシャル・コンシューマー層は6層でも説明可能であるが、上述したように3層にもまとめられる可能性が示された。

ソーシャル・コンサンプションの経験のある先進的ソーシャル・コンシューマーと中間的ソーシャル・コンシューマー、基礎的ソーシャル・コンシューマーを日本のソーシャル・コンシューマーとして理解すると、その割合は26.2%である。この結果について、先行研究と比較すると、山村・宮原・古木（2010）ではセグメント1（28.1%）と2（14.6%）をソーシャル・コンシューマーと解釈すると、その割合は42.7%となる。これは本研究と比較すると割合が高い。その理由として、山村・宮原・古木（2010）は環境的課題に限定して、消費者との関係を検討している点をあげることができる。日本人は環境的課題については、他の分野より、比較的関心が高い社会的課題だからである。

一方、アメリカ人を対象に研究を行なったRoberts（1995）は、ソーシャル・

コンシューマーが 32% 存在すると指摘していた。ただし、この研究は本研究と比較して、2 つクラスタが少ない、4 クラスタで分析を行なっている。われわれが解釈したように、Roberts (1995) の分析結果は最下層を除いて、すべてがソーシャル・コンシューマーであると解釈することができる。それを踏まえると、Roberts (1995) ではソーシャル・コンシューマー層は 83% となり、消費者の大半がソーシャル・コンシューマー層と理解することができる。また、イギリスでは、およそ 7 割の人が「自分はエシカル・コンシューマーである」と回答したという調査結果も示されている（Cowe & Williams, 2001）。ポルトガルを対象とした do Paço et al. (2009) では 35%、バーレーンを対象とした Awad (2011) では 32.7% となっている。これらの割合と比較しても、日本のソーシャル・コンシューマーの割合は低いと判断することができる。

次に各クラスタの特徴を示すために、先行研究で用いられていたデモグラフィック変数を用いて、各クラスタの特徴を分析した。分析で用いたデモグラフィック変数は、性別と年齢（代）、未既婚、子どもの有無、職業であった。分析の結果、デモグラフィック変数のすべてが、各セグメントを特徴づけるのに有効であることが示された。デモグラフィック変数は、先行研究でも有効となっていた変数と同様のものを使用して分析を行なった。

最後に次で実施するアンケート調査の設計の際の課題をあげておく。まずクラスタ分析を行なうに当たり、クラスタ数を客観的に決定する方法を採用すること、およびクラスタ数を決めるに当たり、3 層を念頭に置くことが指摘できる。次にソーシャル・コンシューマーを特徴づける変数として、サイコグラフィック変数を考慮する必要があることが指摘できる。

2. オリジナルデータを用いた分析[46]

2-1. 調査内容と質問項目

調査は、東日本大震災のほぼ 1 年後の 2012 年 3 月 10 日と 11 日の 2 日間で実施した。この調査は、株式会社ヤラカス館 SoooooS. カンパニーと共同で実

施し、株式会社マーシュによって集計された。調査票は、インターネット上で画面をみせて回答させた。調査の実施に当たり、サンプルを日本全国47都道府県を対象として20代から60代の男女800人とした。年齢と性別には、割付を行ない、20代〜60代のサンプル数をそれぞれ160（男女80ずつ）とした。

アンケート調査の内容について、まずデモグラフィックスで用いた項目は、性別と年代、婚姻関係、子どもの有無、世帯年収、最終学歴、職業である。次に環境配慮型商品や寄付つき商品、フェアトレード商品、オーガニック商品といったソーシャル・プロダクトについてのサイコグラフィック変数に関する質問を行なった。サイコグラフィック変数は4点尺度の知識（よく知っている〜全く知らない）を除いて、「非常にある」、「ややある」、「どちらとも言えない」、「あまりない」、「全くない」のように、すべて5点のリッカートスケールとした。具体的なサイコグラフィック変数に関する質問は、意思決定である。意思決定については、先行研究に従い、知識と関心、態度、購買意図、有効性評価、行動の項目を設けた（Roberts 1996；Diamantopoulos, Schlegelmilch, Sinkovics and Bohlen, 2003）。なお、行動については、寄付つき商品と環境配慮型商品、フェアトレード商品、オーガニック商品の購買というソーシャル・コンサンプションの購買頻度を用いた。なぜなら、より正確にソーシャル・コンサンプションをソーシャル・コンシューマーを識別する際の変数として用いるためである。

2-2. ソーシャル・プロダクトの購買頻度によるソーシャル・コンシューマーの階層

まずTwoStepクラスタ分析を実施したところ、クラスタCの最低値はクラスタ数が3のときの24755.73であった。その結果、最適なクラスタ数は3と判定された。次にTwoStepクラスタ分析によって規定された最適クラスタ数を用いて、大規模ファイルのクラスタ分析を実施した。その結果、反復は5回で収束した（表5-4）。それぞれのソーシャル・プロダクトについてクラスタ間の分散分析も同時に実施したところ、環境配慮型商品はF = 402.90（$p < .000$）、オーガニック商品はF=358.75（$p < .000$）、寄付つき商品はF=426.03（$p < .000$）、フェアトレード商品はF=793.37（$p < .000$）となり、すべてのソーシャル・プロ

表 5-4　クラスタ分析の結果（最終クラスタ中心）

		N	%	環境配慮型商品	オーガニック商品	寄付つき商品	フェアトレード商品
A	現在のソーシャル・コンシューマー層	203	25.4	3.55	3.36	3.14	3.10
B	潜在的ソーシャル・コンシューマー層	253	44.1	3.18	2.52	2.51	1.44
C	無関心層	244	30.5	1.96	1.53	1.45	1.30
	合計	800	100	2.90	2.43	2.35	1.82

ダクトに関してクラスタ間に統計上有意な差が存在した。

各クラスタのネーミングは、クラスタAはすべてのソーシャル・プロダクトの購入頻度が高いことから、「現在のソーシャル・コンシューマー層」とする。クラスタBは環境配慮型商品の平均値だけが3を超えている。環境配慮型商品は環境にやさしいといった「エコロジー」だけではなく、節電ができるといった「エコノミー」の意味合いもある。平均値の高いオーガニック商品も、自然環境保護だけでなく、健康にとって良いといった利己的な理由で購入していると考えることができる。寄付つき商品の値は合計の平均値よりも高いが、これは東日本大震災の影響があると考えられる。フェアトレード商品の値はクラスタCに近い値である。以上を踏まえると、この層は比較的自分の利益を重視していると考えることができることから、クラスタBを「潜在的ソーシャル・コンシューマー層」とする。また、クラスタCはすべてのソーシャル・プロダクトの平均値が2を下回っており、これら商品への関心が低いと考えられることから、「無関心層」と命名する。

2-3. デモグラフィックスにおける特徴

デモグラフィックスの比較については、性別と年代において割付を行なっているのに対して、その他の変数については割付を行なっていない。そのため、クラスタ内ではなく、選択肢ごとに百分率を取った。例えば、婚姻関係では被

験者800人のうち、未婚者が310人で既婚者が490人いた。つまり、両者を比較する際にサンプル数の偏りが問題となる。そこで、未婚者、既婚者それぞれにおける現在のソーシャル・コンシューマー層、潜在的ソーシャル・コンシューマー層、無関心層の割合を出して、クラスタごとの差を比較するという方法を採用した（表5-5）。

表5-5　デモグラフィック変数における構成比　　　　　　　　　　　　　　（％）

	項目（N）	現在のソーシャル・コンシューマー層	潜在的ソーシャル・コンシューマー層	無関心層
性別	男性（400）	24.8	38.0	37.3
	女性（400）	26.0	50.3	23.8
年齢	20代（160）	20.6	41.3	38.1
	30代（160）	18.8	42.5	38.8
	40代（160）	23.8	41.3	35.0
	50代（160）	27.5	48.1	24.4
	60代（160）	36.3	47.5	16.3
婚姻関係	未婚（310）	21.9	37.7	40.3
	既婚（490）	27.6	48.2	24.3
子どもの有無	なし（371）	23.5	38.3	38.3
	あり（429）	27.0	49.2	23.8
世帯年収	わからない、答えたくない（73）	16.4	38.4	45.2
	300万円未満（166）	21.7	41.0	37.3
	300～400万円未満（111）	21.6	53.2	25.2
	400～500万円未満（107）	17.8	52.3	29.9
	500～600万円未満（76）	30.3	40.8	28.9
	600～700万円未満（61）	34.4	32.8	32.8
	700～800万円未満（55）	41.8	30.9	27.3
	800～900万円未満（41）	26.8	53.7	19.5
	900～1,000万円未満（34）	20.6	64.7	14.7
	1,000万円以上（76）	35.5	39.5	25.0

学歴	中学校（14）	28.6	21.4	50.0
	高等学校（247）	19.0	47.8	33.2
	短大・高専・専門学校（180）	23.3	48.3	28.3
	大学（329）	28.6	41.0	30.4
	大学院（30）	53.3	33.3	13.3
職業	専門職（医師・弁護士・会計士等）（12）	41.7	33.3	25.0
	会社経営・役員（15）	40.0	40.0	20.0
	自営業（商工業、農業、実業など）（44）	34.1	45.5	20.5
	自由業（フリーランス）（19）	31.6	36.8	31.6
	アルバイト・パート（115）	26.1	45.2	28.7
	会社員（245）	25.3	40.4	34.3
	専業主婦（177）	24.9	57.1	18.1
	無職（80）	23.8	36.3	40.0
	学生（41）	19.5	22.0	58.5
	派遣（19）	15.8	52.6	31.6
	公務員（22）	13.6	45.5	40.9
	その他（11）	18.2	54.5	27.3

2-3-1. 性別

　性別については、男女400名ずつとなっている。性別について、χ^2検定を実施したところ、Pearsonのχ^2値18.876、自由度21、有意確率.000となり、クラスタごとに有意な差が存在した。現在のソーシャル・コンシューマー層の性別の割合を比較すると、男性24.8%、女性26.0%であった。潜在的ソーシャル・コンシューマー層は男性38.0%、女性50.3%であった。無関心層は男性37.3%、女性23.8%であった。この結果から、潜在的ソーシャル・コンシューマー層は女性、無関心層は男性の割合がそれぞれ高く、現在のソーシャル・コンシューマー層はその差は僅かであった。

2-3-2. 年代

　年代は、各年代が160名となっている。年代について、χ^2検定を実施したと

ころ、Pearson の χ^2 値 34.090、自由度 8、有意確率 .000 となり、クラスタごとに有意な差が存在することが明らかとなった。現在のソーシャル・コンシューマー層の年代を比較すると、20代〜40代までは他の層と比べて最も割合が低い。しかし、50代は27.5%で無関心層の24.4%より多く、60代36.3%は現在のソーシャル・コンシューマー層の中で最も高い値である。潜在的ソーシャル・コンシューマー層は、いずれの年代においても、割合が最も高い。ただし、20代〜40代は他の世代との値の差が小さいが、50代と60代は他の世代との差が開いている。無関心層は、現在のソーシャル・コンシューマー層と対照的に20代と30代という若年層の割合が高いのに対して、40代と50代は他の層に比べて最も割合が低く、60代ではさらにその割合は低下する。以上の結果から、現在のソーシャル・コンシューマー層は年齢層が高い傾向があり、潜在的ソーシャル・コンシューマー層はいずれの年代でも割合が高いうえに年齢が高い傾向があり、無関心層は若年層の割合が高い傾向がある。

2-3-3. 婚姻関係

婚姻関係については、既婚者が490名、未婚者が310名となっており、既婚者の割合が高い。婚姻関係について、χ^2 検定を実施したところ、Pearson の χ^2 値23.044、自由度2、有意確率 .000 となり、クラスタごとに有意な差が存在した。現在のソーシャル・コンシューマー層の婚姻関係の割合を比較すると、未婚者が21.9%、既婚者が27.6%となっており、既婚者の割合が高い。潜在的ソーシャル・コンシューマー層は、未婚者37.7%、既婚者48.2%となっており、既婚者の割合が10%以上高い。無関心層は、未婚者40.3%、既婚者24.3%となっており、未婚者の割合が他のクラスタとも比べて最も高く、逆に既婚者の割合が最も低い。この結果から、現在のソーシャル・コンシューマー層と潜在的ソーシャル・コンシューマー層は、既婚者の割合が高い一方、無関心層は未婚者の割合が高い傾向がある。

2-3-4. 子どもの有無

子どもの有無については、子どもありが53.6%(N=429)、なしが46.4%(N=371)

となっており、子どもありの割合が高い。子どもの有無について、χ^2検定を実施したところ、Pearsonのχ^2値20.0887、自由度2、有意確率.000となり、クラスタごとに有意な差が存在した。現在のソーシャル・コンシューマー層の子どもの有無の割合を比較すると、子どもなしが23.5%、ありが27.0%となっており、子どもありの割合が若干高い。潜在的ソーシャル・コンシューマー層は、子どもなしが38.3%、ありが49.2%となっており、子どもありがおよそ10%高くなっている。無関心層は、子どもなしが38.3%、ありが23.8%となっており、子どもなしが15%程度高くなっている。以上をまとめると、現在のソーシャル・コンシューマー層と潜在的ソーシャル・コンシューマー層は子どもがいる傾向があり、無関心層は子どものいない傾向がある。

2-3-5. 世帯年収

世帯年収の最も割合が高いのが300万円未満166名、次いで300～400万円未満111名、400～500万円未満107名となっている。一方、割合が少ないのは、900～1,000万円未満34名、800～900万円未満41名となっている。世帯年収について、χ^2検定を実施したところ、Pearsonのχ^2値45.727、自由度18、有意確率.000となり、クラスタごとに有意な差が存在した。

現在のソーシャル・コンシューマー層の世帯年収を比較すると、300万円未満と300～400万円未満、400～500万円未満の割合が他のクラスタと比較して低い。しかし、600～700万円未満と700～800万円未満は他の層よりも割合が高い。800～900万円未満と900～1,000万円未満は潜在的ソーシャル・コンシューマー層より割合は低いが、無関心層より割合は高い。1,000万円以上は35.5%であり、潜在的ソーシャル・コンシューマー層の39.5%とほぼ同じ割合となっている。

潜在的ソーシャル・コンシューマー層は、300万円未満と300～400万円未満、400～500万円未満、500～600万円未満がすべてのクラスタの中で割合が最も大きい。600～700万円未満は32.8%で他のクラスタとほぼ同じ割合となる。700～800万円未満は30.9%であり、潜在的ソーシャル・コンシューマー層の中で最低値となる。800～900万円未満と900～1,000万円未満は再び他のクラス

タより割合が高くなる。

　無関心層は、300 万円未満と 300～400 万円未満、400～500 万円未満が現在のソーシャル・コンシューマー層と比べて割合が高く、潜在的ソーシャル・コンシューマー層より値が低い。500～600 万円未満は現在のソーシャル・コンシューマー層と、600～700 万円未満は他の 2 つの層とほぼ同じ値となる。700～800 万円未満、800～900 万円未満、900～1,000 万円未満、1,000 万円以上は他のクラスタと比べて割合が低い。

　この結果を踏まえると、現在のソーシャル・コンシューマー層は比較的年収が高い傾向があり、600～800 万円未満が最も割合が高いという特徴がある。潜在的ソーシャル・コンシューマー層は、すべての年収において割合が高いという特徴があり、他のクラスタと比較して、800～1,000 万円未満の割合が最も高いという傾向がある。無関心層は、300～500 万円未満では潜在的ソーシャル・コンシューマー層より割合が低いものの、現在のソーシャル・コンシューマー層より割合が高いという傾向があることから、比較的年収が低いという特徴がある。

2-3-6. 学歴

　最終学歴で割合が高いのは、大学卒 41.1% であり、次いで高等学校 30.9%、短大・高専・専門学校 22.5% となっている。学歴について、χ^2 検定を実施したところ、Pearson の χ^2 値 24.957、自由度 8、有意確率 .002 となり、クラスタごとに有意な差が存在した。

　学歴では、現在のソーシャル・コンシューマー層は中学校卒を除けば、高等学校卒、短大・高専・専門学校卒、大学卒と学歴が上がるにつれて割合が上がるが、他のクラスタよりは低い。これに対して大学院卒は 53.3% であり、大学院卒の過半数が現在のソーシャル・コンシューマー層である。潜在的ソーシャル・コンシューマー層では、中学校卒と大学院卒を除いて、高等学校卒、短大・高専・専門学校卒、大学卒は他のクラスタと比べても高い割合となっている。無関心層は、学歴が高まるにつれて割合が低くなる。無関心層では中学校卒は他のクラスタと比較して最も割合が高い。高等学校卒、短大・高専・専門学校

卒、大学卒は現在のソーシャル・コンシューマー層よりは割合が高いが、潜在的ソーシャル・コンシューマー層よりは低い。大学院卒は13.3%と他のクラスタと比べて最低値となっている。

　この結果を踏まえると、現在のソーシャル・コンシューマー層は他のクラスタと比較して、高等学校卒の割合が低い一方で、大学院卒の割合が高いという傾向がある。潜在的ソーシャル・コンシューマー層は、他のクラスタと比較して、中学校卒の割合が最も低い一方で、高等学校卒と短大・高専・専門学校卒、大学卒の割合が最も高いという傾向がある。無関心層は、他のクラスタと比較して、大学院卒の割合が最も低い一方、中学校卒の割合が最も高いという傾向がある。

2-3-7. 職業

　職業の最も割合が高いのは会社員（30.6%）であり、次いで専業主婦（22.1%）、アルバイト・パート（14.4%）となっている。一方、割合が少ないのは、その他（1.4%）、専門職（1.5%）、会社経営・役員（1.9%）となっている。職業について、χ^2検定を実施したところ、Pearsonのχ^2値47.441、自由度22、有意確率.001となり、クラスタごとに有意な差が存在した。

　現在のソーシャル・コンシューマー層の職業の割合を比較すると、専門職と会社経営・役員、自営業の割合が高い一方、公務員と派遣、学生の割合が低い。潜在的ソーシャル・コンシューマー層は、専業主婦と派遣、公務員、自営業の割合が高い一方、学生と専門職、無職の割合が低い。無関心層は、学生と公務員、無職の割合が高い一方、専業主婦と会社経営・役員、自営業の割合が低いという特徴がある。

2-4. サイコグラフィックスにおける特徴

　表5-6は、ソーシャル・プロダクトの購買意思決定に関するサイコグラフィック変数の平均値と標準偏差を示したものである。

表5-6 ソーシャル・プロダクトの購買意思決定に関するサイコグラフィック変数の平均値と標準偏差

	クラスタ名	知識		関心		態度		購買意図		有効性評価	
		平均値	標準偏差	平均値	標準偏差	平均値	標準偏差	平均値	標準偏差	平均値	標準偏差
環境配慮型商品	現在のソーシャル・コンシューマー層	3.27	0.53	4.15	0.66	3.98	0.69	4.09	0.61	3.89	0.74
	潜在的ソーシャル・コンシューマー層	3.08	0.47	3.99	0.63	3.80	0.67	3.95	0.66	3.67	0.83
	無関心層	2.75	0.63	3.20	1.02	3.10	0.74	3.20	0.84	3.04	0.93
	合計	3.03	0.57	3.79	0.87	3.63	0.78	3.76	0.80	3.53	0.90
オーガニック商品	現在のソーシャル・コンシューマー層	3.08	0.60	3.99	0.75	3.99	0.72	3.99	0.69	3.70	0.79
	潜在的ソーシャル・コンシューマー層	2.75	0.66	3.56	0.84	3.59	0.72	3.68	0.73	3.28	0.83
	無関心層	2.28	0.81	2.80	1.05	2.99	0.78	3.02	0.86	2.80	0.84
	合計	2.69	0.76	3.44	1.00	3.51	0.84	3.56	0.85	3.24	0.89
寄付つき商品	現在のソーシャル・コンシューマー層	3.05	0.61	3.86	0.73	3.73	0.73	3.85	0.70	3.81	0.79
	潜在的ソーシャル・コンシューマー層	2.76	0.60	3.64	0.76	3.46	0.67	3.64	0.72	3.55	0.84
	無関心層	2.24	0.78	2.84	1.00	2.91	0.80	3.00	0.91	3.03	0.89
	合計	2.68	0.73	3.45	0.93	3.36	0.79	3.50	0.85	3.46	0.89
フェアトレード商品	現在のソーシャル・コンシューマー層	2.74	0.72	3.83	0.78	3.71	0.76	3.85	0.71	3.83	0.83
	潜在的ソーシャル・コンシューマー層	1.75	0.77	3.19	0.81	3.24	0.62	3.38	0.70	3.46	0.85
	無関心層	1.73	0.85	2.68	1.04	2.93	0.73	3.00	0.87	3.07	0.93
	合計	2.00	0.90	3.20	0.98	3.26	0.75	3.38	0.82	3.43	0.91

2-4-1. ソーシャル・プロダクトの知識

ソーシャル・プロダクトの知識について、全サンプルの平均値は環境配慮型商品3.03、オーガニック商品2.69、寄付つき商品2.68、フェアトレード商品2.00の順で低くなる傾向があった。クラスタ間で見てみると、フェアトレード商品においてほとんど差がない潜在的ソーシャル・コンシューマー層（1.75）と無関心層（1.73）以外は、現在のソーシャル・コンシューマー層、潜在的ソーシャ

ル・コンシューマー層、無関心層の順に数値が低くなる傾向があった。

クラスタ間の統計上の有意差を確認するために、分散分析を実施した。その結果、環境配慮型商品はF (2797) =53.95 (p＜.000)、オーガニック商品はF (2797) =76.94 (p＜.000)、寄付つき商品はF (2797) =88.95 (p＜.000) となり、有意な差が存在した。なお、フェアトレード商品はLevene統計量2.45 (p=.09) で等分散性が存在しなかった。そのため、平均値同等性の耐久検定 (Welch) によりクラスタ間の差の検定を実施した。その結果、漸近的F分布136.26 (p＜.000) となり、有意な差が存在した。

多重比較を実施したところ、環境配慮型商品、オーガニック商品、寄付つき商品は、クラスタ間に5％水準で統計上有意な差が存在した。フェアトレード商品は、現在のソーシャル・コンシューマー層がその他の層との間に統計上有意な差が存在したが、潜在的ソーシャル・コンシューマー層と無関心層の間には有意差がなかった (p＜.943)。

2-4-2. ソーシャル・プロダクトへの関心

ソーシャル・プロダクトへの関心について、全サンプルの平均値は環境配慮型商品が3.79、オーガニック商品が3.44、寄付つき商品が3.45、フェアトレード商品が3.20となっている。知識ではフェアトレード商品の合計の平均値が3を下回っていたのに対して、関心では合計の平均値が3を上回っている。クラスタごとの関心については、現在のソーシャル・コンシューマー層は、すべてのソーシャル・プロダクトについて最も関心が高く、特に環境配慮型商品が最も高いという特徴がある。潜在的ソーシャル・コンシューマー層は、すべてのソーシャル・プロダクトにおいて現在のソーシャル・コンシューマー層に次いで関心が高い。無関心層は、すべてのソーシャル・プロダクトについて現在のソーシャル・コンシューマー層と潜在的ソーシャル・コンシューマー層より関心が低い。

クラスタ間の統計上の有意差を確認するために、分散分析を実施し、各ソーシャル・プロダクトに等分散性が認められた。その結果、環境配慮型商品はF (2797) =104.74 (p＜.000)、オーガニック商品はF (2797) =105.99 (p＜.000)、寄

付つき商品は F（2797）=99.66（p＜.000）、フェアトレード商品は F（2797）=94.93（p＜.000）となり、すべてのクラスタ間に有意な差が存在した。さらに、多重比較を実施したところ、すべてのソーシャル・プロダクトにおいてクラスタ間に5％水準で統計上有意な差が存在した。

2-4-3. ソーシャル・プロダクトへの態度

　ソーシャル・プロダクトへの態度について、全サンプルの平均値は環境配慮型商品3.63、オーガニック商品3.51、寄付つき商品3.36、フェアトレード商品3.26の順で低くなる傾向があった。態度についても関心と同様に、合計の平均値が3を上回っている。態度も現在のソーシャル・コンシューマー層、潜在的ソーシャル・コンシューマー層、無関心層の順ですべてのソーシャル・プロダクトにおいて値が低くなる傾向がある。

　クラスタ間の統計上の有意差を確認するために、分散分析を実施した。その結果、オーガニック商品は F（2797）=102.02（p＜.000）、寄付つき商品は F（2797）=77.19（p＜.000）、フェアトレード商品は F（2797）=70.64（p＜.000）となり、クラスタ間に有意な差が存在した。環境配慮型商品は Levene 統計量 2.20（p=.11）で等分散性が存在しなかった。そのため、平均値同等性の耐久検定によりクラスタ間の差の検定を実施した。その結果、漸近的F分布100.52（p＜.000）となり、有意な差が存在した。さらに、多重比較を実施したところ、すべてのソーシャル・プロダクトにおいてクラスタ間に5％水準で統計上有意な差が存在した。

2-4-4. ソーシャル・プロダクトの購買意図

　ソーシャル・プロダクトの購買意図について、全サンプルの平均値は環境配慮型商品3.76、オーガニック商品3.56、寄付つき商品3.50、フェアトレード商品3.38の順で低くなる傾向があった。クラスタ間で比較をすると、いずれのソーシャル・プロダクトにおいても現在のソーシャル・コンシューマー層、潜在的ソーシャル・コンシューマー層、無関心層の順で数値が低くなった。

　クラスタ間の統計上の有意差を確認するために、分散分析を実施した。その

結果、環境配慮型商品は F(2797)=111.22(p < .000)、オーガニック商品は F(2797)=97.96 (p < .000)、寄付つき商品は F (2797) =76.19 (p < .000) となり、クラスタ間に有意な差が存在した。フェアトレード商品は Levene 統計量 1.04 (p=.35) で等分散性が存在しなかった。そのため、平均値同等性の耐久検定によりクラスタ間の差の検定を実施した。その結果、漸近的 F 分布が 65.82 (p < .000) となり、すべてのソーシャル・プロダクトにおいてクラスタ間に有意な差が存在した。

多重比較を実施したところ、環境配慮型商品は、現在のソーシャル・コンシューマー層と潜在的ソーシャル・コンシューマー層がそれぞれ無関心層と5%水準で有意な差があった。オーガニック商品と寄付つき商品、フェアトレード商品は、クラスタ間に5%水準で統計上有意な差が存在した。

2-4-5. ソーシャル・プロダクトの有効性評価

ソーシャル・プロダクトの有効性評価について、全サンプルの平均値を比較すると、環境配慮型商品が 3.53 で最も値が高い。次いで寄付つき商品が 3.46、フェアトレード商品が 3.43 となり、最も低いのがオーガニック商品の 3.24 である。クラスタ間で比較すると、いずれのソーシャル・プロダクトも現在のソーシャル・コンシューマー層、潜在的ソーシャル・コンシューマー層、無関心層の順で値が低くなっている。

クラスタ間の統計上の有意差を確認するために、分散分析を実施した。その結果、環境配慮型商品は F (2797) =64.70 (p < .000)、寄付つき商品は F (2797) =51.00 (p < .000) でいずれも統計上有意な差が存在した。オーガニック商品は Levene 統計量 .82 (p < .44)、フェアトレード商品は Levene 統計量 1.99 (p < .14) で等分散性が成立しなかった。そのため、平均値同等性の耐久検定によりクラスタ間の差の検定を実施した。その結果、オーガニック商品は漸近的 F 分布 68.00 (p < .000)、フェアトレード商品は漸近的 F 分布 43.06 (p < .000) となり、統計上有意な差が存在した。さらに、多重比較を行なった結果、すべてのクラスタに5%水準で統計上有意な差が存在した。

分析の結果、第1にすべてのソーシャル・プロダクトが購入頻度の高さによ

るクラスタと対応した関係にあった。ただし、オーガニック商品だけは、他のソーシャル・プロダクトと比べて低い数値となっていた。つまり、オーガニック商品は社会的課題の解決に繋がると思われている程度が相対的に低いにもかかわらず、購入頻度が比較的高いことが示唆される。第2に現在のソーシャル・コンシューマー層と潜在的ソーシャル・コンシューマー層は、すべてのソーシャル・プロダクトの平均値が3を超えていた。これは、この2つの層ではソーシャル・プロダクトが社会的課題の解決に繋がるとみなされていることを示している。これに対して、無関心層の平均値は環境配慮型商品、寄付つき商品、フェアトレード商品が「どちらとも言えない」の値に近く、オーガニック商品については「あまりそう思わない」にやや寄っている。

2-5. ディスカッション

　本章では、ソーシャル・プロダクトの購入頻度を用いてクラスタ分析を行ない、日本の消費者を3つの層に階層化した。その上で、デモグラフィックおよびサイコグラフィック変数からクラスタごとの特徴を検討した。それをまとめたのが表5-7である。

　デモグラフィックスからの各クラスタの特徴は、現在のソーシャル・コンシューマー層が性別は問わず、年齢が高く、やや既婚者が多いという傾向がある。年収と学歴も高く、職業としては専門職や会社経営者、自営業に多いという傾向もみられる。潜在的ソーシャル・コンシューマー層は、女性で50代〜60代に多く、既婚者で子どもがいる傾向がある。年収が高く、職業は専業主婦や自由業が多いという傾向もある。無関心層は、男性や若年層に多く、未婚者で子どもがいない比率が高いという傾向がある。年収と学歴がともに低く、職業は学生、公務員、無職が多いという傾向もある。

　サイコグラフィクスからの各クラスタの特徴は、現在のソーシャル・コンシューマー層は、すべてのソーシャル・プロダクトについて、最も知識が豊富で、高い関心があり、態度と購買意図が形成され、有効性評価が高い傾向がある。潜在的ソーシャル・コンシューマー層は、環境配慮型商品と寄付つき商品、オーガニック商品において、知識と関心が現在のソーシャル・コンシューマー

表 5-7 各クラスタの特徴

クラスタ名	変数	特徴
現在のソーシャル・コンシューマー層（25.4%）	デモグラフィクス	性別は問わない。年齢が高く、やや既婚者が多い。年収・学歴も高い傾向がある。職業としては専門職や会社経営者、自営業に多い。
	サイコグラフィクス	すべてのソーシャル・プロダクトにおいて、最も知識が豊富で、高い関心があり、態度と購買意図が形成されており、有効性評価が高い傾向がある。
潜在的ソーシャル・コンシューマー層（44.1%）	デモグラフィクス	女性、すべての年代で最も割合が高く、特に50代〜60代に多い。既婚者で子どもがいる傾向がある。年収が高く、専業主婦や自由業の割合が高い。
	サイコグラフィクス	環境配慮型商品と寄付つき商品、オーガニック商品において、知識と関心が現在のソーシャル・コンシューマー層より低く、無関心層よりは高く、態度と購買意図が現在のソーシャル・コンシューマー層ほど形成されておらず、無関心層よりも形成されている傾向がある。すべてのソーシャル・プロダクトにおいて、有効性評価は現在のソーシャル・コンシューマー層よりも低く、無関心層よりも高いと考える傾向がある。
無関心層（30.5%）	デモグラフィクス	男性や若年層に多く、未婚者で子どもがいない比率が高い。年収・学歴がともに低い傾向がある。職業では学生、公務員、無職に多い。
	サイコグラフィクス	すべてのソーシャル・プロダクトにおいて、知識と関心が低く、態度と購買意図が形成されておらず、ソーシャル・プロダクトの購入が社会に影響を与えないと考える傾向がある。

層より低く、無関心層よりは高い。同様に、態度と購買意図が現在のソーシャル・コンシューマー層ほど形成されておらず、無関心層よりも形成されている傾向がある。ただし、フェアトレード商品に関する知識は、無関心層と同程度である。すべてのソーシャル・プロダクトにおいて、有効性評価は現在のソーシャル・コンシューマー層よりも低く、無関心層よりも高い傾向がある。無関心層は、すべてのソーシャル・プロダクトにおける知識と関心が低く、態度と購買意図が形成されておらず、ソーシャル・プロダクトの購入が社会に影響を与えないと考えている傾向がある。

本章では、アンケート調査による定量分析を通じて、日本のソーシャル・コンシューマー層とその特徴を検討してきた。分析ではソーシャル・プロダクトの購買頻度を用いて、クラスタ分析を実施し、日本のソーシャル・コンシューマー層の割合を検討した。その結果、日本社会にソーシャル・コンシューマー

層は25.4%存在するという点が明らかとなった。この結果は、2次データの分析結果の26.2%とほぼ同程度の結果となった。このような2つの結果を踏まえると、震災直後から1年程度までの時点において、日本社会のソーシャル・コンシューマー層の割合は、25%程度であると判断することができる。

　中間層である潜在的ソーシャル・コンシューマー層は、2次データによる分析結果では39.6%であるのに対し、1次データによる分析結果では44.1%であった。無関心層については、2次データが34.1%であるのに対し、30.5%となった。中間層が増え、無関心層が減少した理由として、アンケート調査を実施した時期が考えられる。2次データによる分析結果では、東日本大震災後6カ月後に調査を実施していた。震災後6カ月後は2次データによる分析結果にあるように、シビック・アクションである寄付は無関心層を除いたすべての層に実施経験があった。しかし、ソーシャル・コンサンプションの項目は潜在的ソーシャル・コンシューマー層と無関心層は、いずれの項目も実施経験がなかったのに比べ、潜在的ソーシャル・コンシューマー層はオーガニック商品と寄付つき商品の平均値が全サンプルの平均値を超えていた。この点は震災後6カ月後には、ソーシャル・コンサンプションができる環境が整っていなかった点が背景にあると考えることができる。

　この調査は、震災の1年後に実施した。それを踏まえると、震災後、はじめは一部の企業が寄付つき商品をはじめとするソーシャル・プロダクトを販売し、放射能の関係で一部の消費者が有機野菜をはじめとするオーガニック商品を買っていた。そこから1年が経過して多くの企業もソーシャル・プロダクトを販売しはじめ、それに消費者が反応して手に取り購買するという循環が生まれたと推測することができる。実際、ソーシャル・プロダクトの紹介サイトであったSoooooS.（http://sooooos.com/）は、2012年10月1日にサイトをリニューアルし、ソーシャル・プロダクトをSoooooS.のサイトから直接購入できるようになった。その背景について、サイト運営の責任者である故中間大維氏によると、震災後、SoooooS.で紹介する商品の数が増え、直接サイトから購入をしたいという意見が多数寄せられたという。つまり、震災以前と比べて、日本社会はソーシャル・コンサンプションが比較的実施しやすい社会になったと考え

られる。

注

(45) 本書では、サイコグラフィック変数を用いた分析を割愛している。それについては、大平・薗部・スタニスロスキー（2012；2013）を参照。
(46) この節の内容については、クラスタ分析の具体的な方法などを一部割愛してある。詳細は、大平・薗部・スタニスロスキー（2012）や大平・スタニスロスキー・薗部（2015b）を参照。

第6章
どのようにしてソーシャル・プロダクトを購入するのか？

　本章では、ソーシャル・プロダクトの中でも、環境配慮型商品と寄付つき商品を購入する消費者の意思決定要因を明らかにする。まず消費者にテキストデータを読んでもらう。その上で、それら2つのソーシャル・プロダクトをイメージさせることによるアンケート調査を定量分析することで、環境配慮型商品と寄付つき商品の意思決定要因を明らかにし、その違いを検討する。次に独自の要因を加えた上で、寄付つき商品のパッケージを提示した実験的手法によるアンケート調査を定量分析することで、寄付つき商品の意思決定要因を検討する。

1. 環境配慮型商品と寄付つき商品の意思決定要因

1-1. 調査概要

　調査は、2012年8月に株式会社インテージによって行なわれた。調査にはインターネットを利用して日本全国47都道府県を対象とし、性別と年齢を割り付けた。1,073名から返答を得たうちで、同一内容を肯定文で尋ねた質問と否定文で尋ねた質問に矛盾した回答者を除外し、残りの757サンプルを分析に使用した。サンプルの属性は51.5%が男性、64.3%が既婚者で、56.1%が子どもがおり、69.6%が高校卒業以降の教育を受けていて、年齢の平均が44.3歳（レンジは20～69歳）であった。

　質問項目は、先行研究に基づいて作成をした。行動に対する態度と主観的規

範は Taylor and Todd（1995）、有効性評価は Ellen, Wiener and Cobb-Walgren（1991）、入手可能性評価は Vermeir and Verbeke（2007）、購買意図は Ajzen and Madden（1986）を参考にした。過去の行動は Knussen, Yule, Mackenzie and Wells（2004）を参考にし、シビック・アクションも項目に加えた。回答は過去の行動を除いて、「全くあてはまる」から「全くあてはまらない」の7点尺度とした。過去の行動は、0（0回）、1（1回）、2.5（2〜3回）、4.5（4〜5回）とし、6回以上を6.5とした。

前章のアンケート調査の結果から、消費者の8割以上が物品寄贈とオーガニック商品の、および消費者の9割以上がフェアトレード商品の実践・購入経験がなかった。その一方、東日本大震災以降の「応援消費」も新たなソーシャル・コンサンプションに含めることができる。これらを踏まえて、ソーシャル・コンサンプションとして寄付つき商品と環境配慮型商品、応援消費、シビック・アクションとして寄付とボランティアという社会的課題解決行動の頻度を用いる。

1-2. 環境配慮型商品と寄付つき商品のクラスタ別分析[47]

1-2-1. クラスタ間の特徴に関する分析

サンプルを過去の社会的課題解決行動に基づいてグループ化して、その違いを検討した。因子分析では、因子の選定には主因子法を、軸の回転は因子間に相関が認められたために Kaiser の正規化を伴うプロマックス回転を用いた。過去の社会的課題解決行動を含めて因子分析を実施した。その結果、過去の行動の「東日本大震災以降、どれくらいボランティア（震災関連以外も含む）をしましたか」が因子負荷量 .40 を下回ったため、除外した。主観的規範の「友人・知人は、私が環境配慮型商品を買うべきだと思っている」という項目の因子負荷量が1を超え、「家族は、私が環境配慮型商品を買うべきだと思っている」との相関係数が .938 と高いことから、それらを合成して「周囲は、私が環境配慮型商品を買うべきだと思っている」とラベルを改めた。因子の選定基準は因子負荷量が .40 以上とした（表6-1）。

表 6-1 環境配慮型商品の因子分析の結果

	行動に対する態度	過去の行動	主観的規範	有効性評価	購買意図	入手可能性評価
環境配慮型商品に関心がある	0.93	0.01	0.02	-0.15	0.07	0.00
環境配慮型商品が好きだ	0.90	-0.01	0.03	-0.14	0.06	0.03
環境配慮型商品を買うと、良いことをしたと感じる	0.84	-0.01	-0.03	0.15	-0.10	-0.06
環境問題に関心がある	0.67	0.04	-0.05	-0.03	-0.01	0.07
環境配慮型商品を買うことはカッコいい（すてきだ）	0.60	-0.03	0.07	0.25	-0.06	-0.03
東日本大震災以降、どれくらい寄付つき商品（震災関連以外も含む）を買いましたか	-0.06	0.85	-0.02	0.13	-0.08	0.00
東日本大震災以降、どれくらい環境配慮型商品を買いましたか	0.06	0.75	-0.04	0.04	-0.02	0.09
東日本大震災以降、どれくらい応援消費をしましたか	0.05	0.70	0.07	-0.14	0.00	-0.04
東日本大震災以降、どれくらい寄付（震災関連以外も含む）をしましたか	-0.04	0.49	0.03	-0.04	0.09	-0.06
周囲は、私が環境配慮型商品を買うべきだと思っている	-0.01	0.05	0.98	-0.07	0.04	-0.01
世間は、私が環境配慮型商品を買うべきだと思っている	0.05	-0.02	0.81	0.09	-0.04	0.00
私が環境配慮型商品を買えば、環境問題の解決につながる	0.14	-0.06	0.03	0.70	0.05	-0.02
一個人の消費では、環境問題を解決できない	-0.10	0.03	-0.01	0.55	0.05	-0.01
私は環境配慮型商品を買うつもりだ	0.05	-0.02	-0.07	0.02	0.97	-0.01
私は環境配慮型商品を買うための努力は惜しまない	-0.10	-0.02	0.19	0.09	0.51	0.03
私は環境配慮型商品を買う予定がない	0.15	0.22	-0.02	0.09	0.44	0.00
私には環境配慮型商品を買う機会がたくさんある	0.00	-0.03	0.05	0.08	0.02	0.77
環境配慮型商品を買うのは簡単だ	0.02	-0.01	-0.04	-0.08	-0.01	0.67
固有値	7.22	1.86	1.37	1.09	0.88	0.80
因子寄与率	40.1	10.4	7.6	6.1	4.9	4.4
累積因子寄与率	40.1	50.5	58.1	64.1	69.0	73.4
アルファ係数（Cronbach's Alpha）	0.892	0.783	0.795	0.594	0.782	0.664

寄付つき商品も同様に、サンプルを過去の社会的課題解決行動に基づいてグループ化して、その違いを検討した。因子分析では、行動に対する態度の「社会問題に関心がある」および過去の行動の「東日本大震災以降、どれくらいボランティア（震災関連以外も含む）をしましたか」が因子負荷量.40を下回ったために除外した。主観的規範の「友人・知人」と「家族」も前回と同様の理由で合成変数として「周囲」と改めた（表6-2）。

因子分析の結果を踏まえて、ソーシャル・コンサンプション（環境配慮型商品と寄付つき商品の購入、応援消費の実施）とシビック・アクション（寄付）という過去の行動を従属変数とするクラスタ分析を実施した。AIC（赤池情報量基準）を使用してTwoStepクラスタ分析を実施したところ、最適なクラスタ数が3つであると示された。そのうえで、大規模ファイルのクラスタ分析でクラスタを3つに設定してサンプルを分けた（表6-3）。

第1クラスタの特徴は、環境配慮型商品（M=5.06）と寄付つき商品（M=4.16）、応援消費（M=5.08）の購入頻度と寄付（M=3.56）すべての平均値が比較的高いことである。第2クラスタは、寄付（M=3.16）と応援消費（M=3.02）が環境配慮型商品（M=1.81）と寄付つき商品（M=1.16）に比べて高い。第3クラスタは、寄付（M=1.06）以外の平均値が1以下となった。これらの特徴を踏まえて、第1クラスタを「現在のソーシャル・コンシューマー層（20.3%）」、第2クラスタを「潜在的ソーシャル・コンシューマー層（34.6%）」、第3クラスタを「無関心層（45.0%）」と命名した。

デモグラフィック変数についてχ^2検定を行なったところ、性別（$p<.001$）と年齢（$p<.001$）、婚姻（$p<.01$）、子どもの有無（$p<.005$）、教育（$p<.01$）に有意な差が認められた（表6-4）。現在のソーシャル・コンシューマー層の特徴は、女性で（61.0%）、年齢が高く（平均48.6歳）、既婚者で（71.4%）、子どもがおり（66.9%）、高校卒業以降の教育を受けている（72.7%）傾向がある。潜在的ソーシャル・コンシューマー層は、女性で（53.1%）、年齢が高く（平均46.9歳）、既婚者で（67.9%）、子どもがおり（56.5%）、高卒以降の教育を受けている（72.6%）傾向がある。無関心層は、男性で（59.8%）、年齢が比較的若く（平均40.2歳）、既婚者で（58.4%）、子どもがおり（51.0%）、高卒以降の教育を受けている（66.1%）

表 6-2　寄付つき商品の因子分析の結果

	行動に対する態度	過去の行動	購買意図	主観的規範	入手可能性評価	有効性評価
寄付つき商品を買うと、良いことをしたと感じる	0.95	0.03	-0.10	-0.07	-0.05	0.04
寄付つき商品を買うことはカッコいい（すてきだ）	0.84	-0.03	-0.09	0.04	0.04	0.06
寄付つき商品に関心がある	0.84	0.02	0.09	0.02	0.05	-0.10
寄付つき商品が好きだ	0.78	0.02	0.13	0.04	-0.03	-0.04
東日本大震災以降、どれくらい環境配慮型商品を買いましたか	-0.07	0.82	-0.08	0.01	0.01	0.14
東日本大震災以降、どれくらい寄付つき商品（震災関連以外も含む）を買いましたか	0.03	0.78	0.00	-0.03	0.07	0.02
東日本大震災以降、どれくらい応援消費をしましたか	0.01	0.70	0.00	0.06	-0.03	-0.11
東日本大震災以降、どれくらい寄付（震災関連以外も含む）をしましたか	0.08	0.45	0.13	-0.04	-0.08	-0.06
私は寄付つき商品を買うつもりだ	0.13	-0.02	0.88	-0.03	-0.01	-0.04
私は寄付つき商品を買う予定がない	0.04	0.10	0.77	-0.03	-0.02	0.02
私は寄付つき商品を買うための努力は惜しまない	-0.12	-0.03	0.74	0.06	0.05	0.08
周囲は、私が寄付つき商品を買うべきだと思っている（合成）	0.00	0.04	0.06	0.96	-0.02	-0.06
世間は、私が寄付つき商品を買うべきだと思っている	0.02	-0.03	-0.06	0.92	0.01	0.02
寄付つき商品を買うのは簡単だ	0.05	-0.02	-0.04	-0.02	0.88	-0.08
私には寄付つき商品を買う機会がたくさんある	-0.05	0.00	0.07	0.01	0.85	0.04
一個人の消費では、社会問題を解決できない	-0.04	0.02	0.03	-0.06	-0.05	0.71
私が寄付つき商品を買えば、社会問題の解決につながる	0.22	-0.07	0.06	0.11	0.03	0.59
固有値	7.38	1.94	1.40	0.99	0.91	0.83
因子寄与率	43.4	11.4	8.2	5.8	5.3	4.9
累積因子寄与率	43.4	54.8	63.1	68.9	74.2	79.1
アルファ係数（Cronbach's Alpha）	0.917	0.783	0.867	0.835	0.846	0.682

表 6-3　大規模ファイルのクラスタ分析の結果

クラスタ		N（%）	環境配慮型商品	寄付つき商品	応援消費	寄付
1	現在のソーシャル・コンシューマー層	154（20.3）	5.06	4.16	5.08	3.56
2	潜在的ソーシャル・コンシューマー層	262（34.6）	1.81	1.16	3.02	3.16
3	無関心層	341（45.0）	0.51	0.16	0.28	1.06

表 6-4　各クラスタのデモグラフィックスの特徴　　　　　　　　　　　（%）

	男性	平均年齢	既婚	子供あり	高卒以降の学歴
全体	51.5	44.3	64.3	56.1	69.6
現在のソーシャル・コンシューマー層	39.0	48.6	71.4	66.9	72.7
潜在的ソーシャル・コンシューマー層	46.9	46.9	67.9	56.5	72.6
無関心層	59.8	40.2	58.4	51.0	66.1

傾向があった。各クラスタの特徴をまとめると、現在のソーシャル・コンシューマー層は、子どものいる既婚女性で高学歴の傾向があるのに対して、無関心層は学歴が比較的低く、未婚の若い男性が多い傾向がある。潜在的ソーシャル・コンシューマー層は、性別と学歴が現在のソーシャル・コンシューマー層に近いこと以外は他のクラスタのおよそ中間に位置する。

1-2-2.　環境配慮型商品のクラスタ別分析

環境配慮型商品のクラスタ間の意思決定要因の違いを検討するために、多母集団同時分析を実施した。分析のプロセスでは、クラスタ間の相違を捉えるために、クラスタごとに異なるパスを引くように設定した。分析の結果、χ^2=384.153、p=.000、RMR=.072、GFI=.933、AGFI=.892、CFI=.965、RMSEA=.035と最も当てはまりの良いモデルを採用した（表 6-5）。

統計的に有意になったのは、現在のソーシャル・コンシューマー層では「行動に対する態度→購買意図」（F=.484, $p<.001$）、「入手可能性評価→購買意図」

表6-5 環境配慮型商品のクラスタごとの比較

グループ	パス	推定値	標準誤差	検定統計量	確率	標準化係数
現在のソーシャル・コンシューマー層 (N=154)	行動に対する態度→購買意図	.484	.096	5.029	.000	.500
	主観的規範→購買意図	―	―	―	―	―
	有効性評価→購買意図	―	―	―	―	―
	入手可能性評価→購買意図	.235	.080	2.950	.003	.254
潜在的ソーシャル・コンシューマー層 (N=262)	行動に対する態度→購買意図	.298	.058	5.134	.000	.390
	主観的規範→購買意図	.059	.026	2.289	.022	.180
	有効性評価→購買意図	.151	.059	2.555	.011	.246
	入手可能性評価→購買意図	.096	.042	2.320	.020	.153
無関心層 (N=341)	行動に対する態度→購買意図	.397	.095	4.159	.000	.397
	主観的規範→購買意図	.102	.034	2.989	.003	.227
	有効性評価→購買意図	.258	.117	2.195	.028	.288
	入手可能性評価→購買意図					

(F=.235, p < .005)、潜在的ソーシャル・コンシューマー層では「行動に対する態度→購買意図」(F=.298, p < .001)、「主観的規範→購買意図」(F=.059, p < .05)、「有効性評価→購買意図」(F=.151, p < .05)、「入手可能性評価→購買意図」(F=.096, p < .05)、無関心層では「行動に対する態度→購買意図」(F=.397, p < .001)、「主観的規範→購買意図」(F=.102, p < .005)、「有効性評価→購買意図」(F=.258, p < .05) であった。クラスタ間のパラメータに統計上有意差が存在したのは、現在のソーシャル・コンシューマー層と潜在的ソーシャル・コンシューマー層の「行動に対する態度→購買意図」(p < .005) であった。

 クラスタ別分析の結果、現在のソーシャル・コンシューマー層の特徴は、購

買意図が行動に対する態度と入手可能性評価から影響を受けている点である。その一方、主観的規範と有効性評価から購買意図への影響は有意ではなかった。これは現在のソーシャル・コンシューマー層が、環境配慮型商品を購入する際に、ヒューリスティックな意思決定を行なっていたためだと推測される。

　潜在的ソーシャル・コンシューマー層の特徴は、購買意図がすべての潜在変数から影響を受けている点である。パスの標準化変数を比較すると、購買意図に与える影響は現在のソーシャル・コンシューマー層と同様に行動に対する態度が.390と最も強く、次いで有効性評価が.246、主観的規範が.180、入手可能性評価が.153となっている。この結果から、潜在的ソーシャル・コンシューマー層を現在のソーシャル・コンシューマー層と比較すると、現在のソーシャル・コンシューマー層がヒューリスティックな意思決定をしているのに対し、潜在的ソーシャル・コンシューマー層はソーシャル・プロダクトの消費意思決定に関し、多様な面を考慮している点が対照的である。

　無関心層の特徴は、購買意図が行動に対する態度と主観的規範、有効性評価からの影響を受けていたという点である。その一方、入手可能性評価のみ、有意な影響が認められなかった。パスの標準化変数を比較すると、購買意図に与える影響は現在のソーシャル・コンシューマー層と潜在的ソーシャル・コンシューマー層と同様に行動に対する態度が.397と最も強く、次いで有効性評価が.288、主観的規範が.227となっている。この結果から、無関心層と現在のソーシャル・コンシューマー層、潜在的ソーシャル・コンシューマー層を比較すると、無関心層は入手可能性評価のみ有意な結果とならなかった。この点について、現在のソーシャル・コンシューマー層と潜在的ソーシャル・コンシューマー層が、ソーシャル・プロダクトをどこで入手できるのかという点が意思決定に影響を与えるのに対し、無関心層はソーシャル・プロダクトがどこで入手できるのかということを知らない可能性があると推測できよう。

　クラスタ間について、パス係数を非標準化変数で比較すると、行動に対する態度から購買意図への影響は、無関心層（.397）から、潜在的ソーシャル・コンシューマー層（.298）、現在のソーシャル・コンシューマー層（.484）へ移るにつれて、一度弱まってから強まっていた。この値については、現在のソーシャル・

コンシューマー層と潜在的ソーシャル・コンシューマー層間ではp＜.10ではあるものの、統計的に有意な差があった。主観的規範から購買意図への影響は潜在的ソーシャル・コンシューマー層（.059）と無関心層（.102）に有意なパスが存在しており、有効性評価から購買意図への影響についても潜在的ソーシャル・コンシューマー層（.151）と無関心層（.258）に有意なパスが存在していた。しかし、両者に統計的に有意な差はなかった。最後に入手可能性は潜在的ソーシャル・コンシューマー層のみに有意なパスが存在した（.096）。

1-2-3. 寄付つき商品のクラスタ別分析

寄付つき商品のクラスタ間の意思決定要因の違いを検討するために、多母集団同時分析を実施した。分析のプロセスでは、クラスタ間の相違を捉えるために、クラスタごとに異なるパスを引くように設定した。分析の結果、適合度がχ^2=348.079、p=.000、RMR=.060、GFI=.936、AGFI=.895、CFI=.973、RMSEA=.038と最も当てはまりの良いモデルを採用した（表6-6）。

統計的に有意となったパスは、現在のソーシャル・コンシューマー層では「行動に対する態度→購買意図」（F=.438、p＜.001）、潜在的ソーシャル・コンシューマー層では「行動に対する態度→購買意図」（F=.756、p＜.001）と「入手可能性評価→購買意図」（F=.177、p＜.001）、無関心層では「行動に対する態度→購買意図」（F=.572、p＜.001）と「主観的規範→購買意図」（F=.079、p＜.005）、「入手可能性評価→購買意図」（F=.158、p＜.001）であった。クラスタ間のパラメータに統計上有意差が存在したのは、現在のソーシャル・コンシューマー層と潜在的ソーシャル・コンシューマー層の「行動に対する態度→購買意図」（p＜.01）と潜在的ソーシャル・コンシューマー層と無関心層の「行動に対する態度→購買意図」（p＜.05）であった。

クラスタ別分析の結果、現在のソーシャル・コンシューマー層の特徴は、購買意図が行動に対する態度からのみ影響を受けていた点にある。その一方、主観的規範と有効性評価、入手可能性評価からの影響は有意ではなかった。これは環境配慮型商品と同様、現在のソーシャル・コンシューマー層が寄付つき商品を購入する際に、ヒューリスティックな意思決定を行なっているためだと推

表 6-6 寄付つき商品のクラスタごとの比較

グループ	パス	推定値	標準誤差	検定統計量	確率	標準化係数
現在のソーシャル・コンシューマー層 (N=154)	行動に対する態度→購買意図	.438	.067	6.536	.000	.687
	主観的規範→購買意図	―	―	―	―	―
	有効性評価→購買意図	―	―	―	―	―
	入手可能性評価→購買意図	―	―	―	―	―
潜在的ソーシャル・コンシューマー層 (N=262)	行動に対する態度→購買意図	.756	.074	10.146	.000	.696
	主観的規範→購買意図	―	―	―	―	―
	有効性評価→購買意図	―	―	―	―	―
	入手可能性評価→購買意図	.177	.044	4.008	.000	.226
無関心層 (N=341)	行動に対する態度→購買意図	.572	.061	9.331	.000	.605
	主観的規範→購買意図	.079	.024	3.227	.001	.181
	有効性評価→購買意図	―	―	―	―	―
	入手可能性評価→購買意図	.158	.047	3.381	.000	.177

測される。

　潜在的ソーシャル・コンシューマー層の特徴は、購買意図が行動に対する態度と入手可能性評価から影響を受けていた点にある。パスの標準化係数を比較すると、行動に対する態度が.696、入手可能性評価が.226と行動に対する態度の方が強い影響を与えている。その一方で、主観的規範と有効性評価から購買意図への影響は有意差がなかった。この結果から、現在のソーシャル・コンシューマー層には見られない影響として、潜在的ソーシャル・コンシューマー層は、寄付つき商品が簡単に購入可能であれば、それを購入する購買意図が高まると理解することができる。

無関心層は、購買意図が行動に対する態度と入手可能性評価、主観的規範から影響を受けていた。パスの標準化係数を比較すると、行動に対する態度が.605、主観的規範が.181、入手可能性評価が.177、という順で購買意図に影響を与えている。その一方、有効性評価のみ、有意な結果を得ることができなかった。この結果を現在のソーシャル・コンシューマー層と潜在的ソーシャル・コンシューマー層と比較すると、無関心層は購買意図に影響を与える変数が最も多く、特に他の層では影響を与えていなかった主観的規範が影響していた。つまり、無関心層は、他の層と比べて、周囲や世間から影響を受けて、寄付つき商品を購入する購買意図を形成していると理解することができる。

クラスタ間について、パス係数で非標準化変数を比較すると、行動に対する態度から購買意図への影響は、無関心層（.572）から、潜在的ソーシャル・コンシューマー層（.756）、現在のソーシャル・コンシューマー層（.438）へ移るにつれて、一度強まってから弱まっていた。この値については、現在のソーシャル・コンシューマー層と潜在的ソーシャル・コンシューマー層間では $p < .01$、潜在的ソーシャル・コンシューマー層と無関心層では $p < .05$ という統計的に有意な差があった。主観的規範から購買意図への影響は、無関心層（.079）のみに有意なパスが存在していた。有効性評価から購買意図への影響については、すべてのクラスタに有意なパスが存在しなかった。最後に入手可能性は現在のソーシャル・コンシューマー層のみ有意なパスが存在しない一方、潜在的ソーシャル・コンシューマー層（.177）と無関心層（.158）には有意なパスが存在したが、2つのクラスタ間のパス係数には統計的有意な差は存在しなかった。

1-2-4. 環境配慮型商品と寄付つき商品のクラスタ間の意思決定要因の比較

多母集団同時分析の結果、ソーシャル・プロダクトの意思決定要因は、商品別クラスタ別に異なるという点が明らかとなった（表6-7）。現在のソーシャル・コンシューマー層の共通点は、両ソーシャル・プロダクトともに行動に対する態度が購買意図に影響を与えていたことである。相違点については、寄付つき商品が行動に対する態度だけが購買意図に影響を与えていたのに対し、環

表6-7 クラスタ別・商品別購買意思決定の傾向

	環境配慮型商品	寄付つき商品
現在のソーシャル・コンシューマー層 (20.3%)	行動に対する態度から購買意図への影響が最大である	
	入手可能性から購買意図に影響する	その他の因果関係は見られない
潜在的ソーシャル・コンシューマー層 (34.6%)	行動に対する態度と入手可能性評価から購買意図に影響する	
	すべての変数が購買意図に影響する	入手可能性評価が購買意図に影響する一方、主観的規範と有効性評価は購買意図に影響しない
無関心層 (45.0%)	行動に対する態度から購買意図への影響が最大であり、主観的規範が購買意図に影響する	
	有効性評価が購買意図に影響する	入手可能性評価が購買意図に影響する

境配慮型商品では入手可能性評価も購買意図に影響を与えていた。

　潜在的ソーシャル・コンシューマー層の共通点は、行動に対する態度と入手可能性評価が購買意図に影響を与えていたことである。相違点については、寄付つき商品が行動に対する態度と入手可能性評価のみが購買意図に影響を与えていたのに対し、環境配慮型商品では主観的規範と有効性評価も影響を与えていた。

　無関心層の共通点は、行動に対する態度と主観的規範が購買意図に影響を与えていたことである。相違点については、環境配慮型商品では有効性評価が購買意図に有意に影響している一方で入手可能性が影響していないのに対して、寄付つき商品では反対に有効性評価が購買意図に影響しない一方で入手可能性評価が影響していた。

2. 寄付つき商品の意思決定要因

2-1. プレ調査によるパッケージと社会的課題の選択

　実証研究では、実験的手法を採用した。具体的には、ある商品を購入すると、売上の一部が寄付に繋がるというメッセージを記載したものを被験者に提示

し、その後、アンケートに答えてもらう形で、調査を実施した。

実験に使用する商品には、チョコレートを採用した。その理由として、Strahilevitz and Myers（1998）が実用的商品よりむしろ、用途が限定された快楽的商品に寄付のメッセージを付与した方が消費者の購入意欲が高まると指摘しているからである。Strahilevitz and Myers（1998）は、用途が限定された商品として、チョコレートを分析で用いている。チョコレートは、差別化が困難なコモディティ商品であり、洋服などとは異なり、消費者の選好する範囲が限定的だと考えることができる。さらにいえば、消費者の大半は、他の用途が限定された商品と比べて、日々の生活の中でチョコレートを購入した経験が豊富であるとも考えられる。

チョコレートに記載する社会的課題に関するメッセージの内容とパッケージ・デザインの決定に際し、大学生をサンプルとしたプレ調査を実施した。調査は2013年4月に千葉商科大学と高千穂大学、関東学院大学の学部生、合計390名に実施した。390名のうち、チョコレートを買ったことがないと回答した学生は0.8%であった。プレ調査では、チョコレートにどのような社会的課題の解決が記載されているのが良いかやパッケージの色は何色が良いかなどの質問をした（表6-8）。

調査の結果、連想するパッケージの色は、33.2%が赤、24.9%が茶、20.2%が黒と回答した。その一方、連想しない色は、青が30.0%、緑が19.9%、黄色が16.8%という結果であった。チョコレートを購入する際の選択基準は味が22.6%、価格が22.1%、種類（ビター・ホワイト）が9.4%、パッケージ・デザイ

表6-8 プレ調査の調査項目

	質問項目
1	「チョコレート」と聞いて連想するパッケージの色は？（複数回答可）
2	「チョコレート」と聞いて連想しないパッケージの色は？（複数回答可）
3	チョコレートを買うときの基準は何ですか？（複数回答可）
4	チョコレートを買う頻度はどのくらいですか？（例: 毎日、週に1回、月に1回など、自由に回答してください）
5	企業がチョコレートの売上の一部を寄付するとしたら、どのような支援活動がいいと思いますか？（自由に回答してください）

ンが8.2％という結果であった。チョコレートを購入する頻度は、週に1回が23.7％、月に1回が22.6％、週に2～3回が22.4％、月に2～3回が12.4％であった。売上の一部を寄付する支援活動は、自由記述であったため、割合を算出することは難しいが、その多くは「カカオの原産国や貧困国支援」や「学校へ行くことができない、チョコレートを食べたことがない、原産国の子ども支援」をあげていた。これらを踏まえて、チョコレートのパッケージの色は赤、それに記載する社会的課題を「カカオの原産国の子ども支援」に決定した。なお、実際の実験では、チョコレートの具体的なブランド名は記載しなかった。その理由として、ブランド名が付与されると、消費者のチョコレートを消費した経験が意思決定に影響を与え、社会的課題の解決が付与されている商品の意思決定を歪めてしまうと考えたからである。

調査では、3つの異なるパッケージを用意した。それはパッケージに記載するメッセージが、「パッケージに記載されていないもの」と「曖昧な社会的課題の解決に関する寄付のメッセージを記載したもの（曖昧なパッケージ）」、「詳細な社会的課題の解決に関する寄付のメッセージを記載したもの（詳細なパッケージ）」である。

曖昧なメッセージは、日本企業の実際のCSR活動にできる限り近い内容とした。なぜなら、Pracejus, Olsen and Brown（2003/2004）が寄付の総額など、要約された非特定的な情報は寄付つき商品でよく見受けられると指摘していたからである。これを踏まえ、曖昧なパッケージには「売上の一部でカカオの国の子どもたちを支援しています。」というメッセージを記載した（図6-1）。

一方、詳細なパッケージは、実際の寄付の結果と社会的課題に対する継続的な支援を記載した。なぜなら、先行研究で企業のCSR活動がもたらす影響（Pomering and Johnson, 2009）と社会的課題に対する継続的な支援（Drumwright, 1996；van den Brink, Odekerken-Schröder and Pauwels, 2006）が、消費者の懐疑的思考を低下させると指摘されていたからである。これらに基づき、詳細なパッケージには、「売上の一部でカカオの国の子どもたちを支援しています。これまでに小学校3棟を建設し、教室備品を支援しました。」というメッセージを記載した（図6-2）。

図 6-1　曖昧な寄付のメッセージが記載されたパッケージ

図 6-2　詳細な寄付のメッセージが記載されたパッケージ

2-2. 本調査の概要と分析方法

本調査は、2013年5月に株式会社インテージによって行なわれた。調査には、インターネットを利用して、日本全国47都道府県の2,834名の中の1,045名から返答を得た。同じ内容の質問を肯定形で尋ねたものと否定形で尋ねたものが同一の回答になっているサンプルを分析から除外したため、実際に使用したサンプル数は929名であった。調査では、何もメッセージが記載されていないグループをダミーとした。ダミーのグループは207名、曖昧なメッセージを提示したグループは362名、詳細なメッセージを提示したグループは360名からそれぞれ返答を得た。

分析では、まずすべてのデータを用いて、行動に対する態度と主観的規範、

懐疑的思考が購買意図に与える影響を検討する。次にメッセージのタイプ別にデータを分け、それらの意思決定要因を比較する[48]。具体的には、過去の社会的課題解決行動を用いて、それを経験者と非経験者に分類する。さらにそれらをメッセージのタイプごとに分けて比較する。

質問項目は、商品とパッケージに対する態度が Berger, Cunningham and Kozinets（1996）、企業に対する態度が Ross, Patterson and Stutts（1992）、社会的課題に対する態度が Gupta and Pirsch（2006a）、購買意図は Drumwright（1996）、主観的規範は Tayler and Todd（1995）、懐疑的思考は Mohr, Webb and Ellen（1998）を参考にし、過去の行動は Knussen, Yule, Mackenzie and Wells（2004）を参考にシビック・アクションも項目に加えた。回答は、過去の行動を除いて、「全くあてはまる」から「全くあてはまらない」のすべて7点尺度とした。過去の行動は実際に行動した回数を入力してもらった。態度は、先行研究に基づき、消費者が多様な視点から態度を形成すると想定し、商品とパッケージ、企業、社会的課題、CSRに対する態度をそれぞれ設けた。「行動に対する態度」と「行動に対するパッケージ」、「企業に対する態度」、「社会的課題に対する態度」、「CSRに対する態度」は、すべてのサンプル（N=929）に尋ねた項目であり、「主観的規範」と「懐疑的思考」、「過去の行動」はメッセージが記載されたパッケージをみせたサンプル（N=722）のみに尋ねた項目である。

2-3. 分析結果

2-3-1. 因子分析と共分散構造分析の結果

まず SPSS を使用して、因子分析を実施した。因子の選定方法は主因子法、軸の回転には因子間に相関が認められため、Kaiser の正規化を伴うプロマックス回転を用いた。因子分析の結果、企業に対する態度の「私はこの商品を販売している企業が好きではない」が因子負荷量 .40 を下回っていることから、分析から除外した。また、パッケージに対する態度の「この商品のパッケージは良いと思う」と「この商品のパッケージは好感が持てる」、主観的規範の「家族は、私がこの商品を買うべきだと思っている」と「友人・知人は、私がこの商品を買うべきだと思っている」、企業に対する態度の「この商品を販売してい

る企業は良い企業だと思う」と「この商品を販売している企業は好きではない」が因子負荷量1を超えたことから、それらをそれぞれ合成して分析を実施した。

次に AMOS を用いて、共分散構造分析を実施した結果、「企業に対する態度→購買意図」のみ、統計的に有意な結果を得ることができなかった（p＞.05）。そのため、企業に対する態度を除いて、再度、因子分析を実施した。その結果、因子は社会的課題と CSR に対する態度、商品とパッケージに対する態度、懐疑的思考、主観的規範、購買意図、過去の行動の6つの因子が抽出された（表6-9）。

さらに共分散構造分析を実施した結果、適合度が χ^2=618.184、p=.000、RMR=.076、GFI=.919、AGFI=.888、CFI=.965、RMSEA=.061 となった。すべてのパス係数は p＜.001 であった（表6-10）。特に TRA に加えた懐疑的思考の購買意図への決定係数は、R^2=0.75 であったことから、新たな潜在変数として加えることが可能であると判断した。分析の結果、商品とパッケージに対する態度と懐疑的思考が、社会的課題と CSR に対する態度と主観的規範よりも購買意図に強い影響を与えていた。

2-3-2. 曖昧なパッケージと詳細なパッケージの意思決定要因の違い

メッセージのタイプ別の意思決定要因を検討するために多母集団同時分析を実施した。適合度は χ^2=909.450、p=.000、RMR=.080、GFI=.892、AGFI=.851、CFI=.957、RMSEA=.049 となった。曖昧なパッケージのグループはすべてのパス係数が p＜.001 で有意だったものの、詳細なパッケージのグループは「社会的課題と CSR に対する態度→購買意図」のパス係数のみ、p＜.05 で有意となった（表6-11）。

分析の結果、曖昧なパッケージのグループの商品とパッケージに対する態度が購買意図に最も強い正の影響を与えていた。しかし、パッケージに詳細なメッセージが記載されている場合は、この影響が低下していた。主観的規範は詳細なパッケージでは、購買意図により強い正の影響を与えていた。なお、「主観的規範→購買意図」は、曖昧なパッケージと詳細なパッケージとの間に統計的な有意差があった（p＜.05）。懐疑的思考の購買意図への影響は、曖昧なパッケージと詳細なパッケージとでは、有意な差がみられなかった。

表 6-9　因子分析の結果　　　　　　　　　　　　　　　　　　　　（＊：反転項目）

	社会的課題とCSRに対する態度	商品とパッケージに対する態度	懐疑的思考	主観的規範	購買意図	過去の行動
貧困国の子どもの教育への支援に関心がある	0.86	-0.03	0.04	-0.05	0.11	-0.02
貧困国の子どもの教育への支援をするべきだと思う	0.85	0.00	0.05	-0.07	0.04	-0.01
企業の社会貢献活動に関心がある	0.84	-0.01	0.06	0.08	-0.02	0.02
企業の社会貢献活動を応援したい	0.84	0.00	-0.03	0.05	-0.01	0.00
企業は社会貢献活動をするべきだと思う	0.83	0.04	-0.10	-0.04	-0.15	-0.02
企業の社会貢献活動を積極的に伝えて欲しい	0.82	0.01	-0.06	0.03	-0.05	-0.01
貧困国の子どもの教育への支援を応援したい	0.76	-0.04	0.03	0.03	0.08	0.03
パッケージに対する態度の合成	-0.11	0.93	0.05	0.04	-0.02	0.00
この商品は好感が持てる	0.09	0.87	0.01	-0.06	0.01	-0.02
この商品は良いと思う	0.12	0.81	0.04	-0.04	0.02	0.02
この商品のパッケージが好きではない（＊）	-0.08	0.77	-0.07	0.02	-0.01	0.01
このパッケージのメッセージの多くは事実ではないので、消したほうが消費者にとって良い（＊）	0.01	0.07	0.96	0.08	0.01	-0.02
このパッケージのメッセージは消費者に情報を提供するためというよりも、間違った解釈をさせるためにある（＊）	-0.05	-0.02	0.81	0.09	0.06	0.00
このパッケージのメッセージは信用できないと思う（＊）	0.05	-0.01	0.80	-0.08	-0.02	0.00
このパッケージに書かれているメッセージは本当だ	-0.05	-0.08	0.46	-0.23	-0.08	0.03
世間は、私がこの商品を買うべきだと思っている	-0.02	-0.01	0.03	0.94	-0.01	0.00
家族・友人・知人は、私がこの商品を買うべきだと思っている	0.05	0.01	0.03	0.91	0.01	0.00
この商品を買いたいと思う	0.01	0.02	0.00	-0.05	0.97	-0.01
この商品を買うつもりだ	0.01	0.00	0.07	0.06	0.93	0.01
この商品を買いたいと思わない（＊）	0.01	0.12	-0.19	0.01	0.66	0.01
東日本大震災以降、どれくらい環境配慮型商品を買いましたか	-0.02	0.04	-0.03	0.02	-0.06	0.73
東日本大震災以降、どれくらい寄付つき商品（震災関連以外も含む）を買いましたか	0.00	-0.03	0.02	0.00	0.04	0.69
東日本大震災以降、どれくらい応援消費をしましたか	0.02	-0.01	0.00	-0.02	0.03	0.66
固有値	9.28	2.77	1.81	1.79	1.40	0.73
因子寄与率	40.4	12.1	7.9	7.8	6.1	3.2
累積因子寄与率	40.4	52.4	60.3	68.1	74.2	77.3
アルファ係数（Cronbach's Alpha）	0.938	0.859	0.858	0.814	0.935	0.707

表6-10 共分散構造分析の結果

	推定値(標準化)	標準誤差	検定統計量	有意水準
商品とパッケージに対する態度→購買意図	.358 (.367)	.035	10.215	.000
社会的課題とCSRに対する態度→購買意図	.180 (.151)	.038	4.759	.000
主観的規範→購買意図	.144 (.277)	.012	9.171	.000
懐疑的思考→購買意図	-.458 (-.331)	.053	-8.685	.000

表6-11 パッケージ別多母集団同時分析の結果

	曖昧なパッケージ				詳細なパッケージ				パラメータ間の検定統計量
	推定値(標準化)	標準誤差	検定統計量	有意水準	推定値(標準化)	標準誤差	検定統計量	有意水準	
商品とパッケージに対する態度→購買意図	.436 (.454)	.054	8.098	.000	.305 (.303)	.048	6.358	.000	-1.822 (p<.10)
社会的課題とCSRに対する態度→購買意図	.192 (.184)	.043	4.433	.000	.132 (.102)	.064	2.071	.038	-.781
主観的規範→購買意図	.082 (.207)	.016	5.035	.000	.156 (.348)	.020	7.714	.000	2.850 (p<.05)
懐疑的思考→購買意図	-.403 (-.286)	.074	-5.419	.000	-.472 (-.336)	.072	-6.544	.000	-.666

2-3-3. 過去の行動による曖昧なパッケージと詳細なパッケージの意思決定要因の違い

過去の行動が意思決定に与える影響の違いを検討するために、環境配慮型商品と寄付つき商品、応援消費の過去の経験を用いて、クラスタ分析を実施した。クラスタ分析では、SPSSを用いて、赤池情報量規準（AIC）によるTwoStepクラスタを実施した。その結果、経験者は251名、非経験者は471名となった（表6-12）。経験者の過去の行動を比較すると、応援消費の平均が8.48と最も高く、

表 6-12 クラスタ分析の結果

クラスタ名	N (%)	環境配慮型商品		寄付つき商品		応援消費	
		平均	標準偏差	平均	標準偏差	平均	標準偏差
経験者	251 (34.8%)	6.50	9.47	4.50	5.33	8.48	9.52
非経験者	471 (65.2%)	0.49	1.16	0.28	0.61	0.52	1.07
全体	722	2.58	6.34	1.75	3.76	3.29	6.82

次に環境配慮型商品の 6.50、最も低いのが寄付つき商品の 4.50 となった。この結果から、社会的課題解決に繋がる消費の中で、寄付つき商品は最も行動の頻度が少ない点が明らかとなった。

グループ別と過去の行動の経験別に多母集団同時分析を実施した。その結果、適合度が χ^2=1694.875、p=.000、RMR=.112、GFI=.825、AGFI=.765、CFI=.923、RMSEA=.045 となった。統計的に有意なパスは、詳細なパッケージの経験者の「社会的課題と CSR に対する態度→購買意図」を除いて、すべてに引かれた(表6-13)。ただし、曖昧なパッケージの非経験者の「社会的課題と CSR に対する

表 6-13 過去の行動の違いによる多母集団同時分析の結果

	曖昧なパッケージ			詳細なパッケージ		
	非経験者の推定値(標準化)	経験者の推定値(標準化)	パラメータ間の検定統計量	非経験者の推定値(標準化)	経験者の推定値(標準化)	パラメータ間の検定統計量
商品とパッケージに対する態度→購買意図	.380 (.418)	.393 (.311)	.105	.384 (.362)	.259 (.304)	-1.314
社会的課題とCSRに対する態度→購買意図	.185** (.166)	.268 (.229)	.830	.214** (.167)	—	—
主観的規範→購買意図	.143 (.346)	.123 (.256)	-.491	.163 (.362)	.144 (.321)	-.454
懐疑的思考→購買意図	-.338** (-.204)	-.523 (-.300)	-1.054	-.278 (-.221)	-.650 (-.433)	-2.250 (p < .05)

注:**p < .005、それ以外はすべて p < .001

態度→購買意図」と「懐疑的思考→購買意図」、詳細なパッケージの非経験者の「社会的課題とCSRに対する態度→購買意図」はp＜.005で有意となり、それ以外はすべてp＜.001で有意であった。

　分析の結果、まず曖昧なパッケージでは、過去の行動に基づいたパスの間に統計的に有意な差はなかった。次に詳細なパッケージでは、過去の行動に基づいた「社会的課題とCSRに対する態度→購買意図」と「懐疑的思考→購買意図」の間に統計的に有意な差があった。非経験者は購買意図が社会的課題とCSRに対する態度による正の影響を受けるにもかかわらず、経験者はその影響を受けないことが明らかとなった。また経験者は、非経験者と比較して、購買意図が懐疑的思考の影響をより強く受ける点が明らかとなった。つまり、経験者がメッセージを懐疑的に捉えているとすれば、そのような消費者の購買意図に与える負の影響はより強まる点も明らかとなった。

3. ディスカッション

3-1. 環境配慮型商品と寄付つき商品の意思決定要因

　東日本震災以降、日本で消費を通じた社会的課題の解決行動は顕著になった。日本社会でソーシャル・コンサンプションが定着するためには、この現象の背後にある消費者の意思決定要因を理解する必要がある。このことから本研究では、シビック・アクションを含めた震災後の社会的課題解決行動を用いたTPBの拡張モデルを構築すると共に、ソーシャル・プロダクト間、および同行動によって階層化されたクラスタ間の意思決定要因の違いを検討した。

　分析の結果、本研究で用いた拡張したTPBによって日本のソーシャル・コンシューマーの意思決定要因を捉え、過去の社会的課題解決行動に基づいて階層化したクラスタごとに意思決定要因が異なる点が明らかにされた。クラスタ別の分析の結果、環境配慮型商品と寄付つき商品のすべてのクラスタで、行動に対する態度が購買意図に強い影響を与えていた。商品別の特徴について、環境配慮型商品では現在のソーシャル・コンシューマー層には行動に対する態度

と入手可能性評価が購買意図に影響を与え，潜在的ソーシャル・コンシューマー層にはすべての変数が，無関心層には行動に対する態度と主観的規範，有効性評価が影響を与えていた。一方，寄付つき商品では現在のソーシャル・コンシューマー層には行動に対する態度のみが購買意図に影響を与え，潜在的ソーシャル・コンシューマー層には行動に対する態度と入手可能性評価，無関心層には行動に対する態度と主観的規範，入手可能性評価が影響を与えていた。

　2つの商品に共通して，現在のソーシャル・コンシューマー層は，他の層と比べて，意思決定が最も簡便化していた。特に寄付つき商品については，無関心層から潜在的ソーシャル・コンシューマー層，現在のソーシャル・コンシューマー層とクラスタが上がるにつれて，意思決定が簡便化していた。この結果から，消費者の関与が態度形成のプロセスに影響していることが考えられる。精緻化見込みモデルでは，消費者が説得的メッセージを受けた際に動機付けの程度と認知能力から，態度変化と形成に中心的ルートと周辺的ルートがあることを示しており，主に消費者の関与の程度が態度変化と形成に影響すると指摘されている（Petty and Cacioppo, 1981；Petty, Cacioppo and Schumann, 1983）。

　現在のソーシャル・コンシューマー層は，2つの商品の購買経験が多いことから，それらに対する関与が高く，知識が豊富であり，論理的に商品を評価し，中心的ルートで態度を形成すると考えられる。一方，潜在的ソーシャル・コンシューマー層や無関心層は，寄付つき商品を購入する頻度が少ないことから，関与が低く，知識が少ないために，他者などからの情報といった手掛かりを得て，周辺的ルートで態度を形成すると考えることができる。つまり，現在のソーシャル・コンシューマー層の購買意図に影響を与える変数が，潜在的ソーシャル・コンシューマー層や無関心層と比べて少ないのは，態度形成のプロセスが異なるためだと推測できる。現在のソーシャル・コンシューマー層は，すでに態度が形成されていることから，ヒューリスティックな意思決定を行なっていると解釈することができる。つまり，現在のソーシャル・コンシューマー層は，その他の消費者層と比較して，2つの商品の購入が習慣化していることから態度形成が簡便化していると想定でき，態度形成プロセスを測定することによっても，その特徴を明らかにできるだろう。

第6章　どのようにしてソーシャル・プロダクトを購入するのか？　165

逆に、現在のソーシャル・コンシューマー層から潜在的ソーシャル・コンシューマー層、無関心層へ移るにつれて、意思決定プロセスは複雑化していた。この結果からは、潜在的ソーシャル・コンシューマー層と無関心層に対して企業が寄付つき商品などのコーズ・リレイテッド・マーケティングを展開するうえでの示唆が得られる。潜在的ソーシャル・コンシューマー層では行動に対する態度と入手可能性評価が、無関心層では行動に対する態度と主観的規範、入手可能性評価が、それぞれ購買意図に影響を与えていた。そのため、潜在的ソーシャル・コンシューマー層と無関心層に対して、企業は寄付つき商品を買う機会をいかに多く与えるかが重要であることが示唆されるのである。

　この検討を通じて、寄付つき商品の購買意思決定には消費経験が重要であり、動態的に意思決定プロセスを捉える必要があるという点も示唆された。寄付つき商品には、消費を通じて社会的課題の解決ができるという意味が付与されている。現在のソーシャル・コンシューマー層は、消費経験を通じて、その意味を解釈したうえで商品を購入していると考えられる。一方、消費経験の少ない潜在的ソーシャル・コンシューマー層と無関心層に対しては、寄付つき商品には、一般的な商品とは異なる意味が付与されている点を企業は訴求すべきである。

3-2.　寄付つき商品の意思決定要因

　分析を通じて、日本の消費者は、寄付つき商品に記載された社会的課題の解決に繋がるメッセージに肯定的な反応を示す点が明らかとなった。しかし、その肯定的な反応に否定的な影響を与える懐疑的思考は、寄付つき商品を購入する意思決定要因で大きな影響を与え、その影響はたとえより詳細なメッセージが提供されても低下しない点が示された。

　この分析結果は、企業が消費者にCSRメッセージを送る際の行動に示唆を与える。社会的課題の解決に繋がる消費経験別の分析について、先行研究から経験の豊富な消費者は懐疑的思考が弱まると想定していたが、分析の結果、詳細な情報提示においては、非経験者よりも経験者の方が懐疑的思考からの否定的な影響が高まる点が示された。この結果から、企業がCSR活動をそういっ

た消費者に伝える際には、懐疑的思考を低減させるようなコミュニケーション活動を展開する必要があるだろう。つまり、消費者に対して、詳細なCSR活動の内容を伝える際には、店頭で消費者が手に取るパッケージだけでなく、「1ℓ for10ℓ」キャンペーンのように、多様な媒体を用いた方がその傾向が低減する可能性が強まると考えられる。

　なぜなら、分析を通じて、社会的課題の解決に繋がるメッセージの内容が詳細になるにつれて、購買意図への主観的規範の影響が強くなる一方、商品とパッケージに対する態度の影響が低下しているという結果を得たからである。企業がCSR活動を消費者に伝える際のコミュニケーションは、文字を使って、パッケージに文章を記載するだけでは不十分である。実際、Levie and Lentz（1982）は、文章の代わりに写真を使用すると、消費者の情報処理が円滑に行なわれると指摘している。つまり、店頭では写真を掲載したPOPを提示し、さらに商品が社会的課題解決に繋がることを消費者の直感に働きかけるためには映像を使用したテレビCMなども有効な手段となり得ることが示唆される。

　詳細なメッセージのパッケージにおいて、社会的課題の解決に繋がる消費経験が豊富な消費者の方が懐疑的思考の影響は強いという結果は、まず提示した社会的課題の解決に関する情報が十分ではなかったことから、そのような結果になったとも解釈でき、どのような情報を提示すべきかを熟慮する必要性を指摘できる。次にそのような消費者の中には、実際の企業のCSR活動の成果を知っていることから、他の寄付つき商品と比較して、メッセージの内容を懐疑的に捉えてしまった可能性もある。寄付つき商品が数多く販売され、CSR活動がメディアなどで多く取りあげられるようになった現在、企業がどのようにCSR活動の成果を消費者に伝えるのか、より熟慮する必要がある。

注

(47)　すべてのサンプルを用いた全体分析については、大平・薗部・スタニスロスキー（2014b）やStanislawski, Sonobe and Ohira（2013）、大平・薗部・スタニスロスキー（2015a）を参照。

(48)　このデータを異なる分析手法と用いた研究として、Stanislawski, Sonobe and Ohira（2014）がある。

第Ⅲ部

ソーシャル・コンシューマーに関する定性的研究

要約

　第Ⅲ部では、定性調査を用いて、ソーシャル・コンシューマーがなぜ消費を通じて社会的課題の解決をするのか、その意味を検討する。第7章では、日本の消費者の中でも、特に消費を通じて社会的課題の解決を実践している程度が高い消費者を対象としたグループ・インタビューを実施する。第8章では、グループ・インタビューを実施した消費者の中から、特に特徴的なソーシャル・コンシューマーにデプス・インタビューを実施することを通じて、より詳細に消費を通じて社会的課題を解決する意味を検討する。

第7章
なぜ消費を通じて社会的課題を解決するのか？ 1

　本章では、まずインタビュー調査の概要を説明する。次に2つの分析を実施する。第1にインタビュー調査の発言をデータ化し、コーディングした後にKH Coderを用いて、テキストマイニングを実施する。第2に定性データを定量的に捉えたその発言傾向を踏まえて、第4章で提示したリサーチ・クエスチョンに基づいて、消費を通じた社会的課題の解決の意味を解釈する。

1. インタビュー調査の概要

1-1. インタビュー調査の方法

　インタビュー調査では、グループ・インタビューとデプス・インタビューを実施した。調査は株式会社アクセス・ジェイピーに依頼した。アクセス・ジェイピーは1986年に設立されたマーケティング・リサーチ会社であり、特にグループ・インタビューとデプス・インタビュー調査を中心としている。先行研究では、インタビュー調査は研究者自身で行なっていたが、本書では調査を外部の機関へ委託するという方法を取った。その理由としては、グループ・インタビューやデプス・インタビューは調査対象者の本音を聞き出すためのスキルが必要であり、長年の経験からそのスキルを持っている専門家の方がより詳細にソーシャル・コンサンプションの意味を調査対象者から聞き出せると判断したためである。

　グループ・インタビューの調査対象者の選定にあたっては、スクリーニング・

アンケートを実施した。スクリーニング・アンケートを実施した理由は、第5章に従うと、ソーシャル・コンシューマーは日本の消費者の中に2割強しか存在しておらず、そういった消費者を発見するのが困難であったためである。デプス・インタビューの調査対象者については、フォーカス・グループ・インタビューに参加した調査対象者の中から選定した。選定に際しては、デモグラフィック変数のうち、年齢と職業が揃うように調査対象者を選定した。

1-2. 調査項目

調査項目については、まずわれわれで調査項目を設定した[49]。次に調査項目に基づいて、調査のはじめにグループ・インタビューの司会者が投げかける質問内容をそれぞれの調査項目ごとに考えた。質問内容は当日の司会者にわれわれの質問項目を提案し、具体的に項目ごとに何を明らかにしたいのかを説明した。なお巻末表1に構成概念とあるが、この構成概念についても司会者に説明をし、項目ごとに構成概念に関連した質問をしてもらうように指示をした。ただし、インタビューイーたちで話がより深い方向へ進むと判断した際には、自由なディスカッションを重視してほしい旨も伝えた。

1-3. グループ・インタビューの調査方法

グループ・インタビューでは、半構造化の手法を用いて、調査を実施した。その理由は、インタビューの司会・進行を調査会社に依頼したためである。司会・進行役は、アクセス・ジェイピーの若井博昭氏に依頼した。若井氏は、1990年のアクセス・ジェイピー入社以来、年間60回程度のグループ・インタビューの司会・進行を行なっており、グループ・インタビューを実施したことのないわれわれと比べて、ソーシャル・コンシューマーという複雑かつ道徳的な側面から繊細な行動について、調査対象者の本音を聞き出すことが可能だと考えたからである。

半構造化インタビューを実施したのは、若井氏がソーシャル・コンシューマーの調査がはじめてであったというのも理由の1つである。若井氏にソーシャル・コンシューマーおよび研究内容を伝えるために、われわれがこれまでに書

図7-1 ソーシャル・プロダクト（寄付つき商品）の解説シート

D-1
ミネラルウォーターを買って、アフリカに清潔な水を供給するための資金を寄付

ミネラルウォーター「ボルヴィック」の「1L for 10L」プログラム。売上の一部がユニセフに寄付され、アフリカ、マリ共和国において、清潔で安全な水を供給するための井戸作りの資金として活用されている。

D-2
インスタントラーメンを買って、貧困地域の子供の学校給食を提供する資金を寄付

日清食品は、2012年4月から1年間、「チキンラーメン」の売上の一部をWFP（国連世界食糧計画）に寄付。総額3,000万円以上の寄付金を世界の貧困に苦しむ子どもたちの学校給食として提供することを目標に実施された。

D-3
チョコレートを買って、カカオ生産国の子供たちの教育を支援

森永製菓の「1チョコ for 1スマイル」プログラム。チョコレートを買うと、1個につき1円が「カカオの国の子どもたち」に寄付される。

D-4
買物レシートを投函して、金額の1%を、応援したいボランティア団体へ寄付

毎月11日、イオンで買物をすると貰える、黄色いレシートを投函BOXへ。BOXは地域のボランティア団体ごとに仕切られ、活動内容が記されている。支援したい団体のBOXにレシートを入れると1%が寄付されるしくみ。

いた論文や学会報告資料に目を通してもらって、解説をした。

　実際の調査に当たり、若井氏より、調査対象者の中にはソーシャル・プロダクトを口頭で説明しただけでは、イメージできない人もいるという指摘を受け、図7-1のシートを商品ごとに作成し、調査開始時に説明をしてから、調査を実施するという手続きを取った。調査は2013年8月28・29日の午前と午後に実施され、1グループ6名で構成された。1回あたりの調査時間は2時間程度であり、調査を実施する前に1時間程度を使って、質問事項の確認などを行なった。

2. 調査対象者の設定

2-1. 調査対象者選定のためのスクリーニング・アンケート

　まずインタビュー調査を実施するにあたり、調査対象者を選ぶためのスクリーニング・アンケートを実施した。スクリーニング・アンケートでは、年齢と性別、居住地、未既婚、子どもの有無、職業といったデモグラフィクスを尋ねた。

　次にシビック・アクション（金銭寄付、物品寄贈、ボランティア）とソーシャル・コンサンプション（寄付つき商品、フェアトレード商品、オーガニック商品、環境配慮型商品、応援消費）への関心、過去の実施経験、最近1年以内に行なったものを尋ねた。なお、アンケート項目の下に別表を掲載し、シビック・アクションとソーシャル・コンサンプションのそれぞれの項目について、簡単な説明文を記載した。

　調査対象者の選定については、第5章を基に20代～50代の既婚女性を対象として、スクリーニング表を送り、1,329名から回答を得た。その1,329名を東日本大震災以前あるいは以後のどちらからソーシャル・コンサンプションを行なっているかで分類をした。その2つのグループの中から、ソーシャル・コンサンプションの経験が6回以上の人と1～5回の人を選択した。

　その結果、震災以前からソーシャル・コンサンプションを実践していて、6回以上経験がある人は15名、1～5回経験がある人は11名であった。一方、震災以後からソーシャル・コンサンプションを実践して、6回以上経験がある人は33名、1～5回経験がある人は8名であった。この中で、6回以上経験のある人の中から、有職者と専業主婦6名ずつをソーシャル・コンサンプションの経験回数の多い人から選んだ（表7-1）。

　なお、調査は、ソーシャル・コンサンプションの実施回数が1～5回の消費者に対しても実施をした。その結果、この調査対象者は、定量分析の結果の「無関心層」とほぼ変わりがなかった。その理由として、ソーシャル・プロダクト

第7章 なぜ消費を通じて社会的課題を解決するのか？ 1 173

表7-1 調査対象者の属性

	名前	年齢	居住地	職業	家族構成
東日本大震災以前	A	33	東京都中央区	パートタイム勤務	夫、1歳娘
	B	44	東京都江戸川区	専業主婦	夫、10歳息子
	C	45	東京都江東区	専業主婦	夫、19歳娘、17歳娘
	D	47	埼玉県さいたま市	パートタイム勤務	夫、18歳息子
	E	53	埼玉県浦和市	パートタイム勤務	夫、6歳娘
	F	56	神奈川県相模原市	専業主婦	夫、17歳息子、義理母
東日本大震災以後	G	33	東京都江戸川区	専業主婦	夫、9歳娘、6歳娘
	H	37	東京都足立区	専業主婦	夫、11歳息子、9歳息子
	I	41	東京都新宿区	フルタイム勤務	夫、3歳息子
	J	44	神奈川県横浜市	専業主婦	夫、19歳ニートの娘
	K	53	東京都大田区	フルタイム勤務	夫、浪人生長女、高校生長男
	L	54	東京都北区	フルタイム勤務	息子、娘

の購入経験が少なすぎることから、調査の前にソーシャル・プロダクトの説明をしても、はじめて聞いた人が多く、参加者のほとんどが推測やイメージで、司会者の質問に答えていると判断したため、それらのデータは使用しなかった。

ただし、この結果は、日本におけるソーシャル・コンシューマーの実態を把握する上で有効な結果となった。なぜなら、定量分析では、消費者にアンケート調査に回答してもらったデータを用いて、消費者を細分化していた。しかし、実際に消費者に話を聞いてみると、潜在的ソーシャル・コンシューマー層と想定していた消費者は、ほとんど無関心層と変わらない点が明らかとなったからである。

2-2. 調査対象者のソーシャル・コンサンプションとシビック・アクションの経験

2-2-1. ソーシャル・コンサンプションの実施回数[50]

ソーシャル・コンサンプションの実施回数は、東日本大震災以前からのソーシャル・コンシューマーの平均が98.33回、震災以後が16.50回であり、以前の方が実施回数がはるかに多いことがわかる（表7-2）。この理由は調査対象者E

表 7-2　ソーシャル・コンサンプションの実施回数

	名前	寄付つき商品	フェアトレード商品	オーガニック商品	環境配慮型商品	応援消費	合計
東日本大震災以前	A	10	5	20	10	1	46
	B	5	10	10	10	8	43
	C	20	5	10	10	10	55
	D	10	5	10	30	10	65
	E	80	20	99	99	5	303
	F	50	10	10	3	5	78
	平均	29.2	9.2	26.5	27.0	6.5	98.3
東日本大震災以後	G	0	0	2	10	0	12
	H	1	0	0	5	0	6
	I	10	10	10	10	10	50
	J	0	0	0	6	5	11
	K	5	0	0	0	3	8
	L	0	4	6	2	0	12
	平均	2.7	2.3	3.0	5.5	3.0	16.5

が寄付つき商品80回、オーガニック商品99回、環境配慮型商品99回となっているためである。それを考慮して、フェアトレード商品を比較すると、震災以前が9.17回、震災以後が2.33回、また応援消費は震災以前が6.50回、震災以後が3.00回といずれの値も震災以前からのソーシャル・コンシューマーの方がソーシャル・コンサンプションを頻繁にしていることがわかる。

2-2-2．シビック・アクションの実施回数[51]

　シビック・アクションの実施回数については、震災以前からのソーシャル・コンシューマーの合計の平均が20.17回、震災以後が6.67回とその数が3倍以上となっている（表7-3）。これもソーシャル・コンサンプションと同様に、Fが金銭寄付20回、物品寄贈50回、ボランティア30回となっているためである。ただし、ソーシャル・コンサンプションはすべての項目で経験があったのに対し、例えばAは物品寄贈とボランティア、Cは金銭寄付とボランティア、Dは物品寄贈とボランティアといったように、一度も経験のない項目がある。

表7-3 シビック・アクションの実施回数

	名前	金銭寄付	物品寄贈	ボランティア	合計
東日本大震災以前	A	5	0	0	5
	B	6	5	10	21
	C	0	6	0	6
	D	3	0	0	3
	E	10	5	1	16
	F	20	50	30	70
	平均	7.3	11.0	6.8	20.2
東日本大震災以後	G	3	2	0	5
	H	0	0	0	0
	I	10	5	0	15
	J	10	0	1	16
	K	1	0	1	2
	L	2	0	0	2
	平均	4.3	1.2	0.3	6.7

　一方、震災以後からのソーシャル・コンシューマーは、ボランティアは0.33回とほとんど経験がないといってもよい。その他の項目についても、経験回数が0回の項目が震災以前と比較して多い。ただし、IとJともに10回金銭寄付をしており、さらにIは5回物品を寄贈している。Iはソーシャル・コンサンプションでも震災以後の中で唯一すべての項目を経験していた。

3. テキストマイニングによる言葉の出現頻度と関係の分析

3-1. 頻出語

　KH Coderを用いて、震災以前および震災以後からのソーシャル・コンシューマーが発言した言葉の出現頻度が10回を超えるものを示したのが表7-4である。使用した品詞は、名詞とサ変名詞、形容動詞、固有名詞、組織名、人名、地名、副詞可能、未知語、タグをつけた言葉、動詞、形容詞、副詞を用いた。

表 7-4 震災以前および震災以後からのソーシャル・コンシューマーの頻出語

	震災以前		震災以後	
	頻出語	回数	頻出語	回数
1	買う	143	買う	115
2	思う	77	思う	94
3	できる	48	自分	35
4	子ども	46	寄付	30
5	寄付	41	できる	30
6	自分	40	見る	29
7	商品	36	子ども	28
8	フェアトレード	32	言う	26
9	会社	31	良い	23
10	使う	23	テレビ	22
11	オーガニック	22	使う	22
12	お金	21	会社	20
13	ユニセフ	21	募金	20
14	見る	20	行く	20
15	今	19	CM	17
16	選ぶ	18	学校	17
17	スーパー	16	興味	17
18	作る	16	お金	16
19	分かる	16	震災	14
20	活動	15	考える	14
21	生活	14	商品	12
22	言う	13	リサイクル	12
23	買える	13	ソーシャル・プロダクト	12
24	チョコレート	12	入る	12
25	マーク	12	聞く	12
26	行く	12	少し	11
27	知る	12	生活	10
28	高い	12	高い	10
29	ボランティア	11		
30	周り	11		
31	野菜	11		
32	意識	11		
33	多い	11		
34	ネット	10		
35	社会	10		
36	勧める	10		

発言頻度10以上としたのは、以下で実施する分析で用いる出現頻度と合わせたためである。なお、タグをつけた言葉とは、例えばフェアトレードは、KH Coderでは「フェア」と「トレード」の2つの名詞で認識されてしまうためである。

具体的にすべてのカテゴリで出現頻度が高いのは、「買う」がすべてのカテゴリでも100回を超え、「思う」もそれに近い出現頻度であった。それ以外を個別にみると、出現回数が30を超えていたものは、震災以前からのソーシャル・コンシューマーは、「できる」と「子ども」、「寄付」、「自分」、「商品」、「フェアトレード」、「会社」であった。震災以後からのソーシャル・コンシューマーは、「自分」と「寄付」、「できる」であった。それ以外に出現頻度10回以上で社会的課題の解決に関連する言葉として、ソーシャル・コンシューマーの震災以前からは「オーガニック」と「ユニセフ」、「ボランティア」、震災以後は「募金」と「震災」、「リサイクル」、「ソーシャル・プロダクト」があった。

3-2. 共起ネットワークによる言葉の関連性

KH Coderを用いて、共起ネットワーク分析を実施した。共起ネットワーク分析は、出現パターンの似通った言葉、つまり共起の程度が強い言葉を線で結んだネットワークが視覚的に理解できる。分析では語同士の結びつきの強さをみるため、Jaccard係数を0.15に設定して分析を実施した。なお、震災以前および震災以後からのソーシャル・コンシューマーの分析では10回以上に設定した。

3-2-1. 東日本大震災以前からのソーシャル・コンシューマーの共起ネットワーク

震災以前からのソーシャル・コンシューマーの分析では、6つのまとまりが識別された（図7-2）。第1に左上のまとまりは、「思う」や「寄付」、「人」などの関連が認められた。これは寄付やボランティアといったシビック・アクションを考える際にそれを人と話し、勧めたりする「シビック・アクションとコミュニケーション」というカテゴリであると理解できる。第2に左中のまとまりは、「買う」や「フェアトレード」、「子ども」などの関連が認められた。中でも、近

図 7-2　震災以前からのソーシャル・コンシューマーの共起ネットワーク

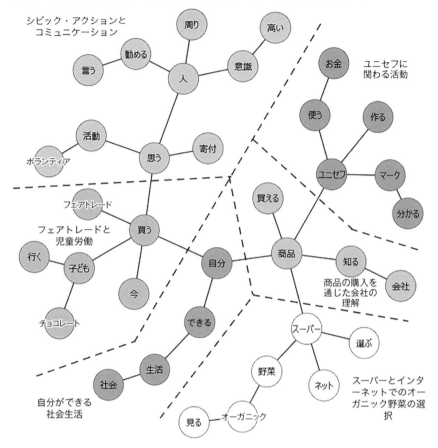

年はチョコレートの原料のカカオの生産から児童労働を排除することが社会的に認識されつつある。それらを踏まえて、このまとまりを「フェアトレードと児童労働」と解釈することができる。第3に左下のまとまりは、「自分」や「できる」、「生活」、「社会」の関連が認められた。そのことから、「自分ができる社会生活」と解釈した。第4に右上のまとまりは「ユニセフ」や「マーク」などの関連が認められた。そのことから、このまとまりを「ユニセフに関わる活動」と解釈した。第5に右中のまとまりは「商品」と「知る」、「会社」、「買える」

の関連が認められた。そのことから、このまとまりを「商品の購入を通じた会社の理解」と解釈した。最後に右下のまとまりは「スーパー」や「野菜」、「オーガニック」の関連が認められた。そのことから、このまとまりを「スーパーとインターネットでのオーガニック野菜の選択」と解釈した。

3-2-2. 東日本大震災以後からのソーシャル・コンシューマーの共起ネットワーク

　震災以後からのソーシャル・コンシューマーは、6つのまとまりが認識された（図7-3）。第1に左上に「人」や「思う」、「会社」などの語に関連が認められ、それらを「人と会社」と解釈した。第2に左中に「震災」や「言う」などに関連が認められ、それらを「震災とコミュニケーション」と解釈した。第3に左下に「テレビ」や「見る」などに関連が認められ、それらを「テレビCMを通じた理解」と解釈した。第4に右上に「子ども」や「自分」、「寄付」などに関連が認められ、それらを「子どもを通じた社会的課題解決の理解」と解釈した。第5に右中に「募金」や「できる」、「生活」などの関連が認められ、それらを「募金の実践と生活」と解釈した。最後に右下に「ソーシャル・プロダクト」や「水」などの関連が認められ、それらを「ソーシャル・プロダクトとしての水」と解釈した。

3-2-3. 共起ネットワークの比較

　2つの共起ネットワークはともに、最も出現頻度が多い「買う」は、さまざまな言葉と結びついていた。震災以前からのソーシャル・コンシューマーは直接「子ども」と繋がっており、震災以後は「寄付」を介して、「子ども」と繋がっていた。特に震災以前からは、「チョコレート」や「フェアトレード」といった、具体的なソーシャル・プロダクトと結びついていた。それだけではなく、「オーガニック」やNGOである「ユニセフ」といった社会的課題を解決する手段を表す語があることを考えると、震災以前からのソーシャル・コンシューマーは普段の生活に社会的課題の解決が組み込まれていることが理解できる。それを踏まえると、ソーシャル・プロダクトのイメージやユーザーのイメージ、ライフ

図 7-3 震災以後からのソーシャル・コンシューマーの分析結果

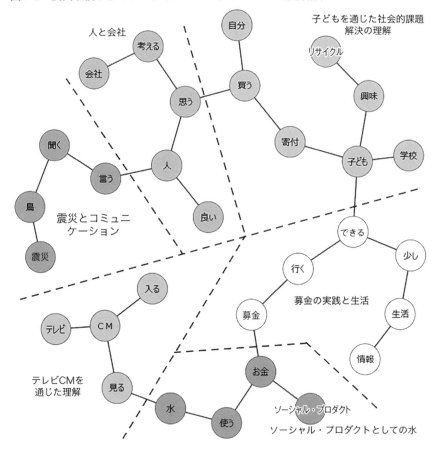

スタイルと購入経験などをより詳細に検討する必要があるだろう。

　また震災以前および震災以後ともに、会社やスーパー、テレビ、CM など、企業に関連する語が多くあった。それを踏まえると、ソーシャル・プロダクトを製造・販売する企業のこともより詳しくみる必要があるだろう。

　さらに震災以前と震災以後ともに、人とのコミュニケーションに関するまとまりがあった。震災以前では「シビック・アクションのコミュニケーション」、震災以後では「震災とコミュニケーション」というまとまりがあった。これを

踏まえると、ソーシャル・プロダクトやシビック・アクション、東日本大震災などに関するコミュニケーションもより深く検討する必要があるだろう。

4. グループ・インタビューによる消費を通じて社会的課題を解決する意味の解釈

4-1. 自己アイデンティティ構築の起点

4-1-1. 社会的課題解決への意識と行動
(1) 東日本大震災以前からのソーシャル・コンシューマー

　ソーシャル・プロダクトをはじめて購入した意見の中で、最も早かったのがGの小学校時代であった。Fも小学校時代からベルマーク商品を買っていた。AとBは、中学校・高等学校時代に母親の影響でフェリシモ[52]という通信販売を通じて購入したと発言していた。特にAとBは、すでに早い時期からソーシャル・プロダクトを買ったことが社会に良い影響を与えると認識していた。AとBは、その後のソーシャル・プロダクトの購入経験も含めて以下のように述べている。

> A「中学生か高校生の頃、母がフェリシモをみていて、雑貨が可愛いので母親と一緒に買った。フェアトレード商品だったのか、恵まれない子どもに何％寄付しますという商品で、いいことをしたなと子ども心に思ったことがある。自分で選んで買うようになったのは、フェアトレードやオーガニックがブームになってお店ができてからだと思う。昔はスーパーでは買えなくて、特別な店ができてから自分で選んで買うようになった。専門店ができたり、たまにワゴンでフェアトレード商品を売っていたりした。」
> B「自分で買うようになったのは、ショッピングモールでワゴンをみかけて選んで買ったのがきっかけ。最初は偽善者と思っていたけれども、調べたら悪いものではないのかなと思って利用するようになった。まだ独身の頃。お店も少し怪しくて胡散臭いなと、ちょっと宗教かなと思って、ここで野菜を買って、追いかけられたらどうしようと最初は怖かった。まだ浸

透していなかったので最初は宗教っぽかった。不安がなくなり信用して買えるようになったのは、社会的に当たり前になってからだ。フェアトレードのマークが商品に付くと、安心マークのようにわかりやすかったので、それを買えばいいと思ってきた。それまでは表示もないので、これは何なのかという疑心があった。フェアトレードのマークやエコマークは安心して買えるようになった。」

　AとBは、その後のソーシャル・プロダクトの購入経験について、自分で選んで買うようになったのは、フェアトレードやオーガニックがブームになってお店ができてからであり、専門店で購入していた。AとBが「当初は偽善者と思っていた」という発言に表現されているように、ソーシャル・プロダクトが販売された当初は、それを販売する団体にある種の宗教団体的なイメージがあったと理解することができる。ただ、AとBはそのようなソーシャル・プロダクトの否定的な面を自分で調べることで払拭し、ソーシャル・プロダクトの肯定的な面を評価して、それを買うようになっている。

(2) 東日本大震災以後からのソーシャル・コンシューマー

　時系列的に追うと、Jが小学校時代に親がいない施設の子どもたちが作ったものを買うイベントが学校であり、そこで購入をしたのがはじめてだったと述べている。特にその時を振り返って、以下の発言をしている。

> J「小学校のときに親がいない子どもの施設の子どもたちが作ったものを買うイベントが学校であった。土日にバザーと称してあったので、そういうときに買った。買ったら、そこの人たちの食事になると聞いた。寄付してもらったハギレで自分たちで縫ったりして、そのお金が全部食費とか病気の子どもたちの入院代になると聞いたことがある。作品は施設のスタッフや子どもたちが作っていた。布などは外部に寄付を募る。作品を買うと、そこの人たちの食事などになると聞いた。」

　Jはこの経験を通じて、ソーシャル・プロダクトを購入することが社会に良

い影響を与えることを理解した。Bは学生時代にペットボトル飲料にリサイクルの原材料で生産されたペットボトルと書いてあったのと、それをテレビCMでみたのがきっかけとなって、そういったペットボトルの水を買ったという。Kは親になって、子どもとともにソーシャル・プロダクトの購入などをはじめている。特にKは娘が古切手を集めて自転車を寄付する運動に興味を持ち、「難民寄付とかに子どもが興味をもったことで子どもが1人で行けないので、自分もついていく」ことをした。その後、娘にそういったことを教えるために自分で学ぶことで社会的課題への意識を高めている。

　震災以前からのソーシャル・コンシューマーと比較し、独特な雰囲気がある専門店などではなく、学校という普段の生活の延長線上でソーシャル・プロダクトに遭遇したからなのか、懐疑的な印象や不信感について、話題にあがらなかった。消費者にとって、心地よい環境でソーシャル・プロダクトに遭遇するかどうかが、その後のイメージ形成に大きな影響を与えることが伺える。

4-1-2．東日本大震災という社会的課題
(1) 東日本大震災以前からのソーシャル・コンシューマー
①被災地の商品に対する意識と購買行動
　被災地の商品に対して、参加者全員から意識と行動が変わったという発言があった。震災後の購買行動変化として、子どもが小さい参加者は福島をはじめとする被災地の商品を買わないという意見が多かった。例えば、Aは「震災直後はテレビの影響があったし、子どもも1歳未満で私も母乳をあげていたので、家族も食べないようにしようと夫と話をしていた。今は離乳食になったので、なるべく東北のものを買いたいと思うのだが、東北の野菜は怖いのでネットスーパーで産地での検査が済んだものを買うようにしている。」と述べている。

　その一方で、子どもが大きい参加者は、敢えて被災地の商品を購入する傾向があった。また、多数の意見を占めていたのが、東日本大震災以前は、台風など災害の被災地のものを買って応援しようという意識はなかったという点である。具体的にDは、以下のように述べている。

D「震災前は産地で野菜を選ぶことがなかったが、震災後は逆に被災地のものを選ぶようになった。気にしていたら生きていけないし、それを買うことで少しでも役に立つかなと思って買っている。スーパーに行くと、野菜売り場で「福島産の野菜しか置いていないから買えないよ、どうしよう？」と奥さんに電話している男性客もみかける。でも、自分の子どもは高校生で、そんなことを意識していたらやっていけない。イトーヨーカドーで被災地の商品のフェアをしていたら買うようにしている。」

特に顕著なのが、「被災地の商品を率先して買う」という発言である。震災による福島第一原発のメルトダウンにより、関東など広い地域に放射能が拡散した。一般的には、放射能汚染の恐れのある地域の野菜などは購入しないというボイコット的な買い物行動をとる消費者が多い一方で、子どもが大きい現在のソーシャル・コンシューマーは、進んで被災地の商品を購入することで、復興を間接的に支援するという意識がある。

②フェアトレードへの意識の高まりと行動

震災以前からのソーシャル・コンシューマーの中には、震災以後、フェアトレードへの意識が高まったという発言があった。3名ともに震災以前からフェアトレードを知っており、購入した経験があった。特にBは「被災地から避難してきた人たちをみたことで、世界の児童労働に目が向き、そのようにして製造された商品をボイコットし、フェアトレード商品を進んで買う」という意識の変化があったと述べている。Fは身近なところでフェアトレード商品を扱うお店が増えてきている点について、「世の中にフェアトレードの品物も多くなってきているので、買いやすくなったし、利用しやすくなっている。今までは遠くまで買いに行くとか身近なものではなかったのだが、それが身近なもので多くなったと思う」と述べている。

これまでも社会的課題に取り組んできた、震災以前からのソーシャル・コンシューマーは、震災という身近な問題を目の当たりにしたことで、さらに意識が高まったと言える。これはある社会的課題への関心が高まることで、類似した課題への関心も高まると推測することができよう。だからこそ、震災以前か

らのソーシャル・コンシューマーは、複数のソーシャル・プロダクトを購入した経験があるのだろう。

③震災以前からやっていた市民の社会貢献活動

震災以前からのソーシャル・コンシューマーは、震災以前から寄付など、社会貢献活動を行なっていたと3名の参加者が答えていた。中でも、AとEは震災前から寄付をしており、Aは「震災前から、少しでもいいことをしようとアフリカの子ども達への寄付はしていた。でも、東日本震災の後は、国内にもっと困っている人がいると思って、海外より国内に目が行くようになった。」と視点が変化した点をあげている。

Eは「ユニセフには毎年自分の仕事の1％を寄付するようにしていたのだが、被災地から避難している子どもをみて、寄付の金額を少しアップした。」という意識と行動の変化がみられる。その一方、Dは震災以前から進んで寄付つき商品を購入していた。特にDは、自分の子どもにもそれを買うように勧めている。このような発言から、震災以前のソーシャル・コンシューマーは、昔から社会的課題解決行動を実践していたことがわかる。また母親である彼女たちは、「子ども」に関連するテーマを身近に感じ、共感しやすいという一面もある。

(2) 東日本大震災以後からのソーシャル・コンシューマー

①被災地の商品に対する意識と購買行動

震災以後からのソーシャル・コンシューマーも被災地の商品に対して、参加者全員から意識と行動が変わったという発言があった。被災地の商品の意識と購買行動については、震災以前からのソーシャル・コンシューマーと異なるのは、子どもが大きい参加者も被災地の商品を避けていたという点である。ただGは、以下のように述べている。

> G「子どもが小学生と幼稚園なので放射線が気になるが、テレビをみていて風評被害があるので野菜や魚も地域のものを買ったりしている。被災地に行ったことはないが、今やっと更地になったところだとテレビでみたりして、意識がだんだん薄れてきてしまいがちだが、継続してやろうと思う。東日本大震災のことだけでなくて、ミネラルウォーターもエコ・ボトルだっ

たり、何種類もチョコレートがあっても寄付できるチョコレートを買った。売り場で目についたところで自分ができる範囲で1人ひとりがやっていれば変わるかなと思って微力だが心がけている。去年の夏の旅行で福島のハワイアンズや福島の水族館に行った。」

　このように震災以後からのソーシャル・コンシューマーも、時間の経過やマスメディアの報道によって、被災地の商品を買うように変化している。Kは被災地の商品を当初は避けていたが、現在は積極的に購入するようになり、家族とソーシャル・プロダクトに関する話をするようになったと言っている。Lは被災地の商品が安いという理由から、進んで買うようになったと発言している。
　震災後の意識変化として、Gは環境配慮型商品をはじめとするソーシャル・プロダクトを積極的に買うようになり、敢えて福島に旅行に行ったりなど、消費を通じて社会的課題を解決するという行動変化があった。その一方、Iはテレビで外国人の行動をみて以下の発言をしている。

　I「震災がきっかけで、海外で困っている人の話に気持ちが向くようになった。テレビで、アメリカ人で震災の報道をみて、何も考えずに飛行機に乗ったという人がいて、何かせずにいられなくなって、いてもたってもいられない気持ちになったと言っていた。それを聞いたときにすごく心に響いた。日本人だけで助け合うのでなくて、世界は1つ。何かあったときは国を越えて、人種を超えて付き合わなくてはいけない。被災者のために何かしないといけないというのも、自分のできる範囲でやってきている。それ以外に海外にも目が向いた。自分たちに身近でなくても、何かできるならと思った。」

　Iは日本だけでなく、世界へ目が向くようになったと発言している。Jは当時を振り返り、「震災当時は九州にいたが、関東の友達から水が買えないから送ってと言われて送った。Mixiで東北の知り合いからリアルタイムのつぶやきをみて物資を送った。鳥を飼っている人が、鳥は寒さに弱いので困っていてプラ

スティックケースやカイロを送った。何カ月かは定期的に物資を送った。」と述べている。この発言からもわかるように、Jの物品の送付は一度だけではなく、継続的に送ったという継続的な行動変化があったと理解できる。

②**寄付とボランティアへの意識と行動**

　震災以後からのソーシャル・コンシューマーの中には、震災後、寄付やボランティアへの意識が変化したという発言もあった。Gは子どもの通う小学校で環境に関するイベントに参加していて、震災があったことで、その意識が変わり、今までテレビでは見なかった新たな情報をみるようになったと発言している。Jは寄付をするにはしたが、それの使途について懐疑的に捉えていることから、被災地の商品を敢えて選ぶという行動をとった。具体的にJは以下のように述べている。

> J「(震災が) 落ち着いた頃にZOZOTOWNで復興Tシャツとかクリックしたら募金になるというのがあったので、ぽちぽちはじめた。私は募金は抽象的すぎて、どこに行くかわからない。募金するとしたらこの団体にと絞って募金した。モノを買うのも直接山形の人たちの復興に役立つかと思って、東北のモノを買うようにした。募金は不透明なところにお金が出ていくという話を聞いた。自治体にお金を送っても本当に復興に使われるかが疑わしかった。」

　K自身はそれほど関心がなかったが、子どもとともにボランティアに参加することで、被災地の大変さを知ったという。Lは会社の募金係を担当することで、震災への意識が高まった。具体的にKは、「会社で復興ボランティアを募集していて、私はあまり興味はなかったが子どもたちがボランティアにすごく興味があったが、まだ中学生と高校生だったので行けなかった。大学生だったら絶対行くのにと言っていたので、会社で募集していたので行ってみた。そこでは報道されたことを目の当たりにして、考え方が変わった。行ったことがきっかけになった。報道されていることだけでは画面だったりだけだから、実際に行ってみると感じることもあった。」という。このことから、外側からのプ

レッシャーが主な動機で行動したにも関わらず、行動したことで、内的意識に変化が生じたことがわかる。学校や職場で社会的課題に取り組むことは、その場限りではなく、継続的な影響があると考えられる。

4-2. 自己アイデンティティの習慣化と抵抗による自己アイデンティティの構築

4-2-1. ソーシャル・コンサンプションの習慣化
(1) 東日本大震災以前からのソーシャル・コンシューマー

　ソーシャル・コンサンプションについては、参加者全員が自分なりの考え方を持っていた。特に全員が寄付とソーシャル・プロダクトを購入した経験があったため、より深い話が展開された。震災以前からのソーシャル・コンシューマーは、皆寄付をした経験があるが、寄付するという行為が「敷居の高い」行為であるといっていた。特にCは現金で寄付をすることに抵抗があると述べている。

　　C「現金で寄付をするのは抵抗がある。私は何千万円も寄付ができない。自分ができることというと、買うと10円や20円寄付できるというような、私が買い物をすることで企業が一口幾らと寄付してくれるのならば無理のない範囲でできる。身近で社会貢献できるので、こういう商品があるといい。自分がこの団体に寄付しています、というのをみんなに知られなくてもいい。ポーチを使う場合も、ユニセフのマークが入っているものよりも自分が好きなものを使いたい。」

　その一方で、寄付つき商品をはじめとするソーシャル・プロダクトは手軽に社会貢献ができることから、参加者全員が好意的な意見を持っている。つまり、ソーシャル・プロダクトは、「ついで」や「手軽」であることが重要であり、入手可能性が大きな影響を持つことがわかる。

　現在購入しているソーシャル・プロダクトは、AとB、Dともにインターネットで購入することが多いと述べている。Aは無印良品で子どものオーガニック

の商品を買い、BはNGOのACEからフェアトレードのチョコレートを買い、Dはフェアトレードのコーヒーを購入している。これらから、震災以前からのソーシャル・コンシューマーは、具体的な団体名をあげるほど、ソーシャル・プロダクトの知識があり、どこでそれを売っているかも知っている。生活のすべてではないが、生活の一部にソーシャル・プロダクトが組み込まれている点を伺うことができる。

　ソーシャル・プロダクトの価格は高いと述べているが、品質が伴えば、それに対して価格を支払うという考えをみることができる。特にDは「500円以下ならば5％とか10％。500円以下で100円載せられたら抵抗がある。1,000円以上で10％でもいい。1,000円超えれば50円違っても、寄付になるのならばいいかなと思う。」と述べ、自分が寄付つき商品を買うときの具体的な価格の判断基準を述べている。

　Fは近年のソーシャル・プロダクトの変化について、「簡単に買えるようになってきた。生協のカタログの中にもたくさんあるのでそれで買うし、生協の店舗でもあれば買う。伊勢丹の中にも自然食の店があるし、近所の商店街にも自然食の店がある。すぐ側に収益金をアフガニスタンやアフリカに寄付するNGOがあるので、不要品はそこに持って行く。以前は遠くまで持っていったが、今は近くにある。商品を作る側も研究していて、より美味しいもの、より安全なものを作っている。だから、安易にユニセフのクリスマスカードは買ってはいけないなと思っている。商品として成り立っているものを作って欲しい。」と述べている。このようにFはそれまでの経験を踏まえ、ソーシャル・プロダクトの品質が向上してきた点をあげるのと同時に、取扱店舗数も増えてきた点を指摘している。

(2) 東日本大震災以後からのソーシャル・コンシューマー

　震災以後からのソーシャル・コンシューマーも同様に寄付つき商品をはじめとするソーシャル・プロダクトを購入した経験があった。それだけではなく、このグループからは寄付つき商品以外のソーシャル・プロダクトに関する発言もあった。寄付と寄付つき商品について、寄付は手軽ではなく、寄付つき商品の方が手軽で良いという意見が多数を占めた。特にKは以下のように述べて

いる。

　K「募金箱に寄付をするとしたら、改めて寄付しないといけない。でも、買い物で寄付できるなら気楽。自分の好きなものを買って、その一部が寄付になるのは一石二鳥。募金をしようと思ったら、募金箱のところに行って財布からお金を出してという行動をする。どちらにしてもミネラルウォーターを買うなら、寄付がついているものを買う。簡単にできる。それほど高いとは思わない。高いからやめようということは思わない。よく考えれば多少割高かもしれない。」

　このKの発言に代表されるように、参加者の寄付への意識が高いことがわかる。その一方、寄付つき商品であれば普段の生活中で社会貢献ができるという意見は、震災以前からのソーシャル・コンシューマーと同様である。震災以前からのソーシャル・コンシューマーと比較すると、このグループからはNPO/NGOの具体的な名前があがらなかったものの、寄付先の団体に対して懐疑的でありながら、企業に対する信頼が高かった。
　このような肯定的な意見がある一方で、寄付つき商品はKとLが一般的な商品より価格が高いと発言している。その理由として、Lは寄付が付いている分、価格に転嫁されていると述べているが、参加者全員がそれほど苦にならない程度の価格差と認識している。
　寄付つき商品の例として、ベルマークに関する発言もある。JとLは、子どもが通う小学校でベルマークを集めていたと発言している。具体的にLは、「寄付つき商品は価格が高い。その分転嫁されていると思う。募金をやろうと思うが、何々協会、何々団体だとわからない。何に使われるか書いてほしい。震災前はベルマーク。学校の備品が買えるので、ベルマークのものを買っていた。集めると学校の備品になる。どうせならPTA的にはベルマークのついたものの方が良い。カレーでも、ベルマークがついていないものもあるから、ついているモノを買う。学校でも強制的ではなくて、どちらかというと自発的にやっていた。」と述べている。このような意見からも、ベルマークは日本人に

とって、古い形の寄付つき商品であると理解できる。その一方、募金は震災以前からのソーシャル・コンシューマーと同様に懐疑的に理解されていることがわかる。

震災以後からのソーシャル・コンシューマーからは、環境配慮型商品に関する意見も出ている。それについて、Iは「省エネや空気を汚さないハイブリッドカーに切り替えた。きっかけは地球温暖化防止のためには、皆がちょっとずつできることをやることだと気づいていた。毎年夏が暑くなっているのは大気が汚染されているのかなと思う。日々の生活の中で、テレビや雑誌という情報源からもチョビチョビ得られているので、報道からも地球温暖化を防止するためには日々少しずつ変えていくことだと思う。周りもそうしているというのもプラスした。」と述べている。Iはハイブリッドカーに切り替えるという行動変化をしており、そのきっかけの1つにレオナルド・ディカプリオという俳優の影響を受けていると発言している。

震災以後からのソーシャル・コンシューマーもソーシャル・プロダクトを購入することが生活の一部になっていることがわかる。それについて、Gは「生活で使うものを買って、ついでに寄付できればいい。チキンラーメンは子どもが好きなので、寄付もできればと思って買う。森永のチョコレートもマークがついているので、少し寄付できるならそちらを選んで買う。使わないものでなくて、日常的に消費するものの中でできることをする。」と述べている。

それ以外にも、Hはトイレットペーパーやミネラルウォーター、Lはずっと生協を利用していることから、そこで販売されているソーシャル・プロダクトを数多く買っている。その理由について、Gは日常的な消費活動の中でできる範囲である、Hは価格が他の商品とそれほど変わらない、Lは生協の考え方に賛同できると理由はそれぞれ異なる。このような発言から、3人ともにソーシャル・プロダクトを購入する自分なりの基準を持っていることがわかる。

4-2-2. ソーシャル・コンシューマーとしてのライフスタイル
(1) 東日本大震災以前からのソーシャル・コンシューマー
ライフイベントによる消費の変化は、参加者すべてが子どもの存在をあげて

いた。AとB、Fは子どもが生まれたことで、食事や衣料品などをオーガニックなどに変えたと発言している。特にAは「妊娠中から環境に悪いものや、自分自身に悪いものにピリピリしていた。自分の性格が変わったように神経質になった。」と述べ、子どもをおなかに授かってから、自分自身が大きく変わったと発言している。

CとDは、子どもの小学校入学が大きなライフイベントであったと述べている。彼女たちは、子どもをきっかけとするライフイベントによる自己の変化を以下のように述べている。

> C・D「小学校に就学すると、赤い羽根募金とかボランティア的なことが6年間ある。そこでいろいろなものをみせられたり、募金することで、そこで培われる。ベルマークから、きちんとしたボランティアまで、小学校の6年間で触れあうことが多い。そこで子どもに活動に参加するような芽生えがあるのかなと思う。24時間テレビが浸透してきていて、毎年夏にみるので、子どもはそこで学んでいると思う。子どもが学校でアフリカに毛布を送る活動で「これを用意してください」とお便りが学校から来る。小中高と募金などの連絡が学校から来る。「いらないぬいぐるみを寄付してください」というお便りが来て、子どもに持って行かせたりして、子どもの学校を通してボランティアに対する活動に接していた。赤い羽根の募金のときにはお金を持たせたりしていた。」

子どもが小学校に就学すると、子ども自身に社会的課題に対する芽生えがあるとCは指摘している。また自分自身の変化については、Dが「独身のときには自分のことしか考えていなかったが、子どもができてから幼児が強制労働させられると聞くと胸が痛くなり、そういうニュースに接するようになればそれに関連する商品を選ぼうという気持ちになった。」と述べている。つまり、子どもが社会的課題について学ぶのと同時に、親もそれについて学んでいることが、これらの発言からわかる。

CとFは24時間テレビについても発言をしている。日本テレビの24時間

テレビは、1978年の放送開始以来、徹底してチャリティの重要さを訴え続けている。それまで日本社会でそれを真正面から取りあげた番組がなかった中で、それを取りあげ続けているのは日本人のチャリティへの意識変化に大きな影響を与えたと述べている。

(2) 東日本大震災以後からのソーシャル・コンシューマー

震災以後からのソーシャル・コンシューマーの中には、区分上震災以後となっているが、Lは小学校・中学校時代に牛乳のパッケージの変化を認識し、紙パックの牛乳を進んで買ったと述べている。Gは学生時代にみたテレビ番組で貧困などの社会的課題への意識が高まったと述べている。具体的にその変化をLは、「小学校の頃は牛乳がビンだったが中学くらいからビンと紙パックになった。部活などで自分で買うようになると、ビンを洗って返しにいって10円もらうという時代だった。ちょっと高めだったが、紙パックを買ってリサイクルで紙になるというのはすごいなと思って選んで紙パックを買った。紙パックを洗って地域で集めて、再生紙にしていた。中学生の頃だと思うが、紙パックがリサイクルされると知って、選んでいた。」という。

このようにLは自分のライフイベントを通じてソーシャル・コンシューマーに変化している一方、GとH、J、Kは震災以前と同様に子どもの小学校入学が契機となってベルマーク運動などに参加をするようになっている。特にHは、「子どもと一緒にキリンのエコとかリサイクル教室があって、親子で勉強してより一層エコとかリサイクルとかに興味をもった。私がインターネットでみつけて夏休みの自由研究に使えると思って家族で行った。親は後ろで聞いているが、リサイクルに興味をもってリサイクルできるものを選ぶようになった。」と述べている。Kは「子どもが学校でリサイクルとかを学んで、そういうところに連れて行くときは、親がネットなどで調べて連れて行く。子どもが興味を持つのが最初だが、親自身も「何それ？」とばかりいっていられない。私ももっと知りたくて勉強した。」と述べている。彼女たちは、子どもが学校で学んでくるのと同時に学習をし、エコ教室などに子どもを連れて行くなどして、自分自身の意識も変化したことがわかる。

4-2-3. ソーシャル・プロダクトの意味
(1) 東日本大震災以前からのソーシャル・コンシューマー
①ソーシャル・プロダクトを購入する意味

　震災以前からのソーシャル・コンシューマーは、寄付つき商品を買うという行為をボランティアの代替行為としてとらえていることがわかる。例えば、Bは「フォスター・プラン（現 プラン・インターナショナル・ジャパン）という、お金を送ると子どもが学校に行けるという活動に、夫と私で一人ずつ援助している。（援助先の）どこの国の○○ちゃんという子どもの写真も来る。募金箱は（寄付したお金が）どこに行くかわからないから抵抗があるが、フォスター・プランなら日本にいながら遠い国の子どもの援助になるならと寄付もしている。寄付とソーシャル・プロダクトを買うことの気持ちは変わらない。そうすることで少しでもお手伝いができたかなと思う。同じチョコレートを買うとしたら、少しでもこっちを買えば役に立てるかなと思って買う。」と述べている。このように震災以前からのソーシャル・コンシューマーの大半が寄付を継続的に行なっているが、わからない団体に寄付をしたときのその使途を懐疑的に捉えている。

　BとC、Eはソーシャル・プロダクトを購入することが、少しでも社会の役に立つ１つの方法であると考えている。中でも、Eは社会の一員として、積極的に社会に関わりたいという理由から、ソーシャル・プロダクトを買っている。以上を踏まえると、ソーシャル・コンシューマーにとって、ソーシャル・プロダクトを購入することは、それを通じて社会的課題の解決に繋がる、さらには社会の一員でいるための手段となっていると判断できる。

②ソーシャル・プロダクトのユーザー・イメージ

　震災以前からのソーシャル・コンシューマーは、全員がソーシャル・プロダクトのユーザーは女性であるとイメージしていた。特にBとCが共通して以下の発言をしている。

　　　B・C「テレビでみるのは、全身オーガニックで、食べるものは無農薬で、会社も辞めて田舎に住んで、子どもにも木の玩具しか与えませんとか、野

菜も野草を摘んで干しているというような人を『アエラ』でみる。普通の生活ができなくなっちゃう。子どもにも押しつけて、いろいろ排除していき、そういう人たちがコミューンを作って宗教的になるのかなと思う。「ヤマギシ会」は子どもに学校にも行かせないで、農作業をして、そこで作った野菜とか卵しか食べないという。そこから逃げ出した子どもが保護されたという事件が15〜16年前にあった。ヤマギシ会の人がトラックで卵とかウィンナーを作って売りに来ていて、いいものだと思って買っていたので、それから子どもが保護されたというのをニュースでみてショックだった。それからあやしいところには手を出さない。はまりすぎた人は普通の社会生活と折り合いがつけられなくなると思う。オウム真理教でもただのヨガサークルがはまりすぎてああなった。普段の生活の中で使うもので社会貢献や寄付できるものがあるのならば、割高でも、いくつかある中ではこれを選ぼうという軽い気持ちで選んでいる。周りに意識が高い人だと思われたくない。そういう匂いをさせたくない。」

　このグループの参加者は、ソーシャル・プロダクトの購入経験が豊富な人たちである。彼女たちが想像するソーシャル・コンシューマーは、すでに消費をほとんど行なっておらず、自然の自給自足で暮らしているような人たちをイメージしている点は興味深い。
　特にヤマギシ会という団体名をBとC、Fがあげている。ヤマギシ会とは、正式名称は幸福会ヤマギシ会であり、ヤマギシ会のネガティブな面が消費者のイメージに残っていると考えることができる。むしろ、一般的な消費者と「違う」と思われることにためらいがあるようにさえみえる。
③ソーシャル・プロダクトを製造・販売する企業のイメージ
　このグループの興味深い意見として、AとC、Eが寄付つき商品は「消え物」を製造・販売している企業に多いと指摘している。特にCは以下の発言をしている。

　　C「「消え物」の企業がやっている。ただし、ユニクロはTシャツなどでやっ

ている。商品がいくつかあって1つ選ばなければならないとなったら、活動している企業を選ぶ。偽善かもしれないが、やらないよりもやっている会社がいいので、偽善でもやっている方を選ぶ。もしかすると自分の会社をPRしたくてやっているのかもしれないし、宣伝しているほどはその国に貢献していないかもしれないが、何もしていないよりもしている方がいいと思う。活動している会社に対して、その会社を応援したいとまでは思わないけれども、好感度はあがる。」

　ここで「消え物」とは、清涼飲料水などのように消費者の消費行為を通じてなくなってしまう商品を意味している。ただし、洋服を製造・販売している企業も寄付つき商品やフェアトレード商品を販売していることを認識している。ソーシャル・プロダクトを製造・販売するのは大企業であるイメージを持っており、特にそういった企業の好感度も高まると指摘している。中でもDは企業という存在を認識した上で、「ヤマト運輸は荷物1個10円の寄付なので、荷物は必ずヤマト運輸で出そうと思う。それも「消え物」だ。企業は利益が大事。利益を追いつつ、社会的な責任も果たしてイメージアップになれば、みんなが「Win-Win」の状態になれる。活動をしている会社はいい印象を受ける。」と述べている。

　ソーシャル・プロダクトを製造・販売する企業の商品を選ぶ理由として、Cが発言しているように、たとえ偽善でやっていたとしても何もやっていない企業より、やっている企業を選ぶと述べている。このグループの他の発言をみていても、結果として社会的課題の解決に繋がるというのが彼女たちの商品選択の1つの基準になっていることがわかる。

(2) 東日本大震災以後からのソーシャル・コンシューマー
① ソーシャル・プロダクトを購入する意味
　震災以後からのソーシャル・コンシューマーも、寄付つき商品を購入するという行為をボランティアの代替行為と位置づけている。ただし、Iは「ある意味自己満足。これを買うことで誰かの役に立っているだろうなと自分が納得している。募金をしている気になる。募金だと行き先が不透明だが、ソーシャ

ル・プロダクトだと企業がこういうことをやっているということがわかりやすいので、行き先が透明。」と述べている。同様にKもソーシャル・プロダクトを購入するという行為をある意味、「自己満足」であると認識している。僅かな金額の寄付つき商品を購入することで、少し社会の役に立つと自分で思うことが自己満足だと捉えている。

　ソーシャル・プロダクトの購入が自己満足だという理解は、震災以前のソーシャル・コンシューマーではAが発言していたが、このグループはLがオーガニック商品やフェアトレード商品は、社会のためというより、自分のためという側面も強く認識されていると指摘している。具体的にLは、「そのような商品は自分や家族の健康のために購入している。」と発言している。

　環境配慮型商品について、Gは「自分たちの世代より先の子どもの世代に何か良い影響が与えられるかなという漠然としたところ。地球温暖化もそうだけど、この先もっと温暖化してどうなるかわからない。少しでもできることがあればやりたい。ゴミを減らすとか、詰め替え用を買うとか、ゴミのリサイクルのために仕分けをする。ソーシャル・プロダクトを買えば、被災地や貧しい国の子どもたちの役に少しでも立てているかなというイメージがある。被災地に行くことはできないが、間接的にでもできることはしたい。」と述べ、これらの活動を通じて、子どもの世代に良い影響を与えようとしている。

②ソーシャル・プロダクトのユーザー・イメージ
　震災以後からのソーシャル・コンシューマーのイメージは、震災以前のイメージと大きく異なる。震災以前が自然志向を追求しすぎたマイナスなイメージで捉えていたが、震災以後は、余裕のある人というイメージを多くの参加者があげている。ただし、性別は女性というイメージを共通して持っていた。例えば、Gはそのイメージを「周りのこともみえる余裕のある人。周りに思いやりを持とうという意識のある人。女性で派手ではない人。大々的にというより、というか控えめな感じ。ファッションも地味。」と表現している。さらにもう1つの共通点としては、このグループもソーシャル・プロダクトのユーザーは「自分とは違う」と思っているところである。

　その一方、Iは自分とは違うとは思いながらも、具体的な人物をあげて、「ボ

ランティアに参加してたり、世話好きというか、自分のことは捨てて人のために一生懸命やっている人。アンジェリーナ・ジョリーとか経済的にある程度豊かな人。子どもを養子にしたり、ボランティアとか寄付をすごくしている。」と述べている。

　この点については、Jも猫を保健所から救う活動を積極的にやっている人など具体的なイメージがあげられている。震災以前からのソーシャル・コンシューマーと異なるもう1つは、特に経済的に裕福な人がやっているというイメージを持っている点であり、ソーシャル・プロダクトは価格が高く、それを普段から買える人はお金に余裕のある人だと認識していると判断できる。

③ソーシャル・プロダクトを製造・販売する企業のイメージ
　GとH、Kは企業がCSRに取り組むことで、その企業に対する好感度があがると指摘している。それについて、Gは具体的な企業名をあげてCSR活動に取り組む利点を「地球に優しかったり、自然を大切にしたり、未来のことを考える企業だと思う。ホームページをみていて、サントリーが「水の学校」をやっている。子どもたちに水の授業をしたり、バードウォッチングをしたり。自然を大事にとか、自然を守っていきたいという会社かなと思う。好感度があがるので、そこの商品を買いたいと思う。」と述べている。Kは「誰もが知っている大きな企業は今どきそういうことに取り組んでいないことは時代遅れ。もしやってなければ、取り残されるイメージが企業にあるのではないか。」とまで述べている。特に彼女たちは企業がどのような取り組みをやっているのかをホームページまでみて情報を得ようとしている。

　その一方で、Lは自分の経験から、「前職の会社は自社カードで差額をガーナとかに寄付したり、各店の店長がフィリピンの貧しい子どもたちを支援するという寄付を、お店のお金を使っていたが、ものすごく積極的にやっていた。でも、それは売上を減らすために経費として使えるのでどんどんやってくれという感じだった。そういう悪いイメージがある。節税対策としてやっていたので、あまり良い感じはしない。目的ではないが、買ってくれというより企業のイメージアップを強く感じる。」と述べ、このような企業に対して、否定的なイメージを持っている。Iも同様なことを発言しているが、寄付をすることは企

業の節税対策であると捉える見方もある。さらにLは企業が社会貢献活動に取り組むのは、消費者というより企業のリクルート活動の一面があるとも発言している。

4-2-4. 抵抗によるアイデンティティの構築
(1) 東日本大震災以前からのソーシャル・コンシューマー

　このグループの参加者全員が意図的に中国製の商品、特に「野菜は敢えて避けている」と述べていた。CとD、Fは「○×フェア」などで販売されている民芸品は買わないと述べている。その理由として、DとFはフェアトレードは、お互いにとってフェアなものである必要があり、必要のない物を買うという行為がフェアではないし、持続可能ではないと指摘している。また、一方的に与えるというのはフェアではないとも指摘している。具体的には、以下のような発言をしている。

> D・F「30年前は、1年に1回の民芸品しかないようなフェアだったら買ったのだが、今はいろいろあるので、敢えて民芸品は買わない。長く続く活動にして欲しいので、いらないものは買わない。フェアトレードなので、いらないものを買うのはフェアトレードではない。フェアなので対等なので、こちらが必要なものを買うということ。向こうも作って売れるいいものを売る。今までは支援というと一方的に与えるということだったのだが、そうではなくなってきている。応援するということは、いいものをみつけて買うのが正しいことだと思う。」

　このような発言から、DとFがソーシャル・コンシューマに至るプロセスが理解できる。当初は商品の質が良くなくとも、それを敢えて買っていたにもかかわらず、現在は単にソーシャル・プロダクトだから購入するというのではなく、それを購入する意味を自分で判断して購入していることが良くわかる。
　AとCは、ユニセフなどのマークやメッセージの入っているものは抵抗があるといっている。具体的にAとCは以下のように述べている。

A・C「芸能人や企業が寄付するのではないから、私が寄付するのはたいしたお金ではない。それよりも商品を買う方が気軽だし、敷居が低い。ユニセフで商品を買うと、いちいちユニセフのマークが入っている。肢体不自由児のところで何か買っても、「ひとしずくの涙をありがとう」などと書いてあるので、それは使いづらかった。いかにも「私はこの団体に協力しています」というような感じにみられるのは、抵抗がある。それが、森永のアイスやチョコを買うとなれば、ユニセフのマークもないので気軽にできる。特にファッションのフェアトレードやオーガニックの商品は、本当に自分が気に入ったものを買いたい。どこかに出向いてお金をあげるのではなくて、消費財を買うのは、「エゴエゴ」していない感じがする。現金をあげるのは大きいことに思える。ついでにとか、気軽感がない。」

特にDは「(ユニセフなどの) マークが付いていると、いい人ぶっているようにみられるのがいやだ」とも発言しており、ソーシャル・プロダクトにNPO/NGOのロゴやメッセージが入っていない方が消費者にとってそれを買って使いやすいと理解できる。Dは「以前、P&Gのダウニーを買うと、(売上の一部で) 洗濯機を贈るということだったのでダウニーを買った。やっていないメーカーよりもやるメーカーの方が良い企業にみえる。」とも発言している。これは、社会貢献に繋がる商品を販売している企業の方が消費者のイメージが高まるということであり、このDの発言について、他の参加者全員がうなずいていた。

昔はソーシャル・プロダクトの購入の際に選択肢が少なかったことから、さほど気に入らないものでも購入をしていたが、それが増えるにつれ、ソーシャル・プロダクトそのものの魅力が問われるようになってきていることがわかる。つまり、ソーシャル・プロダクトはNPO/NGOが提供する「一般の商品と比べて劣るもの」から、「一般の商品と同等でありながら社会的価値が付加されているもの」に変わってきていると解釈できる。これは、ソーシャル・プロダクトを提供する側の努力が実った結果といえる。

以前は買っていたが、現在は買っていないソーシャル・プロダクトとして、

CとFともにユニセフの商品をあげている。特に両者ともに、まだソーシャル・プロダクトが手軽に買うことができないときはユニセフを利用していたが、スーパーなどで購入できるようになった現在はユニセフで購入することを止めている。特にCは「ユニセフで買うと宛名シールを作ってくれるけれども、そんなことをするのならば社会貢献に使ってくれればいいのにと思った。」と指摘し、Fもユニセフの活動に対して懐疑的になっている。

(2) 東日本大震災以後からのソーシャル・コンシューマー

このグループでは、GとKがオーガニック洗剤の落ちが悪いという理由で敢えて買わないと述べていた。またJはオーガニックの化粧品が冷蔵庫などで保管する必要があるという理由から、それを買うのを避けていると述べていた。このグループの特徴を表現する発言として、Gが「フェアトレード商品が身近にあったら買ってみようと思うが、どこにあるのかわからない。身近にあれば買いたい。」というように、震災以前からのソーシャル・コンシューマーと比べて、手軽で身近にあり、機能的に一般的な商品に劣らないソーシャル・プロダクトを求めている傾向が伺える。

4-3. 周囲の自己アイデンティティの変化

4-3-1. 周囲とのコミュニケーション
(1) 東日本大震災以前からのソーシャル・コンシューマー

家族、中でも夫にはソーシャル・プロダクトの話をしないという意見が大半を占めていた。特にAは夫に理解を求めるのは無理であり、夫の知らないうちに買って、自然に使わせるのが良いと述べている。その中でも、Cは「フェアトレードのコーヒー豆を買いはじめたとき、夫に説明しても、全然興味がないようで「へえ」で終わってしまった。森永のチョコレートやボルヴィックは、説明しなくても、いつの間にか（夫が自分で）買っているのでいいと思う。周りに対して、これはこう役立っているというような説明はしていない。面倒臭い。こういうのは知らないうちに寄付できているのでいいと思う。」と述べ、夫が進んで寄付つき商品を買うようになったと発言している。

友人については、夫とは異なり、ソーシャル・プロダクトの話をするという

意見が多かったが、その内容については限定的である。ただし、Aが述べているように自分からわざわざソーシャル・プロダクトの話はしないという。

　　A「ママ友とは、話題に出て、こういうところに売っていて、いいよ、と話をする。善い人にみられたくない。「美味しいよ」というような入り方ならば周囲と話題になりやすいけれども、会話にはわざわざしない。周りの人が環境に悪いものを買っても、それを正そうとは思わないので、人には話さない。フェアトレードやオーガニックでおしゃれな服が出て来ているので、それはFacebookに載せる。「これは素晴らしい」というのではなくて、「おしゃれでしょ。実はオーガニックなのです。」というように載せる。1％が寄付に回るといった情報までは書かないけれども、リンクを張って、興味がある人はそこをみればいい。それが何なのかということは、聞かれない限りいわない。いうのは嫌らしい。自分からいろいろ勧める人にはなりたくない。」

　Aは話をしない理由として、「善い人にみられたくない」と述べ、友人には話をしていないことが伺える。Cは「ママ友とは話題になる。これならばフェアトレードだよ、というような話になるが、強要はしない。聞かれれば教える。自分が満足できればいいので、強要はしない。周りに勧めるのは押しつけがましい。その人が判断すればいい。私も活動する人ではないので、いわない。」と述べていることからも、ソーシャル・プロダクトを購入するのは自己満足という点が大きいことがわかる。

　ソーシャル・プロダクトに関する話と同様に、他者に勧めるということも皆行なっていないことが発言内容からわかる。ただし、Aの発言にあるように敢えてソーシャル・プロダクトだとはいわないまでも、それを理解できる人には理解してもらいたいという気持ちも一方で持ち合わせている。特にその点について、Eは「自分は福島の椎茸は買うが、「私は買わないわ」というようにいわれると意見の対立ができてしまう。だから、周りの人と話題にはしない。Facebookは自分の世界なので、そこに載せるのは抵抗がない。寄付金とか善

意的なものを、美味しいとか品質がいいからと勧める人はコミュニティの中に1人はいる。勧められたとき、いいなと思えば買ってみようと思うことがある。」と述べている。つまり、ソーシャル・プロダクトは現実の世界では人と話すのは躊躇するようであるが、Facebookのようなインターネット上であると、気軽にその映像や推薦のコメントを掲載することができると述べている。

(2) 東日本大震災以後からのソーシャル・コンシューマー

　震災以後からのソーシャル・コンシューマーも、家族にはソーシャル・プロダクトの購入を勧めないが、話はしてもよいという発言をしている。具体的にKは、「周りの人に勧めたりはしない。家族とは話す。家族も同じ意識をもっている。周りの人には、こういうのを買ったとはいうが、あなたも買いなさいとはいわない。勧めることはしないが、ここでこういうことをやってるんだということはいう。だからあなたも買って行きなさいとはいわない。それが自分に必要なものなら興味をもつが、強要されるのは好きではない。」と述べている。ただし、両グループとも自分から積極的に家族（特に夫）の意識を変化させたいとは考えていないようである。

　震災以後からのソーシャル・コンシューマーは、知人とはソーシャル・プロダクトの話をしないと述べている。GとI、Kは、ソーシャル・プロダクトを購入するという行為は自己満足であると考えている。具体的にGは、次の発言をしている。

　　G「善いことをしていると思ってやっている、と思われてもというのでわざわざいわない。省エネ節電型の家電は価格も高い買い物だし、いろんなメーカーがあるからどれがいいかとか。エアコンを買うときに身近な友だちと話題にしたり、聞いたりする。自分からこれを買ったよ、という話題はしない。自分がしたくてやっているので、周りにどうみられるかは気にならない。押しつけているとか正義感でいっていると思われるのが嫌だから、いわない。教えてもらうのは良い。必要なら買う。教えてもらえる分には良い。知らなかったことを教えてもらう分は良い。必要なら自分で決める。教えてもらうのは押し付けられるわけではない。」

この発言では、ソーシャル・プロダクトを購入することで、周囲との違いがあるようにみられたくない理由が示されている。ソーシャル・プロダクトを他者に勧めることは、余裕があることを「自慢」することや、「善い人ぶっている」と思われることを意味すると彼女たちは認知している。それについて、Kは次の発言をしている。

> K「ソーシャル・プロダクトを買っている人がいるかいないか、話題にならない。私はこういうものを買っていると人にはいわないと思う。家族では話題になるが、家族以外では話題にしない。避けるわけでもないが、話題にしたことはない。聞かれたら答える。触れられたくないわけではないが、進んで人に話すことではない。人にいうと嫌がられるというわけではないが、自己満足でやっていると思っているので、話題にすると「自分はこんなことをしているんだよ」といっている感じがする。もし誰かがそういったら、「すれば？」と思うかもしれない。自慢みたいに聞こえるのは嫌。今日あそこのスーパーで安かったという話はするが、これがついているから買ったのよとか、そういう話はしない。周りから共感されたとしても、なんとも思わない。その人がやりたいと思えばやるし、共感してくれるなら、そういう人が増えれば良いことだと思うので、良かったなと思うが、それを強要する気はない。」

この発言からもわかるように、ソーシャル・プロダクトについて、周囲とコミュニケーションは積極的には行なわれていない。その理由は、周りに「善い人」などと思われたくなく、ソーシャル・プロダクトを話すことは周りが「自慢」と感じられるからだと判断できる。

4-3-2. ソーシャル・プロダクトに関する情報収集
(1) 東日本大震災以前からのソーシャル・コンシューマー

ソーシャル・プロダクトに関する情報収集については、東日本大震災以前からのソーシャル・コンシューマーでは以下の点が指摘されていた。それはスー

パーなど小売店の店頭で、ソーシャル・プロダクトの情報の提示を求めている点である。Eは、「テレビを使うと宣伝費が膨大なので、有為なお金が無駄に流れる。スーパーの正面入り口に「フェアトレードを扱っているスーパーです」と出す方が地域型だし支出が少ないと思う。」とフェアトレード商品だけを集めた常設店やコーナーの設置など具体的な案を提示している。

　Dは、「スーパーの一角にフェアトレードのものだけを集めた常設店を作って、お店で知らせる。小さな会社だと自分で探せないので、アレルギー対応食品コーナーの隣にフェアトレードやオーガニックの商品をまとめてくれたらいい。ヨーカドーの一角に「フェアトレードオーガニックコーナーができました。」と書いてあれば便利だ。そうすると買いやすいし、そこからその商品のメーカーのネットをみて、もっと他の商品があるかもしれないと探す。買った商品が気に入れば、同じメーカーで他に何かないかとネットで探す。」と発言している。Dはコーナーの提案だけでなく、その商品が良ければ、それを自分で探してでも、オーガニック商品を購入する意向があると述べている。

　震災以前からのソーシャル・コンシューマーは、パッケージでの情報の提示を求めている。Cは「パッケージに書いてあればフェアトレードのものなのだとわかる。森永のものは、パッケージの裏に「こういう活動をしています」というように書いてあるのでわかる。デザインを変えないで、マークが付いていてそれとわかるといい。デザインが変わっていたら手に取りにくい。」と述べ、実際行なっている活動内容を森永製菓のダースのように記載することが良いと発言している。CとD、Fもパッケージにソーシャル・プロダクトであることがわかるマークを付けた方が選びやすいと指摘している。つまり、彼女たちはフェアトレードやエコマークを知っており、それを信頼していることがわかる。

　CMでの情報提示については、CとD、E、Fともに否定的な意見を述べている。特にDは「広告費をかけたらフェアトレードではない。少しでもその人たちにお金を送りたい。ボルヴィックの広告はしつこくないし、買えとはいっていないのでいいけれども、店頭で情報を流す方がいい。」と述べ、CMにお金をかけるのであれば、その分のお金を社会貢献活動に使う方が良いと指摘している。

(2) 東日本大震災以後からのソーシャル・コンシューマー

　震災以前からのソーシャル・コンシューマーがテレビ CM に否定的だったのに対し、震災以後からのソーシャル・コンシューマーはテレビ CM でソーシャル・プロダクトの情報を流すことに肯定的である。中でも、H は「ワイドショーで紹介されていたら、今度行ってみようかなと思う。より詳しく商品のことを知れるので、そうかと気づくことも多い。」と発言し、L も「ニュース番組やワイドショーで特集があれば興味をもつ。」のようにあくまでもパブリシティとして、テレビの番組内でそれが取りあげられることは積極的な購買に繋がると指摘している。

　このような違いは、震災以前からのソーシャル・コンシューマーは自分でインターネットの情報を検索してソーシャル・プロダクトに関する知識が多い一方で、震災以後からのソーシャル・コンシューマーはまだ十分な知識を持ち合わせていないためだと推測できる。ただし、G と I、K、L は震災以前と同様にスーパーなどの POP を利用して情報を提示してほしいとも述べている。また J はソーシャル・プロダクトのマークがあった方が良いとも指摘している。

5. ディスカッション

5-1. 自己アイデンティティ構築の起点

　ソーシャル・コンシューマーとしての自己アイデンティティを構築する起点として、いくつかの要因が明らかとなった。中学・高校時代にフェリシモの通信販売を通じて、ソーシャル・プロダクトを購入したという意見が震災以前からのグループからあがっていた。この発言をした参加者は、ともに母親がフェリシモをやっていたことがきっかけで、ソーシャル・プロダクトを購入したと述べていた。中でも、それを購入する際には、ソーシャル・プロダクトを買うことでどのような社会的課題の解決に繋がるのかについて、簡単な説明を母親がしていた。このことから、ソーシャル・コンシューマーの中には、親の影響を受けて、自らもソーシャル・プロダクトを買うようになった消費者も存在す

ることが明らかとなった。つまり、親の教育次第では、子どもがソーシャル・コンシューマーになる可能性を高めることができるのである。

　それとは逆に、震災以後からのグループの中からは、子どもが社会的課題を小学校で学んできて、親もそれについて学ぶうちにソーシャル・プロダクトを購入するようになったという意見もあった。現在の小学校では、環境や貧困などの社会的課題に関する教育を行なっており、親から学んでいなくとも、子どもが学校に入学することで、逆に子どもを通じて親も社会的課題について学習することでソーシャル・コンシューマーになるという側面もあることがわかる。

　比較的早い時期からソーシャル・プロダクトを購入していたソーシャル・コンシューマーからは、ソーシャル・プロダクト、特にフェアトレード商品やオーガニック商品を販売している団体を懐疑的に捉えていた。これはオーガニック商品を早くから販売していた「胡散臭い」団体のイメージがソーシャル・コンシューマーにはあり、それが未だに影響を与えていると考えることができる。ただし、ベルマーク商品については、それをはじめて購入したソーシャル・プロダクトにあげる消費者もおり、それについては否定的なイメージよりは、肯定的なイメージを持っていた。

　このような結果を踏まえると、ソーシャル・コンシューマーとしての自己アイデンティティを構築する起点として、まず周囲からの影響を考えることができる。その影響を与える存在として、親や子ども、教育などをあげることができる。この結果から、ソーシャル・コンシューマとしての自己アイデンティティを構築するには、教育が重要である点が指摘できる。それはベルマークを集めるといったことでも、自己アイデンティを構築する起点となり得ることも指摘できる。ただし、ただ単に教育をすれば良いという訳でない。そういった影響を受けた消費者自身がのちに自分でソーシャル・プロダクトを購入するという行動を自らの判断で実践しないと、ただ単に起点だけで終わってしまう可能性が高いことが調査の結果から明らかとなった。

　東日本大震災という社会的課題の影響としては、震災以前および震災以後からのソーシャル・コンシューマーともに、東日本大震災の影響で自己アイデンティティを強化していたことがわかる。震災以前からのソーシャル・コン

シューマーは、例えば世界で生じている社会的課題への意識が広がったり、新たなソーシャル・プロダクトを購入しはじめるという発言をしていた。このような意見は、東日本大震災という自然災害がすでにソーシャル・コンシューマーとしての自己アイデンティティを確立しているのをさらに強化するという役割を果たしたと考えることができる。

　震災以後からのソーシャル・コンシューマーについては、例えばマスメディアなどの報道により、震災直後は応援消費などには抵抗があったものの、その後の報道の変化に伴って、積極的に応援消費をするようになったと発言していた。特に小学生以下の子どもを持つソーシャル・コンシューマーは応援消費を控えていた一方で、小学生以上の子どもを持つソーシャル・コンシューマーは積極的に応援消費を行なっていたという違いがあった。しかし、その後は震災以前からのソーシャル・コンシューマーと同様に、ソーシャル・コンシューマーとしての自己アイデンティティを強化する役割が東日本大震災にはあったと判断できる。また子どもが東日本大震災の復興支援に関心を持ったことから、自分自身もそれに対する意識を高めたという子どもの影響による自己アイデンティティの強化もあったことが明らかとなった。

5-2. 自己アイデンティティの習慣化と抵抗による自己アイデンティティの構築

5-2-1. ソーシャル・コンサンプションの習慣化

　ソーシャル・プロダクトの中でも、寄付つき商品を購入する理由として、両グループともに一般的な金銭寄付を懐疑的に捉えていることにその1つの理由があった。寄付という行為は敷居の高い行為であり、現金を寄付すること自体に抵抗があり、たとえ寄付をしたとしてもその使途がわからないなど、寄付に対しては懐疑的な意見が数多くあげられていた。

　もう1つの理由としては、寄付つき商品の購入をボランティアの代替行為と捉えている点があげられる。自分は時間などの制約からボランティアをすることができないが、その代わりに寄付つき商品を敢えて選ぶという意見を述べている参加者がいた。寄付つき商品が日本社会で数多く販売されるようになった

ことで、ボランティアの代替行為が寄付だけでなく、寄付つき商品の購入という選択肢が増えたことは、日本人の社会貢献活動の拡大にも繋がるだろう。また日本人が、現金の寄付に対して懐疑的であることも関係するだろう。

　震災以前からのソーシャル・コンシューマーからは、昔と比べて、ソーシャル・プロダクトが買いやすくなったといい、入手可能性が高まっていることをソーシャル・コンサンプションの習慣化の理由にあげている。特に昔はわざわざ専門店に行かないと買えなかったものが、今はスーパーなどでそれが購入できるようになったと述べていた。つまり、ソーシャル・コンサンプションの習慣化の1つの理由として、小売店がソーシャル・プロダクトを品揃えに加え、消費者の入手可能性を高めたことがあげられる。

　ただし、ただ単に入手可能性を高めただけでは、そういった商品について鋭い眼を持っているソーシャル・コンシューマーは、それらを購入しない。震災以前からのソーシャル・コンシューマーが発言していたように、現在はソーシャル・プロダクトの品質が向上し、一般的な商品と比較した上で、それを購入している。つまり、ソーシャル・コンシューマーは、近年のソーシャル・プロダクトの品質の高さを評価して、それを購入する意思決定をしているのである。

　一方、震災以後からのソーシャル・コンシューマーは、ソーシャル・プロダクトに対して懐疑的な考え方を持っていた。しかし、ベルマークについては、そういった考え方は持っていなかった。ベルマークは日本人にとって、古い形の寄付つき商品であると理解できる。なぜなら、ベルマークはマークを集めて、学校に持っていく必要がある寄付つき商品であるからである。その一方、寄付つき商品は商品を買うと自動的に購入代金の一部が寄付されることから、ベルマークと比較して、より手軽であると考える消費者も多いだろう。特に興味深いのは、ベルマークの話が寄付つき商品のところで出てきたことである。震災以前からのソーシャル・コンシューマーを含めて、参加者全員が寄付つき商品を進んで購入し、良いイメージを持っているのは、日本社会に古くからベルマークというその原型があったことも大きな影響を与えているだろう。

5-2-2. ソーシャル・コンシューマーとしてのライフスタイル

　ライフコースとライフイベントについては、両グループともに妊娠と出産、育児によって、ソーシャル・プロダクトに対する意識と行動が変化したという意見があがっていた。妊娠については、お腹の中の子どものことを考え、オーガニック食品などを食べるようになったという意見があった。出産については、子どもが生まれたことで、肌にやさしいオーガニックの衣料品を買うようになったと述べていた。また子どもが生まれて育児をしていく中で、自分の子どもと同じくらいの年齢の子どもが労働させられているテレビ番組を見て、社会的課題への意識が高まったという意見もあった。さらに、子どもが小学校に入学し、募金やボランティアを、学校を通じて行なうことで、自分も子どもが行なっている活動を理解するために自ら学習したり、イベントに一緒に参加したりすることで、自身の社会的課題やソーシャル・プロダクトに関する意識や行動が変化していた。つまり、ソーシャル・コンシューマーにとって、妊娠と出産、育児はソーシャル・コンシューマーとなる契機を作り出すライフイベントであると理解できる。

　ライフコースの中でのソーシャル・コンシューマーとしての自己アイデンティティの構築プロセスは、グループ・インタビューでは参加者が多いという制約があったため、詳細な調査を実施することができなかった。デプス・インタビューでは、一対一の形式を採用して調査が実施されることから、具体的なプロセスを詳細に調査する必要性を指摘できる。

5-2-3. ソーシャル・プロダクトの意味

　ソーシャル・プロダクトを購入する意味として、寄付つき商品は寄付の代替行為として、ソーシャル・コンシューマーが捉えていることがわかった。これは両グループに共通した意見であった。しかし、震災以後からのソーシャル・コンシューマーからは、寄付つき商品などを購入することは、「自己満足」であると捉えていた。その理由として、それを購入することで、自分が社会に少しでも役立っていると自己認識できるからである。その他、例えばオーガニック商品などについては、自分や家族の健康という自己満足のためという理由も

あった。それ以外には、環境配慮型商品などを購入することは、自分の子どものためだけでなく、将来のためというのも理由の1つとなっていた。

　確かにオーガニック商品の中には、社会のためになるのと同時に自分自身のためになるものがある。例えば、オーガニックの野菜や化粧品は、動物実験をしないなど社会的な側面がある一方で、化学的な原料を使用していないことから体に良いという消費者個人の満足を高めるという側面もある。この2つの面から他のソーシャル・プロダクトを考えると、オーガニック商品は他のソーシャル・プロダクトとは異なる側面を持っていると判断することができる。このようなソーシャル・プロダクトの意味は、商品ごとに異なるものの、ソーシャル・コンシューマーは社会との関わりの中で、ソーシャル・プロダクトの意味を解釈し、自己満足や社会との繋がりといった意味を付与していることがわかる。

　ソーシャル・コンシューマーのイメージは、2つのグループで異なっていた。まず震災以前からのソーシャル・コンシューマーは、「女性で、自然の自給自足で暮らしているような人」というイメージである。その一方、震災以後からのソーシャル・コンシューマーは、「女性であり、控えめでファッションも地味だが、経済的に裕福な人」というイメージである。このようなイメージの相違は、どのように理解したら良いのだろうか。震災以後からのソーシャル・コンシューマーがイメージするソーシャル・コンシューマーは、グループ・インタビューを見ていたわれわれが判断するに、まさに震災以前からのソーシャル・コンシューマーそのものであった。震災以前からのグループ・インタビューの参加者は、まさに「控えめでファッションも地味だが、経済的に裕福な人」であった。そのイメージを聞いたときに、それをみていた私たちは想定していたソーシャル・コンシューマーに違いないという確信を持てた。

　その一方、震災以前からのソーシャル・コンシューマーのイメージは、もはや消費者ではないと理解できる。それを表しているのが、「全身オーガニックで、食べるものは無農薬で、会社も辞めて田舎に住んで、子どもにも木の玩具しか与えませんとか、野菜も野草を摘んで干しているというような人」という具体的な発言である。このようなソーシャル・コンシューマーを超えた消費者ではない存在をソーシャル・コンシューマーは、いかに捉えているのだろうか。

またそういった人たちは消費をしていないという理由で、ソーシャル・コンシューマーではないと理解してよいのだろうか。これら点については、デプス・インタビューでより詳細な調査が必要だと考えることができよう。

5-2-4. 抵抗による自己アイデンティティの構築

　ソーシャル・プロダクトのマークについては、フェアトレードやオーガニックのマークやエコマークはわかりやすく、信頼できるという意見が出ていた一方、震災以前からのグループからは否定的な見解も出ていた。特にユニセフなどのマークやメッセージの入った商品を持っていると、それを持っていることで周囲から偽善者と思われるという意見もあげられていた。それはマークが入ったソーシャル・プロダクトを使用しているときに、他者にマークがみえるものであるかどうかに関連していた。このような意見は日本人独自の陰徳文化が影響していると考えることができる。日本人は善いことを行なっていてもそれを敢えて人にいわないという文化があり、NPO/NGOのマークなどが入っているのは、それを敢えて周囲に言っている行為と捉えられていると考えることができる。

　ただし、ソーシャル・コンシューマーがそういったNPO/NGOに抵抗するのには、陰徳だけなく、それ以外の理由もある。例えば、欧米のNGOなどは、寄付を獲得するために積極的なマーケティング活動を展開する。テレビCMなどでよくみかけるのも、その理由の1つである。そういった欧米の団体への抵抗は、ソーシャル・コンシューマーとしての自己アイデンティティの構築にどういった影響を与えるのか。それについては、デプス・インタビューを実施する際の課題とする。

　寄付への抵抗も、寄付つき商品の購入に影響を与えていた。両グループともに、寄付は手軽ではなく、寄付つき商品の方が手軽で良いという意見が多数を占めた。特に「募金箱はどこにでもあるわけではない。募金箱はしようと思って行くが、買い物なら常にできる。」という発言はそれをよく表しているだろう。また寄付はそのお金の使途について、懐疑的に捉えている参加者も多くいた。その一方、特に震災以後からのソーシャル・コンシューマーは、NPO/NGOな

どに寄付するよりも、大企業が販売する寄付つき商品を購入する方が信頼できると述べていた。その理由として、大企業は監査など外部の目が入っていることが信頼感に繋がると発言していた。

　このような寄付と寄付つき商品への捉え方は、日本独特の捉え方だと判断できる。欧米人は企業を信頼していない。それとは逆にNPO/NGOに対する信頼は大きい[53]。その理由の1つとして、欧米と比べて、日本ではまだNPO/NGOが社会に根付いていない点を指摘できる。日本では、例えば特定非営利活動法人（通称NPO法人）が組織されるようになって、まだ20年であり、まだNPO/NGOや非営利組織といった言葉は知っていても、その具体的な団体名まで知っている日本人は少ないのが現状である[54]。そういった面を考慮すると、寄付よりも寄付つき商品への消費者の信頼が高いのも理解できよう。つまり、日本の消費者は、寄付を懐疑的に捉え、それに抵抗することで、寄付つき商品を肯定的に捉え、寄付の代替行為として寄付つき商品を位置づけていることがわかる。

5-3. 周囲の自己アイデンティティの変化

　ソーシャル・プロダクトのコミュニケーションについて、両グループの大半の参加者が夫には、ソーシャル・プロダクトの話をしないと述べていた。その理由として、皆一度は夫にソーシャル・プロダクトを購入することが社会的課題の解決に繋がることを具体的な事例をあげて説明をしたが、関心を示さなかったという。ある参加者は女性の方がソーシャル・プロダクトの関心が高いとも指摘していた。

　友人・知人については、ソーシャル・プロダクトの話をするという意見があった。ただし皆いっていたのは、自ら進んでソーシャル・プロダクトの話はしないという点である。その理由は、善い人にみられたくないという理由であった。これもソーシャル・プロダクトのマークと同様に、日本の陰徳文化がそういったようにさせていると判断できる。特にソーシャル・プロダクトを購入して、少しは社会の役に立ったというのは自己満足であるということを発言していた。

自分の気に入っているソーシャル・プロダクトについても、「ソーシャル・プロダクトである」という側面から他者に勧めることはしないと皆発言していた。意見の中には、Facebookにソーシャル・プロダクトを載せていた参加者もいた。ただし、掲載する際にはソーシャル・プロダクトだという情報はできる限り書かず、例えば洋服を掲載したときには「おしゃれでしょ。実はオーガニックなのです。」というように載せて、その洋服のサイトのリンクを張るというのは、参加者のほとんどが「そのくらいであれば」とうなずいていた。つまり、敢えてソーシャル・プロダクトだとはいわないまでも、それを理解できる人には理解してもらいたいという気持ちも一方で持ち合わせていることがわかる。他の意見では、知人と共有している共通の趣味に関するソーシャル・プロダクトについては、話をして、自分の気に入っているソーシャル・プロダクトを進めるという意見もあった。

以上をまとめると、まだ日本社会ではソーシャル・プロダクトについて情報交換をするような土壌がないということが理解できる。上述したように日本の消費者の中にソーシャル・コンシューマーは、まだ3割も存在していない。その内訳をみても、大半のソーシャル・コンシューマーがそれほどソーシャル・プロダクトの購入経験が多いわけではない。つまり、現状では、日本のソーシャル・コンシューマーを増やすために口コミという方法は、ソーシャル・プロダクトの普及についてはそれほど機能しないと考えることができよう。

ただし、今回の結果はグループ・インタビューの結果である。グループ・インタビューでは複数名以上の参加者がいることから、本当の意味での本音を聞くことは難しい。特に主要な参加者の発言に流されて、周囲に同調した発言をする可能性も高い。そのため、ソーシャル・プロダクトのコミュニケーションについては、デプス・インタビューで再度調査する必要がある。

5-4. デプス・インタビュー対象者の選定

グループ・インタビューでは、参加者は他者の意見に流されてしまう傾向がある。その欠点を補うために、次章ではデプス・インタビューを実施する。デプス・インタビューは、震災以前からのソーシャル・コンシューマーの中から、

2名を選ぶことにした。その理由は、震災後からのソーシャル・コンシューマーは、ソーシャル・コンサンプションの実施回数が震災以前からのソーシャル・コンシューマーと比べて、少ないためである。

デプス・インタビューを実施する対象者は、AとCとした。その理由として、第1に年齢である。Aは33歳で1歳の子どもがいることから、これから子育てに本格的に携わることでソーシャル・コンシューマーとしての自己アイデンティティを強化する初期の段階にいると判断したためである。一方、Cは45歳で19歳と17歳の子どもがおり、参加者の中でもある程度、子育ての最終段階に入っており、ソーシャル・コンシューマーとしての自己アイデンティティが確立していると判断したためである。

第2にグループ・インタビューでの2人の発言とグループでの立ち位置である。Aはすべての内容に発言をしたという訳ではないが、他のソーシャル・コンシューマーとは、異なるソーシャル・プロダクトの名称をあげていただけでなく、SNSを高頻度で利用していると発言していたからである。一方、Cは質問に対して、1番目に発言する訳ではないが、ほとんどの質問に後から回答していた。その内容も、例えば「消え物」や「ヤマギシ会」など、ソーシャル・コンシューマーとしての自己アイデンティティが確立されていないと発言できない内容が多かった。

注

(49) 具体的な調査項目については、巻末表1を参照。
(50) 具体的なソーシャル・コンサンプションの内容については、巻末表2を参照。
(51) 具体的なシビック・アクションの内容は、巻末表3を参照。
(52) フェリシモの詳細については、フェリシモのホームページ（https://www.felissimo.co.jp）を参照。フェリシモは、「事業活動を通じて、永続的発展的なしあわせ社会を創造すること」を経営理念に掲げている。
(53) NPOが企業より信頼される理由を契約の失敗の点から検討した研究として、Hansmann（1980）がある。特に欧米の学会などで報告した際に、日本人はNPOよりも大企業を信頼していると説明すると、欧米人は大変驚く。
(54) 著者は、2007年から「非営利組織の理論」という講義を担当している。当初はNPOや非営利組織という言葉を聞いたことがないという学生が多かったが、東日本大震災以降は言葉だけは聞いたことあるという学生が多くなった。しかしながら、具体的な団体名を尋

ねると、欧米の団体の名称だけがあがり、日本の団体の名称はあがらないのが現状である。

第8章

なぜ消費を通じて社会的課題を解決するのか？ 2

　本章では、デプス・インタビューを通じて、消費を通じて社会的課題を解決する意味を検討する。具体的には、前章で実施したグループ・インタビューの参加者の中から選出した2名のソーシャル・コンシューマーに対して調査を実施する。また、前章と同様に本章でも第4章で提示したリサーチ・クエスチョンに基づいて、消費を通じた社会的課題の解決の意味を解釈する。

1. 調査と調査対象者の概要

1-1. 調査概要

　より詳細にソーシャル・コンシューマーを理解するために、グループ・インタビューに参加した中から、東日本大震災以前からの現在のソーシャル・コンシューマー2名を選び、調査を実施した。選んだのはAとCである（表8-1）。それぞれ2時間程度のデプス・インタビューを実施した。

　デプス・インタビューでは、調査を実施する前に事前アンケートに答えてもらうという方法を採用した。その理由は事前アンケートに答えてもらうことで、特に深く聞く部分を絞り込むためである。なお、事前アンケートでは、最終学歴と海外留学経験、職務経歴、1週間の大まかなスケジュール、休日の過ごし方（上位3位）、社会貢献に対する考え方・行動に影響を与えた出来事（上位3位）、はじめて購入したソーシャル・プロダクト、現在購入しているソーシャル・プロダクト、ソーシャル・プロダクトの情報源をそれぞれ回答してもらった。

表 8-1 デプス・インタビュー調査対象者の属性

名前	年齢	居住地	職業	家族構成	最終学歴	職務経験
A	33	東京都中央区	パートタイム	夫（33歳）、長女（1歳）	短大卒	20～24歳：製造・事務 25～27歳：製造・事務 27～30歳：食品・事務 33歳～：保険・事務
C	45	東京都江東区	専業主婦	夫（46歳）、長女（19歳）、次女（17歳）	大学卒	22～24歳：銀行・事務 39～45歳：銀行・事務（派遣）

デプス・インタビューでは、グループ・インタビューの質問項目とそれに対する発言内容を踏まえて、グループ・インタビューでの発言を深堀する形で質問を行なった。今回の調査では、自己アイデンティティと倫理的義務という概念は、調査対象者に説明することが困難なため、自分自身の社会貢献への意識という形に変更した。懐疑的思考についても、懐疑的な発言をしていた部分に質問を追加する形をとった。

1-2. 調査対象者の概要

1-2-1. Aの紹介

Aは富山県富山市出身で大学進学の際に上京した。現在、富山の実家には両親が暮らしている。30歳のときに会社で知り合った夫と結婚し、現在1歳半になる長女との3人暮らしである。Aの実家には年1～2回行く程度であり、両親が上京することもある。夫の実家は葛飾なので月2～3回行っている。Aは義理の両親が好きで、夫の実家に行くと落ち着くので子どもを連れて頻繁に行く。義理の両親のところに姪がいるので子どもの交流も兼ねて行くという。

現在Aは東京都中央区人形町に在住している。自宅（戸建）の周りはマンションが多くあることから、保育園も多く、新しい核家族が多いという。Aは東京の下町が好きで、特に人形町は昔から住んでいる人との交流がある。子どもが生まれてから、休みの日には近くの公園に家族みんなで行くという。買い物は銀座ですることが多く、普段の食料品などは地元の人形町の小さいスーパーやコンビニで買い、インターネットで買うことも多いという。趣味は、「はまりや

すくて飽きやすい」性格で、今は水泳と着付けを習っているという。10年前にアンティークの着物にはまったことがあって着付けを習ったが、着方を忘れつつあるので、思い出すために近所に通っている。他には手芸や、カメラで写真を撮ったりするという。

1-2-2. Cの紹介

Cは現在、東京都江東区豊洲のマンションに夫、19歳の娘、17歳の娘とともに暮らしており、現在は仕事はしておらず専業主婦である。Cは大学を卒業して2年働いたが、結婚して夫は転勤族だったことから、3～4年ごとに日本全国を転々としていたという。その間に2人の子どもが生まれ、長女が中学に入る少し前に2人の子どもと3人で東京で定住しようということで、3人で豊洲に移り住んだ。夫はその後もずっと単身赴任で各地を転々としていたが、今年の夏に自宅から通えるところに転勤になり、今は4人で暮らしている。その後、Cは以前勤めていた銀行に派遣で融資事務の仕事をしていた。5年働いたが、お金を扱う仕事はプレッシャーがあり、現在は仕事を辞め、しばらくは専業主婦を続けるという。

2. Aの調査結果

2-1. 自己アイデンティティ構築の起点

2-1-1. 社会的課題への関心

Aは新卒で入った会社を5年で辞め、貯めていたお金を使って、デンマークに半年間留学（遊学）した。もともと、Aはデンマークの家具やデザインが好きで、仕事とは関係なく、趣味で行ったという。デンマークでは、世界中からいろいろな人が集まってくるインターナショナルスクールのような学校に入って、寮で生活した。デンマークの半年間で美術館や工場を見学したりしていた。そのとき、はじめて「フェアトレード」という言葉を聞いたという。デンマークの学校では、何人かいた先生の中で、アフリカから来た先生は先進国と途上

国の貧困格差に関する授業が多かった。

ただ授業といっても、皆で輪になって自分の意見を言うというものであり、Aはそのときにフェアトレードがテーマとなったときにはじめてその言葉を知り、自分で調べたという。その学校には、発展途上国から来た学生も多く、皆がフェアトレードを知っていた。皆が知っているということを知り、Aは知らなくて恥ずかしい思いを持ったという。特に衝撃的だったのが、他の日本人もフェアトレードを全く知らなかったということであり、当時Aは「私は何も知らないんだな」と大変なショックを受けたという。また当時を振り返り、「常識的なことを全然勉強してこなかったので知らなかった。それが恥ずかしかった。もっと役に立つことしなきゃ、みたいな。その半年で、短かったですが、自分の人生の中では大きな半年間でした。」と留学経験を振り返っている。

2-1-2. 社会的課題解決行動
(1) 寄付のきっかけ

最初の寄付のきっかけは、母親がゆうちょの利子を自動的に寄付する仕組みを利用していたことに遡るという。それはまだ富山に住んでいた頃で、母親がAに作った口座で「寄付つきにするよ」といわれ、「いいよ」と言ってそのままずっと続けていた。このような口座の存在を母親が教えてくれて、当時Aは「すごく良いな」と思ったそうである。なお、母親が使っていたのは、ゆうちょのボランティア預金である[55]。

Aの母親はここ2～3年ユニセフなど、アフリカや海外の子どもたちに寄付を積極的にはじめ、寄付をした人などから、お礼の手紙が届くという。はじめた当初に母親から「こういうのをやっている」というのは聞いたが、当時はまだ興味がなかったことから、詳しい内容は覚えていないという。なお、現在、Aは上述したゆうちょボランティア預金やコンビニの募金箱のような手軽な寄付は継続して行なっているという。

留学から帰国し、Aは意識が変わったという。それを表すのが、留学前も寄付はしていたが、皆がやるからやろうというような小学校のベルマーク感覚であったという。特にAは本当の自分の意思でやっているということはあまり

なかったと当時を振り返る。また「やることは良いことだとわかってるが、赤い羽根の季節がきたから募金しよう、みたいな。目についたから。」というように自分の寄付への意識が低かったと述べている。

(2) はじめて購入したソーシャル・プロダクトとその経緯

表8-2はAがソーシャル・プロダクトのカテゴリごとにはじめて購入した商品とそのきっかけを示したものである。

Aはグループ・インタビューで震災の後に国内に目が向いたと述べていた。現在は被災地の商品を買ったり、震災直後は義援金を寄付したりしていた。ソーシャル・プロダクトを買ったきっかけは、中学校か、高等学校のときに母親がフェリシモをみていて、雑貨が可愛いので一緒に買ったのが、はじめてだと言っていた。それについて、はじめに買ったのは「フェアトレード系の商品だと記憶しており、アジアかアフリカか忘れたが、フェリシモがきっかけで、そういう商品があるのだと知った。買ったのは小さいポーチみたいなものだった。カタログの写真をみて買った。」という。買った当時はソーシャル・プロダクトの意味はそれほど理解しておらず、「何となく。買うことで何かの役に立つ、みたいな。深くは理解してないと思います。」と述べている。ソーシャル・プロダクトの存在を教えてくれたのは、寄付と同様に母親であった。Aは、「この商品、良いんじゃない、という話をして母親と一緒に買った。」という。その

表8-2 はじめて購入したソーシャル・プロダクト

商品タイプ	商品詳細	購入のきっかけ
フェアトレード商品	チョコレート	店頭で見て、Fairtradeマークを見て購入した
オーガニック商品	オーガニックコットンを使った子ども服（無印良品）	無印の店頭で子ども用の下着を探していて、パッケージに「オーガニックコットン使用」と書かれていて
環境配慮型商品	エコバッグ、LED電球、洗剤などの詰替商品	スーパーの袋が（地方の一部で）有料になることをきっかけに、東京でもマイバッグを持とうと思って
寄付つき商品	東日本大震災の復興支援商品、ペットボトルミネラルウォーター	メディアや店頭で、そのような商品の存在を知り、手に取りやすかった

とき、Aは母親からソーシャル・プロダクトの説明を受け、「買うことで何かできるというのが現金以外で援助というサポート的なものができるというのが、わりと新しかった。フェアトレードという言葉も、そのときはわかってなかったと思う。」と当時を振り返っている。

留学による変化として、デンマークでフェアトレードのことを知って、フェアトレードの商品を買うことを身近に感じたという。その理由を「自分で行動を起こすのは簡単だし。ちょっとのことですが。結構気軽にできるんだな、みたいな。敷居が低くなったというか。」というようにソーシャル・プロダクトを進んで購入する意識の変化が生じたという。

帰国当初、フェアトレードの商品を買おうと思い、探しはしたが探すことができなかったという。その理由として、「帰ってきて気づいたら買おうかなという気持ちだった。実際に買う場所があまりなくて結構難しかった。」と述べ、帰国後5～6年はそういうお店がみつからなかったという。

比較して、デンマークではスーパーにフェアトレード商品のコーナーがあり、コーヒーやチョコレートとか買いやすいものはすぐに探すことができたと述べている。Aは「今は、日本は結構フェアトレード商品やフェアトレードショップもよくみるが、昔はそんなになかったと思う」と日本でフェアトレードが広がりつつあるのを実感している。

2-2. ソーシャル・コンサンプションの習慣化

Aはグループ・インタビューのときに怪しい、宗教団体のようなフェアトレードショップがあるといっていた。それについては、「引っ掛かったりはしないですが、ニュースをみると詐欺みたいなのがあった。フェアトレードなのかわからないけれど、実は宗教だった詐欺が。オーガニック系の食品を買おうと思うと、実は宗教っぽい団体がやっていたり。勧誘されたらどうしようと思った。」ことから、当初はフェアトレード商品やオーガニック商品が怪しいとも感じていたという。

実際、Aはその当時20代後半であり、「寄付とオーガニック商品とかがごっちゃになっていた。ユニセフは全然別なのに、良い団体なのに、ごっちゃになっ

ていて、ちょっと離れたときもあった。オーガニック系とか、そういうもの。本当に信用できるものでないと買えないというか。」とフェアトレード商品を買うこと自体もためらっていたという。

　ユニセフの商品を買いはじめたときは、まだそのようなことを何もわかっていなかったという。当時から、母親はフェリシモとかユニセフの商品をよく購入しているという。実際、子どもの頃からAの身近にはそういったソーシャル・プロダクトが数多くあった。その後、母親とともにソーシャル・プロダクトを購入するようになるが、当時母親とその商品を買うことがどういう意味を持つのかという話は深くはしなかったという。母親からは「商品をみて、これを買うとどこそこの人が助かるんだよとか。くだけた感じのことだけで、あまり深くは話したことないです。」と述べていた。

　Aがソーシャル・プロダクトを頻繁に購入するソーシャル・コンシューマーである理由は、まず母親の影響が大きい。子どもの頃からソーシャル・プロダクトが身近にあり、中学校時代から母親とともに商品を購入し、そのときに簡単な説明を受けたというのは現在のAをつくる大きな要因となったのだろう。

　それだけではなく、デンマークに留学したというのもその一因にあると考えることができる。海外に行き、フェアトレードという言葉を知り、自分の無知を反省し、勉強をしたことが現在のAに大きな影響を与えたと考えることができる。特に帰国当時、日本でフェアトレード商品を探したが買うことができなかったという点は、それが比較的簡単に入手できるようになった現在、Aはより一層そういった商品を進んで購入するようになっているとも理解できる。

　Aはフェアトレードの認証ラベルの付いた商品の数が、最近増えてきたと感じているという。同じ商品カテゴリでラベルの付いた商品とそうでない商品があるときは、ラベルの付いた商品を進んで選ぶという。自宅から一番近いスーパーには、フェアトレード商品を売っていないが、少し歩くと成城石井があり、成城石井にはそうした商品がわりと多く買いやすいので、結構買うという。

　現在、Aが購入しているソーシャル・プロダクトを示したのが、表8-3である。Aはすべてのソーシャル・プロダクトのカテゴリで消費をしている。中でも、無印良品をよく利用するという。その理由として、Aは「無印はお菓子も

表 8-3　現在購入しているソーシャル・プロダクト

商品タイプ	商品詳細	購入のきっかけ
フェアトレード商品	コーヒー豆、お菓子（無印良品）	何となく迷ったら選ぶようにしている
オーガニック商品	子ども服（下着）、タオル	肌にやさしい
	化粧品（Sinn Purete）、シャンプー（BIORISTA ORGANIC）	地球環境にも良い
環境配慮型商品	詰替商品	ごみが出ないし、薬局でも主流になっていて、ボトル入りが逆にめずらしいから
	LED 電球	長く使えて楽（手間がかからない）
寄付つき商品	ミネラルウォーター（Volvic／いろはす）	いろはすの地元の水応援に共感し、少しでも日本がキレイになればいいと思ったので

あるが、子ども服もオーガニックの肌着とかが多いので、子ども服はほとんど無印。無印は安いし、買いやすいし、オーガニックだし、デザインもシンプル。子どもの下着は無印。私の下着も無印のものもある。」と述べており、無印良品の価格や品質（オーガニック）、デザインなどを評価してそれらを購入している。特に A は無印良品の商品に対する考え方や仕組みに非常に共感できるという。それについて、「無印の企業イメージはすごく良い。昔からあるし商品もユニークだし、他にはない。デザインがシンプルなことが一番。」と述べ、さらに無印良品は良い商品を作っており、企業努力をしていると評価している。

　化粧品については、日本のオーガニック化粧品の Sinn Purete を使用している。それ以外にも、A は赤ちゃんから大人まで使うことができるボディオイルでアメリカの erbaviva やスイスの老舗オーガニック化粧品の WELEDA などを購入した経験があり、それらと比較して、現在は Sinn Purete が肌に合うことから、それを使用しているという。

　オーガニック商品は、誰かの意見などは参考にせず、自ら店頭でテスターをためし、雑誌の記事を読んだり、インターネットで検索をしたりして探すという。A は化粧品は絶対にオーガニック化粧品を使うことを決めている一方、シャンプーはオーガニックでないのも選ぶが、なるべく合成でないもの、いろいろ入ってないものを選ぶようにしているという。なお、現在使用している

シャンプーは、イタリアのオーガニックブランドである BIORISTA ORGANIC を使用している。化粧品はオーガニック化粧品ということで選択肢が少なくなってしまうが、店頭に行き、パッケージに記載されている成分表を、わからないところは店員に聞き、自分でみて決めるという。

グループ・インタビューでも発言していたが、Aが成分表までみてオーガニック商品を買うようになったのは、妊娠してからであり、それも子どもが生まれて一層強くなったという。その一方、夫はオーガニック商品をはじめとするソーシャル・プロダクトに全く興味を示さないという。それについてAは「ダメですね。(夫には)響かない。むしろ家族全員でオーガニックのシャンプーを使いたいが、私と子どもしか同じものを共有できない。夫はオーガニックの石鹸を嫌がる。泡立ちが悪かったり、使い心地が慣れてないと物足りなく感じる。無香料だと嫌だとか。夫はすごく香りのあるものを別で使っている。」という。

食品については、子どもが1歳になるまではオイシックスの宅配で有機野菜などを取り寄せて、自分の母乳や離乳食を気にしていた。しかし、子どもが1歳になって保育園に入った後は普通にスーパーで野菜を買い、オイシックスもやめたという(保険会社の事務の仕事をはじめて受け取りが難しくなったのも理由の1つ)。野菜でサラダのように生で食べるものは、近所にガレージでオーガニック野菜を販売している八百屋があり、そこで野菜を買っている。ただ火を通す食品については、スーパーで買っており、使い分けをしているという。

Aのライフイベントによる自己アイデンティティの変化を促したのは、デンマークへの留学と妊娠・出産である。その変化について、「どちらかというとフェアトレードからオーガニックにシフトした。シフトというか、さらに加わったというか。」と自分自身のソーシャル・プロダクトに関する自己アイデンティティの変化を捉えている。Aは妊娠・出産をする前までは、オーガニック商品は価格が高いと思っており、それほど購入したことはなかったという。Aが自ら進んで、ソーシャル・プロダクトを購入するようになったきっかけは、留学で知ったフェアトレード商品であり、それが妊娠・出産を経ることでオーガニック商品へと広がったと理解することができる。

2-3. ソーシャル・プロダクトの意味

　Aは国外の社会的課題に関心を持っていたが、子どもが生まれる前の東日本大震災によりその関心が日本国内に移ったとグループ・インタビューで述べていた。震災後、Aは復興支援のための寄付をしたり、応援消費をしたりするようになったという。それについて、Aは「身近に被災した友だちや家族はいないが、改めて身近に困っている人がいるんだなということを知らされた。フェアトレードは海外に目を向ける商品。それももちろん大事だが、身近でも困っている人がいるんだったら、近いんだから助け合わなきゃなというただそれだけです。」と自分自身の変化を述べている。このAの発言を踏まえると、東日本大震災はAにとっては、留学と妊娠・出産と同じ大きなライフイベントであったと理解することができる。

　震災後の日本の消費の変化について、「『頑張れ東北』とかキャッチコピーをつけたものが溢れていた。寄付つき商品も店頭でよくみた。街中からそういう情報を得るんですかね。」というようにAは街中の消費の現場で情報を得て、国内への関心がより高まったという。

　震災後、Aは長女を出産した。上述したようにAは長女が保育園に入る1歳頃までは、どちらかというと応援消費を避けていた。特に毎日口にするお米は東北産を避けていたという。しかし、Aは「震災直後はわからなかったが、お米もちゃんと検査をすれば大丈夫」ということがマスメディアを通じてわかり、「私、間違っていた」と思ったという。現在は買わなかった反省を含めて、敢えて検査済みの東北産を買うようにしているという。特に楽天マートというネットスーパー（食料品カタログ宅配サービス）で買えば、全部検査済みで証明書も一緒に送ってくれるという。Aは当時を振り返り、「震災直後は、何も知識がなくて、ただ危ないという情報に左右されていた。ちゃんと自分で調べて安全な商品なんだとわかれば買うようになった。」と自分自身が知識不足であったと考えている。この点はデンマークで留学をしたときのフェアトレードと同じだとAは感じているという。

　Aは商品の選ぶ際の基準として、まずはその商品が必要か必要でないかで決

めるという。次の基準は「値段がそんなに変わらなくて自分の予算内で、付加価値がついているものがあれば絶対そちらを選ぶ。繰り返し使うのは、1回使ってみて自分が気に入ったものをリピートして買う。」という。なお、Aにとっての付加価値とは、ソーシャル・プロダクトでは、例えば寄付つきだったり、フェアトレードマークが入っていたり、オーガニックだったりも付加価値であるという。基本的には「地球にいいとか、自分に優しいもの」も自分にとっての付加価値を決める大枠になるという。

　ソーシャル・プロダクトの中でよく購入するのは、フェアトレード商品であり、成城石井で大半を購入しているという。ただし、Aの自宅近くの成城石井は店舗が小さいことから、種類が選べない。Aは本当はフェアトレードの商品が欲しいというが、「このフレーバーがないから、それでないのにしよう」と妥協するときもあるという。Aはフェアトレード商品などを扱う品揃えが多い大型店舗があると、そこに行けば日用品も全部揃うと買いやすいといっている。

　オーガニック商品などは、楽天のさまざまな個人商店から購入することが多いという。ただし、Aは「1回ずつ個人商店で買うと、洗剤はここ、シャンプーはここ、タオルはこことなっている。取り揃えのバラエティのあるショップがあると良い。」とそのような専門店が出店することを望んでいる。また商品を購入するときに、Aは商品のレビューを一応みるという。最近は「怪しいレビュー」が多いことから、その書き込みを100%信用はしていないが、一応みて参考にするという。

　特にAは新しい商品を調べたり、試したりすることが好きな性格であることから、今使っているシャンプーなどもすべての面で満足しているわけではないという。それについて、「機能面であったり、オーガニックはシャンプーだとキシキシするのが多い。それが良いならいいが、ちょっと違うのを試してみようかなと思う。オーガニックのものの種類も増えている。試したくなる。もっと良いものがあるんじゃないかと思う。新しいのを試すのが好き。失敗しても、そんなにへこまない。ダメもとで試す。」という。

2-4. 抵抗による自己アイデンティティの構築

　Aはグループ・インタビューのときに、妊娠中から、洗剤にしろ、衣類にしろ、やさしいものを選ぶように性格が変わり、神経質になったといっていた。それについて、妊娠で病院に行っていたときに、さまざまな情報に触れたことにその一因があると述べている。Aが触れた情報とは、子育て雑誌の『たまひよ』を読んだことであり、その雑誌のことを「全然知らない商品がすごくいっぱい載っていた。今までみたことがない。お店でもないような商品がすごくいっぱい載っていた。それで『こんな商品があるんだ』、はじめてみるものばかりで刺激的だった。」と述べている。

　特に商品のキャッチコピーや説明を読んだときに、Aは「『赤ちゃんに優しい』とか、『妊婦でも飲める』とか。そういうものがいっぱいあって。今は全然そうは思わないんですが、そのときは『私は今まで毒を食べていた？』という気持ちになってしまった。」という。妊婦さん用に商品が数多くあることをそこではじめて知り、「妊娠中はコーヒーを飲んでいなかったが、いきなり美味しくないハーブティをガブガブ飲んだりとかした。「デトックスしなきゃ！！」みたいな。ちょっとおかしくなっていた。それで食べ物や飲み物をきっかけに、洗剤とかに走ったんだと思います。そういうものに目がいくようになった。」と当時を振り返っている。

　Aはすべての商品でソーシャル・プロダクトにこだわるのはしたくないという。その理由は、全部そういうもので揃えるとなると、金銭的にも精神的にも負担であり、「普通の野菜が食べられなくなると嫌。そこに集中してしまうと怖い。」からだという。夫からも「そういうの（ソーシャル・プロダクト）を使いたくないから『使うものを分けてね』」といわれるという。

　Aはグループ・インタビューの際にユニセフのマークのついている商品は使いづらいから、敢えて買わないという意見に非常に賛同できるという。特にユニセフのマークなどが入ったのは「（トップスの胸のあたりに）シャネル！と入っているのと同じ感覚。企業名が入っているのと同じ。プラスユニセフだと偽善みたいなのが入るので余計引く。」と述べている。その点について、ユニセフの

ように寄付をしたことでもらえる商品を人にわかるように持っていることについて、「偽善ですね。エゴの感じ。そういう、寄付をしてもらえる商品。ということは、そういう活動をしてますよというのを社会に自分から発信しているところがエゴっぽくて。」とそういった商品を使用している人のイメージを連想している。実際、Aの母親も寄付などの活動を知人などに知られないようにやっていたという。Aは寄付をしていることを他者からみられることについて、「他者からそうみられたくないというのもある。寄付すること自体は全然、偽善感は自分の中にはない。寄付を誰かにいうことが、結局人からどうみられたいかみたいなところに繋がる。自分の中に収めていれば良いことなのに。私は、そういう目でまわりに思われたくない。」という。ここでも陰徳の価値観がみられる。

2-5. 周囲の自己アイデンティティの変化

2-5-1. ソーシャル・プロダクトのコミュニケーション

グループ・インタビューのときにAは善い人にみられたくないといっていた。それについて、Aは善い人にはみられたいけど、自分から進んで善い人であると周囲に伝えなくともよいという。特にオーガニックの化粧品は自分でよい商品だと思ったら教えてあげたいという気持ちはあるという。ただし、Aはこういう商品を買うことは善いことなんだよということだったり。こういう商品の存在を知らない人に、自分から積極的にいうことはしたくない。」という。その理由として、「何でも押し付ける人がすごく嫌だから」という。それをAは「人を選ぶ。響きそうな人には、情報を提供する。『ここで売ってるから、ここで買えるよ』とか、この店に連れて行ったりとか。押し付け。そこまではしないですけど。ある程度、人を選んで、その人が妊娠したら『こういう優しい商品もある』、たぶん知らないだろうけれど興味はあるだろうなという人には教えたり、プレゼントしたりする。妊娠した人にWELEDAの妊娠線クリームをあげる。その程度なら、いやらしくない。」という。

Aはプレゼントとして、ソーシャル・プロダクトを周囲の人に送るのは抵抗がないという。以前、妊婦の友人にWELEDAをあげたときは、その人はその

ブランドを知らなくて、「体にも地球にも優しいブランドだよ」という説明をしたという。そのとき友人は「ふーん」といい、その後は何も聞かれなかったという。Aはその反応をみて、興味があれば買い続けると思ったという。このような商品をプレゼントした背景として、自分で使ってみてよかったからプレゼントしただけであり、特にそれがソーシャル・プロダクトだからという意味はなかったという。

　オーガニック商品とフェアトレード商品の違いについて、Aは「フェアトレードとオーガニックではちょっと違う。フェアトレードの方が敷居が高い。オーガニックは企業が努力して、そういう商品を作っただけ。それを選ぶのは消費者。フェアトレードは、自分から買って、サポートするみたいな。選ぶときも、感覚が違う。オーガニックは買いやすい、あげやすい。皆使いやすい。」という。その理由として、「フェアトレードは何と聞かれて説明すると、深い話になる。全くそういうのを知らない人にはじめてそういう話をすると、特に興味のない人だと溝ができる。たぶん共感度がそんなに得られない。」ことから、オーガニック商品は友人などのプレゼントに良いと述べている。

　Aの周囲にソーシャル・コンシューマーがいるのかという点については、知らないだけかもしれないがあまりいないという。もしそういう人がいたら、ソーシャル・プロダクトに関する情報共有をしたいし、いろいろ教えてもらって、話をしたいという。特に前回のグループ・インタビューに参加して、Aは「あの人たちは凄かったです。私は「ペーペー」だった。長くソーシャル・プロダクトを買っていたり、すごく詳しかった。ああいう方たちが近くにいたら教えてもらいたい。」と前回のインタビューを振り返っている。

2-5-2. ライフコースでの役割

　Aのライフコースでの役割は現在、母親のウェイトが大きいという。特にそれはソーシャル・プロダクトの関係においてである。自分のライフスタイルの中でソーシャル・プロダクトを購入する際には、まず子どもに優しい物を考え、そこから発展して地球にやさしい物を考えるという。その理由は子どもが大人になったときにきれいな地球の方が良いからである。

実際、Aは子どもが大きくなったときに地球環境やフェアトレードのことを教えてあげたいという。それについて、「子どもはまだ小さいが、興味を持ったら教えてあげられるくらいの知識を持っておこうと思う。いろいろ聞かれたときに答えられるように。普段の生活で、身の回りにそういう商品があれば、子どもも自然に興味を持つと思う。興味を持ったら、教えてあげたいと思う。」と述べている。Aは自分自身が母親のそのような影響を受けて育ったので、そう思うのだろう。

2-5-3. 自己アイデンティティと社会貢献への意識

Aは周囲からこだわりを持った人間だと思われているが、本人はこだわりを持っていると思われたくないという。それを自分自身知ったのが子どもが生まれた後であり、義理の母親が子どもにプレゼントを買ってあげようとしたときに「あなたはこだわってる、うるさいから、私が選ぶ物なんて…」といわれたという。そのときの状況について、Aは「そのときはアンパンマンのピアノみたいなのを買ってくれた。私はアンパンマンが嫌い。嫌いで、というか、プラスティックのガチャガチャしたのを子どもに与えたくない。木のぬくもりのある物とかを与えたい面倒くさい母親。それがやっぱり義母にバレていた。『これ良かったら…』みたいな感じで、ひきつりながら『ありがとうございます』といった。いただいたものなので、もちろん使っている。そのときに、私はそういう風に思われているんだ、面倒くさい嫁だなと思って反省した。」という。

その後、Aは子どもが1歳くらいまで義理の母の家で出されるお菓子をAは子どもが食べないように自分で食べたりしていたが、それをやめたという。その理由として、「こだわりたいんですけど、面倒くさい人とこだわり派は、人からみると紙一重。こういうのは全員が理解している商品ではない。だからあまり発信もできないし、結局どうみられたいかに繋がる。面倒くさい人に思われたくない。」からやめたという。

このような経験を踏まえて、Aは「フェアトレード商品なんて危険な、最たるもの。まわりが人間性を形成してしまう。そういう人なんだ、みたいな感じ。まだ。だから気を遣う。ナイーブなアイテム。」と考えている。また、それを選

んでいる自分自身については、「買うことについては良いことをしている、積極的に選ぼう、と思っている。ポジティブに思っている。恥ずかしさはない。知られて面倒くさい人だと思われる可能性があると、隠す。」という。

ソーシャル・プロダクトを購入することで自分自身が社会貢献をしていると感じているかという質問に対して、Aは「多少ですね。買っているときに、ずっとそういう感じはしない。何となく、しているかなぁ？くらいの感じ。安心感もあるし、生産者がみえる。ちゃんとモノ選びをしているな、こだわってるな、みたいなのがある。」と答えた。その後、Aはやはり自分自身はこだわりがある人間であることから、ソーシャル・プロダクトを購入しているといっていた。

3. Cの調査結果

3-1. 自己アイデンティティ構築の起点

3-1-1. 社会的課題への関心

東日本大震災が起こってから、Cの生活は大きく変化したという。まずCは震災の後に電力不足になったことから、節電を心がけるようになったら、「あれば便利だがなくてもいいものがあった」という。それについて、Cは「いらない間接照明とか、日中消してもいい足元の照明はスイッチオフにしている。温水便座も夏は低い温度でつけっぱなしにしていたが切った。前よりも温度設定を低くしたり、暖房冷房の設定の温度を少し緩めにして、前ほどガンガン冷やしたり暖めることがなくなった。」という。

次にCは震災後、ガソリンが一時期なかったことから車の使い方が変わったという。震災以前は車で行ったところも歩いて行ける範囲であれば、震災後は歩いて行くようになったといい、以前よりエネルギーの節約に関する意識が高まったという。

さらにCは電力やエネルギーに意識が向くようになったことで、ゴミに対する意識も変化したという。震災前もゴミを分別し、減らそうとしていたが、震災後はそれらをよりしっかりし、使いきれるものはできる限り使い切るよう心

掛けているという。

　震災後、Ｃは消費面でも大きな変化があったという。Ｃは東北地方の復興支援になるべく協力するようになったという。特に以前はあまり好きではなかったが、「岩手のかもめの玉子」とか「福島のゆべし」を買うようになったという。東北応援の旗がついたワゴンが出ていれば、みかければ買うようにしており、３円とか５円とかいくらかでも「東北に寄付がある」という文言があれば買うようにしているという。

　このようにＣが東日本大震災の復興支援に積極的なのには理由がある。それはＣが阪神・淡路大震災後の５月に大阪に引っ越しをしたからである。当時を振り返り、Ｃは引っ越しをした頃は、まだ阪神高速が復旧しておらず、近くの公園に仮設住宅が数多く残っていたという。Ｃの子どもは豊中市の幼稚園に通うことになったが、震災の被害が大きかった兵庫県宝塚市はまだ幼稚園が復旧していないことから、車で大阪の幼稚園に子どもを連れて来ている人もいたという。

　その当時と現在を比較し、Ｃは以下のように述べている。

「震災が身近だったのに、そのときは特に協力しようと思ったことはなかった。今ほど、そういう商品がなかったと思うが、寄付しようと思ったことがなかった。今回は津波がひどくて連日テレビでみていたし、東京の自分たちの電気のために福島の原発が犠牲になったとか。人ごとでなくて、気持ちが向いている自分がいる。当時より今の方が、社会全体が、困った人が出たら皆で助け合おうとか、支え合おう、絆とか、そういうものがある。豊中にいた頃より社会全体がそういうムードになって、知らず知らずのうちに自分も感化されているところがあるかもしれない。豊中にいたときは、寄付しよう、何かしようということは全然なかった。仮設住宅にいる人をみても胸が痛むとか、そういう気持ちはなかった。今は世の中全体が、そうなっている。自分もそれに影響を受けているのかなと思う。幼稚園でも仮設の人のために何かしようということが全然なかった。寄付金つきの商品もみかけたことはなかった。」

このようにCは社会全体が東北地方の復興支援に向いていて、自分もテレビなどをみているうちに、自然と感化されたと述べている。特にCは寄付つき商品に触れ、阪神・淡路大震災のときはそういったものがなかったが、東日本大震災後はそういった商品が増えたこともその一因になっていると指摘している。

ただし、Cは寄付つき商品を探してまで、購入をしているわけではない。それはあくまでも買い物のついでであるという。Cは応援消費などはイベントの形で行われているのが良いと指摘する。イベントであれば、Cは「何だろう」と思って、行きやすいという。特にCは普通の売り場でなく、イベント的にワゴンに載っていたりすると、東北のほうれん草を買おうと思ったときに、横に東北のブロッコリーがあれば買うつもりがなくても一緒に購入するという。Cにとって復興支援を応援する人は善い人であると認識しているが、Cは自分自身を「自分が自分に対して、恥ずかしくない。自分は善いことをできていると思える。言葉で表すのは難しいが、そんなに深くガチガチに考えているわけではない。」と述べ、あくまでも無理のない範囲でできる限りのことをするのがCにとっての善い人であり、復興支援だと考えている。

3-1-2. 社会的課題解決行動
(1) 寄付をはじめたきっかけ

Cはグループ・インタビューのときにユニセフに寄付をしていたと話していた。そのきっかけは、長女を産んだときに育児雑誌の広告か、子どものお稽古教室でもらったリーフレットにユニセフの活動に関する記事が載っており、カタログを取り寄せたのがきっかけとなった。カタログが届いて中をみてみたら、子どもの指人形とか絵本とか、おもちゃみたいな感じで子どもに遊ばせるもので寄付がついているものが結構あった。子どもを遊ばせるものは買うし、ユニセフで買えば寄付もできて、世界の貧しい子どもたちを助けることができると思って買ったのがソーシャル・プロダクトを購入した最初であるという。

ユニセフについては、Cはまめにクリスマスカードを出しており、ユニセフで寄付金つきのクリスマスカードがあると知ったので、どうせクリスマスカー

ドを出すから今年はユニセフのカードにしようと思ってカタログを請求したという。そこに子どもの絵本とかがあったので、カードと一緒に買った。その後毎年秋になるとユニセフからカタログが来るようになり、数年はそれを利用したという。

それ以前の経験については、Cが小学生や中学生のときに、学校で寄付つきの鉛筆やハガキの案内が配られると母親が必ずそれらを買っていたという。母親は特に社会的課題に関心が高いというわけではないが、案内がくれば、せっかくだから買いましょうということで買っていたという。また仕事をしていた職場でも、そういうものがあれば協力しようということで買っていたという。Cはこれまでを振り返り、「お金で寄付するのでなく、商品を買うと一部が寄付されるというものはなるべく協力していた方だと思う。」と述べている。

子どもが生まれたことがきっかけとなった社会的課題への意識変化の理由について、Cは病院で子どもを産んだときに粉ミルクのセットをもらい、その中に「世界には汚い水のミルクを飲んでいる子どもたちがいる」などのリーフレットが入っていたという。CもAと同様に、病院や小児科では、そういうものに接する機会があったという。そういった情報に触れたことで、Cは自分の子どもたち以外にも目を向けないといけないなと思ったと述べている。母親になると、嫌でもそういうものに触れる機会が増え、独身や子どものいないときよりは考え、接する時間が増えると思うという。

(2) はじめて購入したソーシャル・プロダクトとその経緯

表8-4はCがソーシャル・プロダクトのカテゴリごとにはじめて購入した商

表8-4 はじめて購入したソーシャル・プロダクト

商品タイプ	商品詳細	購入のきっかけ
フェアトレード商品	コーヒー豆	よく豆を買っているお店に、ある日リーフレットと共に置いてあった
オーガニック商品	フェリシモでボディケアのクリーム	オーガニックだからというだけでなく、商品そのものも魅力的だった
環境配慮型商品	トイレットペーパー	スーパーで見かけたため
寄付つき商品	肢体不自由児の協会で出している鉛筆	小学校で申込み用紙を配られたから

品とそのきっかけを示したものである。

　Cが最初に購入したソーシャル・プロダクトは、フェアトレードのコーヒーである。それを買ったきっかけについて、Cは次のように述べている。

> 「お母さんになると、ママ友のグループでフェリシモなどの頒布会をするようになることが多い。公園とか遊び仲間でよくやっている。私がいたグループではフェリシモのカタログを回して頒布会をやっていた。フェリシモには社会貢献的な商品が多くて、フェアトレードのものを扱っていた。あまりほしいものがなくて、フェリシモではこういう活動をしているんだなと知った頃に、よく買うコーヒー豆のお店にフェアトレードの豆があったので、この店なら申し込みもしなくていいし送料もかからないし、買いたいときに買えばいいと思って買った。フェリシモとは別のもの。お店に行ったら置いてあったので、これはフェアトレードだとわかった。フェリシモでフェアトレードのものがあると知っていた。」

　C自身はフェリシモの雑誌は購読して目を通していたが、フェリシモからソーシャル・プロダクトをはじめの頃は買わなかった。その理由は、フェリシモで売られている商品はアフリカの原色の民芸品などのようにあまり欲しい商品と思えるものがなかったからである。またCはフェリシモが昔から、災害があったときに、例えばこれを買うと一部が寄付されるとか、盲導犬の協会に寄付されるというモノが多くて、いろいろそういう商品が載っていたという。そういった商品に関して、ママ友とは「いろいろあるよね」という話はしていたが、Cはそれを買うということはなかったという。

　時系列的にCのソーシャル・プロダクトの購入経験を捉えると、長女が幼稚園に入る2歳の頃にユニセフでポストカードを買うようになり、同時期に公園のママ友のグループでフェリシモを買うようになったという経緯である。その当時、Cは大阪の社宅に住んでおり、社宅のママ友は東京の人が多かったという。その後、子どもが幼稚園や小学校に入ると地域の人たちとグループができ、小学校に上がる前は社宅の中が、まるで人同士が密接に繋がった村のような暮

らしだったという。

その後、夫の転勤で長野県に引っ越し、子ども2人ともにカトリックの幼稚園に入った。カトリック系の幼稚園ということで、そこではバザーやクッキーを焼いて売上を寄付するという活動が年間を通して多くあったという。Cもそれを手伝い、さらには幼稚園でこういうボランティアをするので各クラス何名かを募ると、1年に何回かは「一緒にやろうか」と友人と申し込んでできる範囲でお手伝いをしていた。ただし、Cは幼稚園以外で個人で何かをするということはなかったという。

3-2. ソーシャル・コンサンプションの習慣化

Cがはじめて寄付つき商品を買ったのは、肢体不自由児の協会で寄付金がついているハガキを買ってくださいという広告が雑誌に出ており、自分で申し込みをしてハガキや文房具を買ったという。それ以外にも、筋ジストロフィーの子どもの協会でハガキや文房具を買ったり、盲導犬の協会で商品を買うと盲導犬の協会の寄付になるという広告があって、それも購入をしたという。現在は食料品で寄付つきのお菓子も結構買っているという。Cは寄付つき商品の購入について、「たまたま買っている。どうせ買うものなら寄付金のついているものにしようかなというくらいの感じ。社会に貢献しなくては、という強い気持ちではない。たまたまミネラルウォーターがほしいときに、これでないと嫌というこだわりがあるわけではないので、環境保護のために寄付がいくと書いてあると選ぶ。」と商品の選択基準の1つに寄付があることがわかる。

オーガニック商品については、オーガニック化粧品はケミカルなものが入っていない、自然なものが良いと思い購入をしたという。オーガニック化粧品を買うようになった経緯について、Cは「友だち同士で化粧品の話をしているときに、ここ何年かオーガニック化粧品が話題になることが多いので、オーガニック良いよねという感じで、何々を試したけれど結構良かったとか、良くないとか。自分で探して、口コミで良いといわれたものを試してみたりする。特に社会貢献ということではない。商品が良いから選んでいる。」という。

オーガニック野菜を購入した理由は、商品そのものが良いからだという。

オーガニック野菜を買いはじめたきっかけは、長女が幼稚園に入った頃に社宅に住んでおり、「決まった曜日に業者が配達しているから」と声をかけられてはじめたという。当時、オーガニック野菜が良いと思ったのは、子どもがいることで、できれば添加物がなくて農薬も少ない方が良いと思い有機野菜の配達を頼もうと思ったという。オーガニック野菜の購入の変遷について、Cは以下のようにいっている。

> 「大阪の社宅の近くにヤマギシ会のトラックが来ていて、社宅の先輩奥様方が「ここの有精卵でパンケーキを作るとふんわりして、美味しいのよ」といっていた。ウィンナーも添加物がないし、ちょうど離乳食をしているときで「ヤマギシ会は安心だから良いわよ」といわれた。立ち話をしているときにトラックが来たので、玉子やウィンナーや豆など子どもが食べそうなものを買っていた。その後、ヤマギシ会に問題が出てきたので足が遠のいた。その後、シュガーレディが社宅で流行って、声をかけられた。ちょっと高いけど、添加物がなくて安心なので子どものものだけでもシュガーレディにしてみようと思った。生協とか、社宅の中でグループがあった。声をかけられると主体性なく買っていた。」

その後、Cは長野に住んでいたときは子どもの幼稚園のバス停のママ友から生協を勧められて入会し、オーガニックの化粧品もアトピーであろうママ友から勧められ、1万円以上だと送料無料になるので、1万円になるように皆で買ったりしたという。Cは当時を振り返り、母親であればそういった誘いはコミュニティで必ず一度は遭遇するという。中にはCが怪しいと思い参加しなかったものもあるが、Cは比較的一度は試して自分でそれが良いものかどうか判断する性格だという。

これまでの変遷からわかるように、Cがソーシャル・プロダクトを購入するきっかけとなったのは子どもがその一因となっている。長野に暮らしていたときにCの子どもがカトリックの幼稚園に通っていたことから、Cのボランティア意識が生まれた。その後、子どもが小学校に入ると寄付のついたはがきや鉛

筆の購入申込書が配られたり、アフリカに毛布を送る運動や、家にいらないタオルなどがあったら持ってきてくださいなど、自然といろいろな社会的課題の解決のための活動が自分自身に関係してくるようになる。特に子どもを育てているとそれが途切れなくあることから、C自身忘れることなく常に意識があったのではないかと考えているという。

　Cは自分自身を社会のために何かしなければという使命感があるなど、人よりも意識が強いとは思っていない。それについて、Cは以下のように述べている。

　「道を歩いていて、前の人が転ぶと自然に『大丈夫ですか』と声をかける。知らんぷりして通り過ぎるのはおかしい。『寄付のついているものに協力してもらえないか』といわれれば、普通に起き上がるのを助けるのと同じ。その延長みたいな感じで、いろいろ買っている。全く特別なことという意識はない。」

　つまり、Cにとってソーシャル・プロダクトを購入するという行為自体が自然な行為であると理解することができる。Cは特に自分が無理なことはできないが、無理なくできることはしようと考えているという。

　また、Cはファッション感覚や流行でソーシャル・プロダクトを購入している人に対しては、以下のような見解をしている。

　「流行やファッション感覚で流行ると、興味がない人も軽い気持ちで社会貢献ができるので良いと思う。前にサッカーの中田選手が寄付つきの白いバンドをしていて、ファッション感覚でふざけてるのではないかといっている人もいたが、ファッションで良いと思う。ブランドのエコバッグも流行ったが、エコよりブランドのロゴで買うのでも、何もしないより意識が向くことは良いと思う。おしゃれでも、何でも良いと思う。それで広く浅くお金が集まって、ほしいと思う団体に行くなら良いと思う。」

Cはソーシャル・プロダクトがファッションとして流行することを好意的に捉えている。その理由として、何もしないより、それを購入することで意識が向く方が良いと述べている。またファッションでも何でも、それを消費者が購入することで、広く浅くお金が集まり、そのお金を必要とする団体にお金が行く方が良いと述べている。

現在Cが購入しているソーシャル・プロダクトを示したのが、表8-5である。CもAと同様にすべてのソーシャル・プロダクトのカテゴリで消費をしている。中でも、きっかけのときに話していたフェリシモはとぎれとぎれであるが、現在も時々購入するという。その理由は、フェリシモだから安心でき、雑貨もかわいくみていて楽しいからである。

Cは寄付がついている可愛い雑貨はフェリシモしか知らないという。フェリシモで購入をする際には、「フェリシモは3,000円以上で送料無料なので、欲しいものが2,500円だと、ちょうど手ごろな寄付金つきの手帳とか付箋とかクリップとか、ちまちました雑貨がいろいろあるので、結構買ってしまう。子どものノートとか、子どものものも買う。」という。

3-3. ソーシャル・プロダクトの意味

Cにフェアトレード商品や環境配慮型商品を購入する場所を尋ねたところ、イオンやイトーヨーカ堂で買うという。それについて、Cは以前は自然食の店

表8-5 現在購入しているソーシャル・プロダクト

商品タイプ	商品詳細	購入のきっかけ
フェアトレード商品	チョコレート	チョコレートが好きで普段からよく買うので、その一部をフェアトレードにしている
オーガニック商品	美容オイル、タオル類、石けん	商品そのものが気に入っているから
環境配慮型商品	エコのペットボトル飲料、ノート・トイレットペーパーなど紙製品、詰替ボトルの日用品	ゴミを減らしたい。環境によいこと（守ること）を自分のできる範囲でしたいから
寄付つき商品	森永のお菓子など、フェリシモの寄付つき商品	どうせ買うのであれば少しは自分のできる範囲で協力しようかな、という軽い気持ち

などの専門店に行かないと買うことができなかったが、最近は大手量販店でも買うことができるようになったと指摘する。

以前からCはショッピングモールや駅ビルでウィンドウショッピングをしているとソーシャル・プロダクトの専門店が入っており、そういった店に立ち寄ることが多かったという。オーガニック商品については、現在はインターネットで買うことが多いが、雑貨屋や東急ハンズで買うこともあるという。Cはいろいろなソーシャル・プロダクトを買った経験から、自分の好きなものや合うものがわかってくるようになったという。特にインターネットだと東急ハンズで買うより安くなるので、ポイントが10倍のときに家族用のオーガニックタオルなどをまとめて買ったりしているという。

それ以外にCがオーガニック商品を選ぶ基準を以下のように述べている。

「オーガニックは成分をみて、オーガニックといっていても石油化学系のものが入っていることがあるので、本当にナチュラルなものか。アメリカ、オーストラリア、カナダはオーガニックの基準が厳しいので日本のものより安心かなと思う。ラベルをみて、原産国で大丈夫かなと信用してしまう。」

アメリカ、オーストラリア、カナダなら大丈夫という知識を得たのは、今まで生きてきた中で、自然に知識が入ってきたという。Cは特に誰かに聞いたとかでなく、いろいろ買ったりしているうちに自然に入ってきたという。

そのようなオーガニック商品の中で、Cは1959年からカリフォルニアでオーガニック商品を販売しているJĀSÖNの商品を購入しているという。CがJĀSÖNを選ぶ理由は、自分自身がインターネットで調べたりして、ちゃんとした会社だとわかっているからである。実際、Cはオーガニック商品の中で、これは良い商品だという基準を持っているという。その知識はインターネットの口コミや誰かのブログなどから得たものである。

Cが自分にとっての良い商品を選ぶ際には、実際に店頭に行き、POPに商品説明が書いてあると、それを読んで、そうなんだと思ったら試しに買ってみる

という。それに、「ショップの店員の誰々も使ってます」と愛用者の声が書いてあるとさらに信頼度が増すといい、買ってみようという気持ちが強まるという。しかし、最終的には自分の目でみて良いと思ったり、興味を惹かれたものを買うという。

さらにＣはオーガニック化粧品などは、必ず成分表をみて良いものが入っていると試してみようと思うと買うという。成分表をみて、これはいろいろ入っているなと判断すると買わないという。ただし、Ｃは添加物が入っていると「ダメ」ということはないが、許せる範囲でこれくらいなら良いかと自分で判断して購入することもある。Ｃが気にしている成分とは、化粧品であれば界面活性剤とか石油化学系、シャンプーでもノンシリコンとかオーガニックのシャンプーによく入っている成分が入っていると良い商品であると判断するという。Ｃがこのような買い方をするのには、今まで買い物をしてきた経験と知識も蓄積されて、その中で判断するからだと述べている。

ただし、Ｃの意識では、オーガニック商品を購入する理由は、上述したのと同様に気に入っているから購入しているのであり、社会貢献に繋がっているから購入しているわけではない。もしかしたら、社会に良くないものでも気に入っていれば買っているかもしれないという。

Ｃの自己アイデンティティの関係について、どのような自分でありたいからソーシャル・プロダクトを購入するのかと質問をしたところ、Ｃは「最初にユニセフでポストカードを買ったりしたときに、アフリカの子どもたちの写真をみたときに自分の子どもはもしかしたら巡り合わせであちらに生れ落ちていたかもしれない。」と感じ、それを人ごとではないと思ったことがきっかけであるという。逆にＣは「自分の子どもはたまたま日本の東京のここにいるが、自分が向こう側の人だったかもしれないから、人ごとではないという気持ちがある。」という。

ソーシャル・プロダクトを購入する理由をＣは、何千万円も寄付はできないが、微々たるものでも寄付がついているものなら買えるからだという。特にＣは「世の中は全部回りまわっている。環境で考えると、地球は皆のものだから人ごとでなくて回りまわって自分のところに来る。自分の家の庭をきれいにす

るのと同じ感覚です。アフリカや被災地への寄付がついているものは、自分が出せるものならあげたいという気持ち。」があるという。このようにＣは社会で生じている問題について、素通りしてはいけないという基準を自分自身で設けているという。それがＣにとっては、フェアトレードのコーヒー豆や食品を買うことだという。その一方、Ｃにとってボランティアや高額な寄付、青年海外協力隊などは素通りしてもよいことだという。そのような基準はＣにない基準だという。

　このような基準をＣがどういう経緯で持つようになったかについて質問をしたところ、やはり生きていく中で自然と身についたという。ただＣは子どもの頃から規則をきちんと守る子どもだったことから、性格があるかもしれないという。昔からＣは「人がみているとゴミを捨てず、みていないと捨てるという子どもではなかったし、人がみていてもみてなくても、やってはいけないことはやらないという自制心が強い。」という。

　特に自分の基準が定まってきたのには、子どもを持ったのが大きな影響を与えているという。それについて、Ｃは以下のように述べている。

　　「自分の子どもだけでなく、アフリカの子どもをみても、もしかしたら自分の子どもがあちらに生まれているかもしれない。学校に行けなくて労働している子どもが同じくらいの年齢だと、選んだわけではないのに、たまたま生まれ落ちた環境で人生が変わる。人ごとではない。自分もそういうところに生まれれば、一生ゴミの山から出られない人になったかもしれない。そうなると人ごとではない気がする。」

　この発言から判断すると、Ｃは自分の子どもだけではなく、自分のこともアフリカの貧困で苦しむ人たちに自己投影していると判断できる。それを踏まえると、Ｃはメディアなどを通じて知った社会的課題に対して、自分と関連するような課題であれば、それに対して自己投影してその課題を考える性格だと理解できる。

　しかし、Ｃはそれは何度もいっているように自然とそう考えるようになった

のだという。例えば、社会貢献や社会的責任という言葉について、Cは「貢献というと、人からいわれるのでなく自分の中から出てくるもの。自発的に、やりたいからしている。責任を果たすというと、学校の先生や親にいわれる。能動的というより人からいわれて嫌々している感じがする。響きが良くない。」と述べ、あくまでも自然にそういったことをするのがCにとっては良いと主張する。

3-4. 抵抗による自己アイデンティティの構築

　当初は買っていたユニセフであるが、現在はユニセフからソーシャル・プロダクトを絶対に買わないと決めているという。その理由として、Cは以下のように述べている。

　　「昔はユニセフくらいしかなかったが、私たちが一生懸命ポストカードを買っても、何十億かけて自社ビルを建てたことがあった。私たちのお金で、この建物を建てたの？！と思って引いた。震災のときもユニセフの寄付金が全部団体などに行っているわけではなくて怪しいという週刊誌の記事があった。私たちが使ってほしいと思っていたお金が、そういうところに行っていなかったのかという気持ちが出てきたので、ユニセフは一切協力しないと思っている。ポーチでもユニセフのマークがバ～ンとついていて持ち歩けない。その頃は社会貢献するためにはユニセフくらいしかなかったが、最終的にはゴミになってしまう。私たちが買ったお金も立派な建物に使われてしまう。」

　このようにCにとってユニセフは、頑張って続けてきたソーシャル・プロダクトの購入が裏切られたと思うことから、絶対に買わないと決めたのだろう。特に当初、ユニセフから商品を購入していた理由を以下のように述べている。

　　「寄付をしようと思うと、その頃はユニセフ以外になかった。最初ユニセフで買いはじめたときはエコマークなどがなかったので、無駄なものを買

う罪悪感が今より薄かった。不要なものを買うことに意識が向いていなかった。今はゴミも厳しいし、無駄なものを買って出すというのは環境に良くないと刷り込まれている。無駄なものを買って寄付するのは良くないなという思いはある。食品は消えてしまうので、寄付があってもなくても家で消費するから一番手を出しやすいのは食品。」

　Cは当時を振り返り、ユニセフへの支援の方がウェイトが大きく、無駄なものを買っていたという。現在は必要のない物を買ってしまうと、それが結局ゴミとなり、その分環境に悪いと反省をしている。それらを踏まえ、寄付つき商品は、グループ・インタビューで述べていた食品のような「消え物が良い」と主張している。

3-5. 周囲の自己アイデンティティの変化

　ソーシャル・プロダクトに関する情報について、Cは友人と情報交換をしているという。特に友人とは化粧品はオーガニックが良いとかは話すと述べている。Cの現在の友人は、長女の高校の同級生の母親や次女の部活で一緒の母親たち、昔社宅で一緒だった人たちと一緒に食事に行ったり、買い物に行ったり、集まったりしたときにそういった話が出ることがあるという。集まったときにお茶を飲みながら、「こんなオーガニックのコスメがいいよ」とか、コーヒーが好きな人と買っているお店や、どこのコーヒーがおいしいとかを話しの流れで、Cから話すこともあるという。このようなママ友について、Cは今はママ友はいないという。その理由は付き合い当初はママ友だったが、彼女たちは現在はCの友人であるという。

　上述したオーガニック化粧品の成分に関する知識は、そういった友人から得ることが多いという。特にシャンプーについては、オーガニックシャンプーが好きな友人がいて、その人は「しゃんぷー大学」というサイトを日々チェックして、いろいろ教えてくれるという。友人の中には薬に詳しい友人もおり、皆で集まってランチをすると、それぞれに得意分野があるので井戸端会議的な中でいろいろな知識を得ることが多いという。

Cは自身や子どもにとって、小学校などの募金などは、子どもは親への伝達役であり、親が募金を用意したら提出するだけであるという。ただし、Cは子どもと社会的課題については、テレビをみながら、以下のような話をしたのが印象的だったと述べている。

「NHKのドキュメンタリーを子どもと一緒にみることがあって、可哀相だねとか、えらいねという話しをしたことはあった。エジプトの子どもが朝真っ暗なうちから荷車に乗せられて花畑に連れて行かれて香水の香料の元のバラの花を積む作業をする。朝花が咲く前に摘まないといけなくて、子どもの柔らかい小さい手だと花を傷つけない。学校に行かせてもらえずに、イブサンローランやディオールの持っている花畑で花を摘んでいる。その香水が私たちのところにくるというドキュメンタリー番組を観て、子どもとこういう仕組みになっていたんだねといろいろ話をした。小学生の頃だと思うが、未だに話をするので印象に残ったのかなと思う。花を摘んでいる子どもも同じ年くらいだったと思う。その頃子どもがいろいろお稽古もしていて「行きたくない」というときもあったが「学びたくても学校に行かせてもらえない子もいるんだからいろいろできるのは幸せだと思いなさい」と説教じみた話をした。世界にはこういう子もいるんだから、贅沢をいってはダメと話した。」

この発言内容から判断すると、Cは社会的課題の解決に関する番組をみることを通じて、子どもに自分が置かれている環境の良さを伝えるのと同時に、貧困で苦しむ子どもたちと自分を比較して考えるという教育を行なっている。このようにCは日々のテレビで放送されるニュースやドキュメンタリーをみて、いつも自分なりに感じることや考えることがあるという。結婚をした時はそのような意識の変化がなかったが、子どもが生まれてからそのような意識が大きく変化したという。上述したように、Cは子どもが生まれてからは専業主婦をしており、Cは「公園」や「バス停」、「社宅」、「お砂場」などで子どもを遊ばせながら、他の母親といろいろ話をしたり、グループに誘われたり頒布会に誘わ

れたりした。Cはそういった他者とのかかわりを通じて、社会的課題やソーシャル・プロダクトに関する知識を獲得していったのだろう。Cは自然と知るようになってきたとはいっていたものの、多様な他者とのコミュニケーションを通じて知識を獲得していったという面が多いのも事実であろう。

4. ディスカッションと定量分析のためのモデル構築

4-1. ディスカッション
4-1-1. 自己アイデンティティ構築の起点
　より詳細にソーシャル・コンシューマーを理解するために、グループ・インタビューに参加した中から、東日本大震災以前からの現在のソーシャル・コンシューマー2名を選び、調査を実施した。まずAとCが現在のソーシャル・コンシューマーである背景には、母親の存在がある。母親が寄付やソーシャル・プロダクトの購入をしていたことが、その娘であるAとCにある意味、遺伝したと理解することができる。次にはじめて買ったソーシャル・プロダクトとその経緯について、Aはフェアトレード商品を購入するきっかけは、留学をしたというライフイベントが影響を与えていた。一方、Cは子どもの育児というライフイベントと友人という周囲の存在がオーガニック商品を購入しはじめた背景にあると理解することができる。

　寄付をはじめたきっかけについて、Aは母親が寄付をやっていたことから、自分も郵貯ボランティア貯金に口座を設ける形で寄付をはじめていた。またソーシャル・プロダクトをはじめて購入したのも母親がフェリシモをやっており、それをみて、一緒に購入をしたのがきっかけだったという。特にAの母親はソーシャル・プロダクトを購入することが社会的課題の解決に繋がることを説明してくれたという。

　一方、Cの母親もCが小学校で寄付つきの鉛筆やはがきの販売案内が来ると、必ず購入していたという。特にCの母親は、寄付より、寄付つき商品の方を積極的に行なっていたと発言していた。またCには、妊娠というライフイベ

ントも自身の寄付に影響を与えていた。特に育児雑誌などを通じてユニセフを知り、寄付つき商品を購入していたという。

　はじめて買ったソーシャル・プロダクトとその経緯について、A はフェアトレード商品を知り、購入するきっかけとなったのが、デンマークへの留学であった。留学したことで世界中の人々と接してフェアトレードを知り、デンマークのスーパーなどでそれを購入したことがきっかけとなっている。つまり、A がフェアトレード商品を購入するきっかけは、留学をしたというライフイベントが影響を与えていたと理解することができる。

　一方、C ははじめて購入したオーガニック商品について発言があった。オーガニック商品の中でも化粧品は、友だちとの相互作用の中でそれを買うようになったと発言している。またオーガニック野菜は子どもの安心した野菜を食べさせたいことと、当時住んでいた社宅の友人に勧められてそれを購入しはじめたと発言していた。このことから、C は育児というライフイベントと友人という周囲の存在がオーガニック商品を購入しはじめた背景にあると理解することができる。

　また 2 人がソーシャル・コンシューマーに至るまでのプロセスでは、A と C は母親、さらに A はデンマークへの留学がそのきっかけとなっていた。これは母親が実践していた消費を通じて社会的課題を解決するという行動が、2 人の規範になっているとも解釈することができる。その規範を作り出したのは、母親であり、さらに A は留学である。先行研究では、社会に存在する判断や行動の基準である社会的規範を命令的規範（injunctive norm）と記述的規範（descriptive norm）から構成されるとして、TPB に組み込まれている（White, Smith, Terry, Greenslade and McKimme, 2009）。Cialdini, Reno and Kallgren（1990）によると、命令的規範とは集団の重要な人たちが自分にどのような態度や行動を期待しているかを意味している。一方、記述的規範とは、ある状況で集団に人々がとる主要な行動様式を意味している。これを踏まえて、A と C の発言の意味を解釈すると、A はデンマークに留学したことで記述的規範が形成された一方、C は家族の中の母親が命令的規範を C に知覚させたのであった。つまり、本研究では、それら 2 つの規範が購買意図に影響を与えると仮定することができよ

う。

4-1-2. 自己アイデンティティの習慣化

　現在、購入しているソーシャル・プロダクトについて、Aは無印良品で子どもなどのオーガニックの衣料品をよく購入すると発言していた。それ以外にもオーガニックの化粧品やシャンプーなどを使用している。Aはそういった化粧品などを購入するときには、インターネットなどを利用して調べ、実際にお店に行って、試してからそれを購入するというプロセスでそれを購入している。Aにとってそういったソーシャル・プロダクトを購入することは、習慣化している。

　Cもソーシャル・プロダクトを購入することが習慣化している。特にフェリシモについては、もう長年、雑貨を買い続けていた。それだけではなく、Cはよくウィンドウショッピングをし、そのときにオーガニック商品やフェアトレード商品を扱っているお店によく入るとも発言している。中でも、化粧品などのオーガニック商品を購入する際には、その生産国や成分表をみて、購入するかを決定している。オーガニック商品の評価ができるようになったのは、インターネットで調べたり、友だちから話を聞いたりして、その知識を得ていた。特にCの友だちには、シャンプーの知識が豊富な人など、それぞれの商品ごとにこだわりを持った人が多いと述べていた。

　このようにソーシャル・コンシューマーにとってソーシャル・プロダクトの購入は、習慣化していることがデプス・インタビューを通して明らかとなった。例えば、AとCは化粧品のブランドをいろいろ試しているが、それはオーガニックの化粧品のものから選択している。つまり、化粧品を購入するときは、オーガニックのものから選ぶという習慣が身に付いている。習慣をTPBに加えることは先行研究でも検討されている（Conner and Armitage, 1998）。

　ライフイベントによる自己アイデンティティの変化として、Aは留学と妊娠、出産、育児、東日本大震災というライフイベントがAのソーシャル・コンサンプションに影響を与えていた。中でも、Aは妊娠を経緯にフェアトレード商品からオーガニック商品にソーシャル・プロダクトのカテゴリが変化し、自分自

身が興味のあるソーシャル・プロダクトが新たな選択肢として増えたと発言していた。また東日本大震災は留学で海外に向いていた眼を国内に向けさせ、応援消費などを積極的に行なうようになったとも発言をしていた。

一方、Ｃは妊娠、出産、育児（子どもの進学）、東日本大震災というライフイベントがＣのソーシャル・コンサンプションに影響を与えていた。中でも、Ｃに大きな自己アイデンティティの変化をもたらしたのが、子どもの幼稚園や小学校への進学である。子どもの幼稚園では、カトリック系の幼稚園であったことから、Ｃはボランティアに参加したり、寄付つき商品などを進んで購入したりするようになった。幼稚園へ通うバス乗り場では、ママ友から生協やオーガニックの化粧品を勧められ、ときによってはそれを購入したりしていた。デプス・インタビューを通じて、そのようなきっかけとなる場は、公園やバス停、社宅、お砂場などであることが明らかとなった。またＣは子どもとNHKのドキュメンタリー番組で児童労働を特集していたときに、子どもとそれをみてフェアトレードの重要性を説明している。この点については、まだ子どもが小さいＡも、子どもが大きくなったらフェアトレードなどのことを教えてあげたいと発言していた。つまり、Ｃの母親と似た行動であり、Ｃの子どもはソーシャル・コンシューマーになる可能性が高いとも理解できよう。またＡもその可能性が高いと推測できよう。

さらにＣは東日本大震災後は、エネルギーの節約に努めるようになったと発言をしていた。必要のない照明はスイッチを切り、歩いて行けるところは車を使わなくなり、ゴミの分別を徹底し、できる限りゴミを出さないというさまざまな行動変化があった。このようなＣの行動変化は、Shaw and Newholm (2002) のいうエシカル・シンプリファーの消費行動と類似する。ボランタリー・シンプリシティを実践するエシカル・コンシューマーとは、倫理的な視点から自発的に消費のレベルを落とす消費者のことである。Ｃも東日本大震災が契機となり、エネルギー消費という面でこれまでの消費のレベルを落としていると理解できる。

またＣは阪神・淡路大震災直後に大阪に引っ越し、当時何もできなかった経験から、応援消費を積極的に行なうという変化もあった。特にＣは阪神・淡路

大震災後と東日本大震災後を比較して、復興支援のための商品が増えたと社会全体の変化も指摘している。

　AとCはさまざまなライフイベントを経て、現在のソーシャル・コンシューマーになっていることがよく理解できる。ライフイベントはそれほど消費者を変化させる大きな要因となるわけであり、ライフイベントの際にソーシャル・プロダクトを購入させるきっかけを作り出すのも、ソーシャル・プロダクトを製造・販売している企業のマーケティング活動の1つとなることも示唆されるだろう。

　自己アイデンティティには、AとCは対照的であった。Aは自分自身を周囲からこだわりを持った人間だと思われている。そういった指摘を汲んで、Aは面倒くさい人だと思われないように努力をしている。そのことから、ソーシャル・プロダクトに関する情報発信を積極的にしない。ただし、ソーシャル・プロダクトを購入する自分自身に対しては、買うことで善いことをしていると認識しており、多少は社会貢献をしている意識があると述べていた。

　一方、Cはソーシャル・コンシューマーである自分を自身のライフコースが、自然と自分をソーシャル・コンシューマーにさせたと述べていた。特に社会貢献への意識について、Cは社会で生じている問題について、素通りしてはいけないという基準を自分自身で設けている。それがCにとっては、ソーシャル・プロダクトを購入することであり、ボランティアや高額な寄付、青年海外協力隊などはCのその基準の中には入っていない。このような基準ができたのは、自然と身についたと発言している。ただ、そういった基準が定まっていったのは、子どもが大きな影響を与えていると述べている。特にCは社会貢献や社会的責任を「貢献というと、人からいわれるのでなく自分の中から出てくるもの。自発的に、やりたいからしている。責任を果たすというと、学校の先生や親にいわれる。能動的というより人からいわれて嫌々している感じがする。響きが良くない。」とその意識を述べている。

4-1-3. 抵抗による自己アイデンティティの構築

　懐疑的思考については、AとCともにソーシャル・プロダクトに関する知識

が少ないときには、ソーシャル・プロダクトを懐疑的に捉えていた。特にソーシャル・プロダクトを懐疑的に捉えさせたのは、ソーシャル・プロダクトを製造・販売する団体であった。Aは留学から帰国し、フェアトレード商品を販売する店舗が宗教団体的だったからだという。特に帰国したときにニュースなどで、フェアトレードをうたった詐欺事件をみたと述べている。それに影響され、帰国当初はフェアトレード商品を購入するのをためらっていた。ただし、その後、日本でもフェアトレード商品を販売する店舗が増え、自分自身もそれについて学習したことから、現在も懐疑的には捉えてしまうが、それを判断する知識を身に着けたと述べている。

一方、Cも同じくヤマギシ会やママ友の勧誘が、ソーシャル・プロダクトを懐疑的に捉えていた背景にある。その後、Cは、上述したようにオーガニックの化粧品であれば、その成分表をみて商品の良し悪しを判断できるまでに知識が豊富となった。つまり、知識が豊富でも懐疑的な見方はなくならないが、ソーシャル・プロダクトを懐疑的に捉える程度は知識量と反比例すると判断することができる。

4-1-4. 周囲の自己アイデンティティの変化

ソーシャル・プロダクトと周囲・情報源については、AとCは対照的である。Aはソーシャル・プロダクトについて友人などと話はしないと述べていた。情報源については、上述したようにインターネットがその中心となっていた。その一方で、Cは友人とソーシャル・プロダクトの話をよくする。上述したように、Cはオーガニック商品やフェアトレード商品については、それぞれについて知識の豊富な友人がおり、その人たちからいろいろな情報を得ていると発言していた。特にCがソーシャル・プロダクトの情報交換をする友人は昔のママ友である現在の友人が多いと述べていた。

このような違いは2人のライフコースの長さと関連すると考えることができる。Aは33歳で1歳の長女がいる。一方、Cは46歳で19歳の長女と17歳の次女がいる。Cのママ友はすでに子どもの幼稚園にはじまり、それは長女の高校時代のママ友までその範囲は広い。特にCが付き合いの長いママ友がいる

ということは、すでに子どもを介したママ友ではなく、本人もCの友人と述べており、長年の間柄、いろいろな話をすることができるのだろう。そのようなCのライフコースを考えると、Aはまだそのはじめの段階にいるのであり、今後、Aの子どもが小学校、中学校に行くにつれ、Cのようにママ友からソーシャル・プロダクトの話ができる友人が生まれてくる可能性もある。

4-2. 定量研究への示唆

4-2-1. 消費者のセグメント化の方法

　グループ・インタビューでは、まずソーシャル・コンサンプションとシビック・アクションによる社会的課題解決行動の頻度を用いて、消費者をスクリーニングし、それを実践度によって、インタビュー参加者を選択した。当初の予定では、第5章および第6章の分析結果に基づいて、消費者を社会的課題解決行動の実践度の高い現在のソーシャル・コンシューマー層と、中程度で実践している潜在的ソーシャル・コンシューマー層、実践度の低い無関心層から構成されると想定していた。

　そのため、上述したようにグループ・インタビューは、ソーシャル・コンサンプションの実施回数が1～5回の消費者に対しても実施をした。グループ・インタビューの結果、明らかとなったのは、現在のソーシャル・コンシューマー層はソーシャル・コンサンプションの実践度が特に高い一方、潜在的ソーシャル・コンシューマー層は無関心層とそれほど変わらないという点である。特に現在のソーシャル・コンシューマー層の中でも、東日本大震災以前からと以後とでは、ソーシャル・プロダクトの購入経験に大きな差があった。

　このような結果を踏まえると、次章で実施する定量分析では、これまで実施した細分化とは異なる方法を採用した方が、日本のソーシャル・コンシューマーとそうではない消費者の実態をより正確に捉えることができる。つまり、定量調査の結果を分析する際には、3つの層に分けて分析を実施するよりも、社会的課題解決行動の実践度の高低の2つの層に分けて比較をした方が、その違いをより理解できるということが示唆されよう。

4-2-2. 自己アイデンティティと習慣

　定性調査では、動態的に一般的な消費者がソーシャル・コンシューマーになるまでのプロセスを検討するに際して、ソーシャル・コンシューマーとしての自己アイデンティティに注目して分析を行なった。上述したように、ソーシャル・コンシューマーの意思決定要因を検討した先行研究では、その1つとして、自己アイデンティティが用いられていた（Sparks and Shepherd, 1992；Shaw, Shiu and Clarke, 2000；Shaw and Shiu, 2003）。

　調査を通じて共通した発見事項として、ソーシャル・プロダクトを購入することは周囲に敢えていうことではないという発言が4グループ共通してあげられていた。中には、ソーシャル・プロダクトを購入しているソーシャル・コンシューマーを偽善者だと発言する参加者もいた。またソーシャル・プロダクトを購入することは、自己満足であるとも述べていた。上述したように、このような発言をする背景には、日本の陰徳文化が影響していると考えることができる。

　しかし、震災以前からのソーシャル・コンシューマーには参加者すべての生活の一部にソーシャル・プロダクトが組み込まれていた。特にデプス・インタビューでCは、ソーシャル・プロダクトを購入する行為を、道で人が倒れているときに声をかけるのと同じだと発言していたことをふまえると、現在のソーシャル・コンシューマーには自己アイデンティティが確立していると判断できる。インタビューに参加した震災以前からの現在のソーシャル・コンシューマーの中には、子どものときに母親がソーシャル・プロダクトを購入しており、ソーシャル・プロダクトを購入する意味などを聞いていた参加者もいた。そのような現在のソーシャル・コンシューマーは妊娠や出産、育児といったライフイベント以前から、ソーシャル・プロダクトを購入するという自己アイデンティティが確立しているとも考えることができる。

　またこのような消費者は、日常の消費生活において、ソーシャル・プロダクトを購入することが習慣化しているとも考えることができる。実際、ソーシャル・コンサンプションの意味に関する先行研究では、ソーシャル・コンサンプションの習慣化のプロセスが検討されており、本書の定性調査でも、それを検

討した。

　以上を踏まえて、定量調査を実施する際には、自己アイデンティティと習慣に関する質問項目を加えることで、分析モデルに新たな潜在変数とする。

4-2-3. 記述的規範と命令的規範、倫理的義務としての世間

　インタビュー調査では、先行研究とは異なり、多くのソーシャル・コンシューマーがソーシャル・プロダクトを購入していると敢えて周囲にはいわないと発言していた。これは第3章で寄付つき商品の分析モデルを検討した際に考察した、陰徳文化が消費者にも影響を与えていると考えられる。このような日本独自の概念を理解するために、本書では「世間」(阿部, 1995；井上, 2007；中村, 2011)に着目する。井上 (2007) によると、人間の生活は、「文化」と呼ばれるさまざまな行動様式に従って営まれており、社会的に一般化された行動様式は「社会的規範」と呼ばれるという。この社会的規範は、社会的事実として、人間の行動を「外側から」規制するのと同時に、心理的事実として、人間の行動を「内側」からも規制している。それを踏まえて、井上 (2007) は、世間は個人にとって客観的に存在する社会的規範と個人の内なる規範意識との関わりあう領域に関連すると指摘している。

　井上 (2007) によると、世間を学術的に捉えると、それは準拠集団として理解できるという。準拠集団とは、自分の態度や行動を決定する拠り所となる集団である。井上 (2007) は続けて、準拠集団としての世間を区別する基準が、「ウチ」と「ソト」であり、世間はその2つの間に存在すると指摘している。つまり、日本人にとって、「ウチ」とは身内や仲間内を意味する一方、「ソト」とは他人やよその人を意味するのである。その間に世間があり、世間には「ウチ」に近い「狭い世間」と「ソト」に近い「広い世間」があるという (井上, 2007)。

　このような日本人独自の世間観は、ソーシャル・プロダクトの購入にいかなる影響を与えるのか。インタビュー調査では、ソーシャル・プロダクトの購入を「周り」に話したり、勧めたくないという発言が多くあった。現在のソーシャル・コンシューマー層と潜在的ソーシャル・コンシューマー層の両方が、「周り」という言葉を使っていた。この発言を上述した世間に置き換えると、「周り」は

どの範囲なのだろうか。ソーシャル・コンシューマーの発言していた「周り」の範囲を検討することは、今後日本社会でソーシャル・プロダクトがどのように普及していくのかと関連する。一般的な商品の普及では、口コミが大きな影響を与えると指摘されている（宮田・池田編, 2008；濱岡・里村, 2009）。しかし、ソーシャル・プロダクトについては、「周り」とソーシャル・プロダクトに関する話を敢えてしないという口コミが生じづらい状況となっている。つまり、ソーシャル・コンシューマーのいう「周り」の範囲を理解することで、ソーシャル・プロダクトを社会に普及させていくためのヒントを得ることができるのである。

　また、井上（2007）が指摘していたように、世間は社会的規範と関連している。この点について、ソーシャル・コンシューマーの意思決定プロセスに関する研究では、主観的規範が用いられている。主観的規範とは、ソーシャル・プロダクトに関連していえば、「周囲は、私がソーシャル・プロダクトを買うべきだと思っている」ということを意味しており、井上（2007）の個人の内なる規範意識に該当する。

　しかし、先行研究では、必ずしも主観的規範が用いられている訳ではない。例えば、環境配慮行動を扱った研究では、主観的規範の代わりに、Taylor and Todd（1995）は内的規範の信念と外的規範の信念からなる潜在的規範、Minton and Rose（1997）は命令的規範と個人的規範、Guido, Prete, Peluso, Maloumby-Baka and Buffa（2010）は道徳的規範を用いている。その中でも、Cialdini Reno and Kallgren（1990）は、社会的規範は記述的規範と命令的規範から捉えることができると述べている。記述的規範とは、多くの人が実際に行動するであろうという知覚に基づく規範である。一方、命令的規範とは、多くの人が望ましいと評価するであろうという知覚に基づく規範である。Ohtomo and Hirose（2007）は、Cialdini Reno and Kallgren（1990）に基づいて、日本人を対象とした環境配慮行動を検討している。分析の結果、記述的規範は行動受容（behavioral willingness）、命令的規範は行動意図にそれぞれ影響を与えると指摘している。次章の定量調査では、主観的規範に変わり、記述的規範と命令的規範を用いる。

その一方、個人にとって客観的に存在する社会的規範は、先行研究では倫理的義務が用いられている。倫理的義務とは、Kurland（1995）によると、個人に内在化された倫理的規則であり、善悪についての個人の信念に影響を与えると指摘している。Sparks, Shepherd and Frewer（1995）やShaw and Clarke（1999）、Shaw, Shiu and Clarke（2000）、Shaw and Shiu（2003）では、倫理的義務が購買意図に影響を与えると指摘している。それを踏まえ、次章の定量分析では、倫理的義務を用いる。

4-2-4. 応援消費

本書では、第2章の表2-7「個人の社会的課題解決行動の類型」で示したようにソーシャル・コンサンプションとして応援消費を用いる。応援消費は、自然災害などで被災した被災地の商品を進んで購入したり、直接被災地に行って消費を行なう形で復興を支援する、新たな日本独自のソーシャル・コンサンプションの1つの類型であると考えることができる。

実際、インタビュー調査でも、ほとんどの参加者が応援消費を実施しており、そのような復興支援のスタイルに良い態度を示していた。東日本大震災以降、例えば熊本地震でも、同様の応援消費が数多く行なわれた。それを踏まえると、消費者は環境配慮型商品や寄付つき商品と同様にソーシャル・コンシューマーもそのような消費をしているはずである。そのため、次章で行なう定量分析では、環境配慮型商品と寄付つき商品に加えて、応援消費の意思決定要因も検討する。

4-2-5. 定量調査の分析モデル

以上を踏まえて、次章で行なう定量調査の分析モデルを提示する。それは「行動に対する態度」と「記述的規範」、「命令的規範」、「有効性評価」、「入手可能性評価」、「自己アイデンティティ」、「倫理的義務」、「習慣」、「懐疑的思考」が「購買意図」に影響を与えるということを仮定したモデルである（図8-1）。また、このモデルを用いて、環境配慮型商品と寄付つき商品、応援消費の消費者の意思決定要因を検討する。

図 8-1　定量調査の分析モデル

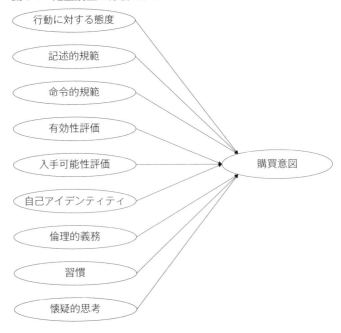

注

(55)　ゆうちょボランティア預金とは、通常貯金および通常貯蓄貯金の利子のうち、税引後の 20%相当額（1 円未満切り捨て）が寄附金となる。その寄付金は「ゆうちょ・JICA ボランティア基金」に取りまとめられたうえで、他の寄附金とあわせて「世界の人びとのための JICA 基金」（略称：JICA 基金）を通じて、開発途上国・地域の生活向上や環境保全に活用されるものである。詳細は、ゆうちょ銀行（https://www.jp-bank.japanpost.jp/aboutus/activity/fukusi/abt_act_fk_volunteer.html）を参照。

第 IV 部

混合研究法によるソーシャル・コンシューマーの理解

要約

　第IV部では、これまで行なってきた定量および定性の両調査手法を組み合わせた混合研究法を用いて、ソーシャル・コンシューマーを多面的に理解する。具体的には、これまで行なった分析結果を踏まえた新たな分析モデルを用いて、アンケート調査による定量分析を行なう。その上で、第7章と第8章で実施した定性調査の結果を用いて、定量分析の結果の意味を解釈する。

―――― 第 **9** 章 ――――

どのようにしてソーシャル・プロダクトを購入し、なぜ消費を通じて社会的課題を解決するのか？

　本章では、まず定量分析を用いて第 6 章の分析で用いた環境配慮型商品と寄付つき商品、それに加えて応援消費の意思決定要因を明らかにし、その違いを検討する。その上で定量分析で得られた結果を第 7 章・第 8 章の内容をもとに定性分析を実施する。

1. 調査概要

　調査手順は、プレ調査（日本全国 47 都道府県の 20～69 歳の男女 226 名）を実施した上で、質問項目のワーディングを修正し、2014 年 1 月に本調査を実施した。調査は株式会社インテージに依頼し、日本全国 47 都道府県の 20～69 歳の男女を対象として、年齢は 10 歳ごとに区切り、男女比を均等に割り付けたインターネットによる質問票調査を実施した。

　質問項目は、先行研究に基づいて作成をした。行動に対する態度と記述的規範は Taylor and Todd（1995）、命令的規範は Smith, Terry, Manstead, Louis, Kotterman and Wolfs（2008）、有効性評価は Ellen, Wiener and Cobb-Walgren（1991）、入手可能性評価は Vermeir and Verbeke（2007）、自己アイデンティティは Whitmarsh and O'Neill（2010）、倫理的義務は Shaw, Shiu and Clarke（2000）、懐疑的思考は Mohr, Webb and Ellen（1998）、購買意図は Ajzen and Madden（1986）を参考にした。習慣については、定性調査の結果をもとに作成した。項目についての質問の選択肢は、「全くあてはまる」から「全くあてはまらない」

の7点尺度とした。過去の行動は、第5章を参考にして、東日本大震災以降（2011年3月11日）から調査実施日までに実際に行なった回数を入力してもらった。

2,249名から返答を得たうちで、同一内容を肯定文で尋ねた質問と否定文で尋ねた質問に矛盾した回答者を除外し、1,121サンプルを分析に使用した。サンプルの属性は49.8%が男性、59.8%が既婚者（離別、死別を除く）で、37.4%に子どもがおり、68.4%が高校卒業以降の教育を受けていて、年齢の平均が45.9歳（範囲は20〜69歳）であった。

2. 全体分析

2-1. 環境配慮型商品

すべてのサンプルを用いた全体分析では、商品別に因子分析を実施した上で共分散構造分析を実施した。因子分析では、因子の選定には主因子法を、軸の回転はKaiserの正規化を伴うプロマックス回転を用いた（表9-1）。分析では、「行動に対する態度」と「記述的規範」、「命令的規範」、「有効性評価」、「入手可能性評価」、「自己アイデンティティ」、「倫理的義務」、「習慣」、「懐疑的思考」が「購買意図」に影響を与えるというモデルを想定していた。しかし、記述的規範と命令的規範、自己アイデンティティと倫理的義務はそれぞれ1つの因子にまとまる結果となった。そのことから、「記述的規範」と「命令的規範」から構成される因子を「主観的規範」、自己アイデンティティと「倫理的義務」から構成される因子を「社会的責任」と命名した。なお、因子の選定基準は因子負荷量が.40以上とした。

2-2. 寄付つき商品

寄付つき商品でも環境配慮型商品と同じ方法で因子分析を実施した。その結果、因子数は環境配慮型商品と同様に8つとなった（表9-2）。寄付つき商品の因子分析では、「私は寄付つき商品を買うタイプの消費者である」の因子負荷量

第9章 どのようにしてソーシャル・プロダクトを購入し、なぜ消費を通じて社会的課題を解決するのか？ 263

表9-1 環境配慮型商品の因子分析結果

	主観的規範	社会的責任	懐疑的思考	習慣	入手可能性評価	購買意図	行動に対する態度	有効性評価
家族は、私が環境配慮型商品を買うべきだと思っている	0.69	0.07	0.02	0.01	-0.02	0.00	0.24	-0.05
友人・知人は、私が環境配慮型商品を買うべきだと思っている	0.83	0.04	0.07	0.06	-0.04	-0.03	0.05	-0.03
世間は、私が環境配慮型商品を買うべきだと思っている	0.81	0.15	0.05	-0.01	-0.01	-0.06	-0.08	0.05
私は、家族が環境配慮型商品を買っていると思う	0.75	-0.01	-0.05	0.07	0.01	0.09	-0.01	-0.02
私は、友人・知人が環境配慮型商品を買っていると思う	0.93	-0.09	-0.04	-0.01	0.03	0.02	-0.01	-0.05
私は、世間が環境配慮型商品を買っていると思う	0.73	-0.04	-0.09	-0.14	0.07	-0.03	-0.03	0.15
私は環境配慮に関心があるほうだ	-0.03	0.65	-0.01	-0.06	0.04	0.10	0.23	-0.03
私は環境配慮に責任感があるほうだ	0.07	0.91	0.03	0.03	0.04	0.01	-0.10	-0.08
消費をするとき、私は環境配慮を意識するほうだ	0.03	0.74	-0.01	0.11	-0.03	0.05	0.07	-0.07
私は環境配慮型商品を買うタイプの消費者である	0.04	0.49	-0.04	0.29	0.03	0.04	0.14	-0.07
私は環境問題の解決に少しでも役に立ちたいと感じる	-0.13	0.72	-0.06	-0.23	0.04	0.04	0.23	0.11
私は環境問題の解決を支援することに責任を感じる	0.02	0.99	0.03	0.03	-0.04	-0.05	-0.15	0.06
私は環境に配慮した消費をする責任があると感じる	0.05	0.91	-0.02	0.02	-0.03	-0.06	-0.10	0.06
広告やパッケージにある、環境に配慮しているというメッセージを私は信じている	0.01	-0.08	0.64	-0.11	0.00	0.07	-0.01	-0.17
広告やパッケージにある、環境に配慮しているというメッセージは本当ではない	-0.03	0.00	0.84	-0.01	-0.01	-0.05	0.17	-0.04
環境に配慮しているというメッセージは大げさなので、広告やパッケージに載せないほうが消費者のためだ	-0.03	0.01	0.89	0.03	0.02	-0.01	-0.05	0.12

項目								
広告やパッケージにある、環境に配慮しているというメッセージは、消費者に情報を提供するためというよりも、あえて誤解させるためにある	-0.01	0.05	0.88	0.11	-0.02	-0.02	-0.06	0.08
広告やパッケージにある、環境に配慮しているというメッセージを私は信じていない	0.02	-0.02	0.90	-0.08	0.04	0.03	0.00	-0.05
私にとって、環境配慮型商品を買うのは習慣になっている	-0.04	0.02	-0.01	0.89	0.03	0.03	0.04	0.02
私は環境配慮型商品を買うのにはまっている	0.06	0.00	0.09	0.90	-0.03	-0.05	-0.10	0.07
私は自然と環境配慮型商品を買っている	-0.01	-0.06	-0.03	0.79	0.08	0.04	0.12	0.00
私にとって、環境配慮型商品を買うのは習慣になっていない	-0.03	0.04	-0.06	0.90	0.02	0.01	-0.02	-0.04
私には環境配慮型商品を買う機会がたくさんある	0.05	0.01	-0.01	0.12	0.73	-0.01	-0.01	0.00
私にとって環境配慮型商品を買うのは簡単だ	-0.02	0.02	0.01	-0.06	0.99	-0.01	-0.01	0.00
私は普段の買い物ついでに環境配慮型商品を買うことができる	0.02	-0.03	0.02	0.05	0.85	0.00	-0.01	0.01
私は環境配慮型商品を買う予定がない	-0.09	0.02	-0.06	0.02	0.01	0.52	0.12	0.00
私は環境配慮型商品を買おうと考えている	0.02	0.01	0.02	-0.02	-0.02	0.95	-0.03	0.00
私は環境配慮型商品を買うつもりだ	0.04	0.01	0.01	0.02	0.00	0.96	-0.08	0.04
環境配慮型商品が好きだ	0.09	-0.05	0.04	0.14	-0.04	-0.03	0.79	0.03
環境配慮型商品に関心がある	0.03	0.08	0.03	0.05	-0.03	0.03	0.86	-0.03
環境配慮型商品に共感できる	0.00	0.02	-0.02	-0.12	0.03	-0.01	0.90	0.07
私が環境配慮型商品を買えば、環境問題の解決につながる	0.19	-0.04	-0.02	0.03	-0.02	0.04	0.00	0.75
私が環境配慮型商品を買うことで、環境問題の解決に少しは役に立つ	-0.04	0.02	-0.01	-0.09	0.05	0.05	0.16	0.78
私が環境配慮型商品を買うことで、環境問題の解決が期待できる	0.01	0.08	0.04	0.12	-0.03	-0.04	-0.04	0.84
固有値	15.81	3.61	1.97	1.93	1.37	1.19	0.87	0.82
因子寄与率	46.50	1.62	5.78	5.67	4.02	3.51	2.56	2.40
累積因子寄与率	46.50	57.12	62.90	68.57	72.59	76.10	78.66	81.06
アルファ係数（Cronbach's Alpha）	0.93	0.95	0.92	0.94	0.91	0.85	0.93	0.90

第9章 どのようにしてソーシャル・プロダクトを購入し、なぜ消費を通じて社会的課題を解決するのか？　265

表9-2　寄付つき商品の因子分析結果

	主観的規範	購買意図	行動に対する態度	有効性評価	入手可能性評価	社会的責任	習慣	懐疑的思考
家族は、私が寄付つき商品を買うべきだと思っている	0.72	-0.03	0.18	-0.01	-0.06	0.13	0.02	0.03
友人・知人は、私が寄付つき商品を買うべきだと思っている	0.89	-0.03	0.04	-0.06	-0.06	0.08	0.06	0.04
世間は、私が寄付つき商品を買うべきだと思っている	0.94	-0.03	-0.04	0.01	-0.01	0.01	-0.04	0.00
私は、家族が寄付つき商品を買っていると思う	0.70	0.07	0.05	-0.03	0.04	0.02	0.13	-0.03
私は、友人・知人が寄付つき商品を買っていると思う	0.88	0.04	-0.07	0.01	0.06	-0.07	0.00	-0.01
私は、世間が寄付つき商品を買っていると思う	0.79	0.01	0.00	0.12	0.05	-0.11	-0.12	-0.05
私は寄付つき商品を買う予定がない	-0.08	0.50	0.12	0.05	-0.03	0.06	0.07	-0.04
私は寄付つき商品を買おうと考えている	0.05	0.90	-0.02	0.00	0.02	0.01	-0.05	0.01
私は寄付つき商品を買うつもりだ	0.01	0.96	-0.03	0.00	-0.02	0.00	0.03	0.00
寄付つき商品が好きだ	0.10	0.01	0.76	-0.05	-0.03	-0.02	0.18	0.02
寄付つき商品に関心がある	0.00	0.02	0.90	-0.02	0.00	0.02	0.09	0.06
寄付つき商品に共感できる	0.06	-0.01	0.81	0.07	0.05	0.02	-0.15	-0.06
私が寄付つき商品を買えば、社会問題の解決につながる	0.17	-0.02	-0.04	0.80	0.00	0.00	0.04	0.00
私が寄付つき商品を買うことで、社会問題の解決に少しは役に立つ	-0.04	0.04	0.13	0.81	-0.01	0.01	-0.10	-0.05
私が寄付つき商品を買うことで、社会問題の解決が期待できる	0.00	0.01	-0.07	0.94	0.00	0.00	0.07	0.03
私には寄付つき商品を買う機会がたくさんある	0.03	0.01	-0.02	0.05	0.72	-0.06	0.18	0.03
私にとって寄付つき商品を買うのは簡単だ	-0.03	-0.01	0.05	-0.01	0.94	0.04	-0.06	0.03
私は普段の買い物ついでに寄付つき商品を買うことができる	0.04	-0.01	-0.02	-0.04	0.89	0.04	0.00	-0.03
私は社会貢献に関心があるほうだ	-0.07	0.03	0.12	-0.08	0.07	0.81	-0.14	-0.04

私は社会貢献に責任感があるほうだ	0.04	0.02	-0.09	-0.04	0.04	0.87	0.04	0.01
消費をするとき、私は社会貢献を意識するほうだ	0.08	0.02	-0.11	-0.08	-0.05	0.84	0.18	0.00
私は社会問題の解決に少しでも役に立ちたいと感じる	-0.12	0.01	0.15	0.09	-0.03	0.78	-0.19	-0.05
私は社会問題の解決を支援することに責任を感じる	0.01	-0.04	-0.05	0.09	-0.01	0.87	0.06	0.05
私は社会貢献につながる消費をする責任があると感じる	0.06	-0.02	-0.03	0.06	0.01	0.78	0.07	0.02
私にとって、寄付つき商品を買うのは習慣になっている	0.01	0.03	-0.01	0.02	0.06	-0.01	0.89	-0.02
私は寄付つき商品を買うのにはまっている	0.04	-0.05	-0.06	0.01	-0.02	-0.03	0.97	0.01
私は自然と寄付つき商品を買っている	-0.04	0.02	0.08	0.02	0.04	0.00	0.83	0.00
私にとって、寄付つき商品を買うのは習慣になっていない	-0.02	0.03	0.06	-0.03	-0.01	0.01	0.89	-0.02
広告やパッケージにある、社会に貢献しているというメッセージを私は信じている	0.03	0.06	-0.06	-0.13	0.01	-0.03	-0.17	0.67
広告やパッケージにある、社会に貢献しているというメッセージは本当ではない	-0.05	0.03	0.03	0.01	0.03	0.01	-0.06	0.82
社会に貢献しているというメッセージは大げさなので、広告やパッケージに載せないほうが消費者のためだ	-0.01	-0.11	0.07	0.02	0.02	0.03	0.02	0.85
広告やパッケージにある、社会に貢献しているというメッセージは、消費者に情報を提供するためというよりも、あえて誤解させるためにある	0.02	-0.03	-0.02	0.04	-0.01	0.00	0.17	0.83
広告やパッケージにある、社会に貢献しているというメッセージを私は信じていない	-0.02	0.07	-0.01	0.03	-0.03	-0.04	-0.04	0.92
固有値	14.75	3.85	2.14	1.63	1.41	1.25	0.96	0.89
因子寄与率	44.71	11.67	6.50	4.94	4.26	3.79	2.91	2.69
累積因子寄与率	44.71	56.38	62.87	67.81	72.07	75.86	78.77	81.45
アルファ係数（Cronbach's Alpha）	0.94	0.85	0.91	0.92	0.91	0.93	0.95	0.91

が.40を下回ったために、使用変数から除外した。

2-3. 応援消費

応援消費でも、他の2つのソーシャル・プロダクトと同じ方法で因子分析を実施した。その結果、因子数も同様に8つとなった（表9-3）。ただし、応援消費では、自己アイデンティティに関する項目「私は応援消費をするタイプの消費者である」と倫理的義務に関する項目「私は復興支援に少しでも役に立ちたいと感じる」は、因子負荷量が.40を下回ったために、分析から除外した。倫理的義務に関する質問である「私は復興を支援することに責任を感じる」の因子負荷量が1.003であった。そのため、同一因子内で.90（p<.01）と相関係数が最大であった「私は復興支援のための消費をする責任があると感じる」と主因子分析によって合成した。

2-4. 全体分析の結果

Amosを用いて共分散構造分析を実施した（表9-4）。分析の結果、環境配慮型商品は適合度が χ^2=463.804、p=.000、RMR=.033、GFI=.951、AGFI=.918、CFI=.977、RMSEA=.064と最も良いモデルを採用した。購買意図への影響があったのは、行動に対する態度（.267）、入手可能性評価（.120）、社会的責任（.406）であり、購買意図の決定係数は.514であった（いずれもp<.01）。

寄付つき商品では、適合度が χ^2=895.953、P=.000、RMR=.070、GFI=.922、AGFI=.891、CFI=.966、RMSEA=.063となった。購買意図への影響があったのは、行動に対する態度（.345）、社会的責任（.163）、懐疑的思考（-.114）、習慣（.156）であり、購買意図の決定係数は.422であった（いずれもp<.01）。

応援消費では、適合度は χ^2=933.482、p=.000、RMR=.068、GFI=.913、AGFI=.876、CFI=.958、RMSEA=.073となった。購買意図への影響があったのは、行動に対する態度（.438、p<.01）と社会的責任（.148）、習慣（.115）、懐疑的思考（-.125）であり、購買意図の決定係数は.495であった（いずれもp<.05）。

表 9-3 応援消費の因子分析結果

	主観的規範	懐疑的思考	購買意図	行動に対する態度	有効性評価	入手可能性評価	社会的責任	習慣
家族は、私が応援消費をするべきだと思っている	0.68	0.01	-0.06	0.12	0.01	-0.08	0.10	0.14
友人・知人は、私が応援消費をするべきだと思っている	0.88	0.02	-0.11	0.01	-0.08	-0.06	0.12	0.08
世間は、私が応援消費をするべきだと思っている	0.86	0.01	-0.05	-0.05	-0.05	0.02	0.12	-0.07
私は、家族が応援消費をしていると思う	0.64	0.01	0.11	0.05	0.04	-0.02	-0.05	0.17
私は、友人・知人が応援消費をしていると思う	0.80	-0.04	0.12	0.00	-0.02	0.08	-0.12	-0.04
私は、世間が応援消費をしていると思う	0.64	-0.04	0.03	0.04	0.19	0.10	-0.13	-0.18
広告やパッケージにある、復興を支援しているというメッセージを私は信じている	-0.05	0.67	-0.02	0.01	-0.19	0.05	0.04	-0.14
広告やパッケージにある、復興を支援しているというメッセージは本当ではない	0.02	0.84	0.00	0.07	-0.04	0.00	0.04	-0.06
復興を支援しているというメッセージは大げさなので、広告やパッケージに載せないほうが消費者のためだ	0.03	0.87	0.01	-0.06	0.10	-0.03	-0.03	0.06
広告やパッケージにある、復興を支援しているというメッセージは、消費者に情報を提供するためというよりも、あえて誤解させるためにある	0.03	0.86	-0.01	-0.07	0.09	-0.03	0.01	0.10
広告やパッケージにある、復興を支援しているというメッセージを私は信じていない	-0.06	0.94	0.02	0.06	-0.01	0.04	-0.04	0.00
私は応援消費をする予定がない	-0.08	-0.08	0.43	0.10	0.02	0.03	0.03	0.02
私は応援消費をしようと考えている	0.01	0.04	0.95	-0.05	0.00	-0.01	0.04	-0.01
私は応援消費をするつもりだ	0.03	0.00	0.98	0.00	-0.04	-0.02	-0.01	0.03
応援消費が好きだ	0.08	0.00	-0.02	0.78	-0.07	0.01	-0.03	0.16
応援消費に関心がある	0.03	0.00	0.01	0.89	-0.03	-0.03	0.03	0.05
応援消費に共感できる	0.06	0.00	0.06	0.75	0.20	0.00	-0.06	-0.17

項目								
私が応援消費をすれば、復興支援につながる	0.01	0.04	-0.01	0.02	0.93	-0.01	-0.02	0.03
私が応援消費をすることで、復興支援に少しは役に立つ	-0.07	0.01	0.00	0.12	0.91	-0.02	-0.02	-0.04
私が応援消費をすることで、復興支援が期待できる	0.06	-0.04	-0.02	-0.15	0.83	0.03	0.10	0.05
私には応援消費をする機会がたくさんある	0.01	-0.01	-0.02	-0.01	0.00	0.69	0.03	0.17
私にとって応援消費をするのは簡単だ	0.00	0.02	-0.01	0.02	-0.05	0.98	0.01	-0.06
私は普段の買い物ついでに応援消費をすることができる	0.05	-0.01	0.01	-0.05	0.06	0.78	0.01	0.04
私は復興支援に関心があるほうだ	-0.13	-0.04	0.06	0.36	0.09	0.02	0.52	-0.08
私は復興支援に責任感があるほうだ	0.07	0.01	0.01	-0.05	-0.04	0.01	0.96	-0.04
消費をするとき、私は復興支援を意識するほうだ	-0.03	-0.01	0.05	0.08	0.02	0.05	0.57	0.23
私は復興を支援することに責任を感じる＋私は復興支援のための消費をする責任があると感じる	0.10	0.01	0.01	-0.08	0.07	-0.01	0.81	0.04
私にとって、応援消費をするのは習慣になっている	-0.02	0.03	0.01	0.00	0.03	0.00	-0.03	0.97
私は応援消費をするのにはまっている	0.11	0.05	-0.02	-0.10	-0.02	-0.05	0.05	0.85
私は自然と応援消費をしている	-0.03	0.00	-0.01	0.16	0.00	0.15	-0.09	0.76
私にとって、応援消費をするのは習慣になっていない	-0.04	-0.06	0.03	-0.02	0.00	0.00	0.00	0.90
固有値	13.43	3.99	1.86	1.62	1.36	1.10	0.81	0.78
因子寄与率	43.34	12.87	6.01	5.22	4.40	3.55	2.60	2.53
累積因子寄与率	43.34	56.21	62.22	67.44	71.84	75.39	77.99	8.52
アルファ係数（Cronbach's Alpha）	0.91	0.92	0.84	0.90	0.92	0.89	0.91	0.94

表9-4 全体分析の結果

		推定値	標準化係数	標準誤差	検定統計量	確率
環境配慮型商品	行動に対する態度→購買意図	.196	.267	.037	5.247	.000
	主観的規範→購買意図	―	―	―	―	―
	有効性評価→購買意図	―	―	―	―	―
	入手可能性評価→購買意図	.090	.120	.023	3.854	.000
	社会的責任→購買意図	.318	.406	.046	6.884	.000
	習慣→購買意図	―	―	―	―	―
	懐疑的思考→購買意図	―	―	―	―	―
寄付つき商品	行動に対する態度→購買意図	.237	.345	.031	7.707	.000
	主観的規範→購買意図	―	―	―	―	―
	有効性評価→購買意図	―	―	―	―	―
	入手可能性評価→購買意図	―	―	―	―	―
	社会的責任→購買意図	.153	.163	.038	4.086	.000
	習慣→購買意図	.096	.156	.023	4.184	.000
	懐疑的思考→購買意図	-.089	-.114	.025	-3.526	.000
応援消費	行動に対する態度→購買意図	.282	.438	.030	9461	.000
	主観的規範→購買意図	―	―	―	―	―
	有効性評価→購買意図	―	―	―	―	―
	入手可能性評価→購買意図	―	―	―	―	―
	社会的責任→購買意図	.114	.148	.038	2.982	.003
	習慣→購買意図	.064	.115	.021	3.083	.002
	懐疑的思考→購買意図	-.096	-.125	.022	-4.412	.000

2-5. ディスカッション

2-5-1. ソーシャル・プロダクト別

　全体分析の結果、3つのソーシャル・コンサンプションすべてに共通していたのは、行動に対する態度と社会的責任から購買意図への影響が存在していたことである。すなわちソーシャル・プロダクトが好きであるかどうかということと、責任感や倫理観が購買意図に影響しているということである。それ以外については、環境配慮型商品と他の2つのソーシャル・プロダクトで異なる特徴がみられた。

環境配慮型商品では、入手可能性評価からの正の影響が認められた。これは、東日本大震災以降、国内における環境配慮型商品の占める割合が増加していることと関係していると解釈できる。震災により、関東地方で計画停電を実施したり、原子力発電に対する反対の声が上がったりするようになった。日本における消費者意識の高まりと環境配慮型商品を手に入れやすいと感じたことが購買意図を高める結果に繋がったと考えられる。

　寄付つき商品と応援消費の特徴は類似していた。それは行動に対する態度と社会的責任以外に、習慣が購買意図に対して正の影響を及ぼしていることと、懐疑的思考が負の影響を及ぼしていることである。習慣が影響する理由として、環境配慮型商品に比べて、寄付つき商品や応援消費にあたる商品には飲食料を中心とした最寄品が多いことがあげられる。例えば、寄付つき商品でいえばミネラルウォーターやチョコレートであり、応援消費であれば、被災地産の日本酒や野菜などがそれにあたる。最寄品は反復購買される場合が多いため、習慣が影響すると考えられる。

　もう1つの懐疑的思考が負の影響を及ぼす理由としては、ソーシャル・コンサンプションの便益は購入によって社会貢献ができることにあり、寄付先や使途はパッケージや広告などのメッセージに依存している。そのため、メッセージの信憑性を疑ったことで、懐疑的思考が購買意図に負の影響を与えたと考えることができる。

2-5-2. ソーシャル・プロダクト間の比較

　全体分析では、購買意図に与える要因が寄付つき商品と応援消費で同じになる一方、環境配慮型商品のみ、それらと異なっていた。3つのソーシャル・プロダクトに共通する結果として、行動に対する態度と社会的責任が購買意図に影響していた。寄付つき商品と応援消費は行動に対する態度から購買意図への影響が最も大きく、次いで社会的責任の影響が大きかった。一方、環境配慮型商品は社会的責任の影響が最も大きく、次いで行動に対する態度となっていた。環境配慮型商品の購買意図が社会的責任の影響を比較的強く受けるのは、日本で環境的課題に対する情報が浸透しており、その解決に環境配慮型商品が役立

つと消費者がすでに認識しているからだと解釈できる。

　それ以外に環境配慮型商品で購買意図へ影響を与えていたのは、入手可能性であった一方、寄付つき商品と応援消費では習慣が購買意図へ影響を与えていた。この結果は商品特性の違いによるものだと考えることができる。環境配慮型商品は、エコ家電やエコカーなど、それほど頻繁に購入しない耐久消費財が含まれている。一方、寄付つき商品と応援消費は最寄品が中心となっており、日々の生活で簡単に購入することが可能である。もし上述した商品を消費者がイメージしたとすると、環境配慮型商品はスーパーなどの「いつもの」場所では購入できないため、容易に入手可能かどうかが購買意図を影響を与えたと解釈できる。また消費者が寄付つき商品と応援消費として、最寄品をイメージしたとすると、消費者がそれらを日常の生活を送る中で簡単に購入できることから、習慣が購買意図へ影響を与えたと解釈することができる。

　懐疑的思考についても、寄付つき商品と応援消費のみで購買意図へ影響を与えており、環境配慮型商品と異なる結果となった。環境配慮型商品は、エネルギーの節約という便益を求めて購入する消費者が多い。上述したエコ家電やエコカーなども、節電やガソリンの燃費の低下を目的として購入する消費者が多いであろう。つまり、これらの商品の使用で消費者は電気代やガソリン代が下がるという「目にみえる」効果を実感できることから、「環境に配慮している」というメッセージに対する懐疑的思考が生じにくいのではないのだろうか。

　その一方、寄付つき商品や応援消費に付与されている「社会貢献」や「復興」といった社会的課題の解決は、短期的な成果が得られるわけではない。さらに寄付つき商品と応援消費は、消費者にとっては間接的な支援であることから、たとえ長期的に成果があったとしても、消費者がその成果を直接自分の目で確認する機会も少ない。つまり、「社会に貢献している」や「復興を支援している」というメッセージの信頼性は、消費者にとって判断しづらいことから、消費者はそれらを懐疑的に捉えたと解釈できる。

3. 環境配慮型商品と寄付つき商品、応援消費のグループ別分析

3-1. ソーシャル・コンサンプションの頻度による階層化

　過去のソーシャル・コンサンプションの頻度に基づいて、サンプルを高低の2層化し、意思決定要因の違いを検討した。ソーシャル・コンサンプションのみを用いて2層の分けた理由は、本章で明らかにしたのが、ボランティアなどをシビック・アクションを実践する市民としての側面ではなく、消費を通じて社会的課題を解決するソーシャル・コンシューマーの側面に着目しているからである。

　また第7章と第8章でインタビュー調査を実施するにあたり、スクリーニング・アンケートを実施した。その結果では、本当の意味でソーシャル・コンシューマーといえるだけのソーシャル・コンサンプションの実施回数の多い消費者は、ごく僅かであった。その後の調査では、その実施回数の少ない消費者を潜在的ソーシャル・コンシューマーと捉えて、インタビュー調査を実施したものの、ほとんどソーシャル・コンサンプションの実践がないことが明らかとなった。それを踏まえて、本章では、サンプルを2つのグループに分けて分析を行なう。分析については、上記と同じ手順で過去のソーシャル・コンサンプションについて因子分析を実施した。その結果、1つの因子が抽出された（表9-5）。

　3つのソーシャル・コンサンプションが1つの因子となったことから、これらを主成分分析によって合成した。主成分得点は平均が0、分散が1になるため、平均値0を上回る被験者を現在のソーシャル・コンシューマー層、0を下回る被験者群を潜在的ソーシャル・コンシューマー層とした（表9-6）。現在のソーシャル・コンシューマー層は主成分得点の平均値が1.00で、環境配慮型商品が7.00、寄付つき商品が4.72、応援消費が10.63であった。寄付つき商品の購入経験が5回に満たないものの、応援消費が10回を超え、環境配慮型商品の購入が5回を超えている。一方、潜在的ソーシャル・コンシューマー層は主成分得

表 9-5 過去のソーシャル・コンサンプションの因子分析結果

項目	過去のソーシャル・コンサンプション
東日本大震災以降、どれくらい環境配慮型商品を買いましたか	0.40
東日本大震災以降、どれくらい寄付つき商品(震災関連以外も含む)を買いましたか	0.65
東日本大震災以降、どれくらい応援消費をしましたか	0.71
固有値	1.68
因子寄与率	55.87
累積寄与率	55.87
アルファ係数 (Cronbach's Alpha)	0.561

表 9-6 過去のソーシャル・コンサンプションの頻度別集団間の比較

	現在のソーシャル・コンシューマー層 (N=276：24.6%)		潜在的ソーシャル・コンシューマー層 (N=845：75.4%)		合計	
	平均値	標準偏差	平均値	標準偏差	平均値	標準偏差
主成分得点	1.00	1.65	-0.33	0.11	0.00	1.00
環境配慮型商品	7.00	13.45	0.44	0.97	2.06	7.29
寄付つき商品	4.72	8.57	0.17	0.48	1.29	4.70
応援消費	10.63	16.22	0.59	1.18	3.06	9.19

点の平均値が-0.33であり、環境配慮型商品が0.44、寄付つき商品が0.17、応援消費が0.59とそれぞれの経験が1回を下回っている。

3-2. デモグラフィクスにおける特徴

グループごとのデモグラフィックス変数の差を検討するために、年齢についてはt検定、性別と婚姻関係、子どもの有無についてはクロス集計によるχ^2検定と残差分析を実施した(表9-7)。年齢について、t検定を実施した結果、有意差が認められた(t=5.102, df=494.486, p＜.01)。平均年齢は、現在のソーシャル・コンシューマー層(49.40歳)が潜在的ソーシャル・コンシューマー層(44.74歳)よりも4.66歳高かった。

性別を女性の割合でみてみると現在のソーシャル・コンシューマー層(67.4%)

表 9-7 デモグラフィックスの特徴

		現在のソーシャル・コンシューマー層 (N=276：24.6%)		潜在的ソーシャル・コンシューマー層 (N=845：75.4%)		合計	
年齢		平均値	標準偏差	平均値	標準偏差	平均値	標準偏差
		49.40	12.96	44.74	13.81	45.89	13.75
性別	男性	32.6% (-6.6**)		55.4% (6.6**)		49.8%	
	女性	67.4% (6.6**)		44.6% (-6.6**)		50.2%	
婚姻関係	既婚	67.0% (2.8**)		57.4% (-2.8**)		59.8%	
	未婚	23.9% (-3.8**)		36.4% (3.8**)		33.4%	
	離別	7.2% (1.2)		5.3% (-1.2)		5.8%	
	死別	1.8% (1.4)		0.8% (-1.4)		1.1%	
子ども	あり	38.4% (0.4)		37.0% (-0.4)		37.4%	
	なし	61.6% (-0.4)		63.9% (0.4)		62.6%	

注：括弧内は調整済み残差（**$p < .01$、*$p < .05$）

の方が潜在的ソーシャル・コンシューマー層（44.6%）に比べて女性の比率が高かった。χ^2検定を実施した結果、有意差が認められた（$\chi^2=43.170$、df=1、$p < .01$）。また残差分析の結果でも統計的な有意差があった（$p < .01$）。

　婚姻関係は、現在のソーシャル・コンシューマー層では既婚が67.0%、未婚が23.9%であった。一方、潜在的ソーシャル・コンシューマー層では既婚が57.4%と少なく、逆に未婚の割合が36.4%と高かった。χ^2検定を実施した結果、有意差が認められた（$\chi^2=16.233$、df=3、$p < .01$）。残差分析でも、統計的に、現在のソーシャル・コンシューマー層が潜在的ソーシャル・コンシューマー層よりも既婚者が多くかつ未婚者が少なかった（$p < .01$）。なお、離別と死別については該当者が少なく、集団間で有意な差が認められなかった。

　子どもの有無については、集団間で差が認められなかった。ソーシャル・コンサンプションの頻度とのクロス表についてχ^2検定を行なったところ、統計上の有意差が確認されなかった（$\chi^2=.165$、df=1、p=684）。また調整済み残差について確認したところ、両者に統計上の有意差が認められなかった。

　以上をまとめると、過去のソーシャル・コンサンプションの頻度が高い層は、平均年齢がやや高く、女性が多く、既婚者の割合が高いことが明らかとなった。

3-3. 意思決定要因の違い

グループ間の意思決定要因の違いを分析するために、多母集団同時分析を実施した。分析では集団間の相違を的確に捉えるために、クラスタごとに異なるパスを引くようにした（表9-8）。

表9-8 環境配慮型商品と寄付つき商品、応援消費のグループ間の違い

		現在のソーシャル・コンシューマー層 (N=276)					潜在的ソーシャル・コンシューマー層 (N=845)				
		推定値	標準化係数	標準誤差	検定統計量	確率	推定値	標準化係数	標準誤差	検定統計量	確率
環境配慮型商品	行動に対する態度→購買意図	.446	.558	.062	7.215	.000	.160	.249	.035	4.524	.000
	入手可能性評価→購買意図	─	─	─	─	─	.080	.125	.024	3.331	.000
	社会的責任→購買意図	─	─	─	─	─	.261	.378	.046	5.735	.000
	習慣→購買意図	.134	.205	.042	3.178	.001	─	─	─	─	─
寄付つき商品	行動に対する態度→購買意図	.296	.375	.062	4.790	.000	.199	.323	.033	6.043	.000
	社会的責任→購買意図	─	─	─	─	─	.181	.199	.046	3.964	.000
	習慣→購買意図	.142	.216	.044	3.200	.001	.073	.135	.023	3.171	.002
	懐疑的思考→購買意図	-.121	-.131	.056	-2.161	.031	-.063	-.092	.025	-2.502	.012
応援消費	行動に対する態度→購買意図	.312	.547	.060	5.179	.000	.228	.371	.033	6.957	.000
	社会的責任→購買意図	─	─	─	─	─	.184	.266	.035	5.296	.000
	習慣→購買意図	.082	.168	.034	2.445	.014	─	─	─	─	─
	懐疑的思考→購買意図	─	─	─	─	─	-.074	-.107	.023	-3.261	.001

3-3-1. 環境配慮型商品の階層間の違い

　環境配慮型商品のモデルの適合度は、χ^2=457.869、p=.000、RMR=.037、GFI=.947、AGFI=.911、CFI=.975、RMSEA=.052となった（表9-8）。購買意図の決定係数は、現在のソーシャル・コンシューマー層が.486である一方、潜在的ソーシャル・コンシューマー層が.442であった。統計的に有意になったパスは、現在のソーシャル・コンシューマー層では行動に対する態度と習慣、潜在的ソーシャル・コンシューマー層では行動に対する態度と入手可能性評価、社会的責任であった（いずれもp＜.01）。

　現在のソーシャル・コンシューマー層では、行動に対する態度と習慣が購買意図に影響を与えており、特に行動に対する態度からの影響は標準化係数で.558と比較的大きな値となっていた。この結果から、現在のソーシャル・コンシューマー層は環境配慮型商品が好きで習慣になっているものを買う傾向にあると解釈することができる。

　一方、潜在的ソーシャル・コンシューマー層でも行動に対する態度が購買意図へ影響していたものの（.249）、その値は現在のソーシャル・コンシューマー層と比べて低かった。2つのグループで同じパスが引かれた行動に対する態度から購買意図への影響に差があるかどうかを確認するために、非標準化係数についてパラメータ間の差に対する検定量を確認した。その結果、検定統計量は-4.009であり、集団間で1％水準の有意差が存在した。

　潜在的ソーシャル・コンシューマー層は習慣からの影響がない一方で、入手可能性評価（.125）と社会的責任（.378）から購買意図への影響があった。特に社会的責任の影響が大きいことから、潜在的ソーシャル・コンシューマー層は責任感や倫理観に関わる商品であれば購買意図が高まることと解釈することができる。入手可能性評価は、購買の機会がある、または簡単に購入できるなど、買い物のついでに購入できると消費者が判断すれば、購買意図が高まるとも解釈できる。

　一方、2つのグループ共に主観的規範、有効性評価、懐疑的思考から購買意図への影響はなかった。この結果から周囲からのプレッシャーや商品を購入することによる環境問題の解決可能性の高さは、購買意図への影響がなく、また商

品を疑う意識は購買意図に影響を与えないと解釈することができる。

3-3-2. 寄付つき商品の階層間の違い

寄付つき商品のモデルの適合度は、χ^2=961.219、p=.000、RMR=.071、GFI=.915、AGFI=.879、CFI=.963、RMSEA=.051となった（表9-8）。購買意図の決定係数は、現在のソーシャル・コンシューマー層が.349である一方、潜在的ソーシャル・コンシューマー層が.397であった。統計的に有意になったパスは、現在のソーシャル・コンシューマー層では行動に対する態度と習慣（p＜.01）、懐疑的思考（p＜.05）、潜在的ソーシャル・コンシューマー層では行動に対する態度、および、社会的責任、習慣（p＜.01）、懐疑的思考（p＜.05）であった。

現在のソーシャル・コンシューマー層は、行動に対する態度と習慣が購買意図に影響を与えていた。この結果は、環境配慮型商品と同じであるが、それに加えて寄付つき商品では懐疑的思考も購買意図に影響していた。つまり、現在のソーシャル・コンシューマー層は寄付つき商品が好きで習慣になっているものを買うと解釈でき、パッケージなどに記載されたメッセージが信用できなければ購入を控えるとも解釈することができる。

一方、潜在的ソーシャル・コンシューマー層でも行動に対する態度と習慣、懐疑的思考が購買意図に影響を与えていた。これら共通するパスにグループ間の差を確認するために、非標準化係数についてパラメータ間の差に対する検定量を確認した。その結果、検定統計量は行動に対する態度が-1.392、習慣が-1.386、懐疑的思考が.942であり、いずれも統計上の有意差は認められなかった（p＞.10）。また、潜在的ソーシャル・コンシューマー層のみ、社会的責任から購買意図へ影響があった。この結果は環境配慮型商品と同じである。

一方、2つのグループで主観的規範と有効性評価、入手可能性評価から購買意図への影響はないという結果となった。この結果も環境配慮型商品と同様に、周囲からのプレッシャーや商品を購入することによる社会的課題の解決可能性の高さ、商品の入手しやすさは購買意図へは結びついていないと解釈することができる。

3-3-3. 応援消費の階層間の違い

　応援消費のモデルの適合度は、χ^2=457.162、p=.000、RMR=.053、GFI=.943、AGFI=.906、CFI=.970、RMSEA=.054 となった（表9-8）。購買意図の決定係数は、現在のソーシャル・コンシューマー層が.438である一方、潜在的ソーシャル・コンシューマー層が.412であった。統計的に有意になったパスは、現在のソーシャル・コンシューマー層では行動に対する態度（p＜.01）と習慣（p＜.05）、潜在的ソーシャル・コンシューマー層では行動に対する態度と社会的責任、懐疑的思考であった（p＜.01）。

　現在のソーシャル・コンシューマー層では、行動に対する態度と習慣が購買意図に影響を与えていた。この結果は環境配慮型商品や寄付つき商品と同じであった。また環境配慮型商品と同様に懐疑的思考から購買意図への影響がなく、この点は寄付つき商品と異なっていた。

　一方、潜在的ソーシャル・コンシューマー層でも行動に対する態度が購買意図へ影響を与えていた。この影響についてグループ間の差を確認するために、非標準化係数を用いてパラメータ間の差に対する検定量を確認した。その結果、検定統計量は-1.223であり、統計上の有意差は認められなかった（p＞.10）。

　潜在的コンシューマー層では、社会的責任と懐疑的思考も購買意図へ影響を与えていた。潜在的ソーシャル・コンシューマー層だけが、社会的責任から購買意図への影響があったのは、すべてのソーシャル・コンサンプションに共通する結果である。それに対して、潜在的ソーシャル・コンシューマー層だけに懐疑的思考から購買意図への影響があったのは、応援消費だけである。現在のソーシャル・コンシューマー層は応援消費を疑うかどうかが購買意図に影響しない一方、潜在的ソーシャル・コンシューマー層は応援消費への懐疑的思考が購買意図を低めると解釈できる。

　2つのグループにおいて主観的規範と有効性評価、入手可能性評価の購買意図への影響はなかった。この結果から、周囲からのプレッシャーや商品を購入することによる社会的課題の解決可能性の高さ、商品が入手しやすいことは購買意図へは結びついていないと解釈することができる。なお、この結果は寄付つき商品と同じ結果であり、主観的規範と有効性評価が購買意図へ影響しない

のは、すべての商品に共通する結果である。

3-4. 商品とグループにおける意思決定要因の比較

多母集団同時分析の結果、ソーシャル・コンサンプションの意思決定における集団や商品ごとの共通点と相違点が明らかとなった（表9-9）。環境配慮型商品は、両グループに共通するのは「行動に対する態度」が購買意図へ影響する点であり、相違点は現在のソーシャル・コンシューマー層のみ「習慣」が購買意図へ影響する一方、潜在的ソーシャル・コンシューマー層のみ「入手可能性評価」と「社会的責任」が購買意図へ影響している点である。寄付つき商品は、「行動に対する態度」以外に「習慣」と「懐疑的思考」が影響している点がグループ間で共通する。相違点は、潜在的ソーシャル・コンシューマー層だけで「社会的責任」が影響する点である。応援消費は、「行動に対する態度」が影響する点は2つのグループに共通している。現在のソーシャル・コンシューマー層のみ「習慣」が、潜在的ソーシャル・コンシューマー層のみ「社会的責任」と「懐疑的思考」が購買意図へ影響している。

グループごとの商品間の比較として、現在のソーシャル・コンシューマー層は、いずれの商品も行動に対する態度と習慣が購買意図へ影響を与えている。また寄付つき商品のみ、懐疑的思考が購買意図へ影響を与えている。潜在的ソーシャル・コンシューマー層はすべての商品に共通する点として、社会的責

表9-9 商品と集団における意思決定プロセスの比較

	共通点/相違点	購買意図に影響する変数	
		現在のソーシャル・コンシューマー層	潜在的ソーシャル・コンシューマー層
環境配慮型商品	共通点	行動に対する態度	
	相違点	習慣	入手可能性評価、社会的責任
寄付つき商品	共通点	行動に対する態度、習慣、懐疑的思考	
	相違点	──	社会的責任
応援消費	共通点	行動に対する態度	
	相違点	習慣	社会的責任、懐疑的思考

任が購買意図へ影響を与えている。また寄付つき商品と応援消費では懐疑的思考が購買意図へ影響を与え、環境配慮型商品だけ入手可能性が購買意図へ影響を与えていた。

4. 定性調査を用いたディスカッション

　以下では、定性調査の結果をはじめとする質的データを用いて、現在のソーシャル・コンシューマー層と潜在的ソーシャル・コンシューマー層のソーシャル・プロダクト別結果の解釈を行なう。なお、ここでは第7章で使用しなかった潜在的ソーシャル・コンシューマー層へのグループ・インタビューも用いて解釈を行なう[56]。

4-1. 潜在的ソーシャル・コンシューマー層の社会的望ましさによるバイアスの除去

　潜在的ソーシャル・コンシューマー層では、現在のソーシャル・コンシューマー層とは異なり、社会的責任が購買意図に影響を与えるという違いがあった。これは、現在のソーシャル・コンシューマー層が実際にソーシャル・プロダクトの消費を実践しており、「周りに意識が高い人だと思われたくない。そういう匂いをさせたくない。」と思っていることから、社会的責任が購買意図に影響を与えないと考えることができる。

　その一方、潜在的ソーシャル・コンシューマー層には、社会的責任が購買意図へ影響を与えていた。第7章で、インタビュー調査の結果を検討しなかった潜在的ソーシャル・コンシューマー層は、本来ソーシャル・プロダクトをほぼ消費していない。潜在的ソーシャル・コンシューマー層は、ソーシャル・コンサンプションを実践していないという「善いこと」を自分がしていないという認知的不協和が生じたと想定することができる。つまり、潜在的ソーシャル・コンシューマー層には、社会的望ましさによるバイアス(social desirability bias)が働いたと考えられるのである（Crowne and Marlowe, 1960）。

　社会的望ましさによるバイアスとは、意識または無意識的に真実や本心とは

別に社会的に求められる答えを選択してしまうことを説明する概念である。例えば、「ソーシャル・プロダクトを買おうと考えているか」と質問されたときに、社会的課題の解決や復興支援に倫理的義務を感じていれば、自分自身がそのような問題に関心があり、取り組んでいると答えるべきだと感じるが、実際にはソーシャル・プロダクトを購入しないにも関わらず「ソーシャル・プロダクトを買おうと考えている」と答えてしまうことである。エシカル・コンシューマーに関する研究では、多くの研究が社会的望ましさによるバイアスが倫理的消費を調査する際に生じると指摘している[57]。寄付（Louie and Obermiller, 2000 ; Lee and Sargeant, 2011）や企業の CSR 活動の評価（Öberseder, Schlegelmilch and Gruber, 2011）には、特にこのバイアスが生じるとも指摘されている。

　日本で最も浸透している環境配慮型商品の購買意図の平均値が最も高く、社会的責任の影響が最も強かった理由も、この概念から理解することができる。なぜなら、環境配慮型商品を購入することは、潜在的ソーシャル・コンシューマー層にも社会的に望ましいことだと認知されているからである。社会的責任が潜在的ソーシャル・コンシューマー層の購買意図に影響していることだけをみれば、このような責任感や倫理観を刺激することで、ソーシャル・プロダクトが普及すると考えることができる。

　しかし、これは社会的望ましさによるバイアスが、購買意図と行動の乖離をもたらしていることを考慮していない。つまり、購買意図と行動の乖離を踏まえた上で、潜在的ソーシャル・コンシューマー層がソーシャル・コンサンプションを実践する方法を考える必要がある。これについては、ソーシャル・プロダクトの購買をほぼしていなかった潜在的ソーシャル・コンシューマー層のインタビュー結果からの発言が参考となる。

　潜在的ソーシャル・コンシューマー層は、ソーシャル・プロダクトのユーザー・イメージについて、「あの人に会うと、こういうことを勧められると噂になりそう。」や「偽善者。私は善い事をしていると人に伝えるのがよくわからない。気持ちはわかるが、人には薦めないでほしい。」、「うっとうしい。」などと発言した。彼女たちはソーシャル・コンシューマーのイメージを聞いただけで、「勧められる」という言葉に注目し、断らないといけないという思いから、「うっ

とうしい」や「偽善者」と話が飛躍しているのがわかる。このように話が飛躍するのは、「善いこと」であるソーシャル・プロダクトの購入をしていない認知的不協和から生まれる自己防衛反応ではないかと推測できる。

　企業のCSR活動などについても「社会貢献をやっている会社には違和感を感じる。何か違うという思いがある。何かが違う。」や「イメージをあげたいという下心がある感じ。」と発言している。特に「何か違うという思いがある」と発言した参加者に司会者がそれが何かを質問した答えが、「何かが違う」であったことを踏まえると、企業の社会貢献活動を自分の頭でイメージできていないことがわかる。社会貢献活動に下心があるという発言については、この参加者が善いことをやっているのを人にいうことは、偽善であるという陰徳も影響していると考えることができよう。

　陰徳については、第3章において、寄付つき商品の意思決定要因の分析モデルを構築する際に、日本企業が自社で行なっているCSR活動を積極的に社会に発信しない理由の1つにあげた。中でも、経済団体連合会編（1992）では社会貢献を「隠で善行を積む行為」と位置づける企業が多いと述べている。このような企業の考え方は、消費者にも転移すると考えることができる。なぜなら消費者の多くは、消費者であるのと同時に企業で働く社員なのであり、企業のそういった考え方は消費者の社会貢献活動への考え方にも影響を与えていると推測できる。現在、日本企業もCSR活動を積極的に社会に発信するようになってきている。1980年代後半から90年代は、バブル経済とその崩壊の間で社会貢献活動が日本企業に組み込まれていった時期である。それを踏まえると、消費者の社会貢献活動は現在、その萌芽期にあることから、多くの消費者は社会貢献活動を「隠で善行を積む行為」と位置づけているとも考えることができる。

　では、このような陰徳の影響を受けた潜在的ソーシャル・コンシューマー層は、いかにして社会的望ましさによるバイアスをなくし、ソーシャル・コンシューマーとしての自己アイデンティティを構築するのだろうか。そのヒントは、現在のソーシャル・コンシューマー層のすべてのソーシャル・プロダクトの購買意図に影響を与えていた「習慣」である。インタビュー調査では、ソーシャル・コンシューマーの自己アイデンティティの構築プロセスで、ライフイ

ベントが大きな影響を与えていた。このような点は、潜在的ソーシャル・コンシューマー層でもそれが影響を与えると考えることができる。実際、潜在的ソーシャル・コンシューマーの中にも、子どもの出産や育児から社会的課題の解決を学んだと発言した消費者もいる。

「子どもが生まれて全然意識が違った。無添加のものを子どもが生まれてから選ぶようになった。子どもに手がかからなくなってからはボランティア活動に参加して、参加することでさらに意識が高まる。災害の後に、犬を守るためにお金を寄付した。」

「子どもが生まれてから自然食品とかに興味をもった。アレルギーがあったので意識が変わった。子どもが生まれる前は自分のことしか考えなかった。子どもが生まれてから、ユニセフとか世界の子どもたちへの意識が出てきた。」

このような発言からもわかるように、潜在的ソーシャル・コンシューマーも出産と子育てから社会的課題解決への意識を高めている。さらに東日本大震災も彼女たちを社会的課題の解決へと向かわせていた。グループ・インタビューに参加した全員が応援消費を行なっていた。その中でも、多面的に応援消費を行なった参加者は、実施した応援消費を以下のように述べている。

「子どもの小学校で夏のイベントがあるときには被災地のものを売ったり買ったりしましょうというのがあった。学校の行事の夏祭りで被災地の米や醤油を売る。PTAが主催したイベントで近所の人たちに売り、売上を寄付したりした。野菜などの食べ物は多いけれども、私は復興支援のハガキを買ったが、食べ物以外の商品で復興にプラスになるものがあってもいいと思った。」

このように潜在的ソーシャル・コンシューマーも現在のソーシャル・コン

シューマーと同様にライフイベントなどの刺激を受け、それを行動として実践している。では、なぜ彼女たちは、そういった社会的課題解決行動を継続しなかったのか。その理由の1つに、ソーシャル・プロダクトは価格が高いと、多くの潜在的ソーシャル・コンシューマーが発言していたことがある。また中には、「車がないと生活できないところに住んでいる。近くのスーパーに環境に良い商品があればいいが、なかったら買えない。」と入手可能性の低さを理由にあげる参加者もいた。

それ以外に多かった意見が、ソーシャル・プロダクトを消費した経験がなく、おそらくマスメディアの報道や友人などからの情報に基づいて良い商品ではないと判断している参加者も多くいた。中でも、オーガニック商品について、「オーガニックは他の洗剤とか化粧水は効果が少なそう。柔らかそう。化粧水は保湿が弱そう。洗剤は落ちが悪そう。優しいからガシガシ落ちないと思う。」と発言する参加者もいた。それに対して、オーガニックの洗剤などを使用している参加者が昔はそういわれていたけど、今は汚れ落ちも良いなどと説明をすると、オーガニック洗剤や化粧品への見方が変わったと発言していた。

その一方、他の参加者はオーガニック商品について、「オーガニック洗剤を使っているが、自分の体のため。自然素材ということ。社会に役に立っているわけではない。」と社会的課題の解決とは関係なく、自分自身への良い影響だけを強調する参加者もいた。それ以外には、オーガニック商品について全くわからないと回答する参加者も数多くいた。なお、フェアトレードという言葉を知らないと回答した参加者も多くいた。

以上を踏まえると、潜在的ソーシャル・コンシューマー層がソーシャル・プロダクトを購入することが習慣となる1つ目の示唆は、情報である。潜在的ソーシャル・コンシューマーの多くがソーシャル・プロダクトについての正確な情報を知っていないばかりか、存在すらはじめて聞いたと答える参加者もいた。ソーシャル・コンサンプションの習慣化のためには、まず潜在的ソーシャル・コンシューマー層に正確なソーシャル・プロダクトの情報を知らせる必要があるだろう。

2つ目の示唆は、消費者のソーシャル・プロダクトの入手可能性を高める点

である。こればかりは、小売店がソーシャル・プロダクトの意味を理解して、積極的に品揃えをする必要がある。その意味をすでに理解して、積極的にソーシャル・プロダクトを取り扱っている小売店もある。例えば、オーガニック商品については、すでに無印良品の店頭で多くの品揃えがなされるようになっている。良品計画は「100の良いこと」の1つにオーガニックコットンの活用を位置づけているだけでなく、再生ウールや再生コットンなどの取り組みも行なっている[58]。またイオングループも、フォアトレードのコーヒーやチョコレートをトップバリュの商品に組み込んでいる[59]。オーガニック食品についても、トップバリュの中にグリーンアイ・オーガニックというブランドを設けている[60]。それだけでなく、イオンは2016年12月9日にフランス発オーガニックスーパー「ビオセボン（Bio c'Bon）」の日本1号店をオープンした[61]。このように企業が積極的にソーシャル・プロダクトの品揃えを増やす企業努力も必要であろう。

　本書では、その意思決定要因を検討していないが、オーガニック商品は環境配慮型商品（節電などに繋がるなど）と同じように社会的課題の解決に繋がる以外の訴求をすることが可能である。それはオーガニック商品が薬品などを使用していない天然の原料を用いている点である。このようなソーシャル・プロダクトの意味については、第3章で検討した消費者が解釈する個人的意味および経験的意味である。インタビュー調査の結果にもあったように、まずは消費者自身の健康などのためということを訴求し、あくまでも自分自身のためということを消費者に理解してもらう。それを理解して消費し続ける消費者は、オーガニック商品の消費が社会的課題の解決に繋がると知らなくとも、消費が習慣化すると考えることができる。

　そのためにはインタビュー調査でも多くの潜在的ソーシャル・コンシューマーが発言していたように価格が高いという意識を改善する必要がある。そのためには価格を下げるのが最も直接的な方法であるが、消費者の健康に訴えかけることで既存商品と差別化すれば、それほど価格を下げる必要もないだろう。さらにオーガニック商品はまだそれほど小売店で販売されていないことから、健康を訴求した商品として、流通業者に働きかけることが棚割りの確保に繋が

ると考えることができる。

4-2. ソーシャル・プロダクトへの意識

　現在のソーシャル・コンシューマー層では、ソーシャル・プロダクトの商品カテゴリ間の意思決定要因の違いがそれほどない。全体分析では、環境配慮型商品と他2つのソーシャル・プロダクト（寄付つき商品・応援消費）で違いがみられたが、現在のソーシャル・コンシューマー層では「環境配慮型商品」と「応援消費」が同じモデルとなっている。両商品とも「購買に対する態度」が「購買意図」に最も強い影響を与えており、次いで「習慣」となっている。「寄付つき商品」についても、同じように「購買に対する態度」が最も強い影響を与えており、次いで「習慣」となっている。ただし、「寄付つき商品」では「懐疑的思考」も「購買意図」に影響を与えていたが、その影響は弱く、現在のソーシャル・コンシューマー層は商品カテゴリ間の影響を受けにくいといえる。その一方で、潜在的ソーシャル・コンシューマー層はソーシャル・プロダクトごとに意思決定モデルが異なっていた。このことについては下記でグループ・インタビューの発言を用いて解釈を行なう。

　現在のソーシャル・コンシューマーが商品カテゴリの異なるソーシャル・プロダクトをどのように捉えているかを以下の発言から考察する。

　　「震災後は食べ物も節電もいろいろなところで意識が芽生えてきた。」

　　「震災がきっかけで、海外で困っている人の話に気持ちが向くようになった。日本人だけで助け合うのでなくて、世界は1つ。」

　　「震災で両親を亡くした子どもがいる。それからは、パキスタンやサウジアラビアの就学前の子どもが作っているカーペットやチョコレートなど、子どもが労働して作られたものは買わないと決めた。」

　この発言から、現在のソーシャル・コンシューマーは震災をきっかけとして、

児童労働などのそれ以外の社会的課題へ意識が広がったことがわかる。現在のソーシャル・コンシューマー層は多様なソーシャル・プロダクトに関する知識が豊富なことから、社会的課題という大きな枠組みを認識したうえで、ソーシャル・プロダクトに付与された意味を解釈していると考えることができる。だからこそ、現在のソーシャル・コンシューマー層はソーシャル・プロダクトの商品カテゴリの影響を受けにくいと解釈できる。

一方、潜在的ソーシャル・コンシューマーは、以下のような発言をしていた。

「環境と災害は一緒にはできない。子孫に対して綺麗な地球を守ろうというのが環境。災害は困っている人を助けようということで意識は全然違う。後進国のために支援するのと災害とは違う。」

「エコや環境については、子どもの頃から学んで来ていることなので災害に対する意識とは全く違う。」

潜在的ソーシャル・コンシューマーは、環境的課題と他の社会的課題に対する意識は全く異なるものだと述べていた。これは環境的課題の知識量と比較して、潜在的ソーシャル・コンシューマーは他の社会的課題に関する知識が少ないことから、ソーシャル・プロダクトを現在のソーシャル・コンシューマーのように包括的に捉えていないと解釈できる。

現在のソーシャル・コンシューマー層は、潜在的ソーシャル・コンシューマー層と比較して、実際にそれぞれのソーシャル・プロダクトを過去に購入した経験がある。だからこそ、習慣がすべてのソーシャル・プロダクトに有意な影響があったと解釈できる。つまり、潜在的ソーシャル・コンシューマー層と比較して、現在のソーシャル・コンシューマー層は簡略化された意思決定をしており、反復的にソーシャル・プロダクトを購買しているとも解釈できる。

4-3. 寄付自体への懐疑的思考と寄付つき商品

現在のソーシャル・コンシューマー層と潜在的ソーシャル・コンシューマー

層ともに、寄付つき商品では懐疑的思考が購買意図へ負の影響を与えていた。このような点は、インタビュー調査で参加者のほとんどが、寄付それ自体を懐疑的に捉えていることが影響していると考えることができる。現在のソーシャル・コンシューマーには、寄付したお金の使われ方に疑問を持つ参加者が多くいた。特にグループ・インタビューでは、「震災のときもユニセフの寄付金が全部団体などに行っているわけではなくて怪しいという週刊誌の記事があった。」と発言していた。

　現在のソーシャル・コンシューマーは、いずれも定期的に寄付をした経験のある人たちであった。彼女たちが特に寄付に対して、懐疑的思考を持つのは欧米のNGOが寄付獲得のためのマーケティング活動それ自体に対して抵抗していると考えることができる[62]。国境なき医師団は、個人の寄付で活動資金を得ている団体である。その理由として、特定の団体からの寄付をもらうと、その団体の利害に一致した活動をするように流されてしまう可能性があるからだという。そのため、そういった団体は個人からの寄付を集めるために頻繁にダイレクト・メールなどを送るコミュニケーション活動を積極的に展開する必要がある。ところが、このような積極的なマーケティング活動は、日本人に懐疑的思考を生み出すことに繋がってしまったと理解することができる。つまり、現在のソーシャル・コンシューマーは、これまでの寄付の経験と積極的なマーケティング活動から、寄付それ自体を懐疑的に捉えているのである。

　一方、潜在的ソーシャル・コンシューマーも寄付自体を懐疑的に捉えているが、逆に寄付つき商品であれば、安心できるという発言をする参加者も多くいた。ある参加者は、以下のような発言をしている。

「大きな企業の方が日赤や社会福祉協議会よりマシな気がする。大きな会社の方が誠実に届けている気がする。日赤や社会福祉協議会は使いこみがあった。こういう団体よりもマクドナルドとか大きなちゃんとした会社の方を信頼している。企業にはチェック機能で会計監査が入るから日赤より信頼できる。ユニクロやカルビーの方が信頼できる。町の小売業はごまかせるから信頼できないが、大企業ならきちんと監査が入っていると思う。」

このような発言は、他の潜在的ソーシャル・コンシューマーからも多くあった。つまり、潜在的ソーシャル・コンシューマーはNPO/NGOなどの団体に自ら寄付するよりは、大企業の寄付つき商品を買った方が寄付金がしっかり使われると思っているのである。このようなNPO/NGOより大企業を信頼するという意識は、欧米人では考えられない考え方であり、日本独特の考え方であるだろう。

現在のソーシャル・コンシューマーと潜在的ソーシャル・コンシューマーともにインタビュー調査では、寄付つき商品を好意的に捉えていた。その理由として、ベルマーク教育助成財団による「ベルマーク運動」が影響を与えていると考えることができる。ベルマーク運動は、そもそも第2次世界大戦後の学校に教材がなかったことから、消費を通じてそれを提供するための運動である。インタビュー調査では、はじめて購入したソーシャル・プロダクトとして、ベルマークがついた寄付つき商品をあげる消費者が多くいた。彼女たちは子どもの頃にベルマークを集めた経験があり、なおかつ自分の子どもたちもそれを集めることで、人生で2回もベルマークを集める経験をしている。彼女たちだけでなく、子どもの頃にベルマークのついた商品を購入した経験のある消費者は、日本にかなりの数にのぼるだろう。つまり、そういった消費者は、すでにソーシャル・プロダクトを子どもの頃に購入した経験を持っているのである。その意味でいえば、日本の消費者の懐疑的思考さえなくせば、今後寄付つき商品の市場は大きく拡大する可能性を秘めていると判断できる。

5. ソーシャル・コンシューマー層の拡大に向けて

本書では、日本社会をソーシャル・コンシューマーの萌芽期と理解した上で研究を行なった。分析の結果、その想定は間違っておらず、今後、ソーシャル・コンシューマー層を日本社会で増やしていくためには、企業やNPO/NGOなどがソーシャル・プロダクトをいかに普及させていくのかというマーケティング上の課題がある。以下では、これまでの本書で明らかになったことを踏まえて、ソーシャル・プロダクトの普及を促進するためのマーケティングを考えて

いく。

5-1. ソーシャル・コンシューマーの起点の創出と習慣化

定性調査で明らかとなったのは、特に現在のソーシャル・コンシューマーは自身のライフコースの中のライフイベントが生じたことで、ソーシャル・プロダクトを購入しはじめていた。中でも、妊娠、出産、育児や子どもの小学校入学はソーシャル・コンシューマーになる契機をもたらしていた。デプス・インタビューに参加したソーシャル・コンシューマーが述べていたように、妊娠と出産というライフイベントの際には、例えば診察を受ける病院などに提示されていたと発言していたように、ソーシャル・プロダクトに関する情報に触れずにはいられなかったと発言していた。つまり、すでに行なわれていることであるが、出産時に例えばオーガニックの衣料品を使うことのメリットなどの情報を消費者に伝えることで、消費者はソーシャル・プロダクトを購入しはじめるきっかけとなる可能性もある。

ただし、東日本大震災の影響のときに、はじめはオーガニック野菜などを買って、子どもの口に入るものに気を付けていたが、現在はそれをやめているというように、ソーシャル・プロダクトをいかにして継続して購入してもらうかが、鍵となる。そのためには、企業やNPO/NGOなどがライフイベントごとに、どのようなソーシャル・プロダクトがあるのかなどを消費者に伝えていく必要があるだろう。

また最もソーシャル・コンシューマーになる可能性が高いのが、子どもの小学校入学後である。インタビュー調査では、子どもの小学校入学により、6年間、ベルマークやボランティア、寄付といった社会的課題解決行動が目白押しだと発言する参加者も数多くいた。特にそのような子どものイベントを通じて、子どもに教えるために学習し、ソーシャル・コンシューマーになった参加者もいた。それを踏まえると、企業やNPO/NGOなどは小学生とその母親をターゲットとした情報発信をすると、子どもと母親がともにソーシャル・プロダクトを購入するようになる可能性がある。例えば、インタビュー調査では工場見学に行って、商品を製造する際に企業がいかに環境配慮しているのかを知

り、環境的課題に対する意識が高まったという発言があった。工場見学もその1つの方法であり、それ以外にも親子教室などを開催して、社会的課題だけではなく、ソーシャル・プロダクトを買うことのメリットなども伝えていくと、インタビュー調査の発言にあったように、子どもの方から母親にソーシャル・プロダクトを購入しようと勧める可能性も高まるだろう。

　特に寄付つき商品については、日本の多くの消費者がベルマークを集めていた経験が鍵となる。女性のライフコースに従って、具体的なマーケティングを考えると、子どもが小学校に入学し、社会的活動に関わるプロセスでの働きかけが鍵となる。例えば、すでに多くの企業で実践しているが、小学校低学年からベルマークを子どもが集めだす際に、主婦向けには日常スーパー等で購入する商品にベルマークを付与する一方、小学生向けにはノートなどの学習用具にベルマークを付与する[63]。これと同時にベルマークが単に学校の教材の購入費に充てられるだけでなく、海外の子どもの教育にも使われていることをベルマーク教育財団と協働して、母親と子どもに知らせる。これを通じて、母親と子どもは消費を通じて社会貢献ができることを知るようになるだろう。

　その後、小学校高学年や中学生をターゲットとしている商品にベルマークではない、寄付を付与した商品を開発することも考えられる。具体的には、ベルマークの収集を止めた子どもたちをターゲットとした寄付つき商品を販売し、手軽に社会貢献できるメッセージをパッケージに記載するという戦略である。例えば、森永製菓にはチョコボールというベルマーク商品[64]とダースという寄付つき商品がある。チョコボールは広く子どもをターゲットとしている一方、ダースは広く大人をターゲットとしていると判断できる。つまり、子どものライフコースに従って、ベルマーク商品であるチョコボールから、寄付つき商品であるダースを繋ぐ商品を開発する、あるいはブランド拡張して、ダースの子ども向け商品のラインナップを設けるか、チョコボールの小学校高学年や中学生向けの商品ラインナップを設けるという方法もあり得る。それを子どもが購入し、母親にそれを伝えることで、母親は学習し、逆に母親からベルマークよりも手軽に社会貢献ができる寄付つき商品を子どもに勧めるという情報伝達の方向も考えることができる。その際、ベルマークやフェアトレード・ラベル[65]

などのように、一目で寄付つき商品だと子どもにもわかるマークを業界等で作成するのも1つの方法である。つまり、企業は子どものライフコースに応じたマーケティング戦略を展開することで、子どもとその母親、さらには上述したように父親も消費を通じた社会的課題解決行動を実践する切っ掛けにも成り得るのである。

5-2. 懐疑的思考と陰徳の軽減

　ただし、上述したマーケティング活動を展開したとしても、ソーシャル・プロダクトがなかなか普及しない可能性がある。それはまず消費者のソーシャル・プロダクトに対する懐疑的な見方である。特にデプス・インタビューでは、オーガニック化粧品の成分表をみて商品の良し悪しが理解できるほどのソーシャル・プロダクトを高頻度で購入している消費者もいまだにソーシャル・プロダクトを懐疑的にみてしまうといっていた。潜在的ソーシャル・コンシューマーからは、例えば寄付つき商品といっても、その寄付が本当に寄付されて社会的課題の解決に繋がっているのかがわからないことから、寄付つき商品を懐疑的に捉えてしまうという発言もあった。

　このような発言を踏まえると、仮にソーシャル・コンシューマーになったとしても、ソーシャル・プロダクトを懐疑的に捉える意識はなくならないと考えることができる。ただしソーシャル・コンシューマーは知識が豊富過ぎるゆえに、ソーシャル・プロダクトを懐疑的に捉えてしまうとも解釈できる。その一方、潜在的ソーシャル・コンシューマーは、特にフェアトレード商品やオーガニック商品を知らないように、ソーシャル・プロダクトに関する知識がほとんどないと判断できる。寄付つき商品を知っていた潜在的ソーシャル・コンシューマーがいうように、それを購入した成果が消費者に伝達できていないという問題もある。

　つまり、まずは消費者に知られていないソーシャル・プロダクトは、その商品がどのような商品なのか、特にそれを購入することで、どのような価値があるのかを伝えるためのマーケティング活動を展開することで、ソーシャル・プ

ロダクトを一度購入してみようと思う消費者も少なからず存在するはずである。一方、ソーシャル・プロダクトを購入した経験のある消費者については、その成果を企業のホームページではなく、マスメディアなどを利用して、積極的に伝えるべきである。特に潜在的ソーシャル・コンシューマー層で発言があったように、CMなどでそれを伝えたとしても、そのような層のイメージは現在のソーシャル・コンシューマー層と違って、低下せず、むしろ社会貢献活動している企業の商品を選ぶという肯定的な発言があったのもそれを裏付けているだろう。

　ソーシャル・プロダクトがなかなか普及しない可能性の2つ目の理由として、日本の陰徳文化と関連して、クチコミが効かないという理由がある。すでにソーシャル・プロダクトを日常的に購入している現在のソーシャル・コンシューマー層は、Rogers（2003）のイノベーションの採用プロセスに従うと、イノベーターに該当し、ソーシャル・プロダクトの普及を促進させるオピニオン・リーダーになる可能性が低い。つまり、オピニオン・リーダーとなって、非採用者にソーシャル・プロダクトの採用を促すのは、潜在的ソーシャル・コンシューマーであると判断できる。

　ただし、現在の潜在的ソーシャル・コンシューマーは、ソーシャル・プロダクトを日常的に購入している現在のソーシャル・コンシューマーを「偽善者」という発言に代表されるように否定的に捉えていた。現在のソーシャル・コンシューマー層から、ソーシャル・プロダクトを勧められること自体が嫌な行為だとも発言していた。このような結果を踏まえると、まずは潜在的ソーシャル・コンシューマー層が信頼する企業がソーシャル・プロダクトを購入することは偽善ではなく、社会全体にとって善い行動だということを伝える必要がある。つまり、中間層をターゲットとして、ソーシャル・プロダクトを購入することの効果など、ソーシャル・プロダクトを購入する肯定的な面を強調したコミュニケーションをとることで、ソーシャル・プロダクトを購入していることを敢えて隠すという陰徳文化を変えることができる可能性もあるだろう。

　定量調査からは、習慣の重要性が明らかとなった。インタビュー結果とあわせて考えるとソーシャル・プロダクトが高頻度で購入されるには、普段の生活

の中でソーシャル・プロダクトが購入できることがどれほど重要であるかがわかる。環境配慮型商品は、入手可能性の評価に影響されるため、どのようにすれば簡単に入手できるかを伝える必要もある。これらの点は、ソーシャル・プロダクトをより広く流通させることや、小売りの現場でソーシャル・プロダクトであることを伝える努力が必要であることを示唆する。

「寄付つき商品」や「応援消費」については、インタビュー結果と同様に「懐疑的思考」の影響がみられた。特に、ソーシャル・プロダクトの購入経験が少ない層が「懐疑的思考」に影響されることから、社会的課題の知識や消費経験が少なくてもわかりやすいコミュニケーションが必要であることが示唆される。エコマークなどのソーシャル・プロダクトに関連するマークを普及させれば、知識が少ない消費者でもどの商品がソーシャル・プロダクトであるかをすぐにわかることができる。このようなマークは第三者機関が認証していることを伝えれば、懐疑的思考が低下する助けとなるだろう。

5-3. 無関心層へ向けて

「無関心層」および本章の「潜在的ソーシャル・コンシューマー層」ともに男性の割合が多かった。身近に売っていれば、そういった層が寄付つき商品を購入する意図を高めるという分析結果は、企業のマーケティングに示唆を与える。無関心層に対して、寄付つき商品を販売するためには、無関心層が、普段、高頻度で訪れるコンビニエンス・ストアや飲食店での品揃えを充実させるという流通戦略を考えることができる。

TABLE FOR TWO（TFT）International というNPO法人は、ヘルシーな食事をとることで自動的に開発途上国の子どもへ学校給食をプレゼントできるプログラムを展開している[66]。具体的には、レストランや食堂、コンビニエンス・ストア等で対象となる定食や食料品を購入すると、1食につき20円の寄付金がTFTを通じて開発途上国の子どもの学校給食に充てられる。この20円は開発途上国の給食1食分の金額であり、先進国で1食とるごとに開発途上国に1食が贈られるという仕組みである。TFTプログラムは、日本の大手企業の社員食堂で取り入れられ、2016年度は641団体、700万人がプログラムに参加して

いる⁽⁶⁷⁾。

　コンビニエンス・ストアにおける TFT との提携プログラムは、ファミリーマートが 2007 年から社員食堂でプログラムを開始し、2009 年から全国のファミリーマートでカロリーを抑えたキャンディやビスケットを販売した。その結果、売上の 3% が TFT を通じて、アフリカのこどもたちの給食代として寄付され、2014 年 3 月末までに 8,519,853 円（給食約 426,000 食相当）の寄付金が集まった。その後も毎年、ファミリーマートは TFT のプログラムを実施している[68]。ニューデイズも 2010 年から毎年 10 月 16 日の国連が制定した「世界食糧デー」に合わせて、カロリーが少ないお弁当などを販売しており、2014 年 3 月までに総額 27,899,699 円が寄付されている[69]。このように「無関心層」が高頻度で訪れると思われる店舗では、多くの寄付つき商品が販売されるようになってきている。TFT の活動がさらに広がる、あるいはそのような活動を行なう企業やNPO/NGO が増加すると、「無関心層」はより寄付つき商品を入手しやすくなるだろう。

注

(56) 潜在的ソーシャル・コンシューマーの属性等については、巻末表 4・5・6 を参照。
(57) そのような研究として、Randall and Fernandes（1991）や Chung and Monroe（2003）、Carrington, Neville and Whitwell（2010）、Hiller（2010）がある。
(58) 詳細は、良品計画のホームページ（https://ryohin-keikaku.jp/csr/list/）を参照。
(59) 詳細は、イオンのホームページ（https://www.topvalu.net/brand/csr/society/#anca）を参照。
(60) 詳細は、イオンのホームページ（https://www.topvalu.net/gurinai/organic/nousan/）を参照。
(61) 詳細は、ビオセボンのホームページ（https://www.bio-c-bon.jp）を参照。
(62) NGO の寄付金獲得のマーケティング活動の例は、大平（2004）を参照。
(63) 現在のベルマーク商品の詳細は、公益財団法人ベルマーク教育助成財団のホームページ（http://www.bellmark.or.jp/）を参照。
(64) 詳細は森永製菓のベルマーク商品のホームページ（http://www.morinaga.co.jp/bellmark/）を参照。
(65) 詳細はフェアトレード・ラベル・ジャパンのホームページ（http://www.fairtrade-jp.org/）を参照。
(66) TFT の取り組みの詳細については、Table For Two のホームページ（http://jp.tablefor2.org/）を参照。

(67) TFTの成果の詳細については、年次報告書のホームページ
（http://jp.tablefor2.org/popup/annual.html）を参照。
(68) ファミリーマートの具体的な取り組みについては、ファミリーマートのホームページ
（http://www.family.co.jp/company/eco/action/tablefortwo.html）を参照。
(69) ニューデイズとTFTのこれまでの取り組みについては、ニューデイズのホームページ
（http://corp.j-retail.jp/ecology/）を参照。

終　章　消費者の社会的責任の理解

　本書では、日本社会がソーシャル・コンシューマーの萌芽期であるという理解のもと、定量調査と定性調査を用いて、ソーシャル・コンシューマーの特徴とソーシャル・プロダクトを購入する意思決定要因、さらに消費を通じて社会的課題を解決する意味を検討してきた。終章では、それらを総括する形で、日本社会での「消費者の社会的責任」という枠組みの中で、消費を通じた社会的課題の解決をいかに理解するか、その私論を述べる。その上で本書の貢献と今後の課題を述べる。

1. 消費者の社会的責任の理解

1-1. 2つの世代のソーシャル・コンシューマー

　日本のソーシャル・コンシューマー層は、子どもがいる中年以上の既婚女性の消費者で構成されていた。そういったソーシャル・コンシューマー層は、ソーシャル・コンシューマーとしての自己アイデンティティが構築されており、消費を通じた社会的課題の解決が習慣化していた。しかし、前章の分析では、自己アイデンティティを含む社会的責任は、現在のソーシャル・コンシューマー層の購買意図に影響を与えていなかった。では日本のソーシャル・コンシューマーの自己アイデンティティは、どのように理解すれば良いのか。それについては、定性調査の現在のソーシャル・コンシューマー層に該当する参加者へのインタビューコメントをもとに考えることができる。彼女たちはソーシャル・コンシューマーのイメージについて、次のように語っていた。

　　「はまりすぎた人は普通の社会生活と折り合いがつけられなくなると思う。」

「知人でこういうものにのめり込んでしまった人がいる。ソーシャル・プロダクトしか買わない人がいて、精神的に病んでしまって行き過ぎると良くないのかなと思う。こだわりが強すぎるのも怖いなと思っている。」

彼女たちが思い浮かべるソーシャル・コンシューマーは、「はまりすぎた」人たちであり、インタビューの発言からそのような人々を非常に否定的に捉えていることがわかる。そのような人と比較して、以下のような発言をしている。

「（私は）活動する人ではない。」

「ライトで薄く浅く、できることをやっている。社会貢献もできるし、自分もいいことをしているという、ちょっとした自己満足。ディープな世界に入ると怖い。」

「軽い気持ちで選んでいる。周りに意識が高い人だと思われたくない。そういう匂いをさせたくない。」

現在のソーシャル・コンシューマー層は、そのような人々と「自分は違う」という強い意識がある。つまり、日本の現在のソーシャル・コンシューマー層における自己アイデンティティは、海外のソーシャル・コンシューマーのような「自分は善いことをしている」という強い主張に基づいているのではなく、「自分はあのような人ではない」という考えに影響されている。現在のソーシャル・コンシューマー層は、海外のソーシャル・コンシューマーでみられるような「義務感や使命感」という強い主張は避けて、「ちょっとした自己満足」と敢えて控えめな動機をあげている。これは、「私は善いことをしている」と自ら主張することを嫌う日本の陰徳文化の影響であると考えられる。

では、現在のソーシャル・コンシューマー層がイメージしたソーシャル・コンシューマーとは、いかなる存在なのだろうか。それは彼女たちが活動家（activist）としての消費者をソーシャル・コンシューマーだと理解していると

推測できる。活動家としての消費者とは、消費者問題や環境問題に端を発して、その解決を消費者運動や環境保護運動の形で実践した人たちである[70]。活動家としてソーシャル・コンシューマーを捉えているのは、主に40歳代以上の参加者であり、社会変革としての消費者運動を目の当たりにした世代でもある。確かにこのような運動をした人たちは消費者であるが、われわれが注目してきたソーシャル・コンシューマーとは異なる。なぜなら、消費者運動を展開した消費者は社会変革のために組織を作り出すことで問題解決を図った一方、本書でいうソーシャル・コンシューマーは組織を作る訳でもなく、集団行動としての社会変革を意図している訳でもない。ただ単に一消費者として、消費を通じた社会的課題の解決を意図しているだけなのである。

つまり、そういった活動家としてのソーシャル・コンシューマーは、第1世代のソーシャル・コンシューマーとして位置づけることができる。一方、本書で検討したのは、あくまでも市場という枠組みを所与とする中で、消費を通じて社会的責任を果たすソーシャル・コンシューマーであり、いわば第2世代のソーシャル・コンシューマーなのである。

1-2.「投票としての消費」という消費者の社会的責任

では、第1世代と第2世代のソーシャル・コンシューマーの違いは、理論的にいかに理解できるのだろうか。欧米では近年、社会を変革する消費者に関する研究が行なわれている。それらは消費者の市民としての側面から消費を捉える研究[71]や活動家としての消費者に関する研究[72]、消費をする際の社会的責任に関する研究[73]、消費者のエンパワーメントに関する研究[74]がある。例えば、Friedman (1996) は社会的責任を果たしていない企業の商品を買うことを避けるボイコット (boycott)[75]とは逆の、社会的責任を積極的に果たしている企業の商品を積極的に購入するバイコット (buycott) を提示している。

欧米では、不祥事を起こし、社会的責任を果たしていない企業の商品をボイコットするために運動などが生じることがある。日本でも以前は不買運動（ボイコット）が生じたという歴史もある[76]。しかし、近年は日本で不買運動が生じることは、ほとんどなくなってきているといってもよいだろう。その意味で

いうと、社会変革を意図した活動家としての消費者運動は、現在のソーシャル・コンシューマー層にとっては、1世代前の消費を通じた社会的課題の解決方法であると位置づけていると考えることができる。

　つまり、日本のソーシャル・コンシューマーには、2つの世代があると理解することができる。第1世代のソーシャル・コンシューマーは、組織を通じた消費者運動などの集合行為を通じて社会的課題を解決している。その意味では、第1世代の消費者としての社会的責任は、社会変革を果たすことであったと理解することができるだろう。その一方、第2世代のソーシャル・コンシューマーは、市場を所与とした上で、一個人として消費を通じて社会的課題を解決している。第2世代のソーシャル・コンシューマーは、生まれたときにはすでに社会が消費社会にあり（間々田, 2016）、言い換えると消費をして生活していくというのは所与の条件となっていることも消費者運動に繋がらない一因であるとも考えることができる。

　では第2世代の消費者としての社会的責任とは、何なのだろうか。それについては、Shaw, Newholm and Dickinson（2006）やShaw（2007）が参考になる。この研究では、選挙のメタファーを用いて、消費者がある商品を購入することは、それを製造している企業に、ある意味、1票を投票するのと同じであると述べ、「投票としての消費（consumption as voting）」の重要性を主張している。

　実際、消費という行為を同じように捉えている企業家もいる。パタゴニアの創設者であるYvon Chouinardは、GREEN TVのインタビューの中で消費者に対する期待として以下のことを述べている[77]。

> 「（消費者への期待は）一人一人が未来をコントロールする力を持っていることです。現に私たちが地球を傷つけているのです。今世紀の中頃には、70％の哺乳類や鳥類が失われる第6大絶滅期にあります。これは誰のせいでしょうか？政府でしょうか？企業でしょうか？それは私たちです。私たちが原因なのです。私たちが「消費者」ですから。辞書で消費者とは、使い果たし破壊する人です。アルコール中毒者のようなものです。中毒であると、自覚するまでやめられません。そして皆の前で中毒を認め、変わり

たいと思うことからはじまるのです。同じように消費者一人一人が自分自身が問題であることを認めなくてはなりません。それを認めたとき、私たちは解決へと歩み出せるのです。認めるまで問題であり続けるのです。(中略) すべての問題を起こしているのは企業だとか、あるいは問題は石油会社というが、私たちが石油を使っているから石油会社は存在しているのです。まず私たちが変わらなくてはいけません。」

パタゴニアという企業は、そのミッションとして、「最高の製品を作り、環境に与える不必要な悪影響を最小限に抑える。そして、ビジネスを手段として環境危機に警鐘を鳴らし、解決に向けて実行する。」[78]を掲げる、世界を代表とする社会的企業[79]である。Chouinard が述べているように、消費や消費者を『大辞林』で調べてみると、消費者は「物資を消費する人」、「商品を買う人」とある。消費は「物・時間・エネルギーなどを、使ってなくすこと」、「欲望充足のために、生産された財貨・サービスを使うこと」と定義されている。この定義に従うと、Chouinard がいうように私たち消費者の多くが特定の企業の商品を買わなければ、その企業が存続できなくなってしまうのである。

このような意味で消費を考えると、現代の日本で生じているさまざまな社会的課題に消費者は関わっていることがわかる。消費者としては、時間に捉われずにいつでも自分の好きなときに買い物をしたいというのが心情であろう。また買う商品が少しでも安ければ、それに越したことがないと考えるであろう。現在の日本では、消費者としてはそう考えるのは当然となっているが、それが労働者の長時間労働や賃金の低下を招いていると指摘されるようになり[80]、「モンスター消費者」[81]という言葉が生まれるほど、消費者としての社会的責任が問われる時代になってきている。

日本では、演歌歌手の三波春夫が「お客様は神様です」といったことにいろいろな解釈がなされ、企業は過剰なサービスを消費者に提供する一方、消費者も過剰なサービスを受けることが当たり前のようになっている（今野・板倉,2014）。しかしながら、企業に社会的責任が問われ、働き方改革や CSR 活動を行なうのが当然の世の中になってきている一方、Chouinard が指摘しているよ

うに消費者も企業と同様に社会的責任が問われる時代になっていると考えられる[82]。この点について、Devinney, Auger, Eckhardt and Birtchnell（2006）は、もう1つのCSR（the other CSR）とそれを表現している。

　さらに消費という行動を一過性の行動として捉えるのではなく、消費者の過去の選択が現在の生活に影響を与えるという点からも消費者の社会的責任を考えることができる。現在の日本では、地方の交通インフラが消滅しており、特に高齢者は日常の交通手段として、自動車を使わないと生活が成り立たない状況に陥っている。その一例として、2018年1月9日に群馬県前橋市で85歳の高齢ドライバーが高校生を跳ねる事故が発生した。このドライバーの家族は、事故を起こす可能性の高さを認識しており、運転免許の返納を何度も促していたが、本人はそれを聞き入れず、事故の当日も家族の目を盗んで自動車を運転し、事故を起こしたという[83]。この事故を受けて、前橋市は「前橋市公共交通マスタープラン」を発表した。このプランは、公共交通を市民にとっての重要な移動手段と位置づけ、鉄道やバス、タクシーなど多様な公共交通機関が集まる駅などの機能強化やバス路線の再編成など、持続性・機能性の高いまちづくりに取り組むための指針である[84]。本書では、この事件の個人の過失を検討するものではない。このような事故は日本各地でも生じており、地方に暮らす高齢者の移動手段が自動車しかないことが、このような事件の多発を招いているのではないのだろうか。

　学術的には、このような社会的課題が生じていることは、「社会的ジレンマ」が生じている状態にあると理解できる（Dawes, 1980）。社会的ジレンマとは、人が自分にとって最適だと思った行動がかえって最適ではない結果を生むような社会現象を意味している（山岸, 1990）。つまり、上記の例では、消費が社会的ジレンマを生み出す一因となるのである[85]。自家用車が日本に普及する以前、地方にも多くの路線バスや鉄道網が張り巡らされていた。しかし、消費者はそういった公共交通機関より、自動車の方が利便性が高いことから、公共交通機関を移動手段として利用する機会を大幅に減少させ、そういった消費者の選択に伴い多くの公共交通は廃止されていった。

　投票としての消費という枠組みで、この現象を捉えなおすと、現在の高齢消

費者が若いときに公共交通を使わないという投票行動をしたことで、地方での公共交通インフラが廃止された。その結果、現在そういった投票行動を行なった消費者が高齢化し、自動車を運転することができなくなったために社会的ジレンマが生じているのである。そのジレンマを解消するために、行政機関がさまざまな施策を図っている。つまり、消費者として利便性を求めて自動車の消費に投票した結果、時を経て、その選択が今となって高齢消費者の利便性を高める可能性のあった公共交通の廃止を招いてしまったのである。

投票はその後に影響を及ぼす行動であり、それと比較をすると、消費は一過性の行動である。このケースでは、過去の消費選択における「消費の失敗」が原因となって、社会的ジレンマを生み出したのである。もし消費者が消費という行動を投票として実践していれば、現在のように公共交通が壊滅的になくなってしまうという結果をもたらさなかったかもしれない。つまり、投票としての消費という行動は、決して一過性の行動ではないのである。言い換えると、消費はその後の社会に影響を与える行動なのであり、その意味では消費者には何を消費するのかという行動に対する社会的責任があるといえよう。

本書では、消費を通じた社会的課題の解決という点から、消費者の社会的責任を考えてきた。その視点からの結論として、消費者にとって、消費するという行為は投票と同じであり、消費者が自分の好きな企業に1票を投じていると理解して行動することが、消費者の社会的責任であると、本書では考える[86]。

1-3. 世間の枠組みでの消費者の社会的責任の理解

では、日本の中でいかに消費者の社会的責任を考えたら良いのだろうか。それについては、第9章での定量分析の結果が示唆を与える。第9章の結果では、自己アイデンティティを含んだ社会的責任は、現在のソーシャル・コンシューマー層の購買意図には影響を与えなかったが、潜在的ソーシャル・コンシューマー層のそれには影響を与えていた。この結果は、いかに理解すればよいのであろうか。

自己アイデンティティとは、他者との関係の中で自分をどのように捉えるのかを意味していた。社会的責任因子に含まれた、倫理的義務は、欧米では自己

アイデンティティとは異なる概念であると認識されていることから、定量調査ではそれらをソーシャル・コンシューマーの意思決定要因として別々に検討した。しかし、第8章で述べたように、それらを意思決定要因として加えたのは、インタビュー調査の発言にあった「周り」から日本独自の考え方である「世間」という枠組みの中で、日本のソーシャル・コンシューマーがソーシャル・プロダクトを購入すると考えたからであった。

　それらの概念が1つの因子にまとまるという結果は、ある意味で想定通りとなったのであり、言い換えると日本人には消費を通じた社会的課題の解決にも世間が影響を与えていたともいうことができるだろう。ではなぜこのような結果になったのか。それは阿部（1995）の次の文章にその一端をみることができる。

　　「斉藤毅氏の研究によると「社会」という言葉は明治十年（一八七七）に西周が society の訳語として作り、その後定着したものという。日本でのこの言葉の初見は文政九年（一八二六）の青池林宗役の「輿地誌略」であるが、それは「修道院」Kloofter の訳語としてであった。この「社会」という訳語に定着するまでは実に四十以上の訳語が考えられていた。その中にはいうまでもなく世間という言葉も入っていたが、それが訳語として定着することにはならなかった。何故なら久米邦武が述べているように society という言葉は個人の尊厳と不可分であり、その意味を込める必要があったためにこの訳語を採用することができなかったのである。彼らの苦労のおかげで私達は、「社会」という言葉を伝統的な日本の人間関係から離れた新しい人間関係の場として思い描くことができるようになったのである。」（阿部, 1995, 175 ページ）。

　この文章からもわかるように、先行研究で用いられていた記述的規範と命令的規範、倫理的義務、自己アイデンティティは、社会との関係の中で、自己を捉える概念である。つまり、阿部（1995）の指摘に従うと、それらは個人の尊厳を認めた上で、個人が捉える概念なのである[87]。

その一例として、とあるテレビ番組に海外の社会的課題を解決している社会的企業家が登場するときに、番組の司会進行役は、いつも決まって「日本国内にも解決すべき社会的課題がたくさんあるのに、なぜ海外の社会的課題を解決するのですか」という質問をする。これに対して、社会的企業家が理由を答えると、決まって「そんなの個人の自由なんですけどね」というコメントをする。この一連のやりとりは、社会的企業家が個人の尊厳に基づいて海外の社会的課題を解決している一方で、司会進行役は世間の枠組みで質問をしていると理解できるだろう。特に司会進行役の最後のコメントは、「あなたの個人の尊厳はもちろん尊重しています」といっていると解釈できるだろう。

　一連のインタビュー調査を通じても、参加者の世間の捉え方がわかる発言がある。デプス・インタビューを実施した1人は、グループ・インタビューの際には周囲とは、ソーシャル・プロダクトに関する話はあまりしないと述べていた。しかし、実際デプス・インタビューを実施すると、ソーシャル・プロダクトについて情報交換をする仲間がいると発言していた。このような発言の違いは、井上（2007）の世間を捉える際に用いている「準拠集団」が参考となる。井上（2007）によると、準拠集団としての世間を区別する基準として、「ウチ」と「ソト」があり、それにタニン・ヨソを加えると、世間は大枠にタニン・ソトがあり、中心のミウチ・ナカマウチの中間に世間を位置づけることができるという。個人にとって世間は、ミウチ・ナカマウチほど近い存在ではなく、タニン・ヨソのヒトほど遠い存在ではなく、両者の中間体にあって、個人の行動のよりどころとなる準拠集団だと世間を位置づけている。つまり、グループ・インタビューという集まりは、参加者たちにとっては見ず知らずの人たちが集った「ソト」だったことから、そのような発言の違いが生まれたと考えることができる。

　なお、本書では、倫理的義務と自己アイデンティティをまとめて、「社会的責任」と命名した。それは個人の尊厳をベースとした、欧米の消費者を対象として実施した調査では、確かにこれら概念は個別に測定可能であるが、日本の消費者の場合はそれら概念がまとまり、それを世間の枠組みで理解できるからである。井上（2007）によると、世間を準拠集団として捉えると、規範的機能（ある人が集団の規範に同調すること）と比較機能（ある人が自己の地位を判定する際に

他者を考慮することによって判定が異なること）があり、それにわれわれの生活は影響を受けているという。このような影響について、中村（2011）は「社会」という概念は人々が都合上考え出して作りあげたもので、具体的な働きを伴わないという。一方、「世間」は日々、人々の生活に影響している点で具体的働きを伴っているという。このような見解に従うと、私たち日本の消費者は世間の影響を受けて生活しており、本書で用いた尺度は欧米でいう社会を意図して構築されたものであり、その中では消費者としての社会的責任という言葉がふさわしいと考えた。

このように世間という日本独自の枠組みの中では、本書で検討した陰徳や懐疑的思考という文化的影響が消費者の行動に影響を与えると考えられる。そういった面を踏まえると、日本で消費者の社会的責任という考え方が定着するには、乗り越える障壁がいくつもあると考えられる。まずは「世間が○○といっている」という日本人の意識にある「世間」の共通した意識が、なぜ生まれるのかを明らかにする必要がある。それを明らかにすれば、消費者たちが口々に「世間が消費者の社会的責任を求めている」というようになるための手段を考えることができる。現在の日本の世間では、ソーシャル・コンシューマーは、消費を通じた社会的課題の解決について「意識高い系」なのである。

2. 本書の貢献と今後の課題

2-1. 本書の貢献

本書の貢献として、第1に消費者の社会的責任という枠組みの中で、消費を通じた社会的課題の解決を検討した点にある。消費者と社会的課題が論じられる際には、消費者は保護される、いわば「弱い」立場で捉えられてきた。それは1962年に当時のアメリカ合衆国第35代大統領John F. Kennedyが特別教書で述べられた消費者の4つの権利（「安全である権利」、「知らされる権利」、「選択できる権利」、「意見を反映させる権利」）にはじまり、日本でも1963年に消費者保護基本法が制定されることからもわかるだろう。

しかしながら、現代の社会は、インターネットが普及したことで、消費者と企業との情報の非対称性は著しく解消された。von Hippel（1986）がリード・ユーザーと表現しているように、消費者の中には特定の商品に対して、企業以上に情報などを持って、イノベーションを起こす存在にもなっている。さらに消費者は、時には売り手になる機会も多くなった。インターネット上では、フリーマーケットやネットオークションなどが盛んになり、いわゆる CtoC（Consumer to Consumer）の取引が急速に成長し、その市場規模は1兆円に達するという[88]。このような「強い」立場の消費者が出現することは、消費者間で情報の非対称性が顕著になるだけでなく、従来は企業が多く情報を持つという意味での情報の非対称性が、消費者が多く情報を持つという逆の情報の非対称性が生じることもあり得る。そういった際には、「強い」立場の消費者を規制する可能性もあるだろう。つまり、こういった現在進行形で生じている社会現象を考えてみると、消費者の社会的責任は、経済学や法律学など、多様や社会科学の領域で研究できると考えることができよう。

実際、近年の消費者研究も大きな転機を迎えている。世界で最も大きい消費者研究の学会である Association for Consumer Research（ACR）では、マーケティングの概念拡張（Kotler and Levy, 1969）と同様に、消費者研究の枠組みを拡張し、人間の幸福（well-being）という枠組みから消費者を研究する必要性を指摘している。David Glen Mick（Mick, 2006）は、2006年度 ACR 年次大会での代表挨拶で近年の消費や消費者行動を取り巻く社会的課題の関するスピーチを行ない、消費者の幸福を高めるための消費者研究、すなわち Transformative Consumer Research（TCR）の必要性を主張した（Mick, 2006；2008）[89]。その後、多くの研究者によって、Mick, Pettigrew, Pechmann and Ozanne, ed.（2012）*Transformative Consumer Research: For Personal and Collective Well-Being* が出版されている。

TCR とは、個人的・集合的な幸福を追求するための研究であり、われわれの生活での主要な社会的課題を消費を通じて解決を図ることを研究するものである。具体的には、Mick, Pettigrew, Pechmann and Ozanne, ed.（2012）では、経済・社会的課題、技術的優位性、物質主義と環境、健康の増進、消費者金融、

危険な行動と危険にさらされている消費者、家族問題、豊かな行動と美徳との消費者行動との関わりが論じられている。本書で検討した内容は、この中のいくつかの内容に関わるものである。このような消費者を取り巻く環境が変わった点や新たな消費者研究の必要性が叫ばれている点など、「消費者」という存在を考え直す1つの見方、つまり消費者が消費を通じて社会的課題の解決を図ることを提示したのが本書の貢献の1つである。

第2の貢献は研究方法である。本書では、定性分析と定量分析を組み合わせた、混合研究法を用いて、日本のソーシャル・コンシューマーを明らかにした。このような混合研究法を用いた研究は、エシカル・コンシューマーについて、Shaw and Clarke（1999）がグループ・インタビューを実施して構成概念を発見し、Shaw, Shiu and Clarke（2000）がその構成概念を用いて、定量分析を行なうという一連の研究がある。ただし、これらの研究では、別々の論文で成果が発表され、「定性調査・分析→定量調査・分析」というプロセスで研究が行なわれている。本書はこれらの研究を踏まえ、「定性調査・分析⇔定量調査・分析」という双方向の分析ができるように設計をした。そのため、まずは先行研究にもとづいて定量調査を実施し、次に定性調査を幅広く実施して、定量調査のための構成概念を発見し、それを用いて再度定量調査を実施し、さらに定量分析の結果を定性調査の結果を交えながら、構成概念間の因果関係を解釈するという方法を採用した。この方法を採用したことで、ソーシャル・コンシューマーをより深く理解することに繋がったと考えられる。

第3の貢献として、本書では、ソーシャル・コンサンプションの1つとして、「応援消費」を取りあげた。応援消費は東日本大震災後に生まれた言葉であり、欧米にはない考え方といえる。児童労働などの解決に繋がるフェアトレード商品や商品の売上の一部がNPO/NGOなどに寄付されることで社会的課題が解決するという寄付つき商品といったように、これまでのプロダクトは途上国と先進国との間での社会的課題の解決に繋がる商品に研究の焦点があった。しかし、本書では、震災の復興支援という新たな社会的課題の解決に繋がる消費に焦点を当てた。つまり、応援消費という日本独自の消費は、災害が起こった後の復興をビジネスを通じて支援するという新たなビジネスの方法であり、それ

を行なう消費者の意思決定要因を質的・量的に検討したことは、新たな消費スタイルの一面を明らかにしたと判断できるだろう。

2-2. 本書の課題

本書の課題として、まずソーシャル・プロダクトの意思決定要因について限界がある。本書では、ソーシャル・プロダクトの中でも、「環境配慮型商品」と「寄付つき商品」、「応援消費」を取りあげた。それ以外にも、ソーシャル・プロダクトには「フェアトレード商品」や「オーガニック商品」もある。これについては、第5章で示したように、それら2つのソーシャル・プロダクトを購入した経験のある消費者はごく僅かであった。そのため、第6章や第7章で行なったアンケート調査では、それらソーシャル・プロダクトの購入経験を尋ねずに調査を実施した。ただし、これら調査を実施したのは、すでに数年前となり、その後、オーガニック商品やフェアトレード商品を製造・販売する企業は増えている。

実際、無印良品はコットンを使った商品の大半がオーガニックの原材料を使うようになっている。森永製菓は、日本のナショナル・ブランド・メーカーとしてはじめて、2014年からフェアトレードのカカオを使ったチョコレートの販売を開始した[90]。オーガニック食品については、企業の再編が行なわれている。特に2017年に業界大手の大地を守る会とオイシックスが経営統合し、2018年7月に、らでぃっしゅぼーやもそれに加わり、「オイシックス・ラ・大地株式会社」が設立された[91]。この経営統合は、日本にオーガニック食品を普及させる機転ともなり得る統合である。このような日本社会の現状を考えると、今後はそのようなソーシャル・プロダクトの意思決定要因を検討することで、消費を通じた社会的な課題の解決の理解がより深まるだろう。

次に企業やNPO/NGOといった組織の視点に立った研究の必要性である[92]。本書では、社会的課題の解決を消費者の視点から検討した。近年は企業がCSR活動を積極的に展開するだけなく、上述したようにソーシャル・プロダクトを製造・販売する企業も増えており、そのような企業やNPOの活動をソーシャル・マーケティングという面から研究することも可能である。ソーシャ

ル・プロダクトをいかに製造し、販売するのかという点からも研究を進めることも、企業の視点からの消費を通じた社会的課題の解決の理解を深めるだろう(93)。

　インタビュー調査を行なった中の東日本大震災以前からの現在のソーシャル・コンシューマー層は、日本社会の中では早くからソーシャル・プロダクトを購入していた。問題意識でも述べたように、本書では現在の日本社会をソーシャル・コンシューマーの萌芽期と捉えて研究を行なった。この点については、グループ・インタビューを実施する際に行なったスクリーニング・アンケートの結果から、ソーシャル・プロダクトの購入経験の点で潜在的ソーシャル・コンシューマー層が無関心層とほとんど違いがないという点が示され、本当の意味でのソーシャル・コンシューマーはまだ日本社会にはそれほど存在しない、まさに萌芽期にあると調査からも理解できた。つまり、ソーシャル・プロダクトの普及プロセスでそれを理解すると、現在の日本社会に存在しているソーシャル・コンシューマーは、ソーシャル・プロダクトを普及プロセスの初期の段階でそれを採用した革新的な消費者としても捉えることができる。

　ソーシャル・コンシューマーを革新的な消費者として理解すると、イノベーションの普及プロセスの中で、イノベーションを初期に採用する消費者に関する先行研究が参考になる。例えば、それはイノベーターやリード・ユーザーに関する研究（von Hippel, 1986；Rogers, 2003）や消費者革新性（consumer innovativeness）に関する研究（Midgley and Dowling, 1978；Hirschman, 1980）である。これらの研究では、イノベーションを初期に採用する理由やその特徴、イノベーションの普及にいかに寄与するのかなどが検討されている。このような先行研究を踏まえることで、今後、ソーシャル・プロダクトが日本社会でいかに普及していくのか、またソーシャル・コンシューマーがいかに増えていくのかについて、示唆を与えるだろう。

　本書で実施したグループ・インタビューは、現在のソーシャル・コンシューマー層と潜在的ソーシャル・コンシューマー層が対象であった。これら2つの層に対して、グループ・インタビューを実施したのは、ソーシャル・コンサンプションをなぜ行なっているのかを明らかにするためであった。上述したよう

に、潜在的ソーシャル・コンシューマー層は無関心層とは、それほど変わりがないということから、定量分析では社会的課題解決行動の実践度の高低でサンプルを2つに分け、その意思決定プロセスの違いを検討した。今回の研究では、「なぜソーシャル・コンサンプションを行なうのか」に焦点を当てたため、「なぜソーシャル・コンサンプションを行なわないのか」については検討しなかった[94]。ソーシャル・コンサンプションを行なったことのない無関心層は、ソーシャル・プロダクトの存在を知らないのか、知っているが敢えてソーシャル・プロダクトを購入しないのかなど、無関心層が無関心層である理由を研究することは、今後、日本社会でソーシャル・プロダクトを普及させるために必要な研究であろう。

注

(70) 消費者運動については、安藤（1994）や中京大学社会科学研究所プロジェクト（消費者問題と消費者被害救済の研究）編、呉編集代表（2003；2004）、原山（2011）を参照。
(71) 消費者市民に関する研究として、Soper（2007）やJohnston（2007）、De Bakker and Dagevos（2012）がある。
(72) 活動家としての消費者に関する研究として、Hustad and Pessemier（1973）やKozinets and Handleman（2004）、Lang and Gabriel（2005）、Portwood-Stacer（2012）、Brei and Böhm（2013）がある。
(73) 消費をする際の責任に関する研究として、Friedman（1996）やBarnett, Cloke, Clarke and Malpass（2005）、Stolle, Hooghe and Micheletti（2005）、Hoffmann and Hutter（2012）、Anderson（2018）がある。
(74) 消費者のエンパワーメントに関する研究として、Shaw, Newholm and Dickinson（2006）やMcShane and Sabadoz（2015）がある。
(75) 集合行為としてボイコットを消費を避ける点から整理した研究として、大平（2015）がある。
(76) 不買運動を含めた消費者運動については、国民生活センター編（1996；1997）を参照。
(77) 詳細は、GREEN TV（http://www.japangreen.tv/st04/8249.html）を参照。
(78) 詳細は、パタゴニア（http://www.patagonia.jp/company-info.html）を参照。
(79) 社会的企業については、谷本・大室・大平・土肥・古村（2013）や谷本編（2015）を参照。
(80) 「もう24時間働かない！年中無休、24時間営業を見直す企業続々」『AERA』2016年11月28日。
(81) モンスター消費者については、今野・板倉（2014）を参照。なお、今野・板倉（2014）では、モンスター消費者を労働者を直接的に苦しめる消費者と定義している。
(82) 消費者の社会的責任に関する研究として、Devinny, Auger, Eckhardt and Birtchnell

(2006) や Caruana and Crane（2008）、Caruana and Chatzidakis（2014）、Vitell（2015）、Quazi, Amran and Nejati（2016）、Schlaile, Klein and Böck（2018）がある。
(83) 産経ニュース「衝撃事件の核心　前橋・女子高生 2 人はねた 85 歳、暴走のワケ　高齢社会に突きつけられた「認知機能」と「恋愛」」（https://www.sankei.com/premium/news/180120/prm1801200011-n1.html）。
(84) 詳細は、前橋市公共交通マスタープラン（http://www.city.maebashi.gunma.jp/kurashi/188/189/191/p007865.html）を参照。
(85) 消費が社会的ジレンマを生み出すことを指摘した研究として、広瀬（1995）や Rothschild（1999）、Sen, Gürhan-Canli and Morwitz（2001）、Thøgersen（2005）、Gupta and Ogden（2009）、Pepper, Jackson and Uzzell（2009）がある。
(86) Devinny, Auger, Eckhardt and Birtchnell（2006）は、消費者の社会的責任を「個人的および道徳的な信念に基づいて、特定の消費選択を行なう意識的かつ意図的な選択」と定義している。その他に消費者の社会的責任を定義している研究として、Caruana and Chatzidakis（2014）や Vitell（2015）、Quazi, Amran and Nejati（2016）がある。
(87) 林（2017）も日本は個人の尊厳を認めない社会であると述べている。
(88) 矢野経済研究所による国内 CtoC（個人間取引）市場調査
（https://www.yano.co.jp/press-release/show/press_id/1883）より。
(89) TCR に関するはじめての研究成果は、2008 年 10 月に発行された *Journal of Consumer Research* の Vol.35、No.3 の特集号で発表された。TCR は、2007 年よりカンファレンスが開催されており、さまざまな雑誌でも、特集が組まれるまでになっている。詳細は、ACR の TCR ホームページ（http://www.acrwebsite.org/web/tcr/transformative-consumer-research.aspx）を参照。
(90) 詳細は森永製菓ホームページ（http://www.morinaga.co.jp/1choco-1smile/fairtrade/）を参照。
(91) 詳細はオイシックス・ラ・大地株式会社ホームページ（https://www.oisixradaichi.co.jp）を参照。
(92) 組織の視点からマーケティングと社会を整理した研究として、大平（2017）がある。
(93) 良品計画と JICA との商品の共同開発を検討した研究として、増田・大平（2017）がある。
(94) 本書でいう無関心層が消費を通じた社会的課題解決を実践しない理由を検討した研究として、Babakus, Cornwell, Mitchell and Schlegelmilch（2004）、Liu, Yang, Zeng and Waller（2015）、King and Dennis（2006）、Callen-Marchione and Ownbey（2008）、McGregor（2008）、Mitchell, Balabanis, Schlegelmilch and Cornwell（2009）、Shoham, Ruvio and Davidow（2008）、Eckhardt, Belk and Devinney（2010）、Cojuharenco, Shteynberg, Gelfand and Schminke（2012）がある。

あとがき

　本書を完成させるまでには、多くの方々から温かいご支援をいただいた。

　片岡寛先生（佐倉市国際文化大学学長・元諏訪東京理科大学学長・一橋大学名誉教授）には、大学院進学以来、時には厳しく、時には優しくご指導いただいている。はじめの勤務先であった諏訪東京理科大学では、私は一教員でありながら、当時学長を務められていた先生から公私にわたりさまざまなアドバイスをいただいた。はじめて明治学院大学でお会いした20年前から、私の研究テーマが将来良い研究になるとご理解して、私をゼミに受け入れていただけなければ、研究者としての今の私はなかった。

　同じ時期に片岡ゼミに所属していた松井剛先生（一橋大学）、畢滔滔先生（立正大学）、朴宰佑先生（武蔵大学）、金珍淑先生（敬愛大学）、北村真琴先生（東京経済大学）、片岡康子さん（一橋大学）には、当時まだNPOが社会でほとんど理解が進んでいない中で、NPOのマーケティングを研究していた私の報告にさまざまなコメントをいただいた。修了後も公私にわたりお付き合いさせていただいているのは、私の貴重な財産である。

　本書は、混合研究法を用いて執筆されたものである。このような研究方法を用いることができたのは、私が大学院生だった2000年代初頭、一橋大学の経営学の領域では、いわゆる「分厚い記述」が流行していたことが大きい。私はNPOのマーケティングを研究していたが、当時はNPO法が施行されて間もない状況であり、とても定量調査ができる状況にはなかった。そのため、博士論文では、インタビュー調査や2次データを用いて、広義の非営利組織である高齢者福祉施設を事例とした研究を行なった。当時の一橋大学で学ぶことができたからこそ、定性分析と定量分析の両方を組み合わせることができたと感じている。

　一橋大学大学院で谷本寛治先生（早稲田大学）にお会いしたことは、私の研究に大きな影響を与えた。当時大学院の講義の「非営利組織特論」を受講したことがきっかけとなり、谷本ゼミに参加させていただけるようになった。谷本先

生には、先生をはじめ、ゼミの方々と共同研究をする機会を与えていただいた。共同研究では、谷本先生の指導のもとで社会的企業によるソーシャル・イノベーションの創出と、それが社会に普及するプロセスを研究したことで、研究者としての礎を築くことができた。マーケティングや消費者と社会との関わりという新たな領域を研究する私にとって、企業と社会とのかかわりを長年にわたり研究されている先駆者に直にご指導していただいたこと、および本書の出版社として、千倉書房をご紹介いただいたことに感謝の気持ちを述べたい。

一橋大学大学院では、副指導教官としてお世話になった根本敏則先生（敬愛大学）には、経済学の見地から、私の研究に対してご指導いただいた。古川一郎先生（武蔵野大学）と山下裕子先生（一橋大学）、関満博先生（一橋大学名誉教授）には、市場部門のワークショップで他のゼミに所属する大学院生と研究報告を行なう場を提供していただいた。その後、古川先生と関先生には、地域ブランドに関する一連の研究にもご一緒させていただく機会を提供していただいた。

学部と修士課程を過ごした明治学院大学では、修士課程の指導教官であった上原征彦先生（昭和女子大学）からはマーケティングにおけるデータ分析の重要性、学部の指導教官である中野聡子先生（明治学院大学）からは研究することの楽しさ、大平浩二先生（明治学院大学）からは研究方法論の重要性、清水聰先生（慶應義塾大学）からは研究者としての心構え、林周二先生（東京大学名誉教授）からは新たな研究領域の開拓をそれぞれ教えていただいた。

各種学会では、武井寿先生（早稲田大学）、見目洋子先生（専修大学）、神原理先生（専修大学）、大原悟務先生（同志社大学）、大瀬良伸先生（東洋大学）、涌田龍治先生（京都産業大学）、大室悦賀先生（長野県立大学）、土肥将敦先生（法政大学）、古村公久先生（京都産業大学）、大倉邦夫先生（弘前大学）、西尾チヅル先生（筑波大学）、水越康介先生（首都大学東京）、吉田満梨先生（立命館大学）、阪本将英先生（専修大学）にお世話になっている。

勤務先の千葉商科大学では、商経学部長の山本恭裕先生、工藤剛治先生、藤原七重先生、奥寺葵先生、齊藤紀子先生、増田明子先生、外川拓先生に日頃からお世話になっている。

あとがき

　本書のベースとなる研究は、薗部靖史先生（東洋大学）と Stanislawski Sumire 先生（東京国際大学）との一連の共同研究である。両先生との共同研究がはじまったのは、谷本先生が「企業と社会フォーラム」の立ちあげの際に、この分野に関心を持っている研究者として、私が学会をご紹介したのがきっかけである。両先生は、日本で数少ないマーケティングや消費者と社会に関心を持つ研究者である。3人が集まることで、研究の進捗は一気に加速した。両先生には、共同研究の成果を私の単著の一部として出版することを許可していただいた。本書の内容は私一人で検討し直し、加筆・修正をしたものであり、私一人の責任である。

　本書を完成させるまでは、多くの支援をいただいた。企業と社会フォーラムおよび公益財団法人吉田秀雄記念事業財団からは、本書で用いたデータを収集するためのご支援をいただいた。本書は、平成30年度千葉商科大学学術図書出版助成により出版されたものである。出版にあたっては、専門書を出版する環境が年々厳しさを増す中で、本書の出版をお引き受けいただいた、千倉書房の神谷竜介氏、校正を担当いただいた山田昭氏に感謝したい。

　本書が完成するまで、家族には多大な迷惑をかけた。妻慧は片岡ゼミに共に在籍した時から、私の研究を見守り続けてくれている。長男一心、次男真司、長女真璃には、毎日机に向かう父親を当たり前のように受け入れてくれている。最後に家族全員に感謝を伝えたい。

2018年6月
45歳の誕生日に
大平　修司

参考文献

<英語文献>

Aertsens, Joris, Wim Verbeke, Koen Mondelaers and Guido Van Huylenbroeck (2009) "Personal Determinants of Organic Food Consumption: A Review," *British Food Journal*, Vol.111, No.10, pp.1140-1167.

Ajzen, Icek (1991) "The Theory of Planned Behavior," *Organizational Behavior and Human Decision Processes*, Vol. 50, Issue 2, pp.179-211.

―― and Martin Fishbein (1980) *Understanding Attitudes and Predicting Social Behavior*, Upper Saddle River, NJ: Prentice-Hall.

―― and Thomas J. Madden (1986) "Prediction of Goal-Directed Behavior: Attitudes, Intentions, and Perceived Behavioral Control," *Journal of Experimental Social Psychology*, Vol.22, Issue 5, pp.453-474.

Akehurst, Gray, Carolina Afonso and Helena Martins Gonçalves (2012) "Re-Examining Green Purchase Behavior and the Green Consumer Profile: New Evidence," *Management Decision*, No.5, Issue 5, pp.927-998.

Al-Khatib, Jamal, Angela D'Auria Stanton and Mohammed Y.A. Rawwas (2005) "Ethical Segmentation of Consumers in Developing Countries: A Comparative Analysis," *International Marketing Review*, Vol.22, Issue 2, pp.225-246.

Allen, Chris T. (1982) "Self-Perception Based Strategies for Stimulating Energy Conservation," *Journal of Consumer Research*, Vol.8, No.4, pp.381-390.

Anderson, Jr., W. Thomas and William H. Cunningham (1972) "The Socially Conscious Consumer," *Journal of Marketing*, Vol.36, No.3, pp.23-31.

Anderson, Matthew (2018) "Fair Trade and Consumer Social Responsibility: Exploring Consumer Citizenship as a Driver of Social and Environmental Change," *Management Decision*, Vol.56, Issue 3, pp.634-651.

Andorfer, Veronika A. and Ulf Liebe (2012) "Research on Fair Trade Consumption: A Review," *Journal of Business Ethics*, Vol.106, Issue 4, pp.415-435.

Andreasen, Alan R. (1996) "Profits for Nonprofits: Find a Corporate Partner," *Harvard Business Review*, Vol.74, No.6, pp.47-59.

Antil, John H. (1984) "Socially Responsible Consumers: Profile and Implications for Public Policy," *Journal of Macromarketing*, Vol.5, Issue 2, pp.18-39.

―― and Peter D. Bennett (1979) "Construction and Validation of a Scale to Measure Socially Responsible Consumption Behavior," in *The Conserver Society*, Karl E. Henion and Thomas C. Kinnera ed., American Marketing Association, Chicago, pp.51-68.

Antonetti, Paolo and Stan Maklan (2014) "Feelings that Make a Difference: How Guilt and Pride Convince Consumers of the Effectiveness of Sustainable Consumption Choices," *Journal of Business Ethics*, Vol.124, Issue 1, pp.117-134.

Arnould, Eric J. and Craig J. Thompson (2005) "Consumer Culture Theory (CCT): Twenty Years of Research," *Journal of Consumer Research*, Vol.31, No.4, pp.868-882.

Arnold, Todd J., Timothy D. Landry and Charles M. Wood (2010) "Prosocial Effects in Youth from Involvement in an Experiential, Cause-Related Marketing Event," *Journal of Marketing Theory and Practice*, Vol.18, Issue 1, pp.41-52.

Auger, Pat, Paul Burke, Timothy M. Devinney and Jordan J. Louviere (2003) "What Will Consumers Pay for Social Product Features?," *Journal of Business Ethics*, Vol.42, Issue 3, pp.281-304.

—— and Timothy M. Devinney (2007) "Do What Consumers Say Matter? The Misalignment of Preferences with Unconstrained Ethical Intentions," *Journal of Business Ethics*, Vol.76, Issue 4, pp.361-383.

——, Timothy M. Devinney and Jordan J. Louviere (2007) "Using Best-Worst Scaling Methodology to Investigate Consumer Ethical Beliefs across Countries," *Journal of Business Ethics*, Vol.70, Issue 3, pp.299-326.

——, Timothy M. Devinney, Jordan J. Louviere and Paul F. Burke (2010) "The Importance of Social Product Attributes in Consumer Purchasing Decisions: A Multi-Country Comparative Study," *International Business Review*, Vol.19, Issue 2, pp.140-159.

Awad, Tamer A. (2011) "Environmental Segmentation Alternatives: Buyers' Profiles and Implications," *Journal of Islamic Marketing*, Vol.2, Issue 1, pp.55-73.

Babakus, Emin, T. Bettina Cornwell, Vince Mitchell and Babo Schlegelmilch (2004) "Reactions to Unethical Consumer Behavior Across Six Countries," *Journal of Consumer Marketing*, Vol.21, Issue 4, pp.254-263.

Ballantine, Paul W. and Sam Creery (2010) "The Consumption and Disposition Behaviour of Voluntary Simplifiers," *Journal of Consumer Behavior*, Vol.9, Issue 1, pp.45-56.

Bamberg, Sebastian (2003) "How does Environmental Concern Influence Specific Environmentally Related Behavior? A New Answer to an Old Question," *Journal of Environmental Psychology*, Vol.23, Issue 1, pp.21-32.

—— and Guide Möser (2007) "Twenty Years after Hines, Hungerford, and Tomera: A New Meta-Analysis of Psycho-Social Determinants of Pro-Environmental Behavior," *Journal of Environmental Psychology*, Vol.27, Issue 1, pp.14-25.

Barr, Stewart (2007) "Factors Influencing Environmental Attitudes and Behaviors: A U.K. Case Study of Household Waste Management," *Environment and Behavior*, Vol.39, Issue 4, pp.435-473.

Barbarossa, Camilla and Patrick De Pelsmacker (2016) "Positive and Negative Antecedents of Purchasing Eco-Friendly Products: A Comparison between Green and Non-Green Consumers," *Journal of Business Ethics*, Vol.134, Issue 2, pp.229-247.

Barnett, Clive, Paul Cloke, Nick Clarke and Alice Malpass (2005) "Consuming Ethics: Articulating the Subjects and Spaces of Ethical Consumption," *Antipode*, Vol.37, Issue 1, pp.23-45.

Barone, Michael J., Anthony D. Miyazaki and Kimberly A. Taylor (2000) "The Influence of Cause-Related Marketing on Consumer Choice: Does One Good Turn Deserve Another?," *Journal of the Academy of Marketing Science*, Vol.28, Issue 2, pp.248-262.

Belch, Michael A. (1982) "A Segmentation Strategy for the 1980's: Profiling the Socially-Concerned Market through Life-Style Analysis," *Journal of the Academy of Marketing*

Science, Vol.10, Issue 4, pp.345-358.
Belk, Russell. W. (1988) "Possessions and the Extended Self," *Journal of Consumer Research*, Vol.15, No.2, pp.139-168.
——, ed. (2006) *Handbook of Qualitative Research Methods in Marketing*, Edward Elgar.
—— and John F. Sherry, Jr., ed. (2007) *Consumer Culture Theory, Research in Consumer Behavior*, Vol.11, Emerald Group Publishing Limited.
——, Eileen Fischer and Robert V. Kozinets (2013) *Qualitative Consumer & Marketing Research*, Sage Publications, Inc.（松井剛訳（2016）『消費者理解のための定性的マーケティング・リサーチ』碩学舎・中央経済社）
——, Timothy Devinney and Giana Eckhardt (2005) "Consumer Ethics across Cultures," *Consumption Markets & Culture*, Vol.8, Issue 3, pp.275-289.
Berger, Ida E. and Ruth M. Corbin (1992) "Perceived Consumer Effectiveness and Faith in Others as Moderators of Environmentally Responsible Behavior," *Journal of Public Policy & Marketing*, Vol.11, Issue 2, pp.79-89.
——, Peggy H. Cunningham and Robert V. Kozinets (1996) "The Processing of Cause-Related Marketing Claims: Cues, Biases or Motivators?," *AMA Summer Educators Conference: Enhancing Knowledge Development in Marketing*, Vol.7, pp.71-72.
Berkowitz, Leonard and Kenneth G. Lutterman (1968) "The Traditional Socially Responsible Personality," *Public Opinion Quarterly*, Vol.32, Issue 2, pp.169-185.
Bezençon, Valéry and Sam Blili (2010) "Ethical Products and Consumer Involvement: What's New?," *European Journal of Marketing*, Vol.44, No.9/10, pp.1305-1321.
Bigné-Alcañiz, Enrique, Rafael Currás-Pérez, Carla Ruiz-Mafé and Silvia Sanz-Blas (2010) "Consumer Behavioural Intentions in Cause-Related Marketing: The Role of Identification and Social Cause Involvement," *International Review on Public and Nonprofit Marketing*, Vol.7, Issue 2, pp.127-143.
Biswas, Abhijit, Jane W. Licata, Daryl McKee, Chris Pullig and Christopher Daughtridge (2000) "The Recycling Cycle: An Empirical Examination of Consumer Waste Recycling and Recycling Shopping Behaviors," *Journal of Public Policy & Marketing*, Vol.19, Issue 1, pp.93-105.
Black Iain R. and Helene Cherrier (2010) "Anti-Consumption as Part of Living a Sustainable Lifestyle: Daily Practices, Contextual Motivations and Subjective Values," *Journal of Consumer Behavior*, Vol.9, Issue 6, pp.437-453.
Bonsu, Samuel K. and Russell W. Belk (2003) "Do Not Go Cheaply into That Good Night: Death-Ritual Consumption in Asante, Ghana," *Journal of Consumer Research*, Vol.30, No.1, pp.41-55.
Boulstridge, Emma and Marylyn Carrigan (2000) "Do Consumers Really Care about Corporate Responsibility?: Highlighting the Attitude-Behavior Gap," *Journal of Communication Management*, Vol.4, Issue 4, pp.355-368.
Brady, Henry E. and David Collier, ed. (2004) *Rethinking Social Inquiry: Diverse Tools, Shared Standards*, Rowman & Littlefield Publishers, Inc.（泉川泰博・宮下明聡訳（2008）『社会科学の方法論争：多様な分析道具と共通の基準』勁草書房）
Brei, Vinicius and Steffen Böhm (2013) "'1L=10L for Africa': Corporate Social Responsibil-

ity and the Transformation of Bottled Water into a 'Consumer Activist' Commodity," *Discourse & Society*, Vol.25, Issue 1, pp.3-31.
Brooker, George (1976) "The Self-Actualizing Socially Conscious Consumer," *Journal of Consumer Research*, Vol.3, No.2, pp.107-112.
Brønn, Peggy S. and Albana B. Vrioni (2001) "Corporate Social Responsibility and Cause-Related Marketing: An Overview," *International Journal of Advertising*, Vol.20, Issue 2, pp.207-222.
Calder, Bobby, J. (1977) "Focus Groups and the Nature of Qualitative Marketing Research," *Journal of Marketing Research*, Vol.14, No.3, Special Issue: Recent Developments in Survey Research, pp.353-364.
Callen-Marchione, Karen S. and Shiretta F. Ownbey (2008) "Associations of Unethical Consumer Behavior and Social Attitudes," *Journal of Fashion Marketing and Management: An International Journal*, Vol.12, Issue 3, pp.365-383.
Cairns, Kate, Josée Johnston and Norah MacKendrick (2013) "Feeding the 'Organic Child': Mothering through Ethical Consumption," *Journal of Consumer Culture*, Vol.13, Issue 2, pp.97-118.
Carey, Lindsey, Deirdre Shaw and Edward Shiu (2008) "The Impact of Ethical Concerns on Family Consumer Decision-Making," *International Journal of Consumer Studies*, Vol.32, Issue 5, pp.553-560.
Carrier, James G. and Peter G. Luetchford, ed. (2012) *Ethical Consumption: Social Value and Economic Practice*, Berghahn Books.
Carrigan, Marylyn and Ahmad Attalla (2001) "The Myth of the Ethical Consumer: Do Ethics Matter in Purchase Behavior?," *Journal of Consumer Marketing*, Vol.18, Issue 7, pp.560-578.
Carrington, Michal J., Benjamin A. Neville and Gregory J. Whitwell (2010) "Why Ethical Consumers Don't Walk Their Talk: Towards a Framework for Understanding the Gap Between the Ethical Purchase Intentions and Actual Buying Behavior of Ethically Minded Consumers," *Journal of Business Ethics*, Vol.97, Issue 1, pp.139-158.
——, Benjamin A. Neville and Robin Canniford (2015) "Unmanageable Multiplicity: Consumer Transformation towards Moral Self Coherence," *European Journal of Marketing*, Vol.49, No.7/8, pp.1300-1325.
Caruana, Robert and Andreas Chatzidakis (2014) "Consumer Social Responsibility (CnSR): Toward a Multi-Level, Multi-Agent Conceptualization of the "Other CSR"," *Journal of Business Ethics*, Vol.121, Issue 4, pp.577-592.
—— and Andrew Crane (2008) "Constructing Consumer Responsibility: Exploring the Role of Corporate Communications," *Organization Studies*, Vol.29, Issue 12, pp.1495-1519.
Chan, Ricky Y. K. (2001) "Determinants of Chinese Consumers' Green Purchase Behavior," *Psychology & Marketing*, Vol.18, Issue 4, pp.389-413.
—— and Lorett B. Y. Lau (2000) "Antecedents of Green Purchases: A Survey in China," *Journal of Consumer Marketing*, Vol.17, Issue 4, pp.338-357.
—— and Lorett B. Y. Lau (2002) "Explaining Green Purchasing Behavior," *Journal of International Consumer Marketing*, Vol.14, Issue 2-3, pp.9-40.

――, Y. H. Wong and Thomas K. P. Leung (2008) "Applying Ethical Concepts to the Study of 'Green' Consumer Behavior: An Analysis of Chinese Consumers' Intentions to Bring Their Own Shopping Bags," *Journal of Business Ethics*, Vol.79, Issue 4, pp.469-481.
Chatzidakis, Andreas, Minas Kastanakis and Anastasia Stathopoulou (2016) "Socio-Cognitive Determinants of Consumers' Support for the Fair Trade Movement," *Journal of Business Ethics*, Vol.133, Issue 1, pp.95-109.
Cherrier, Hélène (2009) "Anti-Consumption Discourses and Consumer-Resistant Identities," *Journal of Business Research*, No.62, Issue 2, pp.181-190.
―― and Jeff B. Murray (2007) "Reflexive Dispossession and the Self: Constructing a Processual Theory of Identity," *Consumption Markets & Culture*, Vol.10, Issue 1, pp.1-29.
Cheung, Shu Fai, Darius K.-S. Chan and Zoe S.-Y. Wong (1999) "Reexamining the Theory of Planned Behavior in Understanding Wastepaper Recycling," *Environment and Behavior*, Vol.31, Issue 5, pp.587-612.
Chowdhury, Rafi M. M. I. and Mario Fernando (2014) "The Relationships of Empathy, Moral Identity and Cynicism with Consumers' Ethical Beliefs: The Mediating Role of Moral Disengagement," *Journal of Business Ethics*, Vol.124, Issue 4, pp.677-694.
Chung, Janne and Gray S. Monroe (2003) "Exploring Social Desirability Bias," *Journal of Business Ethics*, Vol.44, Issue 4, pp.291-302.
Cialdini, Robert B., Raymond R. Reno and Carl A. Kallgren (1990) "A Focus Theory of Normative Conduct: Recycling the Concept of Norms to Reduce Littering in Public Places," *Journal of Personality and Social Psychology*, Vol.58, No.6, pp.1015-1026.
Conner, Mark and Christopher J. Armitage (1998) "Extending the Theory of Planned Behavior: A Review and Avenues for Further Research," *Journal of Applied Social Psychology*, Vol.28, Issue 15, pp.1429-1464.
Connolly, John and Andrea Prothero (2003) "Sustainable Consumption: Consumption, Consumers and the Commodity Discourse," *Consumption, Market & Culture*, Vol.6, Issue 4, pp.275-291.
―― and Andrea Prothero (2008) "Green Consumption: Life-Politics, Risk and Contradiction," *Journal of Consumer Culture*, Vol.8, Issue 1, pp.117-145.
Cojuharenco, Irina, Garriy Shteynberg, Michele Gelfand and Marshall Schminke (2012) "Self-Construal and Unethical Behavior," *Journal of Business Ethics*, Vol.109, Issue 4, pp. 447-461.
Cowe, Roger and Simon Williams (2001) *Who are the Ethical Consumers?*, Manchester UK: Co-operative Bank.
Cowles, Deborah and Lawrence A. Crosby (1986) "Measure Validation in Consumer Research: A Confirmatory Factor Analysis of the Voluntary Simplicity Life Scale," *Advances in Consumer Research*, Vol.13, pp.392-397.
Craig-Lees, Margaret and Constance Hill (2002) "Understanding Voluntary Simplifiers," *Psychology & Marketing*, Vol.19, Issue 2, pp.187-210.
Creswell, John W. (2003) *Research Design: Qualitative, Quantitative, and Mixed Methods Approach*, Sage Publications, Inc.（操華子・森岡崇訳（2007）『研究デザイン：質的・量

的・そしてミックス法』日本看護協会出版会）
—— and Vicki L. Plano Clark (2007) *Designing and Conducting Mixed Methods Research*, Sage Publications, Inc.（大谷順子訳（2010）『人間科学のための混合研究法：質的・量的アプローチをつなぐ研究デザイン』北大路書房）
Crocker, David A. and Toby Linden, ed. (1998) *Ethics of Consumption: The Good Life, Justice, and Global Stewardship*, Rowman & Littlefield Publishers, Inc.
Crowne, Douglas P. and David Marlowe (1960) "A New Scale of Social Desirability Independent of Psychology," *Journal of Consulting Psychology*, Vol.24, No.4, pp.349-354.
Csikzentmihalyi, Mihaly and Eugene Rochberg-Halton (1981) *The Meaning of Things: Domestic Symbols and the Self, Cambridge*, Cambridge University Press.（市川孝一・川浦康至訳（2009）『モノの意味：大切な物の心理学』誠信書房）
Cui, Yanli, Elizabeth S. Trent, Pauline M. Sullivan and Grace N. Matiru (2003) "Cause-Related Marketing: How Generation Y Responds," *International Journal of Retail & Distribution Management*, Vol.31, Issue 6, pp.310-320.
Dahl, Darren W. and Anne M. Lavack (1995) "Cause-Related Marketing: Impact of Size of Corporate Donation and Size of Cause-Related Promotion on Consumer Perceptions and Participation," *AMA Winter Educators' Conference: Marketing Theory and Applications*, Vol.6, pp.476-481.
Davies, Iain Andrew and Sabrina Gutsche (2016) "Consumer Motivations for Mainstream "Ethical" Consumption," *European Journal of Marketing*, Vol.50, No.7/8, pp.1326-1347.
Davies, Janette, Gordon R. Foxall and John Pallister (2002) "Beyond the Intention-Behaviour Mythology: An Integrated Model of Recycling," *Marketing Theory*, Vol.2, Issue 1, pp.29-113.
Daw, Jocelyne (2006) *Cause Marketing for Nonprofits: Partner for Purpose, Passion, and Profits*, John Wiley & Sons, Inc.
Dawes, Robyn M. (1980) "Social Dilemmas," *Annual Review of Psychology*, Vol.31, pp.169-193.
Dean, Dwane H. (2003/2004) "Consumer Perception of Corporate Donations: Effects of Company Reputation for Social Responsibility and Type of Donation," *Journal of Advertising*, Vol.32, Issue 4, pp.91-102.
De Bakker, Eric and Hans Dagevos (2012) "Reducing Meat Consumption in Today's Consumer Society: Questioning the Citizen-Consumer Gap," *Journal of Agricultural and Environmental Ethics*, Vol.25, Issue 6, pp.877-894.
De Pelsmacker, Patrick and Wim Janssens (2007) "A Model for Fair Trade Buying Behavior: The Role of Perceived Quantity and Quality of Information and of Product-Specific Attitudes," *Journal of Business Ethics*, Vol.75, Issue 4, pp.361-380.
Devinney, Timothy M., Pat Auger, Giana M. Eckhardt and Thomas Birtchnell (2006) "The Other CSR: Consumer Social Responsibility," *Stanford Social Innovation Review*, Vol.4, pp.30-37.
——, Pat Auger and Giana M. Eckhardt (2010) *The Myth of the Ethical Consumer*, Cambridge University Press.

Diamantopoulos, Adamantios, Bodo B. Schlegelmilch, Rudolf R. Sinkovics and Greg M. Bohlen (2003) "Can Socio-Demographics still Play a Role in Profiling Green Consumers?: A Review of the Evidence and an Empirical Investigation," *Journal of Business Research*, Vol.56, Issue 6, pp.465-480.

Dobscha, Susan (1998) "The Lived Experience of Consumer Rebellion against Marketing," *Advances in Consumer Research*, Vol.25, pp.91-97.

—— and Julie L. Ozanne (2001) "An Ecofeminist Analysis of Environmentally Sensitive Women Using Qualitative Methodology: The Emancipatory Potential of an Ecological Life," *Journal of Public Policy & Marketing*, Vol.20, Issue 2, pp.201-214.

do Paço, Arminda M. F., Mário L. B. Raposo and Walter L. Filho (2009) "Identifying the Green Consumer: A Segmentation Study," *Journal of Targeting, Measurement and Analysis for Marketing*, Vol.17, No.1, pp.17-25.

Drumwright, Minette E. (1996) "Company Advertising with a Social Dimension: The Role of Noneconomic Criteria," *Journal of Marketing*, Vol.60, No.4, pp.71-88.

Eckhardt, Giana M., Russell W. Belk and Timothy M. Devinney (2010) "Why Don't Consumers Consume Ethically?," *Journal of Consumer Behavior*, Vol.9, Issue 6, pp.426-436.

Elgin, Duane (1981) *Voluntary Simplicity: Toward a Way of Life that is Outwardly Simple, Inwardly Rich*, William Morrow and Company, Inc. (星川淳訳 (1987)『ボランタリーシンプリシティ:自発的簡素』TBSブリタニカ)

Ellen, Pam Scholder, Joshua L. Wiener and Cathy Cobb-Walgren (1991) "The Role of Perceived Consumer Effectiveness in Motivating Environmentally Conscious Behaviors," *Journal of Public Policy & Marketing*, Vol.10, Issue 2, pp.102-117.

——, Lois A. Mohr and Deborah J. Webb (2000) "Charitable Programs and the Retailer: Do They Mix?," *Journal of Retailing*, Vol.76, Issue 3, pp.393-406.

Erffmeyer, Robert C., Bruce D. Keillor and Debbie Thorne LeClair (1999) "An Empirical Investigation of Japanese Consumer Ethics," *Journal of Business Ethics*, Vol.18, Issue 1, pp.35-50.

Etzioni, Amitai (1998) "Voluntary Simplicity: Characterization, Select Psychological Implications, and Societal Consequences," *Journal of Economic Psychology*, No.19, pp.619-643.

Fischer, Eileen and Stephen J. Arnold (1994) "Sex, Gender Identity, Gender Role Attitudes, and Consumer Behavior," *Psychology & Marketing*, Vol.11, Issue 2, pp.163-182.

Fisk, George (1973) "Criteria for a Theory of Responsible Consumption," *Journal of Marketing*, Vol.37, No.2, pp.24-31.

Folkes, Valerie S. and Michael A. Kamins (1999) "Effects of Information about Firms' Ethical and Unethical Actions on Consumers' Attitudes," *Journal of Consumer Psychology*, Vol.8, Issue 3, pp.243-259.

Follows, Scott B. and David Jobber (2000) "Environmentally Responsible Purchase Behavior: A Test of a Consumer Model," *European Journal of Marketing*, Vol.34, No.5/6, pp.723-746.

Ford, Gary T., Darlene B. Smith and John L. Swasy (1990) "Consumer Skepticism of

Advertising Claims: Testing Hypotheses from Economics of Information," *Journal of Consumer Research*, Vol.16, No.4, pp.433-441.

Forehand, Mark R. and Sonya Grier (2003) "When is Honesty the Best Policy? The Effect of Stated Company Intent on Consumer Skepticism," *Journal of Consumer Psychology*, Vol.13, Issue 3, pp.349-356.

Fransson, Niklas and Tommy Gärling (1999) "Environmental Concern: Conceptual Definitions, Measurement Methods, and Research Findings," *Journal of Environmental Psychology*, Vol.19, Issue 4, pp.369-382.

Friedman, Monroe (1996) "A Positive Approach to Organized Consumer Action: The "Buycott" as an Alternative to the Boycott," *Journal of Consumer Policy*, Vol.19, Issue 4, pp.439-451.

Fukukawa, Kyouko (2002) "Developing a Framework for Ethically Questionable Behavior in Consumption," *Journal of Business Ethics*, Vol.41, Issue 1-2, pp.99-119.

Galvagno, Marco (2011) "The Intellectual Structure of the Anti-Consumption and Consumer Resistance Field: An Author Co-Citation Analysis," *European Journal of Marketing*, Vol.45, No.11/12, pp.1688-1701.

Giele, Janet Z. and Elder, Jr., Glen H. (1998) *Methods of Life Course Research: Qualitative and Quantitative Approaches*, Sage Publications, Inc.（正岡寛司・藤見純子訳（2003）『ライフコース研究の方法：質的ならびに量的アプローチ』明石書店）

Gilg, Andrew, Stewart Barr and Nicholas Ford (2005) "Green Consumption or Sustainable Lifestyles?: Identifying the Sustainable Consumer," *Futures*, Vol.37, Issue 6, pp.481-504.

Gill, James D., Lawrence A. Crosby and James R. Taylor (1986) "Ecological Concern, Attitudes, and Social Norms in Voting Behavior," *Public Opinion Quarterly*, Vol.50, Issue 4, pp.537-554.

Giesler, Markus and Ela Veresiu (2014) "Creating the Responsible Consumer: Moralistic Governance Regimes and Consumer Subjectivity," *Journal of Consumer Research*, Vol.41, No.3, pp.840-857.

Gonzalez, Christine, Michael Korchia, Laetitia Menuet and Caroline Urbain (2009) "How Do Socially Responsible Consumers Consider Consumption?: An Approach with the Free Associations Method," *Recherche et Applications en Marketing*, Vol.24, No.3, pp.25-41.

Gorsuch, Richard L. and John Ortberg (1983) "Moral Obligation and Attitudes: Their Relation to Behavioral Intentions," *Journal of Personality and Social Psychology*, Vol.44, No.5, pp.1025-1028.

Graafland, Johan (2017) "Religiosity, Attitude, and the Demand for Socially Responsible Products," *Journal of Business Ethics*, Vol.144, Issue 1, pp.121-138.

Grau, Stacy L. and Judith A. G. Folse (2007) "Cause-Related Marketing (CRM): The Influence of Donation Proximity and Message-Framing Cues on the Less-Involved Consumer," *Journal of Advertising*, Vol.36, Issue 4, pp.19-33.

Greene, Jennifer C. (2007) *Mixed Methods in Social Inquiry*, John Wiley &Sons, Inc.

Grubb, Edward L. and Harrison L. Grathwohl (1967) "Consumer Self-Concept, Symbolism and Market Behavior: A Theoretical Approach," *Journal of Marketing*, Vol.31, No.4,

pp.22-27.
Guido, Gianluigi, M. Irene Prete, Alessandro M. Peluso, R. Christian Maloumby-Baka and Carolina Buffa (2010) "The Role of Ethics and Product Personality in the Intention to Purchase Organic Food Products: A Structural Equation Modeling Approach," *International Review of Economics*, Vol.57, Issue 1, pp.79-102.
Gupta, Shruti and Denise T. Ogden (2009) "To Buy or Not to Buy?: A Social Dilemma Perspective on Green Buying," *Journal of Consumer Marketing*, Vol.26, Issue 6, pp.376-391.
―― and Julie Pirsch (2006a) "A Taxonomy of Cause-Related Marketing Research: Current Findings and Future Research Directions," *Journal of Nonprofit & Public Sector Marketing*, Vol.15, Issue 1-2, pp.25-43.
―― and Julie Pirsch (2006b) "The Company-Cause-Customer Fit Decision in Cause-Related Marketing," *Journal of Consumer Marketing*, Vol.23, Issue 6, pp.314-326
Hansmann, Henry B. (1980) "The Role of Nonprofit Enterprise," *The Yale Law Journal*, Vol.89, No.5, pp.835-901.
Harrison, Rob (2005) "Pressure Groups, Campaigns and Consumers," in Harrison, Rob, Terry Newholm, and Deirdre Shaw, ed., *The Ethical Consumer*, SAGE Publications, pp.55-67.
――, Terry Newholm and Deirdre Shaw, ed. (2005) *The Ethical Consumer*, SAGE Publications, Inc.
Heath, Teresa, Lisa O'Malley, Matthew Heath and Vicky Story (2016) "Caring and Conflicted: Mothers' Ethical Judgments about Consumption," *Journal of Business Ethics*, Vol.136, Issue 2, pp.237-250.
Heath, Adam P. and Don Scott (1998) "The Self-Concept and Image Congruence Hypothesis: An Empirical Evaluation in the Motor Vehicle Market," *European Journal of Marketing*, Vol.32, No.11/12. pp.1110-1123.
Herberger, Jr., Roy A. (1975) "The Ecological Products Buying Motive: A Challenge for Consumer Education," *The Journal of Consumer Affairs*, Vol.9, Issue 2, pp.187-195.
Hiller, Alex J. (2010) "Challenges in Researching Consumer Ethics: A Methodological Experiment," *Qualitative Market Research: An International Journal*, Vol.13, Issue 3, pp.236-252.
Hirschman, Elizabeth C. (1980) "Innovativeness, Novelty Seeking, and Consumer Creativity," *Journal of Consumer Research*, Vol.7, No.3, pp.283-295.
Hoffmann, Stefan and Katharina Hutter (2012) "Carrotmob as a New Form of Ethical Consumption: The Nature of the Concept and Avenues for Future Research," *Journal of Consumer Policy*, Vol.35, Issue 2, pp.215-236.
Holbrook, Morris B. and Elizabeth C. Hirschman (1982) "The Experiential Aspects of Consumption: Consumer Fantasies, Feelings, and Fun," *Journal of Consumer Research*, Vol.9, No.2, pp.132-140.
Honkanen, Pirjo, Bas Verplanken and Svein Ottar Olsen (2006) "Ethical Values and Motives Driving Organic Food Choice," *Journal of Consumer Behavior*, Vol.5, Issue 5, pp.420-430.

Hosany, Sameer and Drew Martin (2012) "Self-Image Congruence in Consumer Behavior," *Journal of Business Research*, Vol.65, Issue 5, pp.685-691.
Hou, Jundong, Lanying Du and Jianfeng Li (2008) "Cause's Attributes Influencing Consumer's Purchasing Intention: Empirical Evidence from China," *Asian Pacific Journal of Marketing*, Vol.20, Issue 4, pp.363-380.
Hughner, Renée Shaw, Pierre McDonagh, Andrea Prothero, Clifford J. Shultz Ⅱ and Julie Stanton (2007) "Who are Organic Food Consumers?: A Compilation and Review of Why People Purchase Organic Food," *Journal of Consumer Behaviour*, Vol.6, Issue 2-3, pp.94-110.
Huneke, Mary E. (2005) "The Face of the Un-Consumer: An Empirical Examination of the Practice of Voluntary Simplicity in the United States," *Psychology & Marketing*, Vol.22, Issue 7, pp.527-550.
Hunt, Shelby D. and Scott J. Vitell (1986) "A General Theory of Marketing Ethics," *Journal of Macromarketing*, Vol.6, Issue 1, pp.5-15.
—— and Scott J. Vitell (2006) "The General Theory of Marketing Ethics: A Revision and Three Questions," *Journal of Macromarketing*, Vol.6, Issue 2, pp.1-11.
Hustad Thomas P. and Edger A. Pessemier (1973) "Will the Real Consumer-Activist Please Stand Up: An Examination of Consumers' Opinions about Marketing Practice," *Journal of Marketing Research*, Vol.10, No.3, pp.319-324.
Hustvedt, Gwendolyn and Marsha A. Dickson (2009) "Consumer Likelihood of Purchasing Organic Cotton Apparel: Influence of Attitudes and Self-Identity," *Journal of Fashion Marketing and Management: An International Journal*, Vol.13, Issue 1, pp.49-65.
Iyer, Rajesh and James A. Muncy (2009) "Purpose and Object of Anti-Consumption," *Journal of Business Research*, Vol.62, Issue 2, pp.160-168.
Iwata, Osamu (1999) "Perceptual and Behavioral Correlates of Voluntary Simplicity Lifestyle," *Social Behavior and Personality: An International Journal*, Vol.27, No.4, pp.379-386.
Jansson, Johan, Agneta Marell and Annika Nordlund (2010) "Green Consumer Behavior: Determinants of Curtailment and Eco-Innovation Adoption," *Journal of Consumer Marketing*, Vol.27, Issue 4, pp.358-370.
Jain, Sanjay K. and Gurmeet Kaur (2006) "Role of Socio-Demographics in Segmenting and Profiling Green Consumer: An Exploratory Study of Consumers of India," *Journal of International Consumer Marketing*, Vol.18, Issue 3, pp.107-146.
Johnston, Deirdre D. and Debra H. Swanson (2006) "Constructing the "Good Mother": The Experience of Mothering Ideologies by Work Status," *Sex Roles*, Vol.54, Issue 7-8, pp.509-519.
Johnston, Josée (2007) "The Citizen-Consumer Hybrid: Ideological Tensions and the Case of Whole Food Market," *Theory and Society*, Vol.37, Issue 3, pp.229-270.
——, Michelle Szabo and Alexandra Rodney (2011) "Good Food, Good People: Understanding the Cultural Repertoire of Ethical Eating," *Journal of Consumer Culture*, Vol.11, Issue 3, pp.293-318.
Johnstone, Micael-Lee and Lay Peng Tan (2015) "An Exploration of Environmentally-

Conscious Consumers and the Reasons Why They do not Buy Green Products," *Marketing Intelligence & Planning*, Vol.33, Issue 5, pp.804-825.

Jung, Hye Jung, HaeJung Kim and Kyung Wha Oh (2016) "Green Leather for Ethical Consumers in China and Korea: Facilitating Ethical Consumption with Value-Belief-Attitude Logic," *Journal of Business Ethics*, Vol.135, Issue 3, pp.483-502.

Kaiser, Florian G. (1998) "A General Measure of Ecological Behavior," *Journal of Applied Social Psychology*, Vol.28, Issue 5, pp.395-422.

―――, Michel Ranney, Terry Hartig and Peter Bowler (1999) "Ecological Behavior, Environmental Attitude, and Feelings of Responsibility for the Environment," *European Psychologist*, Vol.4, Issue 2, pp.59-74.

―――and Todd A. Shimoda (1999) "Responsibility as a Predictor of Ecological Behavior," *Journal of Environmental Psychology*, Vol.19, Issue 3, pp.243-253.

―――, Sybille Wölfing and Urs Fuhrer (1999) "Environmental Attitude and Ecological Behavior," *Journal of Environmental Psychology*, Vol.19, Issue 1, pp.1-19.

―――, Michael Ranney, Terry Hartig and Peter A. Bowler (1999) "Ecological Behavior, Environmental Attitude, and Feelings of Responsibility for the Environment," *European Psychologist*, Vol.4, Issue 2, pp.59-74.

―――and Heinz Gutscher (2003) "The Proposition of a General Version of the Theory of Planned Behavior: Predicting Ecological Behavior," *Journal of Applied Social Psychology*, Vol.33, Issue 3, pp.586-603.

Kalafatis, Stavros, Michael Pollard, Robert East and Markos H. Tsogas (1999) "Green Marketing and Ajzen's Theory of Planned Behaviour: A Cross-Market Examination," *Journal of Consumer Marketing*, Vol.16, Issue 5, pp.441-460.

Keesling, Garland and Shohreh A. Kaynama (2003) "An Exploratory Investigation of the Ecologically Conscious Consumer's Efforts to Control Water Contamination: Lawn Care and the Use of Nitrogen Fertilizers and Pesticides," *Journal of Marketing Theory and Practice*, Vol.11, Issue 1, pp.52-62.

Kim, Hee Yeon and Jae-Eun Chung (2011) "Consumer Purchase Intention for Organic Personal Care Products," *Journal of Consumer Marketing*, Vol.28, Issue 1, pp.40-47.

King, Gary, Robert O. Keohane and Sidney Verba (1994) *Designing Social Inquiry: Scientific Inference in Qualitative Research*, Princeton University Press.（真渕勝監訳（2004）『社会科学のリサーチ・デザイン：定性的研究における科学的推論』勁草書房）

King, Tamira and Charles Dennis (2006) "Unethical Consumers: Deshopping Behaviour Using the Qualitative Analysis of Theory of Planned Behaviour and Accompanied (De) Shopping," *Qualitative Market Research: An International Journal*, Vol.9, Issue 3, pp.282-296.

Kinnear, Thomas C., James R. Taylor and Sadrudin A. Ahmed (1974) "Ecologically Concerned Consumers: Who are They?," *Journal of Marketing*, Vol.38, No.2, pp.20-24.

Knussen, Christina, Fred Yule, Julie Mackenzie and Mark Wells (2004) "An Analysis of Intentions to Recycle Household Waste: The Roles of Past Behaviour, Perceived Habit, and Perceived Lack of Facilities," *Journal of Environmental Psychology*, Vol.24, Issue 2, pp.237-246.

Kotler, Philip and Eduardo L. Roberto (1989) *Social Marketing: Strategies for Changing Public Behavior*, Free Press.（井関利明監訳（1995）『ソーシャル・マーケティング』ダイヤモンド社）
―――, Ned Roberto and Nancy Lee (2002) *Social Marketing: Improving the Quality of Life*, 2^{nd}ed., Sage Publications, Inc.
――― and Kevin Lane Keller (2015) *Marketing Management, 15^{th}ed.*, Pearson.
――― and Sidney J. Levy (1969) "Broadening the Concept of Marketing," *Journal of Marketing*, Vol.33, No.1, pp.10-15.
Kozinets, Robert V. and Jay M. Handelman (2004) "Adversaries of Consumption: Consumer Movements, Activism, and Ideology," *Journal of Consumer Research*, Vol.31, No.3, pp.691-704.
Kurland, Nancy B. (1995) "Ethical Intentions and the Theories of Reasoned Action and Planned Behavior," *Journal of Applied Social Psychology*, Vol.25, Issue 4, pp.297-313.
Lafferty, Barbara. A. and Diane R. Edmondson (2009) "Portraying the Cause Instead of the Brand in Cause-Related Marketing Ads: Does It Really Matter?," *Journal of Marketing Theory and Practice*, Vol.17, Issue 2, pp.129-144.
Lang, Tim and Yiannis Gabriel (2005) "A Brief History of Consumer Activism," in Harrison, Rob, Terry Newholm and Deirdre Shaw, ed., *The Ethical Consumer*, Sage Publications, Inc., pp.39-53.
Laroche, Michel, Jasmin Bergeron and Guido Barbaro-Forleo (2001) "Targeting Consumers Who Are Willing to Pay More for Environmentally Friendly Products," *Journal of Consumer Marketing*, Vol.18, Issue 6, pp.503-520.
Lavack, Anne M. and Fredric Kropp (2003) "A Cross-Cultural Comparison of Consumer Attitudes toward Cause-Related Marketing," *Social Marketing Quarterly*, Vol.9, Issue 3, pp.3-16.
Lee, Kaman (2009) "Gender Differences in Hong Kong Adolescent Consumers' Green Purchasing Behavior," *Journal of Consumer Marketing*, Vol.26, Issue 2, pp.87-96.
Lee, Julie Anne and Stephen J. S. Holden (1999) "Understanding the Determinants of Environmentally Conscious Behavior," *Psychology & Marketing*, Vol.16, Issue 5, pp.373-392.
Lee, Kyung Hee, Mark A. Bonn and Meehee Cho (2015) "Consumer Motives for Purchasing Organic Coffee: The Moderating Effects of Ethical Concern and Price Sensitivity," *International Journal of Contemporary Hospitality Management*, Vol.27, Issue 6, pp.1157-1180.
Lee, Michael S. W., Karen V. Femandes and Michael R. Hyman (2009) "Anti-consumption: An Overview and Research Agenda," *Journal of Business Research*, Vol.62, Issue 2, pp.145-147.
―――, Dominique Roux, Hèléne Cherrier and Bernard Cova (2011) "Anti-Consumption and Consumer Resistance: Concepts, Concerns, Conflicts, and Convergence," *European Journal of Marketing*, Vol.45, No.11/12, pp.1680-1687.
Lee, Zoe and Adrian Sargeant (2011) "Dealing with Social Desirability Bias: An Application

to Charitable Giving," *European Journal of Marketing*, Vol.45, No.5, pp.703-719.

Leigh, James H., Patrick E. Murphy and Ben M. Enis (1988) "A New Approach to Measuring Socially Responsible Consumption Tendencies," *Journal of Macromarketing*, Vol.8, Issue 1, pp.5-20.

Leonard-Barton, Dorothy (1981) "Voluntary Simplicity Lifestyles and Energy Conservation," *Journal of Consumer Research*, Vol.8, No.3, pp.243-252.

Levie, W. Howard and Richard Lentz (1982) "Effects of Text Illustrations: A Review of Research," *Educational Communications and Technology Journal*, Vol.30, Issue 4, pp.195-232.

Levy, Sindy J. (1959) "Symbols for Sale," *Harvard Business Review*, July-August, pp.117-124.

Lewis, Tania and Emily Potter, ed. (2011) *Ethical Consumption: a Critical Introduction*, Routledge.

Liu, Zhiqiang, Zhilin Yang, Fue Zeng and David Waller (2015) "The Development Process Unethical Consumer Behavior: An Investigation Grounded in China," *Journal of Business Ethics*, Vol.128, Issue 2, pp.411-432.

Lord, Kenneth R. (1994) "Motivating Recycling Behavior: A Quasiexperimental Investigation of Message and Source Strategies," *Psychology & Marketing*, Vol.11, Issue 4, pp.341-358.

Louie, Therese A. and Carl Obermiller (2000) "Gender Stereotypes and Social-Desirability Effects on Charity Donation," *Psychology & Marketing*, Vol.7, Issue 2, pp.121-136.

Lu, Long-Chuan, Hsiu-Hua Chang and Alan Chang(2015) "Consumer Personality and Green Buying Intention: The Mediate Role of Consumer Ethical Beliefs," *Journal of Business Ethics*, Vol.127, Issue 1, pp.205-219.

Mainieri, Tina, Elaine G. Barnett, Trisha R. Valdero, John B. Unipan and Stuart Oskamp (1997) "Green Buying: The Influence of Environmental Concern on Consumer Behavior," *The Journal of Social Psychology*, Vol.137, Issue 2, pp.189-204.

Manchiraju, Srikant and Amrut Sadachar (2014) "Personal Values and Ethical Fashion Consumption," *Journal of Fashion Marketing and Management: An International Journal*, Vol.18, Issue 3, pp.357-374.

McCarty, John A. and L. J. Shrum (2001) "The Influence of Individualism, Collectivism, and Locus of Control on Environmental Beliefs and Behavior," *Journal of Public Policy & Marketing*, Vol.20, Issue 1, pp.93-104.

McCracken, Grant (1986) "Culture and Consumption: A Theoretical Account of the Structure and Movement of the Cultural Meaning of Consumer Goods," *Journal of Consumer Research*, Vol.13, No.1, pp.71-84.

—— (1988) *Culture and Consumption: New Approaches to the Symbolic Character of Consumer Goods and Activities*, Indiana University Press.（小池和子訳（1990）『文化と消費とシンボルと』勁草書房）

McDonald, Seonaidh, Caroline J. Oates, C. William Young and Kumju Hwang (2006) "Toward Sustainable Consumption: Researching Voluntary Simplifiers," *Psychology & Marketing*, Vol.23, Issue 6, pp.515-534.

McEachern, Morven G., Monika J. A. Schröder, Joyce Willock, Jeryl Whitelock and Roger

Mason (2007) "Exploring Ethical Brand Extensions and Consumer Buying Behavior: The RSPCA and the "Freedom Food" Brand," *Journal of Product & Brand Management*, Vol.16, Issue 3, pp.168-177.

McGregor, Sue L. T. (2008) "Conceptualizing Immoral and Unethical Consumption Using Neutralization Theory," *Family and Consumer Science Research Journal*, Vol.36, Issue 3, pp.261-276.

McShane, Lindsay and Cameron Sabadoz (2015) "Rethinking the Concept of Consumer Empowerment: Recognizing Consumers as Citizens," *International Journal of Consumer Studies*, Vol.39, Issue 5, pp.544-551.

Mick, David Glen (2006) "Meaning and Mattering through Transformative Consumer Research," Presidential Address to the Association for Consumer Research, *Advances in Consumer Research*, Vol.33, pp.1-4.

―― (2008) "Introduction: The Moment and Place for a Special Issue," *Journal of Consumer Research*, Vol.35, No.3, pp.377-379.

――, Simone Pettigrew, Cornelia Pechmann and Julie L. Ozanne, ed. (2012) *Transformative Consumer Research: For Personal and Collective Well-Being*, Rutledge.

Michaelidou, Nina and Louise M. Hassan (2008) "The Role of Health Consciousness, Food Safety Concern and Ethical Identity on Attitudes and Intentions towards Organic Food," *International Journal of Consumer Studies*, Vol.32, Issue 2, pp.160-170.

Mitchell, Vince W, Gorge Balabanis, Babo B. Schlegelmilch and T. Bettina Cornwell (2009) "Measuring Unethical Consumer Behavior Across Four Countries," *Journal of Business Ethics*, Vol.88, Issue 2, pp.395-412.

Midgley, David F. and Grahame R. Dowling (1978) "Innovativeness: the Concept and Its Measurement," *Journal of Consumer Research*, Vol.4, No.4, pp.229-242.

Minton, Ann P. and Randall L. Rose (1997) "The Effects of Environmental Concern on Environmentally Friendly Consumer Behavior: An Exploratory Study," *Journal of Business Research*, Vol.40, Issue 1, pp.37-48.

Mohr, Lois A., Dogan Eroglu Webb and Pam Scholder Ellen (1998) "The Development and Testing of a Measure of Skepticism toward Environmental Claims in Marketers' Communications," *The Journal of Consumer Affairs*, Vol.32, Issue 1, pp.30-55.

――, Deborah J. Webb and Katherine E. Harris (2001) "Do Consumers Expect Companies to be Socially Responsible? The Impact of Corporate Social Responsibility on Buying Behavior," *The Journal of Consumer Affairs*, Vol.35, Issue 1, pp.45-72.

Moisander, Johanna and Sinikka Pesonen (2002) "Narratives of Sustainable Ways of Living: Constructing the Self and the Other as a Green Consumer," *Management Decision*, Vol.40, Issue 4, pp.329-342.

Muncy, James A. and Scott J. Vitell (1992) "Consumer Ethics: An Investigation of the Ethical Beliefs of the Final Consumer," *Journal of Business Research*, Vol.24, Issue 4, pp.297-311.

Murphy, P. E., Kangun, N. and Locander, W. B. (1978) "Environmentally Concerned Consumer: Racial Variations," *Journal of Marketing*, Vol.42, No.4, pp.61-66.

Nan, Xiaoli and KwangJun Heo (2007) "Consumer Responses to Corporate Social

Responsibility (CSR) Initiatives: Examining the Role of Brand-Cause Fit in Cause-Related Marketing," *Journal of Advertising*, Vol.36, Issue 2, pp.63-74.

Newholm, Terry and Deirdre Shaw (2007) "Editorial Studying the Ethical Consumer: A Review of Research," *Journal of Consumer Behavior*, Vol.6, Issue 5, pp.253-270.

Nigbur, Dennis, Evanthia Lyons and David Uzzell (2010) "Attitudes, Norms, Identity and Environmental Behaviour: Using an Expanded Theory of Planned Behaviour to Predict Participation in a Kerbside Recycling Programme," *British Journal of Social Psychology*, Vol.49, Issue 2, pp.249-284.

Nuttavuthisit, Krittinee and John Thøgersen (2017) "The Importance of Consumer Trust for the Emergence of a Market for Green Products: The Case of Organic Food," *Journal of Business Ethics*, Vol.140, Issue 2, pp.323-337.

Oates, Caroline, Seonaidh McDonald, Panayiota Alevizou, Kumju Hwang, William Young and Leigh-Ann McMorland (2008) "Marketing Sustainability: Use of Information Sources and Degrees of Voluntary Simplicity," *Journal of Marketing Communications*, Vol.14, Issue 5, pp.351-365.

Öberseder, Magdalena, Bodo B. Schlegelmilch and Verena Gruber (2011) "Why Don't Consumers Care about CSR?": A Qualitative Study Exploring the Role of CSR in Consumption Decision," *Journal of Business Ethics*, Vol.104, Issue 4, pp.449-460.

Ohtomo, Shouji and Yukio Hirose (2007) "The Dual-Process of Reactive and Intentional Decision-Making Involved in Eco-Friendly Behavior," *Journal of Environmental Psychology*, Vol.27, Issue 2, pp.117-125.

Onkvisit, Sak and Johon Shaw (1987) "Self-Concept and Image Congruence: Some Research and Managerial Implications," *Journal of Consumer Marketing*, Vol.4, Issue 1, pp.13-23.

Oreg, Shaul and Tally Katz-Gerro (2006) "Predicting Proenvironmental Behavior Cross-Nationally: Values, the Theory of Planned Behavior, and Value-Belief-Norm Theory," *Environment and Behavior*, Vol.38, Issue 4, pp.462-483.

Ozcaglar-Toulouse, Nil (2007) "Living for "Ethics": Responsible Consumption in Everyday Life," in Russell W. Belk and John F. Sherry, Jr., ed., *Consumer Culture Theory: Research in Consumer Behavior*, Vol.11, pp.421-436.

Palan, Kay M. (2001) "Gender Identity in Consumer Behavior Research: A Literature Review and Research Agenda," *Academy of Marketing Science Review*, Vol.10, Issue 10, pp.1-24.

Papaoikonomou, Eleni (2013) "Sustainable Lifestyles in an Urban Context: Towards a Holistic Understanding of Ethical Consumer Behaviors. Empirical Evidence form Catalonia, Spain," *International Journal of Consumer Studies*, Vol.37, Issue 2, pp.181-188

——, Mireia Valverde and Gerard Ryan (2012) "Articulating the Meaning of Collective Experience of Ethical Consumption," *Journal of Business Ethics*, Vol.110, Issue 1, pp.15-32.

——, Rosalia Cascon-Pereira and Gerard Ryan (2016) "Constructing and Communicating an Ethical Consumer Identity: A Social Identity Approach," *Journal of Consumer*

Culture, Vol.16, Issue 1, pp.209-213.

Patterson, Maggie J., Ronald P. Hill and Kate Maloy (1995) "Abortion in America: A Consumer-Behavior Perspective," *Journal of Consumer Research*, Vol.21, No.4, pp.677-694.

Peñaloza, Lisa and Linda L. Price (1993) "Consumer Resistance: A Conceptual Overview," *Advances in Consumer Research*, Vol.20, pp.123-128.

Pepper, Miriam, Tim Jackson and David Uzzell (2009) "An Examination of the Values that Motivate Socially Conscious and Frugal Consumer Behaviours," *International Journal of Consumer Studies*, Vol.33, Issue 2, pp.126-136.

Petty, Richard E. and John T. Cacioppo (1981) *Attitudes and Persuasion: Classic and Contemporary Approaches*, Westview Press.

——, John T. Cacioppo and David Schumann (1983) "Central and Peripheral Routes to Advertising Effectiveness: The Moderating Role of Involvement," *Journal of Consumer Research*, Vol.10, No.2, pp.135-146.

Polonsky, Michael Jay, Pedro Quelhas Brito, Jorge Pinto and Nicola Higgs-Kleyn (2001) "Consumer Ethics in the European Union: A Comparison of Northern and Southern Views," *Journal of Business Ethics*, Vol.31, Issue 2, pp.117-130.

Pomering, Alan and Lester W. Johnson (2009) "Advertising Corporate Social Responsibility Initiatives to Communicate Corporate Image: Inhibiting Scepticism to Enhance Persuasion," *Corporate Communications: An International Journal*, Vol.14, Issue 4, pp.420-439.

Portwood-Stacer, Laura (2012) "Anti-Consumption as Tactical Resistance: Anarchists, Subculture, and Activist Strategy," *Journal of Consumer Culture*, Vol.12, Issue 1, pp.87-105.

Pracejus, John W., G. Douglas Olsen and Norman R. Brown (2003/2004) "On the Prevalence and Impact of Vague Quantifiers in the Advertising of Cause-related Marketing (CRM)" *Journal of Advertising*, Vol.32, Issue 4, pp.19-28.

Price, Linda L., Eric J. Arnould and Carolyn Folkman Curasi (2000) "Older Consumers' Disposition of Special Possessions," *Journal of Consumer Research*, Vol.27, No.2, pp.179-201.

Pringle, Hamish and Marjorie Thompson (1999) *Brand Spirit: How Cause Related Marketing Builds Brands*, John Willy & Sons, Inc.

Quazi, Ali, Azlan Amran and Mehran Nejati (2016) "Conceptualizing and Measuring Consumer Social Responsibility: A Neglected Aspect of Consumer Research," *International Journal of Consumer Studies*, Vol.40, Issue 1, pp.48-56.

Randall Donna M. and Maria F. Fernandes (1991) "The Social Desirability Response Bias in Ethics Research," *Journal of Business Ethic*, Vol.10, Issue 11, pp.805-817.

Rawwas, Mohammed Y. A., Scott J. Vitell and Jamal A. Al-Khatib (1994) "Consumer Ethics: The Possible Effects of Terrorism and Civil Unrest on the Ethical Values of Consumers," *Journal of Business Ethics*, Vol.13, Issue 3, pp.223-231.

——, Gordon L. Patzer and Michael L. Klassen (1995) "Consumer Ethics in Cross-Cultural Settings: Entrepreneurial Implications," *European Journal of Marketing*, Vol.29, No.7,

pp.62-78.

――, Gordon L. Patzer and Scott J. Vitell (1998) "A Cross-Cultural Investigation of the Ethical Values of Consumers: The Potential Effect of War and Civil Disruption," *Journal of Business Ethics*, Vol.17, Issue 4, pp.435-448.

――and Anusorn Singhapakdi (1998) "Do Consumers' Ethical Beliefs Vary with Age? A Substantiation of Kohlberg's Typology in Marketing," *Journal of Marketing Theory and Practice*, Vol.6, Issue 2, pp.26-38.

――, Ziad Swaidan and Mine Oyman (2005) "Consumer Ethics: A Cross-Cultural Study of the Ethical Beliefs of Turkish and American Consumers," *Journal of Business Ethics*, Vol.57, Issue 2, pp.183-195.

Reed II, Americus, Mark R. Forehand, Stefano Puntoni and Luk Warlop (2012) "Identity-Based Consumer Behavior," *International Journal of Research in Marketing*, Vol.29, Issue 4, pp.310-321.

Richins, Marsha L. (1994) "Valuing Things: The Public and Private Meanings of Possessions," *Journal of Consumer Research*, Vol.21, No.3, pp.504-521.

Roberts, James A. (1995) "Profiling Levels of Socially Responsible Consumer Behavior: A Cluster Analytic Approach and Its Implications for Marketing," *Journal of Marketing Theory and Practice*, Vol.3, Issue 4, pp.97-117.

―― (1996a) "Will the Real Socially Responsible Consumer Please Step Forward?," *Business Horizons*, Vol.39, Issue 1, pp.79-83.

―― (1996b) "Green Consumers in the 1990s: Profile and Implications for Advertising," *Journal of Business Research*, Vol.36, Issue 3, pp.217-231.

―― and Donald R. Bacon (1997) "Exploring the Subtle Relationships between Environmental Concern and Ecologically Conscious Consumer Behavior," *Journal of Business Research*, Vol.40, Issue 1, pp.79-89.

Rogers, Everett M. (2003) *Diffusion of Innovations*, 5th *ed.*, New York, NY: Free Press. （三藤利雄訳（2007）『イノベーションの普及』翔泳社）

Rosenberg, Morris (1989) "Self-Concept Research: A Historical Overview," *Social Forces*, Vol.68, Issue 1, pp.34-44.

Ross, John K., Larry T. Patterson and Mary Ann Stutts (1992) "Consumer Perceptions of Organizations that Use Cause-Related Marketing," *Journal of the Academy of Marketing Science*, Vol.20, Issue 1, pp.93-97.

Rothschild, Michael L. (1999) "Carrots, Sticks, and Promises: A Conceptual Framework for the Management of Public Health and Social Issue Behaviors," *Journal of Marketing*, Vol.63, No.4, pp.24-37.

Schlaile, Michael P., Katharina Klein and Wolfgang Böck (2018) "From Bounded Morality to Consumer Social Responsibility: A Transdisciplinary Approach to Socially Responsible Consumption and Its Obstacle," *Journal of Business Ethics*, Vol.149, Issue 3, pp.561-588

Schlegelmilch, Bodo B., Greg M. Bohlen and Adamantios Diamantopoulos (1996) "The Link between Green Purchasing Decisions and Measures of Environmental Consciousness," *European Journal of Marketing*, Vol.30, No.5, pp.35-55.

Schouten, John W. (1991) "Selves in Transition: Symbolic Consumption in Personal Rites of Passage and Identity Reconstruction," *Journal of Consumer Research*, Vol.17, No.4, pp.412-425.

Semenik, Richard, Russell Belk and John Painter (1982) "A Study of Factors Influencing Energy Conservation Behavior," *Advances in Consumer Research*, Vol.9, pp.306-312.

Sen, Sankar, Zeynep Gürhan-Canli and Vicki Morwitz (2001) "Withholding Consumption: A Social Dilemma Perspective on Consumer Boycotts," *Journal of Consumer Research*, Vol.28, No.3, pp.399-417.

Shama, Avraham (1981) "Coping with Staglation: Voluntary Simplicity," *Journal of Marketing*, Vol.45, No.3, pp.120-134.

Shang, Jingzhi and John Peloza (2016) "Can "Real" Men Consume Ethically? How Ethical Consumption Leads to Unintended Observer Inference," *Journal of Business Ethics*, Vol.139, Issue 1, pp.129-145.

Shaw, Deirdre (2007) "Consumer Voters in Imagined Communities," *International Journal of Sociology and Social Policy*, Vol.27, No.3/4, pp.135-150.

—— and Ian Clarke (1999) "Belief Formation in Ethical Consumer Groups: An Exploratory Study," *Marketing Intelligence & Planning*, Vol.17, Issue 2, pp.109-119.

——, Edward Shiu and Ian Clarke (2000) "The Contribution of Ethical Obligation and Self-Identity to the Theory of Planned Behaviour: An Exploration of Ethical Consumers," *Journal of Marketing Management*, Vol.16, Issue 8, pp.879-894.

—— and Edward Shiu (2002) "An Assessment of Ethical Obligation and Self-Identity in Ethical Consumer Decision-Making: A Structural Equation Modelling Approach," *International Journal of Consumer Studies*, Vol.26, Issue 4, pp.286-293.

—— and Terry Newholm (2002) "Voluntary Simplicity and the Ethics of Consumption," *Psychology & Marketing*, Vol.19, Issue 2, pp.167-185.

—— and Edward Shiu (2003) "Ethics in Consumer Choice: A Multivariate Modelling Approach," *European Journal of Marketing*, Vol.37, No.10, pp.1485-1498.

——, Emma Grehan, Edoward Shiu, Louise Hassan and Jennifer Thomson (2005) "An Exploration of Values in Ethical Consumer Decision Making," *Journal of Consumer Behavior*, Vol.4, Issue 3, pp.185-200.

——, Terry Newholm and Roger Dickinson (2006) "Consumption as Voting: An Exploration of Consumer Empowerment," *European Journal of Marketing*, Vol.10, No.9/10, pp.1049-1067.

—— and Kathleen Riach (2011) "Embracing Ethical Fields: Constructing Consumption in the Margins," *European Journal of Marketing*, Vol.15, No.7/8, pp.1051-1067.

——, Andreas Chatzidakis and Michal Carrington (2016) *Ethics and Morality in Consumption*, Routledge.

Shepherd, Richard, Maria Magnusson and Per-Olow Sjoden (2005) "Determinants of Consumer Behavior Related to Organic Foods," *Ambio*, Vol.34, No.4/5, pp.352-359.

Shiu, Edward, Gianfranco Walsh, Louise M. Hassan and Deirdre Shaw (2011) "Consumer Uncertainty, Revisited," *Psychology & Marketing*, Vol.28, Issue 6, pp.584-607.

Shoham, Aviv, Ayalla Ruvio and Moshe Davidow (2008) "(Un)Ethical Consumer Behavior:

Robin Hoods for Plain Hoods?," *Journal of Consumer Marketing*, Vol.25, Issue 4, pp.200-210.

Simon, Françoise L. (1995) "Global Corporate Philanthropy: A Strategic Framework," *International Marketing Review*, Vol.12, Issue 4, pp.20-37.

Singh, Sangeeta, Lene Kristensen and Erika Villaseñor (2009) "Overcoming Skepticism towards Cause Related Claims: The Case of Norway," *International Marketing Review*, Vol.26, Issue 3, pp.312-326.

Sirgy, M. Joseph (1982) "Self-Concept in Consumer Behavior: A Critical Review," *Journal of Consumer Research*, Vol.9, No.3, pp.287-300.

Smith, Joanne R., Deborah J. Terry, Antony S. R. Manstead, Winnifred R. Louis, Diana Kotterman and Jacqueline Wolfs (2008) "The Attitude-Behavior Relationship in Consumer Conduct: The Role of Norms, Past Behavior, and Self-Identity," *The Journal of Social Psychology*, No.148, Issue 3, pp.311-334.

Smith, M. Scott and David S. Alcorn (1991) "Cause marketing: A New Direction in the Marketing of Corporate Responsibility," *Journal of Consumer Marketing*, Vol.8, Issue 3, pp.19-35.

Solomon, Michael R. (1983) "The Role of Products as Social Stimuli: A Symbolic Interactionism Perspective," *Journal of Consumer Research*, Vol.10, No.3, pp.319-329.

—— (2018) *Consumer Behavior: Buying, Having, and Being, Twelfth Edition, Global Edition*, Pearson Education Limited.

Soper, Kate (2007) "Re-Thinking the 'Good Life': The Citizenship Dimension of Consumer Disaffection with Consumerism," *Journal of Consumer Culture*, Vol.7, Issue 2, pp.205-229.

Sparks, Paul and Richard Shepherd (1992) "Self-Identity and the Theory of Planned Behavior: Assessing the Role of Identification with 'Green Consumerism'," *Social Psychology Quarterly*, Vol.55, Issue 4, pp.388-399.

——, Richard Shepherd and Lynn J. Frewer (1995) "Assessing and Structuring Attitudes toward the Use of Gene Technology in Food Production: The Role of Perceived Ethical Obligation," *Basic and Applied Social Psychology*, Vol.16, Issue 3, pp.267-285.

——, Carol A. Guthrie and Richard Shepherd (1997) "The Dimensional Structure of the Perceived Behavioral Control Construct," *Journal of Applied Social Psychology*, Vol.27, Issue 5, pp.418-438.

Stanislawski, Sumire, Yasushi Sonobe and Shuji Ohira (2013) "Green Consumption and the Theory of Planned Behavior in the Context of Post-Megaquake Behaviors in Japan," *Advances in Consumer Research*, Vol.41, pp.321-325.

——, Yasushi Sonobe and Shuji Ohira (2014) "Japanese Consumer's Responses to Cause-Related Marketing on Product Packaging," Japan Forum of Business and Society, ed., *CSR and Corporate Governance*, Chikura Publishing, pp.161-183.

——, Shuji Ohira and Yasushi Sonobe (2015) "Consuming to Help: Post-Disaster Consumption in Japan," *Asia-Pacific Advances in Consumer Research*, Vol.11, pp.76-79.

Steenhaut, Sarah and Patrick Van Kenhove (2006) "The Mediating Role of Anticipated Guilt in Consumers' Ethical Decision-Making," *Journal of Business Ethics*, Vol.69, Issue 3,

pp.269-288.
Stolle, Dietlind, Marc Hooghe and Michele Micheletti (2005) "Politics in the Supermarket: Political Consumerism as a Form of Political Participation," *International Political Science Review*, Vol.26, No.3, pp.245-269.
Strahilevitz, Michal (1999) "The Effects of Product Type and Donation Magnitude on Willingness to Pay More for a Charity-Linked Brand," *Journal of Consumer Psychology*, Vol.8, Issue 3, pp.215-241.
—— and John G. Myers (1998) "Donations to Charity as Purchase Incentives: How Well They Work May Depend on What You are Trying to Sell," *Journal of Consumer Research*, Vol.24, No.4, pp.434-446.
Straughan, Robert D. and James A. Roberts (1999) "Environmental Segmentation Alternatives: A Look at Green Consumer Behavior in the New Millennium," *Journal of Consumer Marketing*, Vol.16, Issue 6, pp.558-575.
Tanner, Carmen and Sybille Wölfing Kast (2003) "Promoting Sustainable Consumption: Determinants of Green Purchases by Swiss Consumers," *Psychology & Marketing*, Vol.20, Issue 10, pp.883-902.
Tarkiainen, Anssi and Sanna Sundqvist (2005) "Subjective Norms, Attitudes and Intentions of Finnish Consumers in Buying Organic Food," *British Food Journal*, Vol.107, Issue 1, pp.808-822.
Taylor, Shirley and Peter Todd (1995) "An Integrated Model of Waste Management Behavior: A Test of Household Recycling and Composting Intentions," *Environment and Behavior*, Vol.27, Issue 5, pp.603-630.
Terry, Deborah J., Michael A. Hogg and Katherine M. White (1999) "The Theory of Planned Behaviour: Self-Identity, Social Identity and Group Norms," *British Journal of Social Psychology*, Vol.38, Issue 3, pp.225-244.
Thøgersen, John (2002) "Direct Experience and the Strength of the Personal Norm-Behavior Relationship," *Psychology & Marketing*, Vol.19, Issue 10, pp.881-893.
—— (2005) "How May Consumer Policy Empower Consumers for Sustainable Lifestyle?," *Journal of Consumer Policy*, Vol.28, Issue 2, pp.143-178.
Thompson, Craig, J. (1996) "Caring Consumers: Gendered Consumption Meanings and the Juggling Lifestyle," *Journal of Consumer Research*, Vol.22, No.4, pp.388-407.
—— (1997) "Interpreting Consumers: A Hermeneutical Framework for Deriving Marketing Insights from the Texts of Consumers' Consumption Stories," *Journal of Marketing Research*, Vol.34, No.4, pp.438-455.
Tucker, Jr., Lewis R., Ira J. Dolich and Davis Wilson (1981) "Profiling Environmentally Responsible Consumer-Citizens," *Journal of the Academy of Marketing Science*, Vol.9, Issue 4, pp.454-478.
Valor, Carmen (2005) "Corporate Social Responsibility and Corporate Citizenship: Towards Corporate Accountability," *Business and Society Review*, Vol.110, Issue 2, pp.191-212.
Van den Brink, Douwe, Gaby Odekerken-Schröder and Pieter Pauwels (2006) "The Effect of Strategic and Tactical Cause-Related Marketing on Consumers' Brand Loyalty,"

Journal of Consumer Marketing, Vol.23, Issue 1, pp.15-25.
Varadarajan, P. Rajan and Anil Menon (1988) "Cause-Related Marketing: A Coalignment of Marketing Strategy and Corporate Philanthropy," *Journal of Marketing*, Vol.52, No.3, pp.58-74.
Vaughn, Sharon, Jeanne Shay Schumm and Jane M. Sinagub (1996) *Focus Group Interviews in Education and Psychology*, Sage Publications, Inc.（井下理監訳、田部井潤・柴原宜幸訳（1999）『グループ・インタビューの技法』慶應義塾大学出版会）
Vermeir, Iris and Wim Verbeke (2007) "Sustainable Food Consumption: Exploring the Consumer 'Attitude-Behavioral Intention' Gap," *Journal of Agricultural and Environmental Ethics*, Vol.19, Issue 2, pp.169-194.
Vitell, Scott J. (2003) "Consumer Ethics Research: Review, Synthesis and Suggestions for the Future," *Journal of Business Ethics*, Vol.43, Issue 1/2, pp.33-47.
—— (2015) "A Case for Consumer Social Responsibility (CnSR): Including a Selected Review of Consumer Ethic/Social Responsibility Research," *Journal of Business Ethics*, Vol.130, Issue 4, pp.767-744.
—— and James A. Muncy (1992) "Consumer Ethics: An Empirical Investigation of Factors Influencing Ethical Judgments of the Final Consumer," *Journal of Business Ethics*, Vol.11, Issue 8, pp.585-597.
von Hippel, Eric (1986) "Lead Users: a Source of Novel Product Concepts", *Management Science*, Vol.32, Issue 7, pp.791-805.
Ward, Scott (1974) "Consumer Socialization," *Journal of Consumer Research*, Vol.1, No.2, pp.1-14.
Webb, Deborah J. and Lois A. Mohr (1998) "A Typology of Consumer Responses to Cause-Related Marketing: From Skeptics to Socially Concerned," *Journal of Public Policy & Marketing*, Vol.17, Issue 2, pp.226-238.
——, Lois A. Mohr and Harris, K. E. (2008) "A Re-Examination of Socially Responsible Consumption and Its Measurement," *Journal of Business Research*, Vol.61, Issue 2, pp.91-98.
Webster, Jr., Frederick E. (1975) "Determining the Characteristics of the Socially Conscious Consumer," *Journal of Consumer Research*, Vol.2, No.3, pp.188-196.
Whitmarsh, Lorraine and Saffron O'Neill (2010) "Green Identity, Green Living? The Role of Pro-environmental Self-Identity in Determining Consistency across Diverse Pro-environmental Behavior," *Journal of Environmental Psychology*, Vol.30, Issue 3, pp.305-314.
White, Katherine M., Joanne R. Smith, Deborah J. Terry, Jaimi H. Greenslade and Blake M. McKimmie (2009) "Social Influence in the Theory of Planned Behaviour: The Role of Descriptive, Injunctive, and In-group Norms," *British Journal of Social Psychology*, Vol.48, Issue 1, pp.135-158.
—— and Melissa K. Hyde (2012) "The Role of Self-Perceptions in the Prediction of Household Recycling Behavior in Australia," *Environment and Behavior*, Vol.44, Issue 6, pp.758-799.
Wu, Dorothy E., Jane Boyd Thomas, Marguerite Moore and Kate Carroll (2013) "Voluntary

Simplicity: The Great American Apparel Diet," *Journal of Fashion Marketing and Management: An International Journal*, Vol.17, Issue 3, pp.294-305.
Yamoah, Fred, Rachel Duffy, Dan Petrovici and Andrew Fearne (2016) "Towards a Framework for Understanding Fairtrade Purchase Intention in the Mainstream Environment of Supermarkets," *Journal of Business Ethics*, Vol.136, Issue 1, pp.181-197.
Yechiam, Eldad, Greg Barron, Ido Erev and Miriam Erez (2003) "On the Robustness and the Direction of the Effect of Cause-Related Marketing," *Journal of Consumer Behaviour*, Vol.2, Issue 4, pp.320-332.
Yiridoe, Emmanuel K., Samuel Bonti-Ankomah and Ralph C. Martin (2005) "Comparison of Consumer Perceptions and Preference toward Organic versus Conventionally Produced Foods: A Review and update of the literature," *Renewable Agriculture and Food System*, Vol.20, Issue 4, pp.193-205.
Yoon, Cheolho (2011) "Theory of Planned Behavior and Ethics Theory in Digital Piracy: An Integrated Model," *Journal of Business Ethics*, Vol.100, Issue 3, pp.405-417.
Zabkar, Vesna and Maja Hosta (2013) "Willingness to Act and Environmentally Conscious Consumer Behavior: Can Prosocial Status Perceptions Help Overcome the Gap?," *International Journal of Consumer Studies*, Vol.37, Issue 3, pp.257-264.
Zavestoski, Stephen (2002) "The social-Psychological Bases of Anticonsumption Attitudes," *Psychology & Marketing*, Vol.19, Issue 2, pp.149-165.

<日本語文献>

青木幸弘・女性のライフコース研究会編（2008）『ライフコース・マーケティング：結婚、出産、仕事の選択をたどって女性消費の深層を読み解く』日本経済新聞出版社。
阿部謹也（1995）『「世間」とは何か』講談社現代新書。
阿部周造（2005）「『有機』野菜に対する消費者の態度と行動」『横浜経営研究』第26巻第2号、19～34ページ。
安藤政武（1994）『流通問題と協同組合・消費者運動』芽ばえ社。
井上忠司（2007）『「世間体」の構造：社会心理史への試み』講談社学術文庫。
石井淳蔵（2004）『マーケティングの神話』岩波現代文庫。
上田隆穂、小笠原浩修（1992）「消費者行動におけるエコロジー意識の影響」『学習院大学経済論集』第29巻第1号、1～61ページ。
──・黒岩祥太・戸谷圭子・豊田裕貴編（2005）『テキストマイニングによるマーケティング調査』講談社サイエンティフィック。
大石太郎（2009）「日本におけるグリーンコンシューマー行動意向の規定要因」『経済学雑誌』第110巻第1号、大阪市立大学、79～90ページ。
──（2015）『グリーンコンシューマリズムの経済分析：理論と実証』学文社。
大塩まゆみ（2012）『「陰徳の豪商」の救貧思想：江戸時代のフィランソロピー』ミネルヴァ書房。
大平修司（2004）「非営利組織の寄付金獲得のためのマーケティング活動：『国境なき医師団日本』を事例として」『社会・経済システム』第25号、社会・経済システム学会、169～181ページ。

――(2010)「ステイクホルダー・アプローチによるコーズ・リレイテッド・マーケティングの体系的理解」『経済系』第245集、66〜79ページ。

――(2015)「アンチ・コンサンプション（Anti-Consumption）：「消費を嫌がる」の理論的理解」『千葉商大論叢』第52巻第2号、33〜49ページ。

――(2016a)「ボランタリー・シンプリシティ（Voluntary Simplicity）：「消費を避ける・減らす」の理論的理解」『千葉商大論叢』第53巻第2号、61〜81ページ。

――(2016b)「消費を通じた社会的課題の解決：ソーシャル・コンシューマー台頭の背景とその特徴、普及への課題」『アド・スタディーズ（AD STUDIES）』Vol.57、14〜18ページ。

――(2017)「イントロダクション：社会的課題とマーケティング」『企業と社会フォーラム学会誌』第6号、1〜21ページ。

――・薗部靖史・スタニスロスキースミレ(2012)『消費を通じた社会的課題の解決：日本におけるソーシャル・コンシューマーの発見』、JFBS Working Paper (http://j-fbs.jp/doc/Working%20Paper%20'Solving%20social%20issues%20through%20consumption'.pdf).

――・薗部靖史・スタニスロスキースミレ(2013)「消費を通じた社会的課題の解決」、企業と社会フォーラム編『持続可能な発展とイノベーション』、115〜142ページ。

――・薗部靖史・スタニスロスキースミレ(2014a)「日本のソーシャル・コンシューマーの意思決定プロセス」、(公財)吉田秀雄記念事業財団、平成25年度（第47次）研究助成報告書。

――・薗部靖史・スタニスロスキースミレ(2014b)「ソーシャル・コンシューマーの消費意思決定プロセスの解明：環境配慮型商品と寄付つき商品の消費意思決定プロセス」、JFBS Working Paper (http://j-fbs.jp/doc/Working%20Paper%20'Decision-making%20Process%20of%20Social%20Consumers'.pdf).

――・薗部靖史・スタニスロスキースミレ(2015a)「日本のソーシャル・コンシューマーに関する一考察：寄付つき商品の意思決定プロセスの解明」『流通研究』第17巻第4号、61〜89ページ。

――・スタニスロスキースミレ・薗部靖史(2015b)「日本におけるソーシャル・コンシューマーの発見：消費を通じた社会的課題解決の萌芽」『千葉商大論叢』第53巻第1号、59〜78ページ。

川上智子(2005)『顧客志向の新製品開発：マーケティングと技術のインタフェイス』有斐閣。

喜田昌樹(2008)『テキストマイニング入門：経営研究での活用法』白桃書房。

金明哲(2009)『テキストデータの統計科学入門』岩波書店。

(社)経済団体連合会編(1992)『社会貢献白書：企業と社会のパートナーシップ』日本工業新聞社。

――(1994)『企業の社会貢献ハンドブック：近未来の企業像』日本工業新聞社。

国民生活センター編(1996)『消費者運動50年：20人が語る戦後の歩み』ドメス出版。

――(1997)『戦後消費者運動史』大蔵省印刷局。

今野晴貴・板倉昇平(2014)『ブラック企業VSモンスター消費者』ポプラ新書。

佐藤郁哉(2006)『定性データ分析入門：QDAソフトウェア・マニュアル』新曜社。

――(2008)『質的データ分析法：原理・方法・実践』新曜社。

――(2015)『社会調査の考え方［上・下］』東京大学出版会。
杉浦淳吉（2003）『環境配慮の社会心理学』ナカニシヤ出版。
――・大沼進・野波寛・広瀬幸雄（1998）「環境ボランティアの活動が地域住民のリサイクルに関する認知・行動に及ぼす効果」『社会心理学研究』第 13 巻第 2 号、143～151 ページ。
杉本徹雄編（1997）『消費者理解のための心理学』福村出版。
関谷直也（2011）『風評被害：そのメカニズムを考える』光文社新書。
世良耕一（1998）「コーズ・リレイテッド・マーケティングの概念と日本における必要性：フィランソロピーと併存する『社会貢献を行う際の選択肢』として」『函大商学論究』第 31 巻第 1 号、79～99 ページ。
――（2003）「コーズ・リレイテッド・マーケティングの評価に『消費者とコーズの関係』が与える影響に関する一考察：支援先選定の重要性の検証」『北海学園大学経営論集』第 1 巻第 3 号、11～27 ページ。
――（2014）『コーズ・リレーテッド・マーケティング：社会貢献をマーケティングに活かす戦略』北樹出版。
総務省（2010）『平成 22 年 国勢調査』。
――（2016）『平成 28 年度版 情報通信白書』。
竹井善昭（2009）「売上げよりも、"ミッション"ありき。それでも売れている「チャリティ商品」の秘密」『ダイアモンド・オンライン』(http://diamond.jp/articles/-/6232)。
田口誠・坂上雅治（2002）「環境にやさしい紙の市場調査」『日本福祉大学情報社会科学論集』第 5 巻、37～43 ページ。
田村正紀（2006）『リサーチ・デザイン：経営知識創造の基本技術』白桃書房。
谷本寛治（2006）『CSR：企業と社会を考える』NTT 出版。
――（2013）『責任ある競争力：CSR を問い直す』NTT 出版。
――編（2015）『ソーシャル・ビジネス・ケース』中央経済社。
――・大室悦賀・大平修司・土肥将敦・古村公久（2013）『ソーシャル・イノベーションの創出と普及』NTT 出版。
玉置了（2014）「倫理的消費におけるアイデンティティ形成意識と節約意識の影響」『流通研究』第 16 巻第 3 号、25～48 ページ。
中京大学社会科学研究所プロジェクト（消費者問題と消費者被害救済の研究）編、呉世煌編集代表（2003）『消費者問題と消費者政策』成文堂。
――編、呉世煌編集代表（2004）『消費者問題と消費者保護』成文堂。
デルフィス エシカル・プロジェクト編（2012）『まだ"エシカル"を知らないあなたへ』産業能率大学出版部。
中村陽吉（2011）『世間心理学ことはじめ』東京大学出版会。
西尾チヅル（1999）『エコロジカル・マーケティングの構図：環境共生の戦略と実践』有斐閣。
――（2005）「消費者のゴミ減量行動の規定要因」『消費者行動研究』Vol.11、No.1/2、1～18 ページ。
――・竹内淑恵（2007）「消費者のエコロジー行動とコミュニケーションの方向性」『日経広告研究所報』第 230 号、18～24 ページ。
――・石田実（2014）「震災体験が消費者のエコロジー関与や商品利用に及ぼす影響」『流通研究』第 16 巻第 3 号、49～67 ページ。
日本ファンドレイジング協会編（2012）『寄付白書 2012』経団連出版。

野村尚克・中島佳織・デルフィス・エシカル・プロジェクト（2014）『ソーシャル・プロダクト・マーケティング』産業能率大学出版部．

芳賀康浩・井上一郎（2014）「Social Good キャンペーンの成果に影響を及ぼす要因の検討」『マーケティング・ジャーナル』第 34 巻第 1 号（通巻第 133 号）、35〜53 ページ．

濱岡豊・里村卓也（2009）『消費者間の相互作用についての基礎研究：クチコミ、e クチコミを中心に』慶應義塾大学出版会．

原山浩介（2011）『消費者の戦後史：闇市から主婦の時代へ』日本経済評論社．

林周二（2017）『知恵を磨く方法：時代をリードし続けた研究者の思考の技術』ダイヤモンド社．

樋口耕一（2014）『社会調査のための計量テキスト分析』ナカニシヤ出版．

広瀬幸雄（1994）「環境配慮行動の規定因について」『社会心理学研究』第 10 巻第 1 号、44〜55 ページ．

──（1995）『環境と消費の社会心理学：共益と私益のジレンマ』名古屋大学出版会．

──編（2008）『環境行動の社会心理学：環境に向き合う人間のこころと行動』北大路書房．

古木二郎・宮原紀壽・山村桃子（2008）「環境配慮商品における購買層の特性と環境性能の価値評価に関する調査研究」『三菱総合研究所所報』No.49、128〜142 ページ．

増田明子・大平修司（2017）「ハンドメイド製品のコーズ・ブランディング：良品計画と JICA によるインクルーシブ・ビジネスにおける製品開発」『企業と社会フォーラム学会誌』第 6 号、61〜84 ページ．

松井剛（2013a）『ことばとマーケティング：「癒し」ブームの消費社会史』碩学舎・中央経済社．

──（2013b）「言語とマーケティング：「癒し」ブームにおける意味創造プロセス」『組織科学』Vol.46、No.3、87〜99 ページ．

松村真宏・三浦麻子（2014）『人文・社会科学のためのテキストマイニング』誠信書房．

間々田孝夫（2016）『21 世紀の消費：無謀、絶望、そして希望』ミネルヴァ書房．

──編（2015）『消費社会の新潮流：ソーシャルな視点 リスクへの対応』立教大学出版会・有斐閣．

南知惠子（1998）『ギフト・マーケティング』千倉書房．

宮原紀壽・山村桃子・古木二郎（2009）「ライフスタイルにもとづく消費者のセグメンテーションと環境意識・価値評価に関する調査研究」『三菱総合研究所所報』No.51、76〜91 ページ．

宮田加久子・池田謙一編（2008）『ネットが変える消費者行動』NTT 出版．

村上一真（2016）『環境配慮行動の意思決定プロセスの分析：節電・ボランティア・環境評価の行動経済学』中央経済社．

山岸俊男（1990）『社会的ジレンマのしくみ：「自分 1 人ぐらいの心理」の招くもの』サイエンス社．

山村桃子・宮原紀壽・古木二郎（2010）「消費者セグメンテーション手法の確立と環境配慮商品に関する調査研究」『三菱総合研究所所報』No.52、44〜58 ページ．

──・宮原紀壽・古木二郎（2011）「環境意識と行動の違いによる消費者のセグメンテーションに関する調査研究」『三菱総合研究所所報』No.54、70〜84 ページ．

山本良一・中原秀樹編（2012）『未来を拓くエシカル購入』環境新聞社．

李振坤（2007）「エコロジー行動意図の規定要因分析：職場など公的場所での消費者集団の一

員としての省エネ・キャンペーンに対するエコロジー行動意図」『横浜国際社会科学研究』第 12 巻第 3 号、365～386 ページ。

――（2009a）「家庭における省エネ行動意図の規定要因分析」『横浜国際社会科学研究』第 13 巻第 4・5 号、373～388 ページ。

――（2009b）「エコ購買行動意図の規定要因」『横浜国際社会科学研究』第 14 巻第 4 号、447～459 ページ。

李炅泰（2014）「スポンサーシップとコーズ・リレーテッド・マーケティングの効果」『流通研究』第 17 巻第 1 号、51～73 ページ。

渡辺龍也（2014）「応援消費：東日本大震災で『発見』された消費の力」『現代法学：東京経済大学現代法学会誌』第 26 号、311～342 ページ。

主 要 索 引

【数字・英字】

「1ℓ for 10ℓ」 2, 70, 166
「1チョコ for 1スマイル」 70
ACE→認定NPO法人ACE（エース）
Association for Consumer Research（ACR） 309
CnSR→消費者の社会的責任
CRM→コーズ・リレイテッド・マーケティング
CRMの類型→コーズ・リレイテッド・マーケティングの類型
CSR（Corporate Social Responsibility） 69, 71, 165, 198, 283
Facebook 202, 214
GREEN TV 302
Jaccard係数 177
KH Coder 23, 175
NPO法人 1, 213
NPO/NGO 54, 212-213, 290
SooooooS. 2, 117, 126, 141
TABLE FOR TWO（TFT）International 295, 296
TPB→計画的行動理論
TRA→合理的行為理論
Transformative Consumer Research（TCR） 309

【ア行】

アイデンティティ
――拒否 103, 106
――の多様性（multiplicity） 95
曖昧なパッケージ 156, 159, 162
アメリカンエクスプレス 54
アンチ・コンサンプション（anti-consumption） 77, 101
育児 91, 109, 210, 284
意識高い系 308
一過性の行動 304-305
インターネット調査 18
インタビュー調査 20
陰徳 71, 212-213, 229, 254-255, 283, 293-294
ウチ 255, 307
英雄アイデンティティ 104
エコフェミニスト 106
エコロジカル自己（ecological-self） 104-105
エシカル
――・アイデンティティ 89
――・コンシューマー（ethical consumer） 3, 10, 25, 48, 96
――・シンプリファー（ethical simplifier） 86, 250
オイシックス 225, 311
オイシックス・ラ・大地株式会社 311
応援消費 3, 39, 71, 112, 144, 226, 310-311
オーガニック
――衣料品 50
――化粧品 224, 237, 242
――商品 2, 39, 118, 172, 181, 205, 211, 230, 241, 311
――食品（野菜） 48, 210, 237
お客様は神様です 303
オピニオン・リーダー 294

【カ行】

懐疑的思考（skepticism） 72-74, 158, 165, 251, 261, 289, 293
快楽的製品（hedonic/frivolous products） 57, 59, 155
拡張された自己（extended self） 90
過去の行動（past behavior） 43, 65-66, 73, 144, 262
活動家（activist）としての消費者 300-301
活動的市民 120, 122-124
環境
――的課題と消費者 9

346 主要索引

――に配慮した食品　43
――に配慮して製造された商品　44
――配慮型商品　2, 39, 71, 118, 144, 162, 172, 311
――配慮型商品のクラスタ別分析　148
――配慮行動　4, 42, 46-47
消え物　195-196, 215, 245
企業
――に対する信頼　190
――の社会貢献活動　70-71, 283
記述的規範（descriptive norm）　248, 256, 261, 306
偽善（者）　181, 196, 212, 228-229, 254, 282
基礎的ソーシャル・コンシューマー　119, 122-124
寄付　1, 39, 71, 118, 141, 144, 172, 185, 187-188, 190, 208, 212
――者　120, 122-124
――つき商品　2, 38, 70, 73-74, 118, 144, 162, 172, 190, 208, 212, 311
――つき商品のクラスタ別分析　151
――のメッセージ　156
共起ネットワーク　177-179
共同問題プロモーション（joint issue promotions）　55
キリン　193
偶発的（accidental）シンプリファー　86
口コミ　214, 237, 241, 256
グリーン
――アイ・オーガニック　286
――・アイデンティティ　89
――購買　45
――・コンシューマー（green consumer）　4, 10, 25, 96
――・プロダクト（green product）　45
グループ
――・インタビュー　20, 169
――間の意思決定要因の違い　276
計画
――アイデンティティ　104
――的行動理論（Theory of Planned Behavior：TPB）　41, 63-65, 73
経験的拒否　103, 106
形態素解析　23

啓発された自己利益（enlightened self-interest）　71
現在のソーシャル・コンシューマー層　68, 128, 139-140, 146, 149, 151, 247, 253, 274
公共交通機関　304-305
交通インフラ　304-305
行動
――統制　42, 63
――に対する態度（attitude toward the behavior）　41, 63, 74, 143, 157
購買
――意図（intention）　41, 63, 74, 144, 261
――行動　42
――後行動　42
合理的
――行為理論（Theory of Reasoned Action：TRA）　41, 63-64, 73-74
――な自己（relational self）　90
コーズ（cause）　55
――・リレイテッド・マーケティング（Cause-Related Marketing：CRM）　4, 41, 54-55, 72-74
――・リレイテッド・マーケティングの類型　56
個人の尊厳　306-307
国境なき医師団　289
ゴミ減量行動　42
コミュニティ　92
混合研究法（Mixed Methods）　13, 310

【サ行】

サーベイ　18
サントリー　198
自己（self-concept）　89
――アイデンティティ（self-identity）　43, 88-89, 97, 254, 261, 305-306
――満足　196, 197, 202-204, 210-211, 213, 254
持続可能な消費　94
実験法　18, 73
実用的な製品（utilitarian/practical products）　57, 59, 155
シビック・アクション（civic action）　39, 144, 172

――の実施回数　174
市民（citizen）　38-39
　　――の社会貢献活動　1, 185
社会　306, 308
　　――的課題解決行動　67-68, 144
　　――的課題と消費者　9
　　――的企業家　307
　　――的ジレンマ　304-305
　　――的望ましさによるバイアス（social desirability bias）　281
　　――変革　9, 301-302
　　――を変革する消費者　301
習慣（化）　93, 97, 164, 249, 254, 283, 285
宗教団体　182, 222, 252
「自由の女神修復」　54
主観的規範　42, 63, 67, 74, 143, 157, 256, 262
出産　210, 225, 284
出発購入（departure purchase）　98
準拠集団　255, 307
省エネ行動　42
詳細なパッケージ　156, 159, 162
象徴的消費　15, 100
消費　303
　　――の失敗　305
　　――文化理論（Consumer Culture Theory）　22
　　――を通じた社会的課題の解決　2, 4, 11, 301-302, 305-306, 308, 311-312
消費者　303
　　――運動　301-302
　　――の社会的責任（Consumer Social Responsibility：CnSR）　2, 11, 299, 301, 304-305, 307-308
　　――の抵抗（consumer resistance）　102
　　――の4つの権利　308
初心者の（apprentice）シンプリファー　85
女性の役割　109
スクリーニング・アンケート　172
生協　189, 191, 238
成城石井　227
精緻化見込みモデル　164
製品補完体（product complements）　98
世界食糧デー　296
責任のある消費者（the responsible consumer）　95
世間　255, 305-308
世話の倫理（care ethics）　91
選挙のメタファー　302
潜在的ソーシャル・コンシューマー層　68, 128, 139-140, 146, 148, 150, 152, 253, 274, 281
先進的ソーシャル・コンシューマー　119, 122-124
創造的消費者　104
ソーシャル・コンサンプション（socially responsible consumption）　39, 144, 172
　　――の実施回数　173
ソーシャル・コンシューマー（socially responsible consumer）　2, 10, 25, 38, 66, 299, 308
　　――としての自己アイデンティティ　99
　　――の頻出語　176
ソーシャル・ビジネス　2
ソーシャルプロダクツ普及推進協会　3
ソーシャル・プロダクト（socially responsible product）　2, 65-66, 90, 99, 171, 221, 224, 235, 240, 311-312
　　――の意味　99, 194, 210, 226, 240
　　――の購買意図　137, 283
　　――の知識　135, 189
　　――のマーク　212
　　――の有効性評価　138
　　――のユーザー・イメージ／ソーシャル・コンシューマーのイメージ　194, 197
　　――への関心　136
　　――への態度　137
ソト　255, 307

【タ行】

第1世代のソーシャル・コンシューマー　301-302
大地を守る会　112, 311
態度（意図）と行動の乖離（attitude (intention)-behavior gap）　64-65
第2世代のソーシャル・コンシューマー　302
ダウンシフター（downshifter）　86
多元的研究　15
タニン　307
単元的研究　15

中間的ソーシャル・コンシューマー　119,
　　122-124
チョコレート　155, 178
「強い」立場の消費者　309
抵抗アイデンティティ　104
定性調査　13
定性データ　19
ディドロ効果　98
ディドロ統一体（Diderot unities）　98
定量調査　13
テキストベース　19
テキストマイニング　22, 169
デプス・インタビュー　20, 22, 217
道徳的
　　──義務（moral obligation）　53
　　──拒否　103, 106
　　──自己（moral self）　95
投票としての消費（consumption as voting）
　　301-302, 304-305
特定企業やブランドに対する拒否　102, 106
特定非営利活動促進法　1
トップバリュ　286
取引ベースのプロモーション（transac-
　　tion-based promotions）　55

【ナ行】

24時間テレビ　192
入手可能性評価（perceivedavailability）　64,
　　67-68, 261
妊娠　210, 225-226, 228
認定NPO法人ACE（エース）　70, 189
ノンボランタリー・シンプリファー（non
　　voluntary simplifier）　84

【ハ行】

バイコット（buycott）　301
パタゴニア　302-303
母親　91, 108, 220, 230, 235
半構造化　170
阪神・淡路大震災　1, 233
ビオセボン（Bio c'Bon）　286
東日本大震災　1, 69, 71, 183
　　──以後からのソーシャル・コンシューマー
　　　　179, 182, 185, 189, 193, 196, 201, 203, 206
　　──以前からのソーシャル・コンシューマー
　　　　177, 181, 183, 188, 191, 194, 199, 201, 204
ビギナー・ボランタリー・シンプリファー
　　（beginner voluntary simplifier）　84
被災地の商品　183-185
ファミリーマート　296
風評被害　112
フェアトレード（商品）　2, 39, 51, 118, 172,
　　181, 184, 199, 205, 219, 230-231, 311
フェリシモ　181, 206, 221, 223, 236, 240
物品の寄贈　39, 118, 172
部分的（partial）シンプリファー　85
公益財団法人プラン・インターナショナル・ジャ
　　パン（Plan International Japan）　70, 194
文化の翻訳　20
ベルマーク　181, 190, 192-193, 207, 209, 220,
　　290-292
ボイコット（boycott：不買運動）　301
募金　39, 118, 172
　　──箱　212, 220
ボランタリー・シンプリシティ（voluntary
　　simplicity）　77-78, 250
　　──のライフタイル　82
ボランタリー・シンプリファー（voluntary
　　simplifier）　79, 83
ボランティア　1, 39, 71, 118, 144, 187, 192,
　　208
ボルヴィック　2, 70, 201, 205

【マ行】

ママ友　202, 236, 238, 245
周り　255, 306
無関心　120, 122-124
　　──層　68, 128, 139-140, 146, 150, 153, 295
無印良品　224, 249, 286, 311
命令的規範（injunctive norm）　248, 256, 261,
　　306
もう1つのCSR（the other CSR）　304
文字テキスト　19
モラル・アイデンティティ　89, 95
森永製菓　70, 191, 201, 205, 292, 311
モンスター消費者　303

【ヤ行】

ヤマギシ会　195, 215, 238
有効性評価（perceived consumer effectivenes）
　47, 63, 67-68, 144, 261
ユニセフ　2, 70, 185, 188-189, 200-201, 220,
　222-223, 228, 234, 236, 242, 244
善い（よい）人　202, 204, 213, 229
ヨソ　307

【ラ行】

ライセシング（licensing）　55
ライフイベント　93, 97, 108, 191-192, 210
ライフコース（life course）　108, 210, 252, 291
リサイクル行動　42
理想としてのオーガニック・チャイルド（the organic childid eal）　91
倫理的
　――課題と消費者　10
　――義務（ethical obligation）　53, 257, 261, 305-306
　――行動（ethical behavior）　52
　――習慣　94
　――消費（エシカル消費）　3
　「――消費」調査研究会　3
　――食事（ethical eating）　94

添付資料：巻末表

巻末表1　調査項目とインタビュー内容、構成概念

調査項目	質問内容	構成概念
東日本大震災の影響	東日本大震災の後で、買い物の仕方、買うモノの選び方、買い物をするときの気持ちに、変化はあったか	行動
ソーシャル・プロダクトのイメージ	ソーシャル・プロダクトの説明を聞いて、率直にどう思ったか、どんな印象を受けたか	態度
	東日本大震災の前から、買い物を通じて社会に役立ちたいという気持ちを持った経験はあるか、具体的に行動した経験はあるか、なぜ、そういう商品を買おうと思ったのか、それを買おうと思ったきっかけは何か、その商品を買うことで、自分の生活や価値観はどう変わったか、そういう買い物をすることは、自分にとってどういう意味や価値があるか	過去の経験、有効性評価、態度
ソーシャル・プロダクトのユーザーのイメージ	ソーシャル・プロダクトを買う人は、どういう人だと思うか	態度、懐疑的思考
ソーシャル・プロダクトを製造・販売する企業のイメージ	ソーシャル・プロダクトを製造・販売している企業は、どういう企業だと思うか、その企業が、ソーシャル・プロダクトを積極的に宣伝していたら、その企業にどのような印象を持つか	
過去から現在までのソーシャル・コンサンプションの経験とその意識	ソーシャル・コンサンプションとして、①はじめて行なったもの、②その後今までに行なってきたものはどれか、具体的に何を行なった／購入したのか	態度、主観的規範、有効性評価、入手可能性評価、意図、行動
	以前は行なったが、現在は行なっていないものはどれか、具体的にどんなことか なぜ、以前は行なっていたのに、行なわなくなったのか	態度、入手可能性評価、行動
	現在行なっているものはどれか、具体的に何を行なっているのか	態度、主観的規範、入手可能性評価
	購入にかける金額（価格、費用）や購入の手間に対する意識	
	自分のライフコース、ライフイベントと自分が行なった行動との間に、どういう関係があるか	態度、主観的規範、行動
	ソーシャル・プロダクトの中で、買うのを避けている（または、関心がない、価値がわからない）商品はあるか	態度、主観的規範、意図、行動、懐疑的思考

ソーシャル・コンサンプションに関する周囲（家族・社会）との関係	周囲に、ソーシャル・プロダクトを買ったり、使ったりしている人はいるか	主観的規範
	周囲からは、ソーシャル・プロダクトを買ったり、使ったりすることで、どう思われている（と思う）か	
	ソーシャル・プロダクトを家族や知人などに勧めることはあるか	主観的規範、他者
	ソーシャル・プロダクトを家族や知人などから勧められることはあるか	
ソーシャル・コンサンプションに関する情報収集	ソーシャル・コンサンプションやソーシャル・プロダクトの情報源はどこか	関心、知識
	ソーシャル・プロダクトを買うとき、購入の現場（店舗など）では、何を基準に商品を選んでいるのか	

巻末表2　ソーシャル・コンシューマーの購入経験のあるソーシャル・プロダクト

	名前	ソーシャル・プロダクト	具体的な行動
東日本大震災以前	A	寄付つき商品	ベルメゾン、スターバックスなど
		フェアトレード商品	子ども服、雑貨でフェアトレード（ピープルツリー）商品を購入するようにしている
		オーガニック商品	洗剤、日用品、食品は店頭でマークなどをみてなるべく選んで購入している
		環境配慮型商品	洗剤、日用品、食品は店頭でマークなどをみてなるべく選んで購入している
		応援消費	復興宝くじを購入した
	B	寄付つき商品	ガーナのこどもたちへの援助でチョコレートを購入
		フェアトレード商品	フィリピンのフェアトレード品で、こどもの衣類を購入
		オーガニック商品	ドイツのオーガニック紅茶を購入。オーガニックコットンのカバー、シーツを購入
		環境配慮型商品	リサイクル糸使用のキッチンマット
		応援消費	東北地方の物産展で食品購入
	C	寄付つき商品	森永製菓の1チョコ1スマイルやアイスクリームのMOWを買ってシリアル番号を応募してパンダなどの動物の保護や森林を守る運動に参加する
		フェアトレード商品	フェリシモなどのカタログでフェアトレードのコーヒー豆やチョコレートを買う
		オーガニック商品	スキンケアや日々の食品でオーガニックのものを買う
		環境配慮型商品	エコマークの商品を買う
		応援消費	催事場があったりしたら東北のものをできるだけ買う
	D	寄付つき商品	P&Gの製品で被災地に洗濯機を送る商品、ボルヴィックのアフリカに綺麗な水を送る、チョコ（ダース）でアフリカの子どもに寄付をする
		フェアトレード商品	コーヒー、チョコレートを買った
		オーガニック商品	無印のオーガニック衣料品、スーパーでオーガニックのドライフルーツ、楽天でオーガニックのシアバター
		環境配慮型商品	詰め替えボトルのものがあるものはつめ替えを買う
		応援消費	被災地の農産物、被災地復興キャンペーンのイトーヨーカドーの広告の特集のときに出ていた商品、現地に工場がある企業からの購入
	E	寄付つき商品	被災地に届く事を祈った被災地関連の商品を、他の同様商品とは違う目を持って積極的に購入
		フェアトレード商品	学業をするべき年齢の子どもが作っている物品を買わない子どもの学習権利を守るべきだから

添付資料：巻末表

東日本大震災以前	E	オーガニック商品	家族の健康を考え、自分の持病を悪化させないため
		環境配慮型商品	今以上のゴミを出さないため、肉や野菜のパックに発泡スチロールを使用していないものを購入
		応援消費	銀座などでアンテナショップが出ているが、被災地の農家が出店している物品を購入
		寄付つき商品	イベントやバザーなどで、東北、被災地の物を買う
	F	フェアトレード商品	アフリカのコーヒー
		オーガニック商品	孫の衣類
		環境配慮型商品	電化製品
		応援消費	イベントで、被災地の製品を買う
東日本大震災以後	G	オーガニック商品	環境や地球に優しく子どもにも安心して使える
		環境配慮型商品	エコペットボトルの商品を積極的に購入した
	H	寄付つき商品	ミネラルウォーターを購入
		環境配慮型商品	リサイクル資源から作られたトイレットペーパー
	I	寄付つき商品	寄付するつもりでボルヴィックを買った
		フェアトレード商品	フェアトレード商品を買った
		オーガニック商品	ジュリークやアヴァダを買った
		環境配慮型商品	ユニクロを買った
		応援消費	被災地近郊の野菜を購入した
	J	環境配慮型商品	LED商品
		応援消費	東北の野菜、食品など
	K	寄付つき商品	商品代金の中の1円は寄付にあてられているという品物を買った
		オーガニック商品	環境や地球に優しく子どもにも安心して使える
		環境配慮型商品	エコペットボトルの商品を積極的に購入した
		応援消費	岩手県の商品を買った
	L	フェアトレード商品	モリバコーヒーのフェアトレードの取り組みにたいへん関心があり、いつもレポートを読みながら、フェアトレードコーヒーを飲むのが好きである
		オーガニック商品	合成香料に弱いので、オーガニックの天然香料の化粧品や洗剤をいつも使用している、無香料より使い心地が良い
		環境配慮型商品	過剰な包装は必要ないので、詰め替えられたり、小さなゴミで捨てられる商品は歓迎である（醤油、ブリーチ剤、シャンプー）

巻末表3　ソーシャル・コンシューマーの実施経験のあるシビック・アクション

名前		項目	具体的な行動
東日本大震災以前	A	金銭寄付	各地に設置している募金箱に
	B	金銭寄付	震災後、何度か寄付をした
		物品寄贈	こどもの幼稚園の保護者で、こどもの衣類を集め、寄付した
		ボランティア	こどものいる小学校で、図書ボランティアをしている（読み聞かせ、図書室の書架整理、本の修理等）
	C	金銭寄付	赤い羽根やユニセフの募金
		物品寄贈	アフリカに毛布を送る運動や紛争地の子どもたちに文房具や雑貨を送る運動に寄付
	D	金銭寄付	被災地への寄付、募金
	E	金銭寄付	災害直後、いろいろな街頭で行なわれていた募金活動で毎日積極的に募金をした
		物品寄贈	近くの保育園でのチャリティで、自宅のブランド品をたくさん放出してバザーにして貰った
		ボランティア	地域の老人会のために夏と秋に働き手として動いている
	F	金銭寄付	赤十字、コンビニのレジで
		物品寄贈	衣類、日用品、絵手紙を被災地に、ランドセルをアフガニスタンに
		ボランティア	自治会、公民館活動。募金を呼びかける。清掃など
東日本大震災以後	G	金銭寄付	子どもの小学校やコンビニでの募金箱への募金
		物品寄贈	子どもの小学校を通しての、ノートや鉛筆、洋服などの寄付
	I	金銭寄付	災害復興支援に募金した
		物品寄贈	災害地へ物品を寄付した
	J	金銭寄付	NPO法人TSUBASAの寄付
		物品寄贈	洋服、猫の餌などの寄付
		ボランティア	NPO法人で鳥のお世話
	K	金銭寄付	募金箱を利用した
		ボランティア	福島に復興活動のボランティアに行った
	L	金銭寄付	震災後は、職場の募金係りに任命されたため、真剣に集め回った覚えがある

添付資料：巻末表　355

巻末表4　潜在的ソーシャル・コンシューマーの属性

	名前	年齢	居住地	職業	家族構成
東日本大震災以前	M	33	東京都足立区	専業主婦	夫、9歳息子
	N	40	神奈川県横浜市	専業主婦	夫、17歳娘、16歳息子、8歳息子
	O	42	神奈川県	パートタイム勤務	夫、小学生息子
	P	46	東京都清瀬市	専業主婦	夫、20歳娘、14歳娘、義理父
	Q	55	東京都練馬区	専業主婦	夫、社会人の長女
	R	57	東京都八王子市	専業主婦	夫（社会人の息子は独立）
東日本大震災以後	U	39	埼玉県宮代町	主婦	夫、12歳娘、7歳息子、義理母
	V	36	神奈川県川崎市	主婦	夫、2歳息子
	S	53	東京都渋谷区	主婦	夫、17歳息子、義理父
	X	59	埼玉県	パートタイム勤務	夫、子ども
	T	46	東京都あきる野市	主婦	夫、大学生息子、高校生娘、義理母
	W	47	神奈川県川崎市	主婦	夫、17歳息子、16歳息子

巻末表5　潜在的ソーシャル・コンシューマーのソーシャル・コンサンプションの実施回数

	氏名	寄付つき商品	フェアトレード商品	オーガニック商品	環境配慮型商品	応援消費	合計
東日本大震災以前	M	3	0	0	0	0	3
	N	0	3	0	0	2	5
	O	2	0	0	0	1	3
	P	1	0	0	2	2	5
	Q	0	0	0	0	1	1
	R	1	0	0	0	1	2
	平均	1.2	0.5	0	0.3	1.2	3.2
東日本大震災以後	U	0	0	0	0	1	1
	V	2	0	0	0	0	3
	S	0	0	0	0	5	5
	X	1	0	0	0	3	4
	T	0	0	0	0	2	2
	W	0	0	0	0	1	1
	平均	0.5	0	0	0	2.2	2.7

巻末表6　潜在的ソーシャル・コンシューマーのシビック・アクションの実施回数

	氏名	金銭寄付	物品寄贈	ボランティア	合計
東日本大震災以前	M	0	0	3	3
	N	0	0	2	2
	O	1	1	1	3
	P	0	0	0	0
	Q	3	3	0	6
	R	1	1	1	3
	平均	0.8	0.8	1.2	2.8
東日本大震災以後	U	3	0	20	23
	V	1	0	0	1
	S	1	1	0	2
	X	2	5	2	7
	T	2	1	0	3
	W	0	0	0	0
	平均	1.5	1.2	3.7	6.0

【著者紹介】

大平修司（おおひら・しゅうじ）
千葉商科大学商経学部 教授

群馬県生まれ。明治学院大学経済学部卒業（1998年）。同大学大学院経済学研究科博士前期課程終了（2000年）。一橋大学大学院商学研究科博士後期課程終了（2007年）。博士（商学）。諏訪東京理科大学経営情報学部助手・助教，千葉商科大学商経学部専任講師・准教授を経て，2018年より現職。この間2017年8月～2018年3月輔仁大学（Fu Jen Catholic University）社會科學院訪問研究員・特別講師（台灣）。

〈主要著書〉
『中小都市の「B級グルメ」戦略』（分担執筆），新評論，2008年．『農商工連携の地域ブランド戦略』（分担執筆），新評論，2009年．『ソーシャル・イノベーションの創出と普及』（共著），NTT出版，2013年．『ソーシャル・ビジネス・ケース』（分担執筆），中央経済社，2015年．

〈主要論文〉
「ソーシャル・イノベーションの普及と社会的責任投資家：出資動機と行動変容」，『日本経営学会誌』，第31巻，2013年．"Green Consumption and the Theory of Planned Behavior in the Context of Post-Megaquake Behaviors in Japan," *Association for Consumer Research*, Vol.41, 2013．「日本のソーシャル・コンシューマーに関する一考察：寄付つき商品の意思決定プロセスの解明」，『流通研究』，第17巻第4号，2015年．"Consuming to Help: Post-Disaster Consumption in Japan," *Asia-Pacific Advances in Consumer Research*, Vol.11, 2015.

消費者と社会的課題
ソーシャル・コンシューマーとしての社会的責任

2019年2月15日　初版第1刷発行

著　者　大平修司
発行者　千倉成示
発行所　株式会社 千倉書房
　　　　〒104-0031 東京都中央区京橋 2-4-12
　　　　TEL 03-3273-3931／FAX 03-3273-7668
　　　　https://www.chikura.co.jp/

印刷・製本　藤原印刷株式会社

© OHIRA Shuji 2019 Printed in Japan
ISBN 978-4-8051-1160-4　C3063

JCOPY〈(社)出版者著作権管理機構 委託出版物〉
本書のコピー，スキャン，デジタル化等無断複写は著作権法上での例外を除き禁じられています。複写される場合は，そのつど事前に，(社)出版者著作権管理機構（電話 03-5244-5088，FAX 03-5244-5089，e-mail: info@jcopy.or.jp）の許諾を得てください。また，本書を代行業者などの第三者に依頼してスキャンやデジタル化することは，たとえ個人や家庭内での利用であっても一切認められておりません。